探索农业强国之道

EXPLORE THE WAY TO STRENGTHEN AGRICULTURE

方 言 等◎著

中国经济出版社
CHINA ECONOMIC PUBLISHING HOUSE
北 京

图书在版编目（CIP）数据

探索农业强国之道 / 方言等著. -- 北京 ：中国经济出版社，2025. 6. -- ISBN 978-7-5136-8047-9

Ⅰ. F323

中国国家版本馆 CIP 数据核字第 20256BY681 号

责任编辑 赵静宜
责任印制 李 伟
封面设计 久品轩

出版发行 中国经济出版社
印 刷 者 涿州市京南印刷厂
经 销 者 各地新华书店
开 本 710mm×1000mm 1/16
印 张 19. 5
字 数 340 千字
版 次 2025 年 6 月第 1 版
印 次 2025 年 6 月第 1 次
定 价 99. 80 元
广告经营许可证 京西工商广字第 8179 号

中国经济出版社 **网址** http://epc. sinopec. com/epc/ **社址** 北京市东城区安定门外大街 58 号 **邮编** 100011
本版图书如存在印装质量问题，请与本社销售中心联系调换（联系电话：010-57512564）

前言
PREFACE

农业是立国之本，强国之基。中国作为一个拥有 14 亿人口的大国，保障农产品有效供给始终是治国理政的头等大事。过去几十年，中国农业经历了从传统耕作向专业化、规模化、绿色化、信息化的深刻转型，由农业现代化向农村现代化推进，走出了一条具有中国特色的农业强国之路。然而，面对全球气候变化、资源约束趋紧、国际形势复杂多变等挑战，如何确保国家粮食安全、推动农业可持续发展、实现农民共同富裕，仍然是摆在我们面前的重大课题。

本书主要汇集了我退休后在农业政策研究与实践中的思考与探索。作为国家农业政策曾经的参与者与推动者，我有幸亲历了中国农业现代化进程中的多项重大决策，见证了中国“三农”事业的历史性变革：从计划经济到市场经济；从温饱不足到全面小康；从靠天吃饭到科技种田，粮食生产迈上 13000 亿斤台阶；从物价改革到粮食流通体制改革；从“交公粮”到“拿补贴”，建立农业支持保护体系；从乡村道路建设、游牧民定居到农村基础设施的升级，政策阳光照亮每一个乡村；从农业环境突出问题治理到绿色发展理念在农业领域的深入实践，农村宜居宜业，乡村旅游遍地开花，拓展了乡村的发展空间。本书从粮食安全、可持续发展、政策保障等三个方面回顾了中国农业的发展历程，分析了当前面临的挑战，并展望未来的发展方向，以期为农业政策制定者、研究者及实践者提供参考。

全书共分为四篇。第一篇：农业现代化篇。回顾新中国成立以来农业发展的关键阶段，分析不同时期的政策调整与技术进步如何推动农业生产力提升，并探讨中国农业现代化的独特路径。第二篇：粮食安全篇。洪范八政，食为政首，聚焦国家粮食安全的根本问题，包括 2035 年粮食增产潜力分析、实施“藏粮于地、藏粮于技”战略的路径、规模化经营与期货市场对保障种粮农民收益的作用，以及农民合作组织在保障粮食安全、提高农业生产效率中的角色。其中2035年粮食生产潜力分析基于县级单位上万条数据的核验分析比对，以求结果真实可靠。第三篇：可持续发展篇。探讨农业绿色发展路径，如何在保障粮食安全的同时实现资源节约与环境友好；分析我国生态环境现状，剖析国家公园建设中的人地矛盾、生态补偿机制的创新实践，展示了如何运用财政、金融等政策工具实现生态环境保护与经济发展的双赢。第四篇：政策保障篇。系统梳理农业支持保护体系的演变，评估农村基础设施（如水利、交通、教育等）对农村经济的影响，并提出未来政策优化的方向。

多年在经济综合部门的工作，历练出我观察问题的宏观视角。在研究过程中，我始终秉持以宏观视野分析“三农”问题的原则，探讨农业与宏观经济的内在联系；将计量分析方法与实地调研相结合，挖掘县域数据的内涵，兼顾学术性与实践性；既基于扎实的实证研究，也融入了我在以往政策制定中的实践经验，权衡取舍提出了可操作性的政策建议。

日前，中共中央、国务院印发《加快建设农业强国规划（2024—2035年)》，对实现农业强国提出了明确的时间表。时间紧迫，催人奋进。站在新的历史起点上，我们既要仰望星空——把握全球农业科技革命浪潮，锚定农业强国目标；更要脚踏实地——解决好前进征途上每一个难点。

2013—2022年，承蒙陈锡文主任、韩俊部长信任，我加入了清华大学中国农村研究院团队。在院里的支持下，我陆续承担该院5个重点课题，此次均收录此书中。2013年，发表在《“三农”决策要参》的文章得到时任国务院领导批示，为启动目标价格改革发挥了智囊团作用。在此向陈锡文、韩俊等院领导表示感谢。此外，特别感谢中国工程院副院长邓秀兴院士、刘旭院士、中国农业科学院院长吴孔明院士等领导多次邀我参加他们的课题研究，并给予《2035年粮食增产潜力分析》研究大力支持。2000多个县级单位间隔12年的上万数据的核验分析，历时两年，耗时耗力，异常繁杂，没有他们的支持，研究难以完成。最后向中国气候变化事务原特使、国家发展改革委原副主任解振华同志，中国科学院谢华安院士，中国工程院万建民院士，河南省农业科学院原院长马万杰同志以及国家粮食和物资储备局、大连商品交易所、相关省区发展改革委农经处对调研工作提供的帮助致以诚挚谢意。

谨以此书献给所有关心中国“三农”问题的朋友。期待书中的思考能引发更多讨论，共同推动农业强国建设。

2025年4月16日于北京

目录
CONTENTS

农业现代化篇

粮食安全篇

可持续发展篇

政策保障篇

探索农业强国之道

农业现代化篇

第一章　中国农业现代化发展历程及未来重点任务*

“重农固本，是安民之基、治国之要。”中国自古以农立国，农业文明在中华文明体系中占据重要地位。农业的丰歉和社会兴衰紧密相连，新中国成立以来的实践也反复证明，农业是保障国民经济持续健康发展的“压舱石”，“三农”向好则全局主动。环顾当今世界，主要发达国家在快速工业化、城镇化过程中，率先实现了农业现代化，而农业落后、农民贫困的国家，没有一个真正实现现代化。所谓农业现代化，是指传统农业向现代农业转化的过程。作为一个农业大国和人口大国，我国农业现代化不仅是国家现代化的重要内涵，更关乎其成败。正如习近平总书记指出的，“中国要强，农业必须强；中国要美，农村必须美；中国要富，农民必须富。农业基础稳固，农村和谐稳定，农民安居乐业，整个大局就有保障，各项工作都会比较主动”。我国农业正处在转变发展方式、优化产业结构、转换增长动力的攻关期，农业现代化水平与国际先进水平相比还有很大差距，与快速的工业化、城镇化进程相比明显滞后，成为现代化建设的突出“短板”，亟须加快推进农业现代化，为整个国家的现代化提供基础和支撑。要以农业供给侧结构性改革为主线，推进质量兴农、绿色兴农，加快构建现代农业产业体系、生产体系、经营体系，不断提高农业创新力、竞争力和全要素生产率，加快实现由农业大国向农业强国转变。

一、农业的根本出路在于现代化

世界农业现代化进程，大体表现为以欧美为先导的第一波农业现代化浪潮、以日韩为主体的第二波农业现代化浪潮，以及当前以中国为代表的发展中国家农业现代化进程，农业现代化成为当今世界发展的大趋势。

---

* 本文是为北京大学光华管理学院“中国经济改革与发展”课程教材《国家发展战略与宏观政策》撰写的第 24 章，收入本书时有所删改。

（一）美国的农业现代化模式

美国耕地面积较大，劳动力相对短缺，农业现代化以提升劳动生产率为主、提升土地生产率为辅，走的是劳动节约型为主的农业现代化道路。19世纪60年代前，美国农业经营规模小、生产率水平低，为改变这种局面，1862年美国颁布《宅地法》之后又出台了一系列法令，针对不同主体需求扶持其扩大经营规模。在推进农业规模经营的基础上，美国不断完善教育与公共服务体系，1862年颁布的《莫雷尔法案》(又称《赠地法案》）拉开了美国农业教育发展的序幕，通过建立农工学院，培养了一大批工农业人才。同时，美国积极推进农业机械在农业生产中的应用，如播种机、割草机、收割机等，促进了农业生产的发展。吉尔伯特 C. 菲特在《美国经济史》一书中指出："1896年使用农业机械生产小麦的农户，劳动生产率比1830年提高了17倍，生产40蒲式耳的玉米需要37个工时，使用机械后只需要15个工时。"

专栏1　美国《宅地法》

美国《宅地法》（*The Homestead Act*）是指1862年美国总统亚伯拉罕·林肯颁布的，旨在无偿分配美国西部国有土地给广大移民的法令。

《宅地法》规定：从1863年1月1日起，凡是忠于政府的年满21周岁的美国公民或正在申请加入美国国籍的外国移民，只要缴纳10美元登记费，便能在美国西部国有的自由土地上获得160英亩的土地，连续耕种5年便可以获得土地的所有权。也可以在6个月内提出购买申请，以每英亩1.25美元的价格直接购买。占有土地不满5年或放弃土地达6个月以上，该土地将被退还给政府。任何人不得获得超过160英亩土地的所有权。

资料来源：HIBBARD B H，GATES P W. A history of the public land policies [M]. New York：Macmillan，1924：547.

专栏2　美国《莫雷尔法案》

美国《莫雷尔法案》（*Morrill Land-Grant Act*）是指1862年美国总统亚伯拉罕·林肯签署颁布的法案，旨在通过赠予土地的形式确立联邦权力至上原则，发展农工高等教育实现美国经济社会发展。

《莫雷尔法案》主要内容为：按照各州国会议员数赠予各州每位议员30000英亩的土地，各州出售土地获得的收入用于支持至少一所农工学院的创办。联邦赠地以每块160英亩的方式出售，最初的价格为每英亩1.25美元；对于没有土地的州，以联邦赠予的土地收据在市场上进行交换。所有收入的10%用于购买学校校址和实验农场，不得用于购买其他建筑物。如果5年内没有兴办农业和机械学院，联邦政府将收回捐赠。各州每年要提交关于学院情况的报告，内容包括学院的改良、经费支出和实验的成果。

资料来源：HIBBARD B H，GATES P W. A History of the Public Land Policies [M]. New York：Macmillan，1924：331-332。

20世纪20—30年代，美国农业发展陷入低谷期，其间美国及时采取了一系列措施，如实施价格补贴、稳定产品价格、扩大农业信贷等，农业发展逐步走出危机。进入20世纪60年代后，随着科技进步及其在农业领域的深度应用，农场式经营管理模式成为主流，现代农业技术得到广泛应用，机械化、水利化、良种化、化学化等达到很高水平，在不同地理、气候条件下形成了具有鲜明特点的农业产业带，美国农业进入世界最发达农业之列。

（二）英国的农业现代化模式

英国人均耕地适中，劳动力相对匮乏，农户经营规模处于中等水平，走的是节约劳动和节约土地的“中间”型农业现代化道路，生物化学技术和机械技术在农业发展过程中几乎具有同等地位。14—15世纪之前，英国农业实施敞田制，著名的“圈地运动”改变了土地所有制，摧毁了小农经济，建立起资本主义大农业。进入19世纪70年代，受自然灾害、外国廉价农产品冲击以及国内税收增加影响，英国出现了农业危机，其采取了干预农产品价格、扩大农业信贷、推广新产品新技术等措施，化肥施用量大幅上升，农机工业和农业机械化得到较快发展，农业机械逐步替代畜力。二战后，英国出台《农业法案》，通过保证价格和市场促进农业生产，英国农业迎来腾飞期，发展成为集区域专业化、规模集约化、绿色生态化、智能信息化农业于一体的现代农业综合体系，逐步实现了农业现代化。

专栏 3 英国《农业法案》

英国《农业法案》（*Agricultural Act*）指的是 1947 年英国颁布支持农业生产的方案。《农业法案》共分为五个部分：第一部分明确了法案的宗旨与目的，即通过保证价格和保证市场来实现稳定高效的农业发展，能够根据国家利益以最低价格生产国内所需的农产品，同时保障农场主、农场工人和地主的适当收入和生活水准；第二部分是对农场主和地主的要求和惩罚措施，包括地主为租赁农场主提供适宜的条件，使租赁农场主能够高效进行农业生产，租赁农场主必须做好草场的维护、土地的耕种、牲畜的管理、病虫害的防治等工作，如果没有达到上述要求将会受到惩罚；第三部分对地主与租赁农场主的关系进行了规定，强调了租赁农场主的主导地位；第四部分对小农场进行了规定，授权各地购买土地建立小农场，规定承租人必须具有丰富的农业生产经验，以便农业工人优先进而建立高效率的农业生产；第五部分是英国政府建立农业土地委员会，协助农业大臣管理土地并提供相关咨询，以确保政策的执行。

在英国的农业现代化进程中，农业机械发挥了重要作用。在第二次世界大战之后，一部分英国军工企业转入生产拖拉机和农机具，大大提高了农机工业生产水平，英国拖拉机保有量以较高的速度增长，到 1964 年达到最高水平。英国政府多次颁布农业法令，采取一系列政策和措施鼓励发展农业机械化。一是对农场主购置农机进行补贴。英国 1960 年的《园艺法》和 1964 年的《农场和园艺发展法》规定，对园艺农场进行的土地改良、建筑和购置机器设备，给予 15%~25%的补助。二是对农机化基础设施建设进行补贴。英国政府在 1973 年颁布的《农场资本补贴计划》中规定，建造基础设施能够获得 20%~25%的补贴。三是对农机作业用燃油采取优惠措施。英国农用柴油均为加入红色颜料的“红油”，由政府对“红油”进行补贴，降低了农机作业成本。20 世纪 60 年代末 70 年代初，英国基本实现了农业机械化全面发展。播种机、中耕机、收割机、割草机、捆草机等农业机械得到广泛应用，大多数英国农场从耕作到收获全部环节实现了农业机械化。

（三）日本的农业现代化模式

日本人多地少，农户经营规模较小，走的是以提升土地生产率为主、提升劳动生产率为辅的农业现代化道路，其农业现代化起始于“明治维新”时期。19 世纪 70 年代，日本从欧美国家输入了农机具、肥料和农业品种与种养方法，建立起自己的农具制造厂和农业试验场等，但均因不合本国国情而放弃。随后，日本从国情出发，选择了多投入劳动和肥料的节约土地型经营方式，持续改善农田水利设施，推广优良品种，广泛使用化肥，农业生产力得到快速发展。二战后，日本劳动力匮乏，农业劳动力大量外流，迫使日本大规模推进农业机械化，加上政府加大财政扶持力度，大量投资涌入农业，农业机械增长迅速，动力耕耘机和农用拖拉机从 1955 年的 9 万台发展到 20 世纪 70 年代初的近 40 万台。为巩固土地改革成果，提高农民组织化程度，1947 年日本政府颁布实施了《农业协同组合法》，日本农协正式建立。此后在政府政策支持下，农协组建起了覆盖全国农村、吸纳超过全国 99% 农户的三级农协组织机构，成为日本农业现代化的重要推动力量。

专栏 4　日本农协

日本农协全称为农业协同组合，是根据 1947 年日本国会通过的《农业协同组合法》，由单独的农户以自愿联合、自主经营、民主管理为原则而组建起来的群众性互助经济组织。日本农协具有经济、社会和政治三方面的职能，集合作经济组织、行政辅助机构和政治压力团体于一体。日本农协拥有法律上的合作经济组织性质，不仅从事组织农民生产、购买生产资料、销售农产品、金融服务等活动，参与制定并贯彻执行政府的农业政策，同时代表农民向政府反映农民需求。

（四）韩国的农业现代化模式

韩国人多地少，人均耕地面积较小，走的也是以提升土地生产率为主、提升劳动生产率为辅的农业现代化道路，其农业现代化发端于土地制度改革。二战后，韩国政府实行了两轮土地制度改革，最终基本实现了均田制，解放了农业生产力，为农业现代化奠定了基础。自 20 世纪 60 年代以来，韩国工农业之间、城乡之间、区域之间发展严重失衡，农业农村问题十分突出，农村劳动力老龄化、弱质化，农业后继无人，加上农业机械化发展滞后，部分农村地区农业到达濒临崩溃的边缘。为此，20 世纪 70 年代初，韩国发起了新村运动，政府投入大量人力、物力和财力，大规模修整农村道路和农业基础设施，促进了农村地区的发展，也为农业现代化创造了良好条件。为促进农业机械化，1962 年韩国第一次制定“农业机械化五年计划”，1977 年至

1986年制定实施了第二个、第三个“农业机械化五年计划”，农业机械化水平不断提高。同时，韩国十分重视农业科学技术，成功推进了绿色革命，生物化学技术突飞猛进，为农业现代化做出了重要贡献。

专栏5　韩国新村运动

韩国政府自1970年开始发起“新村运动”，并设计实施了一系列的开发项目，以政府支援、农民自主和项目开发为基本动力和纽带，带动农民自发开展家乡建设活动。政府不仅是强有力的组织者，而且是积极的直接参与者，投入了大量人力、物力和财力。从新村运动开始到1980年的10年间，政府投资额达到了27571亿韩元。在韩国新村运动中，政府先确定若干项目，包括屋顶改造、道路硬化、建自来水管道等，由村民讨论选择最急需的项目，并选举一个新村建设指导者。项目获得县级政府的批准后，政府再发放水泥、钢筋，直接给农民配套支持。后来，韩国新村运动内容进一步拓展，成为改善居住环境、提升农业产业化水平、激发地区社会组织活力、转换居民意识的社会开发运动。

二、中国农业现代化发展历程

（一）中国农业现代化的提出

中国农业现代化的提出是建立在土地制度改革基础上的。1950年夏，中央人民政府颁布《中华人民共和国土地改革法》，提出废除封建剥削的土地所有制，实行农民阶级的土地所有制。1952年底，全国已基本完成土地改革，存在两千多年的封建土地所有制被彻底摧毁，农村生产迅速恢复，为国家工业化开辟了道路，为农业现代化创造了条件。1954年9月，在第一届全国人民代表大会上，周恩来总理做《政府工作报告》时首次提出建设现代化农业。同年，中央批准了全国互助会议提出的在第三个、第四个五年计划期间实现大规模农业机械化的报告。同时还提出，积极兴修农田水利，逐渐减少各种水旱灾害，保证农业生产增长。大规模农田水利建设有效地改善了农业生产条件，对国民经济的恢复起到了不可替代的作用。1949年冬到1953年春，全国扩大灌溉面积5600多亩，整修扩建新建了一批较大的灌排工程，修建了官厅水库等一些大中型水库，为农业生产提供了重要的水源保障。

专栏6 《中华人民共和国土地改革法》

《中华人民共和国土地改革法》是为了废除地主阶级封建剥削的土地所有制，实行农民的土地所有制，借以解放农村生产力，发展农业生产，为新中国的工业化开辟道路而制定的法规。《中华人民共和国土地改革法》共分为六章四十条。第一章是总则，阐述了土地改革的意义；第二章是土地的没收和征收，对土地的没收和征收进行了说明；第三章是土地的分配，对没收和征收的土地再分配进行了说明；第四章是特殊土地问题的处理；第五章是土地改革的执行机关和执行方法；第六章是附则。

为帮助分散、脆弱的农业个体经济适应工业化对粮食和工业原料作物的需求，国家开始有计划地引导农业个体经济逐步向集体经济过渡。1951 年 12 月 25 日中共中央印发《关于农业生产互助合作的决议（草案）》的通知，规定了我国农业社会主义改造的路线、方针和政策。截至 1956 年底，在经历互助组、初级社、高级社三个阶段后，基本实现了农业合作化，完成了农业社会主义改造。在合作化高潮下，农田水利运动势不可当，1958 年《中共中央关于水利工作的指示》中提出，“只要再苦战两冬两春，全国现有耕地，基本上完成水利化是完全可能的。争取在一两年内根本消灭水旱灾害，全面完成水利化”。客观地看，当时的农田水利运动出现了发展速度脱离客观实际、急于求成的现象。

1958 年，毛泽东主席根据农民群众的实践经验和科学技术成果提出农业八项增产技术措施，即“土、肥、水、种、密、保、管、工”的农业“八字宪法”。同年 8 月中央决定建立政社合一的人民公社。1963 年，中央工作会议又通过了《农业六十条》。周恩来总理根据毛泽东主席的建议，于 1964 年在《政府工作报告》中首次提出在 20 世纪内，把中国建设成为一个具有现代农业、现代工业、现代国防和现代科学技术的社会主义强国。

专栏7 农业“八字宪法”

农业“八字宪法”是指毛泽东主席深知科学技术对发展现代农业的重要意义，极力提倡选种、改进耕作方式，所提出的八项实现农作物增产的主要方式。农业“八字宪法”具体包括“土、肥、水、种、密、保、管、工”，分别指的是：

土——深耕改良土壤、土壤普查和土地规划；
肥——合理施肥；
水——兴修水利和合理用水；
种——培育和推广良种；
密——合理密植；
保——植物保护、防治病虫害；
管——田间管理；
工——工具改革。

专栏 8 人民公社

1958 年 8 月，中央政治局扩大会议通过《关于在农村建立人民公社问题的决议》，决定建立政社合一的人民公社。1959 年起草《关于人民公社管理体制的若干规定（草案）》，规定人民公社实行“三级所有，队为基础”的体制，确定了我国农村土地以生产队为基本所有单位的制度，并且恢复了社员自留地制度。人民公社是农业集体化的一种尝试，但挫伤了农民生产积极性，农业生产遭到破坏。

专栏 9 《农业六十条》

1961 年 3 月 22 日，中央工作会议通过《农村人民公社工作条例（草案）》，简称《农业六十条》，试图消除大公社体制中的两个平均主义，找出促进农村经济发展的农业集体生产的体制。《农业六十条》此后成为人民公社的宪法。文件共十章六十条：第一章规定了农村人民公社在现阶段的性质、组织和规模；第二章明确了人民公社的社员代表大会和社员大会；第三章对公社管理委员会进行介绍；第四章介绍了生产大队管理委员会；第五章对生产队管理委员会进行介绍；第六章介绍了社员家庭副业；第七章对社员进行规定；第八章对干部进行规定；第九章介绍了人民公社各级监察委员会；第十章强调了人民公社中的党组织作用。

1966年“文化大革命”前夕，毛主席明确提出用25年时间基本实现农业机械化。1966年以后，农机工作都是围绕这一目标展开的，但由于当时农机生产技术水平和科研水平较落后，出现了大型农机具生产不理想，小型农机具也停滞不足的状况。农机化发展目标违背了生产力及技术经济演进规律，与整个社会经济发展水平不相适应，致使1980年目标未能实现。

（二）家庭联产承包责任制与农村生产力的解放

党的十一届三中全会召开，开启了我国农业发展新篇章。1978年冬，安徽省凤阳县小岗村18位农民签订包产合同书，拉开包产到户的序幕。家庭联产承包责任制的实施，打破了人民公社时期土地集体所有、集体经营模式，实行土地集体所有制基础上以户为单位的家庭承包经营模式，调动了广大农民生产积极性。邓小平同志将家庭联产承包责任制誉为中国农村改革与发展的“第一次飞跃”。1982年1月1日，中共中央颁布《全国农村工作会议纪要》，第一个关于“三农”问题的中央一号文件正式出台，肯定了“包产到户”和“包干到户”是“社会主义集体经济的生产责任制”。随着以家庭承包经营为基础、统分结合的双层经营体系正式确立，人民公社退出历史舞台，农民获得生产经营自主权，“交够国家的、留足集体的、剩下全是自己的”，极大地解放了农村生产力。

专栏10　小岗村18位农民“冒死”按手印

1978年秋天，严俊昌当上安徽省凤阳县梨园公社生产队队长。在生存的巨大压力下，他偷偷将生产队的田地分给各家各户，实行包产到户。村里老人们为严俊昌等几个干部担心，万一出了事，坐了牢，孩子和老婆谁来养？于是1978年11月24日晚上，18位农民在安徽省凤阳县凤梨公社小岗村村民严立华家中开会，会计严立学只顾闷头往纸片上记，没有标点符号，错别字也不少：“我们分田到户每户户主签字盖章如此后能干不在（再）向国家伸手要钱要粮如不成我们干部作（坐）牢杀头也干（甘）心大家社员也保证把我们的小孩养到十八岁。”各家各户挨个写下姓名，按下手印。

（三）农村市场化改革与农业结构调整

随着农业生产效率提高，改革农产品流通体制日益迫切。1985年起，我国取消了粮食、棉花统购，改为合同定购，实行价格“双轨制”；同时，规定定购以外的粮食可以自由上市，放开农产品价格，允许其他农产品价格由市场决定。农产品流通体制改革，带动了农业结构调整。1985 年中央一号文件指出要调整农村产业结构。1988 年召开的全国农村工作会议进一步定下了农村产业结构调整的基调，即调整农村产业结构，一定要正确处理好发展农业与发展第二、第三产业的关系，必须把农业即第一产业作为基础产业；必须建立在商品性农业基础之上；一定要因地制宜，不能违背经济规律和自然规律。1989 年，党的十三届五中全会通过《中共中央关于进一步治理整顿和深化改革的决定》，要求齐心协力把农业搞上去，确保粮食、棉花等主要农产品稳定增长，促进农林牧副渔全面发展。以市场为导向继续调整和优化农业生产结构在 1992 年颁布的《国务院关于发展高产优质高效农业的决定》中被提及，扩大优质农产品生产一直处于突出地位。

党的十四大确立我国经济体制改革的目标是建立社会主义市场经济体制，为稳定农村土地承包关系，1993 年家庭承包责任制和双层经营体制正式写入《中华人民共和国宪法》。同年 7 月，全国人大颁布了《中华人民共和国农业法》，其中，第十条明确指出，国家实行农村土地承包经营制度，依法保障农村土地承包关系的长期稳定，保护农民对承包土地的使用权。1993 年 11 月中共中央、国务院颁布的《关于当前农业和农村经济发展的若干政策措施》进一步提出将土地承包期再延长 30 年。同时，为深化粮食等主要农产品流通体制改革，1994 年《国务院关于深化粮食购销体制改革的通知》发布，提出粮食经营实行政策性业务和商业性经营两条线运行机制，构建了粮食流通体制改革的框架。1995 年 4 月，《国务院关于深化粮食棉花化肥购销体制改革的通知》出台，明确提出坚持和完善省长负责制。粮食流通体制改革的市场调节框架初步建立，其他各类农产品供给基本实现了由市场调节的目标。

专栏 11 《中华人民共和国农业法》

为了巩固和加强农业在国民经济中的基础地位，深化农村改革，发展农业生产力，推进农业现代化，维护农民和农业生产经营组织的合法权益，增加农民收入，提高农民科学文化素质，促进农业和农村经济的持续、稳定、健康发展，实现全面建设小康社会的目标，1993 年 7 月 2 日《中华人民共和国农业法》正式出台。《中华人民共和国农业法》

共分为十三章，涵盖农业生产经营体制、农业生产、农产品流通与加工、粮食安全、农业投入与支持保护、农业科技与农业教育、农业资源与农业环境保护、农民权益保护、农村经济发展、执法监督和法律责任等方面的内容。

（四）以工促农、以城带乡与城乡发展一体化

进入21世纪以来，党中央高度重视农业、农村、农民问题，始终把解决好“三农”问题作为全党工作的重中之重。2004年12月召开的中央经济工作会议提出了“我国现在总体上已到了以工促农、以城带乡的发展阶段”的重要论断，此后农业农村制度安排逐步从被动调整转为主动设计，城乡关系由此步入新的历史阶段。2006年，农业税全面取消，延续两千多年的农业税成为历史，国家与农民的关系实现由“取”到“予”的根本转折。2004年以来，连续发布指导“三农”工作的中央一号文件，出台了一系列强农惠农富农政策，国务院印发了《全国新增1000亿斤粮食生产能力规划（2009—2020年）》《关于促进农业机械化和农机工业又好又快发展的若干意见》《促进牧区又好又快发展的若干意见》《促进海洋渔业持续健康发展的若干意见》《农业环境突出问题治理总体规划》等十余个文件、规划、把各项政策落到实处，为农业现代化营造了良好环境，农业步入发展快车道。同时，通过不断完善城乡一体化发展体制机制，引导更多现代生产要素流向农村，促进公共资源配置向农村倾斜，城乡关系不断改善，城乡一体化发展水平稳步提升。为了在统筹城乡关系上取得更大突破，2015年4月，习近平总书记在中共中央政治局第二十二次集体学习时强调，加快推进城乡发展一体化，是党的十八大提出的战略任务，也是落实“四个全面”战略布局的必然要求，要把工业和农业、城市和乡村作为一个整体统筹谋划，促进城乡在规划布局、要素配置、产业发展、公共服务、生态保护等方面相互融合和共同发展。同年召开的中央城市工作会议也明确提出，我国城镇化必须同农业现代化同步发展，城市工作必须同“三农”工作一起推动，形成城乡发展一体化的新格局。中央一系列重要战略部署，为实现高水平的城乡发展一体化，为广大农民平等参与改革发展进程、共同享受改革发展成果指明了方向、创造了条件。

在深刻把握我国国情农情、城乡关系变化特征以及现代化建设规律的基础上，党的十九大报告提出实施乡村振兴战略，强调农业农村农民问题是关系国计民生的根本性问题，必须始终把解决好“三农”问题作为全党工作重

中之重。“要坚持农业农村优先发展，按照产业兴旺、生态宜居、乡风文明、治理有效、生活富裕的总要求，建立健全城乡融合发展体制机制和政策体系，加快推进农业农村现代化。”将乡村振兴上升到战略高度并写入党章，是党中央着眼推进“四化同步”、城乡一体化发展和全面建成小康社会做出的重大战略决策，为新时代推进农业农村现代化明确了重点、指明了方向。

三、中国农业现代化发展现状

（一）中国农业现代化发展取得的成就

过去 70 多年来，我国走出了一条符合本国实际、具有中国特色的农业现代化之路，农业农村发展取得非凡成就，为中国经济实现跨越式增长和保持社会和谐稳定做出了巨大贡献，为实现农业现代化奠定了坚实基础。但是，我国农业现代化整体水平依然不高，仍存在一些突出问题。

1. 综合生产能力显著增强

新中国成立以来，我国农业生产力总体快速增长，农业总产值由 1949 年的 326 亿元增加到 2020 年的 137782. 1 亿元（见图 1-1）；主要农产品产量大幅提升，实现由长期短缺向总量平衡、丰年有余的转变。新中国成立初期，我国农产品供给十分匮乏，1949 年粮食总产量为 11318 万吨，不足以满足 4. 75 亿人口的需求。改革开放后，主要农产品生产总体呈现增长态势，特别是进入 21 世纪以来，主要农产品产量均有大幅提升。其中，粮食持续丰收，站上站稳 12000 亿斤台阶，2020 年全国粮食产量达到 66949 万吨，人均粮食

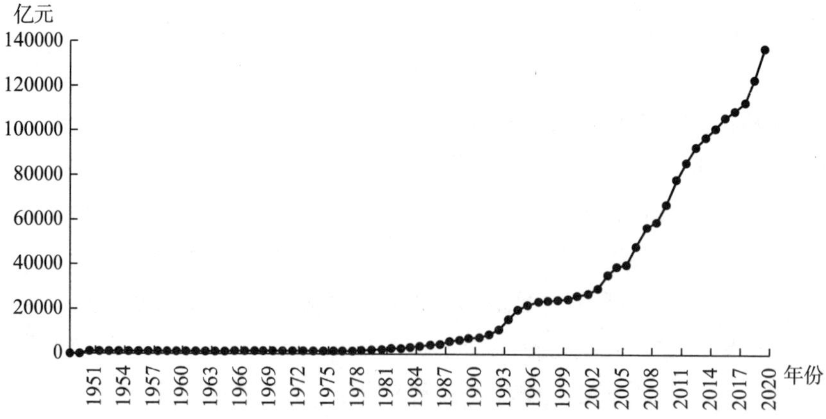

图 1-1　新中国成立以来我国农业总产值情况

资料来源：历年《中国统计年鉴》和《新中国农业 60 年统计资料》。

占有量达到474公斤，比2012年提高19公斤；肉蛋奶畜产品产量达到14744万吨，水产品产量达到6549万吨，果菜产量超过10000万吨，农产品产量供给能力不断增强。

尽管我国农业综合生产能力不断增强，部分农产品出现阶段性供过于求，但农业生产的基础还不稳固，稳定性、可控性还不高，确保农产品优质高效安全供给还任重道远。目前，农田水利建设欠账依然较多，全国农田有效灌溉面积约10亿亩，有近半数耕地缺少基本灌溉条件；旱涝保收田面积不足耕地面积的30%，现有灌溉排水设施普遍存在标准低、不配套、老化失修、效益衰减等问题，防灾减灾能力薄弱。

2. 农业产业结构明显优化

党中央、国务院历来高度重视农业结构调整，在保证粮食安全的同时对农业结构进行战略性调整，取得积极成效。改革开放以来，我国农业生产结构不断优化，粮食作物和经济作物协调发展，种植业和养殖业发展更加平衡。其中，种植业比重不断下降，畜牧业、渔业比重持续上升。2020年，畜牧业产值占总产值的比重达到29.2%，较1978年提高16.5个百分点；渔业产值占总产值的比重达到9.2%，较1978年提高7.7个百分点。农产品品种结构、品质不断优化，优良品种得到有效推广，良种覆盖率达到96%以上。农业生产布局更趋合理，区域化布局、专业化分工趋势逐步形成，主要农产品生产逐步向优势区域集中，农产品集中度不断提高，形成了一批各具特色的优势农产品产业带，建成了一批优势农产品生产重点县和现代农业产业示范区，“大而全、小而全”农业生产格局基本打破。但是，“粮经饲”结构尚不尽合理，种植业与养殖业配套衔接不够；优质化、多样化和专用化的农产品发展依然滞后，农产品品种品质结构与居民消费快速升级不相适应的矛盾日益凸显；一二三产业融合程度不深，农业产业链条比较短，功能拓展不充分，产业附加值不高。

3. 物质技术装备水平大幅提高

改革开放以来，国家不断加大农业科技创新力度，完善农业技术推广体系，农业科技整体水平大幅提高，科技成为农业农村经济稳定发展的决定性力量。农业科技自主创新能力显著增强，取得一系列重大的科技成果，其中，水稻功能基因组保持全方位国际领先学术地位，动植物生物反应器领域实现重大进展，大型超高压食品加工技术打破国外技术装备垄断。农技推广体系不断健全，到2020年，我国农业科技进步贡献率达到60.7%，比2012年提高了6.2个百分点，标志着农业发展已由过去主要依赖资源要素投入增加转向主要依靠科技进步。同时，农机装备总量持续增长、农机作业水平不断提高，农业生产实现了由以人畜力为主向以机械作业为主的重大转变。水稻和玉米关键环节机械化技术基本成熟，油菜籽、花生、棉花等经济作物机械化技术研究全面推进，种植和收获环节机械化技术取得重大突破。到 2020 年，我国农作物耕种收综合机械化水平达到 71%，比 2012 年提高了 14 个百分点。农业生产条件逐步好转，农业化肥投入量不断增加，到 2020 年化肥折纯量达到 5250 万吨，化肥投入成为农业增产增效的重要驱动因素。

尽管我国农业科技整体水平已经跃升至发展中国家前列，但与国际先进水平相比差距明显，与建设现代农业的要求也有差距。主要体现在以下方面：农业科技自主创新能力不强，除大宗粮棉油等主要农作物育种外，品种自主供给仍然不足；农业科技成果转化渠道不畅，“最后一公里”仍待打通，产学研脱节造成农业科技成果总量多，转化应用少；农业科技推广体系不健全，管理体制不顺、运行机制不活、经费投入不足、条件建设薄弱、人员素质不高等问题依然突出；农业人才总量不足，农业科研领军人才缺乏，基层农技人员年龄老化问题比较突出；农业机械化区域发展不平衡，部分作物农业机械化率较低，主要农作物农业机械化水平严重滞后于西方发达国家。

4. 生产经营体系不断完善

近年来，我国新型农业生产经营主体和服务主体快速涌现，成为现代农业建设的重要力量，并推动了土地流转型、服务带动型等多种形式的适度规模经营稳步发展。2020 年，我国各类新型农业经营主体总量约 600 万个，其中，家庭农场达到 390 万家，农民合作社达到 220 万家。农业社会化服务体系不断健全，形成了以政府公共服务机构、村集体、农民专业合作社、农业产业化龙头企业、民间服务主体以及农村信用社为载体的多种发展模式，为实现农民增收、农业增效做出重要贡献。然而，我国农业生产经营水平总体还不高，新型农业经营主体规模小、效益不高，部分农民专业合作社内部运行机制不健全，农业公共服务机构数量不足，地域分布差异大，城乡分布差异大，难以满足农民的农业服务需求。

（二）中国农业现代化发展面临的挑战

1. 资源环境的硬约束

我国人均耕地少、水资源相对短缺，支撑农业生产的要素和环境已绷得很紧，农业资源利用强度高、转化效率低的矛盾日益加剧。我国人均耕地面积低于世界平均水平，工业化城镇化进程中还有大量耕地被占用，从 1996 年到 2020 年全国耕地减少了约 2.3 亿亩。同时，化肥农药使用量偏大，利用率偏低。有机肥资源利用率低，畜禽粪便养分还田率为 50%左右，农作物秸秆养分还田率仅为 35%左右。农药化肥的过量使用，带来严重的环境污染和农产品质量安全问题。

2. 农业生产的高成本

21 世纪以来，农村劳动力价格、土地流转租金等上涨，推动我国农业进入“高成本农业”阶段，农业比较效益趋于下降。2001 年至 2018 年，稻谷、小麦、玉米三大作物亩均总成本由 350.61 元上升到 1093.77 元，成本增长率比产值增长率高出 26.42%，成本上升速度超过产值增加速度。2018 年，我国玉米、小麦、稻谷的亩均成本均超过 1000 元，分别约高出美国亩均总成本 41%、202%和 17%（见表 1-1）。

表 1-1　2018 年中美三大主粮亩均成本收益比较

项目	玉米		小麦		稻谷	
	中国	美国	中国	美国	中国	美国
主产品产量/千克	487.02	769.95	368.99	192.80	491.88	627.7
产值合计/元	881.48	688.49	853.53	250.47	1289.53	1206.05
总成本/元	1044.82	740.93	1012.94	335.86	1233.64	1052.26
物质服务费用/元	383.76	529.85	450.25	240.32	514.69	767.62
人工成本/元	433.52	35.97	350.76	25.22	473.85	85.66
土地成本/元	227.54	175.12	211.93	70.33	235.12	164.66
净利润/元	-15.63	-52.44	-159.41	-85.39	65.89	153.78

资料来源：2019 年《全国农产品成本收益资料汇编》。

3. 科技创新的滞后性

我国农业科技进步贡献率虽然已上升至 60%左右，但仍低于西方发达国家 70%的平均水平，农业科技创新滞后性比较明显。我国农业科研成果过于注重学术性，供给侧与需求侧衔接不畅，科技创新与产业发展“两张皮”，农业科技成果转化率不高，难以实现“市场—科研—开发—市场”的良性循环。相关统计资料显示，我国每年有 6000~7000 项农业科技成果面世，能被真正转化利用的不超过 40%，而日本和美国农业科技成果转化率为 70%~80%，德国、英国和法国农业科技成果转化率高达 90%。

4. 经营规模的细碎化

我国不少地区耕作地块过于细碎，机械化推进困难，生产成本过高，对农业现代化的制约越来越明显。一家一户经营规模小、地块数量多，田坎和地块界线过多，一定程度上造成耕地浪费，因耕地细碎化造成的耕地浪费在3%~10%。同时，经营规模的细碎化造成农业机械在不同地块之间转移困难，不利于大型农业机械作业服务，降低了农业生产效率，也不利于农户以及新型农业经营主体流转土地，影响了农业综合生产能力提升和规模收益的实现。

5. 市场竞争的国际化

随着我国农业进入“高成本”时代，农产品内外价差不断扩大，农业发展面临的国际竞争日益激烈。目前，我国已经成为第一大农产品进口国。近年，大豆进口保持在8000多万吨，玉米进口也在增加；2020年进口大豆超过1亿吨，进口玉米达到1130万吨，大麦进口808万吨。国际市场波动传导加剧，加大了国内农业宏观调控的压力。同时，我国农业国际合作在政策法律框架、管理体制机制与具体管理措施方面存在不足，农业安全审查职能不到位、农业领域外资并购监管不充分等依然突出，给农业产业与资源安全带来挑战。

四、推进农业现代化的重点任务

（一）增强农产品安全保障能力

1. 提高粮食生产保障能力

粮安天下、粮稳中国。粮食安全事关国运民生，是国家安全的重要基础。我国是一个人口大国，饭碗不能端在别人手里，确保谷物基本自给、口粮绝对安全，立足国内解决粮食和重要农产品供给问题，是推进农业现代化的首要任务。习近平总书记多次就粮食安全问题做出重要指示，我国是个人口众多的大国，解决好吃饭问题始终是治国理政的头等大事。要坚持以我为主，立足国内、确保产能、适度进口、科技支撑的国家粮食安全战略。中国人的饭碗任何时候都要牢牢端在自己手上。我们的饭碗应该主要装中国粮，一个国家只有立足粮食基本自给，才能掌握粮食安全主动权，进而才能掌控经济社会发展这个大局。“要创新粮食生产经营模式，优化生产技术措施，落实各项扶持政策，保护农民种粮积极性，着力提高粮食生产效益。”提升粮食等重要农产品安全保障能力，保护耕地是基础，完善设施是保障，建设“两区”是主阵地。

坚守耕地红线。耕地是农业发展之基、农民安身之本，保障国家粮食安全的根本在耕地。如果耕地守不住，农业生产就成了无本之木、无源之水。

发展现代农业，必须守住耕地红线。要落实保护优先原则，坚持最严格的耕地保护制度，全面划定永久基本农田，扎紧耕地保护的“篱笆”。针对耕地占补平衡中一些地方占多补少、占优补劣、占水田补旱地的现象，要进一步完善耕地占补平衡制度，探索落实耕地占补平衡新的途径和方式，全面推进建设占用耕地耕作层土壤剥离再利用，不仅做到耕地数量平衡，而且做到质量平衡。“耕地红线不仅是数量上的，也是质量上的。”在守住耕地红线、保证总量的基础上，要树立耕地保护“量质并重”和“用养结合”理念，以地力培肥、土壤改良、养分平衡、质量修复为重点，加快提升耕地质量，实现“藏粮于地”。

专栏 12　耕地红线

耕地红线是指经常进行耕种的土地面积的最低值。2006 年，十届全国人大四次会议通过的《中华人民共和国国民经济和社会发展第十一个五年规划纲要》提出，18 亿亩耕地是一个具有法律效力的约束性指标，是不可逾越的一道红线。2008 年 8 月 13 日，《全国土地利用总体规划纲要（2006—2020 年）》重申要坚守 18 亿亩耕地的“红线”，提出到 2010 年和 2020 年，全国耕地应分别保持在 18.18 亿亩和 18.05 亿亩。此后，“耕地红线”一词常见于各类政策文件。按照 2017 年出台的《中共中央　国务院关于加强耕地保护和改进占补平衡的意见》，到 2020 年全国耕地保有量不少于 18.65 亿亩，永久基本农田保护面积不少于 15.46 亿亩。

加强基础设施建设。农田水利等基础设施是农业发展的命脉。我国有长达几千年的治水兴农历史，兴修水利历来都是治国安邦的头等大事。新中国成立以来，我国开展了大规模的农田基础设施建设，但基础依然薄弱，应对和抗御自然灾害的能力差，“靠天收”的局面依然没有根本改观。提高农业综合生产能力，农业基础设施建设仍是关键环节。加强农业基础设施建设，要把好钢用在刀刃上，避免“撒胡椒面”，把集中资金用于全局性、基础性、战略性的重大工程，确保农业农村投入力度不减弱、总量有增加、重点建设任务不打折扣。要以保口粮、保主产区、保耕地、保产能、保大户为重点，着力推进高标准农田建设。同时，需要进一步提升农田水利建设水平，既搞好大型水利工程“大动脉”，也疏通田间地头“毛细血管”，解决农田灌溉“最后一公里”问题。

加快“两区”建设。我国还处在工业化、城镇化加快发展阶段，保护好耕地、保障农产品稳定供给的压力短期内不会减小，需要科学划定并建设粮食生产功能区和重要农产品生产保护区，作为限制进行大规模高强度工业化城镇化开发的区域进行保护，这也是将确保口粮绝对安全、确保粮棉油糖等重要农产品供给安全战略要求落实到田头地块的重要举措。要综合考虑未来消费需求、各地生产现状、水土资源条件等因素，以主体功能区规划和优势农产品布局规划为依托，科学合理划定稻谷、小麦、玉米粮食生产功能区，做到既突出主产区的产能优势，同时又能引导非主产区粮食生产，发挥好主销区和产销平衡区的粮食生产责任。同时，要顺应产业转移和消费升级趋势，科学划定大豆、棉花、油菜籽、糖料蔗、天然橡胶等重要农产品生产保护区，突出保护好东北大豆、新疆棉花、长江流域油菜籽、广西和云南糖料蔗等重点产区。此外，还要制定好特色农产品优势区建设规划，鼓励各地争创园艺产品、畜产品、水产品、林特产品等特色农产品优势区。

合理调控进出口。缓解我国农业资源环境压力，增加国内短缺品种供给，需要利用好国外市场和资源，通过优化进出口来调节国内供需。目前我国进口的主要是一些土地密集型农产品，这相当于进口了土地和水，对补充国内优质农产品供给不足，优化国内供给具有积极意义。要进一步健全农产品贸易反补贴、反倾销和保障措施法律法规，依法对进口农产品开展贸易救济调查，妥善处理贸易摩擦，合理调控农产品贸易。同时，对具有比较优势的农产品，要进一步扩大生产，提高质量水平，完善农产品出口政策，加大海外推介力度，扩大优势农产品出口。

2. 推进农业结构调整

经过持续多年稳步增产，我们彻底告别短缺经济时代，农产品供求主要矛盾从供给总量不足向供给品种、品质不适应需求方面转化。适应新形势新需求，推进农产品供给与需求向高水平均衡跃升，需要在优化农业产业结构上下更大功夫。

统筹粮经饲种植。种植业是农业的重要基础，也是调结构的“重头戏”。近年来，我国种植业结构总体不断优化但失衡趋势明显，玉米出现阶段性供大于求，大豆供求缺口逐年扩大，棉花、油料、糖料等进口大幅增加，优质饲草短缺。有效改善这种局面，需要统筹粮经饲种植，走出“多了砍、少了赶”的怪圈，避免“一调就减、一减就慌、一慌就收”。要综合考虑资源禀赋、生态条件、产业基础、种植效益、市场需求等因素，加快优化种植业品种结构和区域布局。粮食作物要稳定水稻、小麦生产，守住“谷物基本自给、口粮绝对安全”的战略底线，重点发展优质稻米和强筋弱筋小麦，继续调减非优势区籽粒玉米，增加优质食用大豆、薯类、杂粮杂豆等。经济作物要优化品种品质和区域布局，巩固主产区棉花、油料、糖料生产，稳定棉花、食用植物油、食糖自给水平，促进园艺作物增值增效。饲料作物要坚持“以养带种、多元发展”，根据养殖生产的布局和规模，扩大适宜地区饲草种植面积，重点发展青贮玉米、苜蓿等优质牧草，培育现代饲草料产业体系。

发展生态高效养殖。养殖业是农业的重要组成部分。从世界范围看，经济发达程度越高，动物源性食品在人们生活中所占比例也越高。近年来，我国养殖业逐步从分散养殖向规模养殖过渡，资本聚集度、设施设备和养殖技术水平不断提升，但整体规模化水平不高，发展方式比较粗放，养殖业污染问题突出。据相关部门统计，我国56%的猪肉、52%的牛奶和70%多的牛羊肉都是由散户生产出来的①。针对这些问题，要统筹考虑种养规模和资源环境承载力，通过规模化、标准化生产提升养殖效益，通过推广粮改饲和种养结合模式，实现种养平衡。生猪养殖要突出现代种业、标准化养殖、质量安全和疫病防控，引导产能向环境容量大的地区和玉米主产区转移。牛羊等草食畜牧业养殖要结合农区、牧区、半农半牧区和垦区的特点，加快品种改良，探索多种农牧结合的养殖模式。奶业要把乳品质量安全放在优先地位，支持适度规模的家庭牧场，培育国产优质品牌，全面振兴奶业。水产养殖要减量增效，合理控制近海捕捞，积极发展集约化海水健康养殖，大力发展远洋渔业。

做大优势特色农业。特色农业是现代农业的重要部分，在满足城乡居民多样化需求方面发挥着独特作用。近年来，我国特色农业发展较快，但普遍存在产业化水平不高、品牌建设滞后等问题。做大优势特色农业，一方面要“提质”，加快推进杂粮杂豆、蔬菜瓜果、茶叶蚕桑、花卉苗木、食用菌、中药材和特色养殖等产业提档升级；另一方面要“增效”，重点在加强优势特色农产品品牌建设，积极建设一批地理标志农产品和原产地保护基地，推进区域农产品公用品牌建设，支持地方打造区域特色品牌。

3. 确保农产品质量安全

民以食为天，食以安为先。农产品质量安全是事关广大老百姓吃得安全、吃得放心、吃得健康的重大民生工程。近些年，我国主要农产品产量不断增长，但质量水平提高并不快，食品安全事件时有发生，老百姓“吃得不安全、吃得不放心”。农产品质量安全既是产出来的，也是管出来的，要“产出来”

① 马有祥．实现规模化养殖不能脱离国情操之过急［EB/OL］．［2016-09-01］．农经网．

和“管出来”并举，加强全程控制，切实提升农产品质量。

强化生产控制。安全的农产品首先是“产”出来的。只有土地干净、清洁生产，才能生产出优质的农产品。这需要首先把住生产环境安全关，治地治水，净化农产品产地环境，同时严格投入品监管，控肥、控药、控添加剂，切断污染物进入生产链条。在目前分散的家庭经营仍占主导的条件下，不仅要从生产源头提升农产品质量安全水平，还需要积极落实生产者责任，通过发展“公司+农户”“合作社+农户”等多种形式的规模经营，将千家万户纳入安全生产轨道，通过推行农业良好生产规范，实现规模化、标准化生产，大力发展“三品一标”。

提升监管能力。农产品质量安全同时也是“管”出来的。确保舌尖上的安全，需要有最严谨的标准、最严格的监管、最严厉的处罚以及最严肃的问责。当前农业产业链各环节监管脱节的问题，需要进一步完善监管体系，构建生产、流通、加工、消费全程监管链条。同时，需要加强复合型农产品质量安全执法监管人才队伍建设，实现农产品质量安全执法监管体系“机构专业化、人员稳定化、经费预算化、手段现代化”。除此之外，还需要深化突出问题整治，强化执法查处，提高处罚的震慑力，严打非法添加、制假售假、私屠滥宰等行为。

专栏 13　2008 年中国奶制品污染事件

事故起因是很多食用三鹿集团生产的奶粉的婴儿被发现患有肾结石，随后在其奶粉中发现化工原料三聚氰胺。事故发生后，国家质检总局公布对国内乳制品厂家生产的婴幼儿奶粉的三聚氰胺检验报告，包括伊利、蒙牛、光明、圣元及雅士利在内的多个厂家的奶粉都检出三聚氰胺。据卫生部通报，截至 2008 年 12 月底，全国累计报告因食用三鹿牌奶粉和其他个别问题奶粉导致泌尿系统出现异常的患儿共 29.6 万人。

完善追溯体系。追溯体系建设是强化全过程质量安全管理与风险控制的有效措施。“二维码轻轻一扫，农产品安全信息尽现”，可以增强消费者安全感知和信心。要做到这一点，需要有明确的农产品质量安全追溯管理办法，需要完善的管理规范和技术标准，并通过追溯试点逐步推进。同时，需要充分利用信息技术手段，以责任主体和流向管理为核心、以追溯码为载体，推动追溯管理与市场准入相衔接，加快构建质量追溯平台，贯通检测、认证、预警、评估、执法、追溯、标准化等全要素，才能实现食用农产品“从农田到餐桌”全过程追溯管理。

4. 发展生态友好型农业

多年来我国农业发展取得的成绩，一定程度上是在牺牲环境和透支资源要素的基础上取得的，付出了很大代价。要避免“吃祖宗饭、断子孙粮”，必须转变粗放式的农业发展方式，发展生态友好型农业，走可持续的农业发展之路。

发展循环农业。农业清洁生产改变了过度依赖大量外部物质投入的生产方式，有利于实现资源利用节约化、生产过程清洁化、废物循环再生化。推进清洁生产，关键在护地、节肥、节药、节水。护地，就是要保护好耕地资源，重点要加大东北黑土地保护支持力度，推进耕地轮作休耕制度试点，促进农田永续利用。节肥、节药，重点在改变传统大肥大药的模式，不仅要做到化肥农药零增长，同时，也要加快推广高效、低毒、低残留农药、生物农药和先进施药机械，推进病虫害统防统治和绿色防控①；普及和深化测土配方施肥，改进施肥方式，鼓励使用有机肥、生物肥料和绿肥种植。节水，重点要通过强化水资源管理红线的导向与约束，通过大规模实施农业节水工程，提高水资源利用效率。此外，通过促进种养循环、农牧结合、农林结合，因地制宜推广“稻鱼共生”、“猪沼果”、林下经济等生态循环农业模式，也能促进资源的高效利用，推进农业可持续发展。

治理环境污染。从根本上解决农业环境污染，要有“防”有“治”，“防”“治”兼备。在农田污染治理方面，需要尽快完成土壤污染状况详查，搞好重金属污染耕地修复及种植结构调整试点；同时，完善农田生态沟渠、污水净化塘等设施，净化农田排水及地表径流，开展废旧地膜机械化捡拾示范推广和回收利用，综合治理地膜污染。在养殖业污染治理方面，要加快畜禽养殖场（小区）、水产养殖池塘的标准化改造，控制养殖污染排放。

修复农业生态。没有良好的生态环境，就不可能有真正的生态农业。只有通过最严格的管控，降低资源利用强度，推动生态环境恢复，扩大无公害农产品、绿色食品、有机农产品生产才有基础。要通过重大生态工程建设，推进山水林田湖整体保护、系统修复、综合治理。按照“西治、东扩、北休、南提”的思路，全面提升林业综合生产能力和生态功能。推进退牧还草、京津风沙源治理和草原防灾减灾，保护好草原生态。进一步加强河湖生态修复

① 农业部提出化肥农药“双零行动”，即力争到2020年，化肥利用率和主要农作物农药利用率均达到40%以上，分别比2013年提高7个和5个百分点，实现农作物化肥、农药使用量零增长。

与综合治理，恢复水生生态系统。加强畜禽遗传资源和农业野生植物资源保护，建设野生动植物自然保护区，保护好生物多样性。

（二）构建现代农业经营体系

1. 发展适度规模经营

小规模分散经营不利于资源要素的优化配置和劳动生产率提高，发展现代农业要有适度规模，没有规模就很难有效率。但是，我国人多地少的国情，决定了我们不可能像发达国家单一搞大农场、大公司经营，以户为基本单位的家庭经营在相当长的时期仍是农业经营的主体。因而，通过创新农业经营体制，发展适度规模经营，可提高农业规模化、集约化、专业化、组织化、社会化水平。可以通过土地流转实现规模经营，也可以通过代耕代种、联耕联种、土地托管、股份合作等多种方式实现适度规模经营，这是新的历史条件下坚持和完善农村基本经营制度的方向。

加快确权颁证。“有恒产者有恒心，无恒产者无恒心。”土地是农业最基本的生产要素，是农民安身立命之本。土地承包关系不稳，农民土地承包经营权难以得到有效保障，工商资本、现代新型经营主体投资农业的积极性也会受到影响。要在坚持和完善土地用途管制制度前提下，加快探索土地承包关系长久不变的具体实现形式，建立农村土地承包经营权确权登记制度，给农民“确实权、颁铁证”，并确保证书符合标准，能管长久，给农民吃上“定心丸”。同时，加快推进承包地信息应用平台建设，推进承包合同网签管理，提升土地承包管理信息化水平。

专栏 14　农村集体土地确权登记发证

农村集体土地确权登记发证是对农村集体土地所有权、集体土地使用权等土地权利的确权登记发证。农村集体土地使用权包括宅基地使用权、集体建设用地使用权等。农村集体土地所有权确权登记发证覆盖全部农村范围内的集体土地，包括属于农民集体所有的建设用地、农用地和未利用地。

推进“三权分置”。随着农村劳动力大量转移进城或到第二、第三产业就业，农村土地承包主体与经营主体分离趋势更加明显，实行“三权分置”是适应这一趋势的重要制度创新。要充分考虑各地资源禀赋和经济社会发展差异，探索土地所有权、承包权、经营权分置办法，因地制宜加强农村产权交易市场建设，依法推进土地经营权有序流转，引导土地经营权流向种田能手和新型经营主体。积极开展土地承包权有偿退出、土地经营权抵押贷款、土地经营权入股农业产业化经营等试点，盘活土地经营权。

2. 培育新型农业经营主体

劳动者是生产要素中最重要的因素。无论是实现生产要素还是生产关系的最佳组合与充分利用，都必须通过人的要素来实现。随着农村劳动力的外流，只有加快培育新型农业经营主体，才能有效解决谁来种地、怎样种好地的问题。

扶持发展种养大户和家庭农场。农户家庭经营是现代农业经营体系的基础。家庭经营符合农业生产特点，适应当前我国经济社会发展阶段要求。家庭经营中种养大户和家庭农场是主体。要加大支持力度，鼓励有文化、懂技术、会经营的农村实用人才、技术能手、农村致富带头人和返乡大学生发展适度规模生产经营，逐步培育为专业种养大户，鼓励基础较好的种养大户积极向家庭农场经营模式转变。引导土地、技术、资本等生产要素向家庭农场集中，鼓励家庭农场加强联合与合作，促进家庭农场加快发展。

引导和促进农民合作社规范发展。近年来，我国农民合作社蓬勃发展，数量快速增长，截至 2020 年底，全国依法登记的农民合作社达 220 万家，比 2016 年增加了 66 万家，入社农户已超过全国农户总数的 50%。但是，其中有不少“空壳社”“休眠社”“套牌社”，没有真正发挥作用。促进农民合作社的发展，要加快从数量型增长向水平提升转型。引导和促进农民合作社健全规章制度，完善运行机制，加强民主管理，强化指导扶持服务，增强经济实力、发展活力和带动能力。

培育壮大农业产业化龙头企业。农业产业化龙头企业是现代农业经营体系中最有活力、最具创新能力的经营主体，是推进农业产业化经营的关键。目前，农业龙头企业在农业产业化经营中的引导作用在不断增强，但整体实力依然偏低，与农民利益联结不够紧密，面临“融资难”“用地难”等问题。壮大农业产业化龙头企业，关键要推动相关扶持政策落地实施，切实缓解融资难、融资贵、用地缺乏保障等问题，引导和支持企业加强技术创新，不断拓展产业链条，建立与农民更加紧密的利益联结关系，提升辐射带动能力。鼓励和支持工商资本投资现代农业，促进农商联盟等新型经营模式发展。

大力培养新型职业农民。确保农业后继有人，需要大力培养新型职业农民。新型职业农民是以农业为职业、具有相应的专业技能、收入主要来自农业生产经营并达到相当水平的现代农业从业者。目前，新型职业农民培育的针对性、规范性、有效性不强，新型职业农民队伍发展面临基础不牢、人员不稳等问题。要实施精准培育，科学设置培训内容，创新培育模式，加强跟踪指导服务，切实提升新型职业农民队伍总体文化素质、技能水平和经营能力。

3. 健全农业社会化服务体系

农业社会化服务是现代农业的重要支撑，是提高农业组织化程度、解决农业小生产与大市场矛盾的重要手段。从欧美农业现代化历史进程看，农业社会化服务体系都发挥了强有力的支撑作用。我国农业社会化服务内容与需求匹配性仍有待提高，全程生产服务和大规模整建制服务还比较少，农业社会化服务体系仍有待健全。

培育壮大农业经营性服务组织。农业社会化服务是一种公共产品，是政府职责所在，但并不意味着所有的农业社会化服务都必须由政府来提供，通过政策支持和机制创新，农业经营性组织也可以成为农业社会化服务的重要力量。要鼓励和引导社会力量参与公益性服务，积极培育一批服务水平高、覆盖范围广、示范作用大的农业经营性服务组织。采取政府订购、定向委托、奖励补助、招投标等方式，支持具有一定资质的农业服务主体开展专业化、规模化服务，提供土地托管、农技推广、农机作业、统防统治、产品营销、农资配送、信息提供等各项生产性服务。适应综合服务需求，鼓励和支持农业经营性服务组织构建紧密的利益共同体，整合各类社会化服务功能，提供多功能、综合性的农业社会化服务。

创新农业社会化服务机制。随着家庭农场、专业大户、农民合作社等新型农业经营主体的大量涌现，以及农业产业链条的延伸和功能拓展，传统的社会化服务模式已经难以适应新形势的需求，必须加快创新社会化服务机制。要积极搭建区域性农业社会化服务综合平台，整合资源建设乡村综合服务社和服务中心，构建多层级多形式服务平台体系，加强产前、产中、产后服务，打造服务领域宽广、规模化效益明显、抗风险能力强、产业附加值高的农业全产业链社会化服务体系。推进农业生产全程社会化服务创新试点，积极推广合作式、托管式、订单式等服务形式，按照“风险共担、利益共享”的原则，鼓励服务对象与服务主体之间建立紧密合作关系和利益联结机制。

（三）提高农业技术装备和信息化水平

1. 增强农业科技创新推广能力

农业出路在现代化，农业现代化关键在科技进步。正如习近平总书记所言，“我们必须比以往任何时候都更加重视和依靠农业科技进步，走内涵式发展道路”。纵观新中国成立以来我国农业发展进程，科技进步特别是土地节约型技术变迁，是农业生产能力持续提高的动力源泉，为保障粮食安全和农产品有效供给做出重大贡献。未来有效应对农业发展面临的各类挑战和风险，提升农产品高端供给，实现农业可持续发展，根本依靠仍然是农业科技的创新和应用。

加强农业科技自主创新。实践证明，真正的农业核心技术是买不来的，提高农业科技水平，必须依靠自主创新。农业科研既要仰望星空，又要脚踏实地，做到“顶天立地”。“顶天”，就是要面向农业科技创新的制高点，整合科技创新资源，完善国家农业科技创新体系和现代农业产业技术体系，加强农业科技基础前沿研究，提升原始创新能力，力争在合成生物技术、动植物天然免疫技术、农业生物固氮技术等前沿和颠覆性技术方面取得重大突破，牢牢把发展主动权掌握在自己手里。“立地”，就是要适应农业转方式、调结构新要求，围绕解决农产品生产效率、质量安全以及环境可持续发展等问题，调整农业科技创新方向和重点，加强关键技术科研攻关，服务区域农业综合解决方案、化肥农药减施、耕地保育与质量提升、农业面源污染综合治理等重大需求。

提高农业科技转化应用水平。目前，我国科研与推广“两张皮”现象比较突出，许多科研成果被束之高阁，无法转化成现实生产力。解决这一问题，一方面要完善体系，适应农业市场化、信息化、规模化、标准化发展需要，健全完善农业技术推广体系，创新公益性农技推广服务方式，引入项目管理机制，推行政府购买服务，支持各类社会力量广泛参与农业科技推广。另一面要强化激励，完善农业科技创新激励机制，探索建立政府推动、市场引导、企业化运作的农业科技成果转移服务新模式新机制，加快农业科技成果转化应用。围绕现代农业发展重大需求，加快农业防灾减灾稳产增产、主要农作物关键环节机械化、同步营养化、农业物联网、农产品加工等关键技术的示范和推广。今后一个时期我国主要农业领域关键突破技术见表 1-2。

表 1-2　今后一个时期我国主要农业领域关键突破技术

领域	关键突破
现代种业	①突破种质资源多维组学大数据分析关键技术；②攻克主要农业动植物高效遗传转化瓶颈，建立不依赖受体基因型和多基因叠加的高效遗传转化新技术；③优质、高效、抗逆、专用以及适宜机械化和轻简化作业的重大品种。
农业机械化	①粮食作物与主要经济作物机械化生产关键技术；②设施园艺与福利设施养殖工程技术；③农机核心功能部件及系统，与农艺相融合的农机设计及制造技术，主要粮食、经济作物和畜禽水产智能化农机装备；④农业机械化标准配置技术

续表

领域	关键突破
农业信息化	①现代智能农业机械装备核心部件及软件系统；②农业信息资源开发、大数据挖掘、知识服务关键技术及产品；③农业互联网、物联网和移动互联网融合技术、部件及网络服务平台
农业资源高效利用	①秸秆快速腐熟、有机质功能提升、固碳减排、粮豆轮作与休耕、风蚀监测与水土流失治理、保护性耕作与耕层构建、旱作节水等关键技术；②农作物高效种植和畜禽水产健康养殖关键技术；③肥料减施增效理论与技术；④农业废弃物循环利用技术；⑤草地、海洋、滩涂等资源保护与开发技术
农业生态环境	①创新土壤重金属有效性降低的钝化、移除、修复及农艺调控技术与材料；②面源污染控制技术；③农村生活垃圾与其他有机废弃物协同处理技术及装备；④生物多样性保护与利用技术
农作物耕作栽培管理	①种植制度与结构优化模式；②作物可持续高产高效耕作栽培理论；③集约化、精准化、轻简化生产管理技术；④区域提质增效规模化生产技术
畜禽水产养殖	①畜禽水产营养调控理论；②规模化健康养殖技术；③新型饲料与制备技术；④养殖智能化管理技术
农作物灾害防控	①RNA 干扰、生物激素抑制、天敌多靶标生物控制、植物替代拦截等外来入侵物种防控新技术；②农作物病虫草鼠害绿色防控技术、以生态区为基础的综合防控技术；③农药减施增效新型生物农药及植保机械；④适应气候变化与结构调整的植保技术
动物疫病防控	①重大疫病致病与免疫机理；②病原监测与疫情预警技术；③快速诊断、综合防控和净化技术；④新型疫苗与兽药
农产品加工	①集成研发农产品自动化采收（屠宰）、快速预冷、高效商品化处理、智能仓储物流、绿色保鲜、冷链耦合等关键技术；②研制特色作物除杂、去皮脱壳、分级分选、分类包装等全系列智能化产后初加工技术装备；③全产业链质量安全与品质控制技术
农产品质量安全	①农产品中主要危害因子筛查识别、来源归趋、环境行为、毒理毒性、消长代谢规律和防控机理；②农产品质量安全与品质形成规律探索，全产业链质量安全管控技术；③标准物质、标准品、标准样品、数据模型及监测预警体系；④品质与营养功能成分识别评价鉴定技术

资料来源：《“十三五”农业科技发展规划》《“十四五”农业科技发展规划》。

2. 加快农业机械化提档升级

劳动工具是劳动资料中最主要的、具有决定意义的因素。从农业发展的历程看，没有劳动工具的现代化就不可能有农业生产的全面现代化。目前，我国的农业机械化经历了前十余年的快速发展后，已进入了稳步发展阶段，需要进一步促进机械化提档升级。

推进主要农作物生产全程机械化。随着农业劳动力外流和农民老龄化，实现重要农产品生产节本增效、稳定供给，需要加快突破用工量大、农时紧迫的大田作物生产全程机械化这一薄弱环节。推进水稻、玉米、小麦、马铃薯、棉花等主要农作物的耕整地、种植、植保、收获、烘干、秸秆处理的全程机械化，突破油菜籽、花生、大豆、甘蔗等主要经济作物生产全程机械化瓶颈。农业机械化涉及农机农艺、经营体制、基础设施、装备制造等多个方面，是一项系统工程，要更加注重农机农艺融合，更加注重农业机械化与适度规模经营融合，更加注重农业机械化与信息化融合。同时，需要加快构建标准化、区域化、规模化的全程机械化生产模式，重点对象是粮棉油糖等主要农作物及饲草料，主攻环节是高效植保、中耕施肥、节水灌溉、烘干、秸秆处理等，努力实现作物品种、栽培技术和机械装备集成配套和生产全过程各环节机械化技术配套。

推广应用绿色环保机械化技术。农业装备的环保化、绿色化，是实现“一控两减三基本”目标、推动农业绿色发展的重要保障。所谓“一控两减三基本”，即严格控制农业用水总量，大力发展节水农业；减少化肥和农药使用量，实施化肥、农药零增长行动；实现畜禽粪便、农作物秸秆、农膜基本资源化利用。发挥绿色环保农机在农业投入品减量化、农业废弃物资源化利用方面的作用，重点加快淘汰能耗高、污染重、性能低的老旧机械，积极推广应用深松整地、保护性耕作、精准施药、化肥深施、节水灌溉、秸秆机械化还田收贮、残膜机械化回收利用、病死畜禽无害化处理及畜禽粪便资源化利用等机械化技术，以及推广环保节能型农业动力装备。

提高农机社会化服务质量效益。农机社会化服务是指相关组织或经营主体提供的机耕、机播、机收、排灌、植保等各类农机作业服务，以及相关的农机维修、供应、中介、租赁等有偿服务的总称。针对目前农机社会化服务主体实力不强、服务范围较窄、专业人才缺乏等问题，要促进农机作业市场、维修市场、流通市场加快发展，培育壮大农机合作社、农机作业公司等农机经营服务主体，鼓励引导农机合作社综合化、规范化、品牌化发展，积极培养农机作业能手、维修能手、经营能手，提升农业机械化公共服务能力。

3. 推进农业信息化

信息化水平已经成为衡量一个国家农业现代化水平的重要标志。近年来，我国农业信息化建设取得了积极进展，生产、经营、管理信息化水平不断提升，但农业信息化还处在起步阶段，基础十分薄弱，总体水平不高。要突破资源瓶颈约束，提升农业生产效率，需要用现代信息技术来全面改造农业，对农业生产的各种要素进行数字化设计、智能化控制、精准化运行、科学化管理。

推进生产信息化。针对当前农业资源利用率低、农业生产经营效率不高等问题，要积极探索信息技术应用模式及推进路径，推进物联网、大数据、空间信息、智能装备等现代信息技术与种植业（种业）、畜牧业、渔业、农产品加工业生产过程的全面深度融合，集成应用大田种植业信息技术、设施农业信息技术、畜禽养殖业信息技术、渔业信息技术、农产品加工业信息技术，提高生产信息化水平。

推进信息技术应用。大数据已成为现代农业新型资源要素，对提高农业生产精准化、智能化水平具有重要作用。目前，我国农业数据共享开放不足，信息孤岛、数据壁垒、数据碎片化等问题普遍存在，导致信息服务能力不强，应加快构建数据共享平台，完善农业信息资源共享机制，加快涉农数据整合共享和有序开放，推进大数据在农业生产、经营、管理、服务等各环节、各领域的应用，为政府部门管理决策和各类市场主体生产经营活动提供更加完善的数据服务。积极实施农业物联网区域试验工程，推进农业物联网应用。

健全信息社会化服务体系。信息社会化服务是农业社会化服务的重要内容。针对信息社会化服务供需不匹配问题，要切实增加农业信息社会化服务供给，支持科研机构、行业协会、IT 企业、农业产业化龙头企业、农民合作社等市场主体发展生产性服务，同时利用现代信息技术开展农业生产经营全程托管、农业植保、病虫害统防统治、农机作业、农业农村综合服务、农业气象“私人定制”等服务。积极鼓励农民基于互联网开展创业创新，参与代理服务、物流配送等产业基础环节服务。

（四）促进农村一二三产业融合发展

我国农业产业链条较短，相当一部分产品以“原”字号、“初”字号产品直接进入市场，供需难以有效匹配。适应城乡居民需求新变化，扩大高端供给，要进一步延伸产业链条，开发农业多种功能，促进“接二连三”，延长产业链、提升价值链、完善利益链，让农民合理分享全产业链增值收益。

拓展延伸农业产业链条。发挥好加工业连接农业生产和居民消费的纽带作用，实施农产品加工业提升行动，鼓励企业兼并重组，淘汰落后产能，支持主产区农产品就地加工转化增值，积极开发市场适销对路的新产品，推动农产品加工业优化升级。发挥好农业生产性服务业的支撑和保障作用，强化政策法律咨询、市场信息、病虫害防治、测土配方施肥、种养过程监控等服务，提高农业生产效益。针对解决农产品销售中的突出问题，加强农产品产后分级、包装、营销，建设现代化农产品冷链仓储物流体系，打造农产品销售公共服务平台，支持供销、邮政及各类企业把服务网点延伸到乡村，健全农产品产销稳定衔接机制。

发展农业新产业新业态。随着技术进步和收入水平提高，居民不仅要吃得饱、吃得好，对"看得见山、望得见水、记得住乡愁"的精神消费需求也日益增长，要顺应新消费，大力开发农业多种功能。鼓励支持各类市场主体创新发展基于互联网的新型农业产业模式，深入实施电子商务进农村综合示范，大力建设具有广泛性的促进农村电子商务发展的基础设施，促进农村电子商务健康有序发展。实施休闲农业和乡村旅游精品工程，建设一批设施完备、功能多样的休闲观光园区、森林人家、康养基地、乡村民宿、特色小镇，大力发展休闲农业、乡村旅游。发展乡村共享经济、创意农业、特色文化产业，鼓励在乡村地区兴办环境友好型企业，实现乡村经济多元化。

（五）完善农业支持保护制度

1. 建立农业农村稳定投入增长机制

财政支农是发展现代农业的必要手段。从改革开放以来的实践来看，我国农业发展经受住了多次重大自然灾害和各类风险的严峻考验，其中财政支农政策发挥了重要作用（见图 1–2）。新阶段，深化农业供给侧结构性改革，培育农业农村发展新动能，需要加大财政支农力度，建立农业农村稳定投入增长机制。

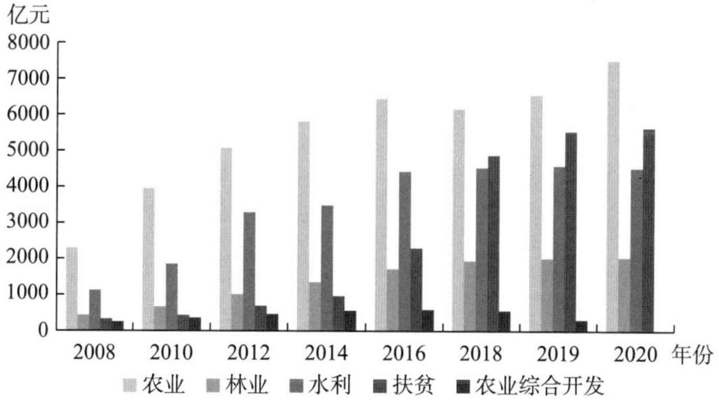

图 1–2　2008—2020 年国家财政用于农林水等各项支出

资料来源：《中国农村统计年鉴 2021》。

改革财政支农投入机制。我国农业发展的基础依然薄弱，需要补的短板还很多，要坚持把农业农村作为财政支出的优先保障领域，建立农业农村投入稳定增长机制，财政支农在总量上做到只增不减；同时更为重要的是，要创新涉农资金投入方式和运行机制，提升支农效能。近年来，我国财政支农资金使用效率有所提高，但涉农资金仍由政府部门多头管理、多头下达，零敲碎打、“撒胡椒面”等问题依然突出。要加快推进涉农资金整合，推进专项转移支付预算编制环节源头整合改革，探索实行“大专项+任务清单”管理方式，统筹整合各类建设性质相同、内容相近、投向相似的固定资产投资资金。同时，要创新财政资金使用方式，以奖代补和贴息，积极引导金融和社会资本更多投向农业农村。在符合有关法律和规定的前提下，探索以市场化方式筹集资金，用于农业农村建设。

完善农业补贴政策。2004 年以来，我国持续加大农业投入，构建起了一套针对性强、含金量高、惠及面广的农业补贴政策体系，但随着农业内在条件和外部环境的深刻变化，农业补贴政策效应持续递减，政策效能逐步降低，需要进一步调整完善。我国尚不具备全面、大规模补贴支持农业的能力，与发达国家搞补贴竞争，单纯依靠扩大补贴规模来保障粮食安全和提高农业供给质量，既不现实，也不符合世贸组织规则。要进一步提高农业补贴政策的指向性和精准性，逐步扩大“绿箱”补贴规模和范围，调整改进“黄箱”政策，重点补主产区、适度规模经营、农民收入、绿色生态。深入推进农业“三项补贴”制度改革，同时要进一步平衡好耕地承包主体和经营主体补贴、生产环节和产前产后环节补贴，让实际种粮主体成为真正的耕地保护主体，实现产业链环节协调发展。

2. 完善农产品价格和收储制度

近年来，政府通过价格支持和收储方式，有效避免了粮食增产条件下“谷贱伤农”问题的发生，农民从粮食增产和粮价提升中得到了双重实惠。但是，部分政策持续性和稳定性不足，政府直接干预市场价格形成，扰乱了市场运行，造成生产要素资源错配，带来一系列结构性问题。完善农产品价格和收储制度，要坚持市场化改革取向和保护农民利益并重。

完善重要农产品价格形成机制。目前，我国农业受国际农产品市场影响不断加深，粮棉油糖肉等重要农产品价格倒挂并成为常态，国内市场不断被挤占，粮食等部分产品“三量齐增”，价格调节农产品供求的作用弱化，需要进一步理顺粮食等重要农产品价格形成机制。要守住谷物基本自给、口粮绝对安全的底线，稻谷、小麦的最低收购价政策还不能取消，但需要逐步调整完善。棉花目标价格改革基本成熟，在操作层面要进一步提高效率。玉米已经实行市场定价、价补分离改革，操作过程中出现了价格下跌过快、多元主体入市收购不活跃等问题，完善玉米、大豆生产者补贴制度。探索开展农产品目标价格保险试点，健全市场价格波动风险分摊机制。

健全重要农产品收储制度。近几年我国粮食库存屡创新高，远远超过世界粮农组织规定的粮食储备安全线。库存高企造成财政负担重、资源浪费大，“去库存”任务艰巨。当前要加快推进粮食“去库存”，灵活运用竞价销售、定向销售、邀标销售、轮换销售等多种方式，合理确定销售价格，科学安排库存粮食销售进度和次序，加快政策性粮食竞价交易，推进粮食加工转化，努力减少政策性库存增量。同时，要完善收储体制机制，科学确定粮食等重要农产品储备规模，改革完善粮食储备管理体制和吞吐调节机制，引导流通、加工企业等多元化市场主体参与农产品收储。

完善农产品市场调控制度。近年来，我国部分农产品价格宽幅波动，造成农业生产者和消费者利益双重受损，现行的农产品市场调控机制亟待完善。要充分发挥市场机制的作用，建立以生产支持、储备吞吐、进出口调节和需求调控为主的调控手段体系，确保重要农产品有效供给和市场稳定。健全重要农产品价格信息收集和发布制度，加快建立一个集中、权威、统一的农产品价格信息平台体系。加强重要农产品虚拟需求调控，加强期货和电子交易市场监管，加大对违法行为的处罚力度。

3. 创新农村金融服务

“融资难”是农民的“老大难”问题，也是制约现代农业发展的“瓶颈”。如果不能很好地发挥金融支农作用，为农业插上金融的翅膀，实现农业现代化依然任重道远。

发展普惠金融。农村普惠金融是整个金融体系最薄弱的环节，其覆盖面、供给规模以及深度与现代农业发展需求相比还有很大差距。要解决农村金融供求失衡问题，需要大力发展普惠金融。应优化县域金融机构网点布局，支持金融机构增加县域网点，重点向中西部及经济落后地区倾斜，适当下放县域分支机构业务审批权限。加快在农业大县、小微企业集中地区，积极发展村镇银行等多形式农村金融机构。积极探索新型农村合作金融发展的有效途径，稳妥开展农民合作社内部资金互助试点。推动农村基础金融服务全覆盖，探索以多种形式提供简易便民金融服务。进一步发挥政策性金融、商业性金融和合作性金融的互补优势，加大金融扶贫力度。

创新金融产品和服务方式。目前农民融资难，一定程度上在于金融产品和服务不符合农村和农民实际需求特点，供给与需求不完全匹配。要深入研究农村金融需求的结构、特点，创新农村金融产品，推行“一次核定、随用随贷、余额控制、周转使用、动态调整”的农户信贷模式，推广应用微贷技术以及产业链金融、专营机构、信贷工厂等服务模式，大力发展农村电话银行、网上银行业务。鼓励金融机构积极利用互联网技术，为农业经营主体提供小额存贷款、支付结算和保险等金融服务。破解农民信贷难题的关键还要创新抵押担保办法，要进一步创新农村抵（质）押担保方式，深入推进承包土地的经营权和农民住房财产权抵押贷款试点，探索开展大型农机具、农业生产设施抵押贷款业务，盘活农村“沉睡资产”。针对新型农业经营主体需求，鼓励和支持金融机构开展订单融资和应收账款融资业务。

扩大保险覆盖面。农业保险作为一种专业化、市场化的风险管理机制，对防范化解农业生产风险、稳定农民收入具有极其重要的作用。要适应新型农业经营主体需求，完善农业保险制度，推进农业保险扩面、增品、提标。扩大农业保险覆盖面，重点发展关系国计民生和国家粮食安全的农作物保险、主要畜产品保险、重要“菜篮子”品种保险和森林保险。创新农业保险产品，稳步开展主要粮食作物、生猪和蔬菜价格保险试点，鼓励各地区因地制宜开展特色优势农产品保险试点。完善农业保险大灾风险分散机制，增强对重大自然灾害风险的抵御能力。加强农业保险基层服务体系建设，不断提高农业保险服务水平。扩大银行与保险公司合作，发展保证保险贷款产品。积极引导涉农企业利用期货、期权管理市场风险，稳步扩大“保险+期货”试点。

深化金融机构改革。确保“三农”贷款投放持续增长，需要健全激励约束机制，培育金融机构服务“三农”的内在动力。要落实涉农贷款增量奖励政策，对涉农业务较多的金融机构，进一步完善差别化考核办法。推进农村信用社改革，完善管理体制，增强省级联社服务功能，条件成熟后稳妥推进组建农村商业银行。完善农业发展银行风险补偿机制和资本金补充制度，支持国家开发银行创新信贷投放方式。加快完善邮储银行三农金融事业部运作机制，逐步扩大涉农业务范围。规范发展农村资金互助组织，开展农民合作社内部信用合作试点。建立健全农业政策性信贷担保体系，提升为农业生产经营主体提供融资担保服务的能力。支持符合条件的涉农企业上市融资、发行债券、兼并重组，鼓励金融机构发行“三农”专项金融债。

探索农业强国之道

粮食安全篇

第二章　2035 年粮食增产潜力分析*

——基于产粮大县 12 年面板数据分析

农业综合生产能力是指由农业生产各要素投入形成的相对稳定的农业综合产出水平，体现了农业生产向社会提供最终产品的能力。在农业生产中，粮食是占用资源要素最多、生产量最大、综合反映农业科技水平的产品，因而，通常用粮食综合生产能力来评价农业综合生产能力。

粮食是涉及国计民生和国家经济安全的重要战略物资，党中央高度重视粮食安全，历届政府把提升粮食综合生产能力作为经济工作的重要任务之一。2021 年我国粮食生产实现“十八连丰”，总产量达到 68285 万吨，创历史最高水平。粮食产量连续 7 年稳定在 6.5 亿吨以上，保持国内粮食供给总量基本平衡，支撑了国民经济健康快速发展。2035 年，中国将步入中等发达国家行列，随着人口的增加和中等收入群体规模的扩大，农产品需求将达到峰值，届时国内粮食综合生产能力状况将如何？能否满足国民经济发展需要？本章从 2007 年以来国家经济发展、农业资源环境等宏观背景出发，对产粮大县县域经济及其在国民经济中的地位、粮食生产、科技进步等微观变化进行了多维度分析，对 2035 年粮食生产潜力①进行预测，并提出解决路径和保障措施。

一、 产粮大县 12 年变化

2005 年中央一号文件强调要把“提高农业综合生产能力作为一项重大而紧迫的战略任务，切实抓紧抓好”。特别提出要“努力实现粮食稳定增产”。2008 年和 2009 年国务院先后出台了《国家粮食安全中长期规划纲要（2008—2020 年）》和《全国新增 1000 亿斤粮食生产能力规划（2009—2020

---

* 本文为中国工程院 2021 年重大咨询课题《国家食物安全风险管控战略研究》分课题《2035 年粮食增产潜力分析》的研究成果。

①本课题于 2020 年启动，由于县级统计数据滞后于全国及分省统计，且粮食分品种数据收集困难，为便于对比分析，统一采用 2018 年统计数据。

年）》[1]（以下简称《规划》）。《规划》明确提出，国家投资重点建设产粮大县的田间基础设施，在2007年（以下简称基期）全国粮食播种面积15.8亿亩的基础上，增加1000亿斤粮食生产能力；并根据国家统计局县卡资料中人口、2005—2007年3年粮食播种面积、粮食产量平均数值、人均粮食占有量以及县商品粮调出能力[2]等指标进行排序，筛选出有粮食调出能力、能起到区域品种平衡作用的800个产粮大县。这800个产粮大县在国家各项政策的支持下，经济状况、农业生产条件得到极大改善，粮食综合生产能力显著提高，在全国粮食增产中发挥了关键作用。

（一）产粮大县基本情况

2018年，800个产粮大县（市、区、场）人口5.12亿，占全国总人口的36.5%，比基期增加了1551万人，比重下降了1.15个百分点。耕地面积约6592万公顷，占全国总耕地面积的50.2%，比基期增了869万公顷。粮食播种面积7048万公顷，粮食产量4.36亿吨，分别比基期增加了884万公顷和8483万吨，占全国比重分别为60.2%和66.2%。人均粮食占有量850公斤，比基期增加了143.5公斤。

——东北区，黑龙江、吉林、辽宁、内蒙古4个省（区）209个县（市、区、场），耕地面积2804.2万公顷，粮食播种面积2475万公顷，产量15236万吨，分别占全国的21.3%、21.1%和23.2%，其中，玉米产量占全国玉米总产量的40%。粮食人均占有量2174公斤。

——黄淮海区，河北、山东、河南、安徽、江苏5个省300个县（市、区），耕地面积2163.5万公顷，粮食播种面积2879.3万公顷，产量18076万吨，分别占全国的16.5%、24.6%和27.5%，其中，小麦产量占全国小麦总产量的65%。粮食人均占有量超过727公斤。

——长江区，江西、湖北、湖南、四川4个省的171个县（市、区）是我国稻谷集中产区，水稻产量占全国的26.8%。耕地面积1059.8万公顷，粮食播种面积1219.9万公顷，产量7595万吨，分别占全国的8%、10.4%和11.5%。粮食人均占有量576公斤。

——非主产区120个产粮大县（市、区）分布在华东及华南地区、西南

---

① 2009年国务院出台的《全国新增1000亿斤粮食生产能力规划（2009—2020年）》中提出了粮食生产核心区概念，并依据粮食播种面积、产量、人均占有量进行排序，筛选出有粮食调出能力、有区域品种平衡能力的800个产粮大县。

② 2009年国务院出台的《规划》中产粮大县的选县原则是突出重点品种，注重调出能力，兼顾区域平衡。具体标准是，县级粮食人均占有量在375公斤以上，13个主产区县级粮食播种面积在30万亩以上，有水资源保障，年调出商品量大于2万吨；非主产区县级粮食播种面积在25万亩以上，年调出商品量大于1万吨。当年为保口粮绝对安全，产粮大县重点布局在稻谷、小麦主产区，非主产区120个县主要解决沿海省稻谷产区和北方玉米产区。县商品粮调出能力=（县粮食产量-375公斤/人）×县人口。375公斤为当时全国粮食人均占有量。

地区、西北地区11个省（区、市）①。耕地面积564.4万公顷，粮食播种面积474.4万公顷，总产量2651万吨，均占全国的4%左右。粮食人均占有量429公斤，约为全国人均占有量的92%。其中华东及华南地区、西南地区7个省（市、区）的80个县，粮食播种面积312万公顷，产量1677万吨，虽然面积和产量占全国比重不高，但在粮食区域平衡中发挥了重要作用。

（二）产粮大县经济状况②

1. 地区生产总值

2018年，产粮大县（市、区）地区生产总值为21.1万亿元，占全国的23%；人均地区生产总值4.12万元，比基期增加2.85万元，年均增速为11.3%，略低于全国人均GDP增速0.2个百分点。

2018年，产粮大县（市、区）县级GDP中位数为215亿元，高于全国（2080个县③）县级GDP中位数61%。从分布来看，75%的产粮大县（市、区）超过了全国县级的中位数，其中，91个县县级GDP超过500亿元，江苏、山东、江西、湖南4个省有17个县超过1000亿元。但GDP位于100亿~300亿元的县居多，达到397个，占53%；GDP在100亿元以下的县有105个，主要集中在东北4个省区、四川省以及非主产区；尚有14个县GDP不足50亿元（见图2-1）。

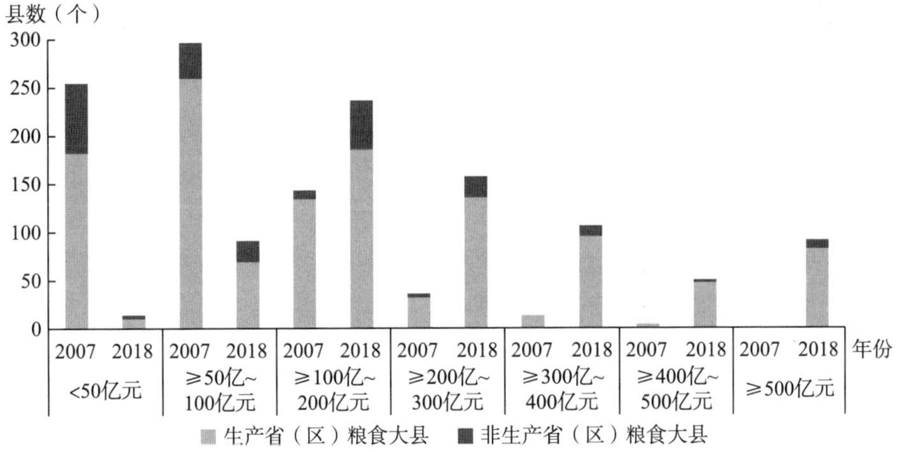

图2-1 2007年和2018年产粮大县（市、区）县级GDP变化

① 华东及华南地区为浙江、福建、广东、广西4个省（区）；西南地区为重庆、贵州、云南3个省（市）；西北地区为山西、陕西、甘肃、宁夏4个省（区）。

② 本节中粮食大县（市、区）的地区生产总值、第一产业增加值、一般公共财政收入、一般公共财政支出中均不含黑龙江农垦55个农场，实有县数为745个。

③ 2080个县为《中国县域统计年鉴（县市卷2019）》公布的县级行政区划单位数，笔者根据县（市、区）国民经济和社会发展统计公报对县（市、区）相关数据进行了补充，本章图中相关数据均来源于此。

从人均 GDP 来看，产粮大县（市、区）可分为四类：一类为江苏、浙江2个省，县级人均 GDP 分别达到 7.35 万元和 9.20 万元，比基期分别增加了5.63 万元和 6.01 万元；二类为山东、湖北、福建、重庆、山西、宁夏 6 个省（区、市），县级人均 GDP 在 4.38 万～5.87 万元，其中山东、湖北、福建、重庆，比基期增加了 3.67 万～4.42 万元不等；三类为东北地区、河北、河南、江西、湖南、四川、贵州、陕西等 11 个省（区），县级人均 GDP 在 3万～4.11 万元，比基期增加了 2 万元左右；四类为安徽、广东、广西、云南、甘肃 5 个省（区），县级人均 GDP 在 3 万元以下，其中广东、广西、甘肃3 个省（区），仅比基期增加 1.7 万元左右（见图 2-2）。

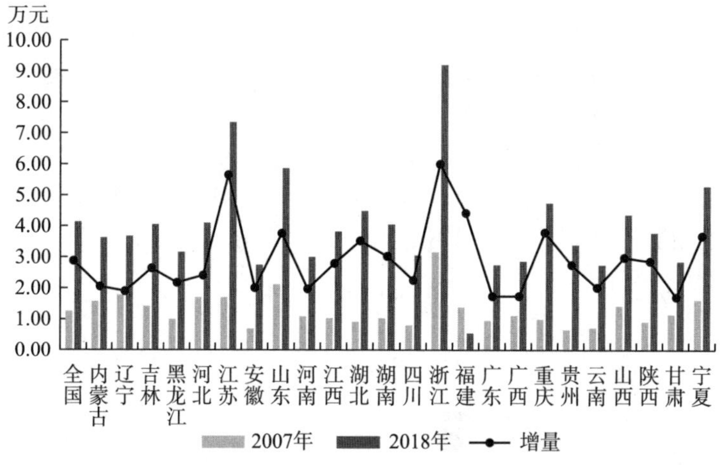

图 2-2　2007 年和 2018 年产粮大县（市、区）GDP 县域分布情况

2. 第一产业增加值

2018 年，产粮大县（市、区）第一产业增加值达到 28981 亿元，比基期增加了 1.1 倍，年均增速为 7.02%，比全国年均增速低 1 个百分点；占全国第一产业增加值比重 44.8%，比基期下降了 4.9 个百分点。13 个粮食主产省产粮大县（市、区）第一产业增加值占 13 个省 GDP 比重由 8.5%降至 5.1%，下降了 3.4 个百分点，快于全国下降速度 0.2 个百分点。除黑龙江产粮大县（市、区）第一产业增加值比重为 12.4%，基本维持在 2007 年水平，江苏比重低于 3%外，其余 11 个省产粮大县（市、区）第一产业增加值比重在 4.2%至 7%之间。其中，吉林、湖南、安徽产粮大县（市、区）第一产业增加值比重下降较多，分别下降了 10.1 个、6.7 个和 5.3 个百分点，其余省份下降了2～4 个百分点（见图 2-3）。

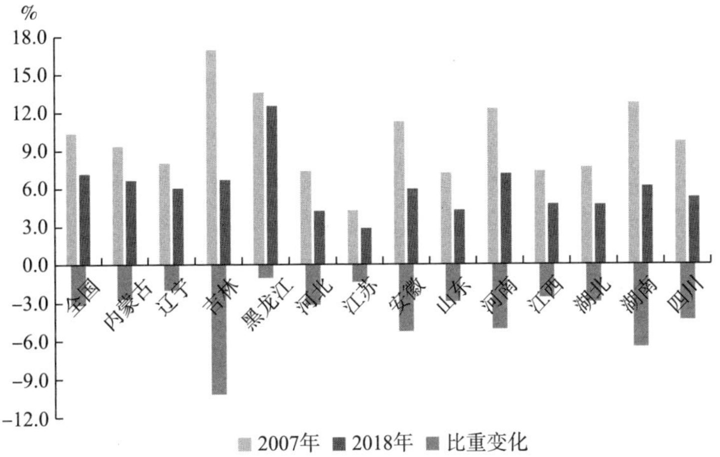

图 2-3　2007 年、2018 年粮食主产区产粮大县（市、区）第一产业增加值占所在省份 GDP 比重

产粮大县（市、区）第一产业从业人员由基期的 12965 万人降至 11574 万人，减少 1391 万人，占同期全国减少量的 12%。其减少的第一产业从业人员 90%集中在黄淮海区和长江区的 9 个省，其中，河南减少近 300 万人，安徽、湖南、四川减少第一产业从业人员均在 150 多万人以上。同期全国第一产业从业人员由基期的 3.07 亿人降至 1.95 亿人，减少了 1.12 亿人。

3. 县级财政收入

2018 年，产粮大县（市、区）一般公共财政收入为 12818.8 亿元，占全国地方财政收入的 13.1%，比基期提高了 3.8 个百分点；年均增速为 17.5%，高于全国水平 3.65 个百分点。产粮大县（市、区）县均一般公共财政收入为 17.2 亿元，但中位数仅为 11 亿元。其中，50%的产粮大县（市、区）一般公共财政收入位于中位数至 30 亿元之间；县级一般公共财政收入低于 5 亿元的 124 个县（市、区）大部集中在内蒙古、黑龙江 2 个省份，其余分布在河北、四川、广西、陕西等地（见图 2-4、图 2-5）。

产粮大县（市、区）人均一般公共财政收入为 2506 元，比基期增加 2066 元；为全国人均水平的 19.2%，比基期提高了 8 个百分点。粮食主产省（除内蒙古自治区外）产粮大县人均一般公共财政收入与省级平均水平差距有所缩小，四川、安徽分别比基期提高了 33 个和 27 个百分点，其他省份提高了 12~18 个百分点。但是平均数不代表大多数，主产区产粮大县（市、

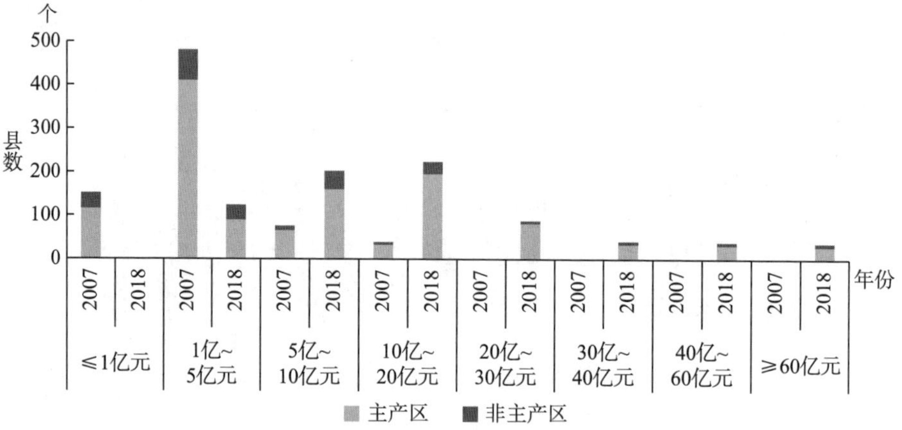

图 2-4　2007 年、2018 年产粮大县（市、区）县级一般公共财政收入分组情况

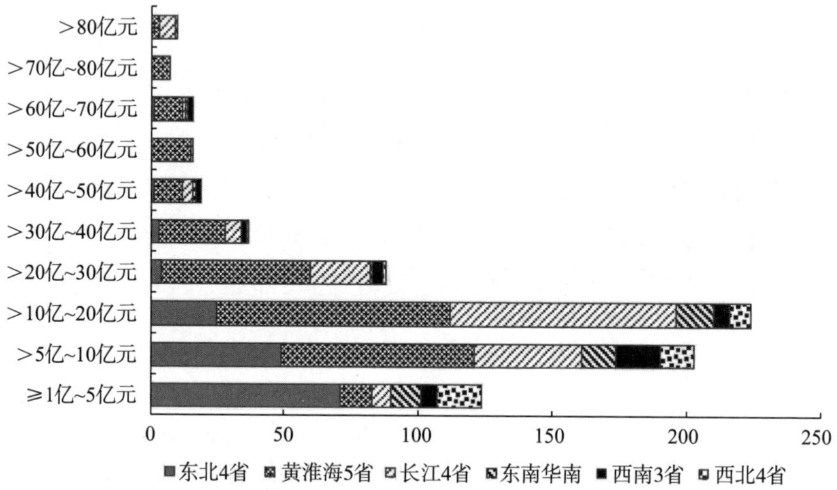

图 2-5　2018 年按县级一般公共财政收入分组的产粮大县（市、区）分布

区）人均一般公共财政收入中位数仅为 1827 元（见图 2-6），非主产区产粮大县的人均一般公共财政收入中位数仅为 1784 元，均低于全国产粮大县人均一般公共财政收入水平。且省份间人均一般公共财政收入增长的幅度相差较大（见图 2-7），安徽、湖北、湖南 3 省增速较快，处于 13 个主产省县级人均一般公共财政收入的中游；而河南、黑龙江 2 个省仍处于尾部。

4. 县级财政支出

2018 年，产粮大县（市、区）一般公共财政支出为 33497.6 亿元，占全国一般公共财政中地方支出的 17.6%，比基期提高了 4.5 个百分点；年均增

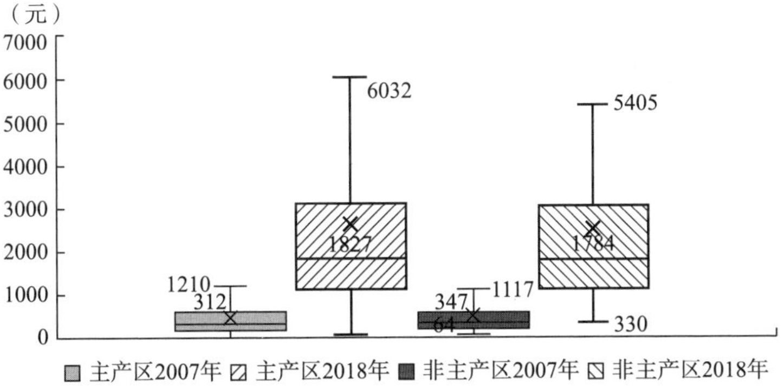

图 2-6　2007 年、2018 年产粮大县（市、区）人均一般公共财政收入分布变化

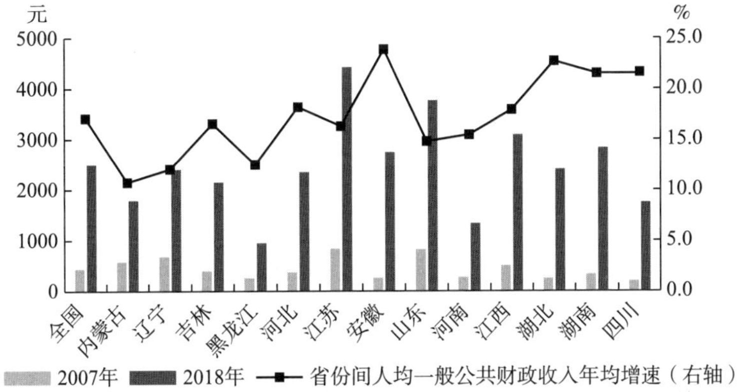

图 2-7　2007 年、2018 年主产区产粮大县（市、区）分省份人均一般公共财政收入增长情况

速为 17.2%，高于全国年均增速 1.6 个百分点。产粮大县（市、区）县均一般公共财政支出为 44.9 亿元，中位数达到 39.99 亿元。其中，48%的产粮大县（市、区）一般公共财政支出在 20 亿~50 亿元，25%的县一般公共财政支出在 50 亿元以上。而在 2007 年，601 个产粮大县县级一般公共财政支出在 10 亿元以下，超过 20 亿元的仅有 9 个县。产粮大县（市、区）县级一般公共财政支出分级情况见图 2-8。

从人均一般公共财政支出水平看，产粮大县（市、区）人均一般公共财政支出为 6550 元，比基期增加了 4.6 倍，年均增长 16.9%；达到全国人均水平的 41.7%，比基期提高了 10 个百分点（见图 2-9）。

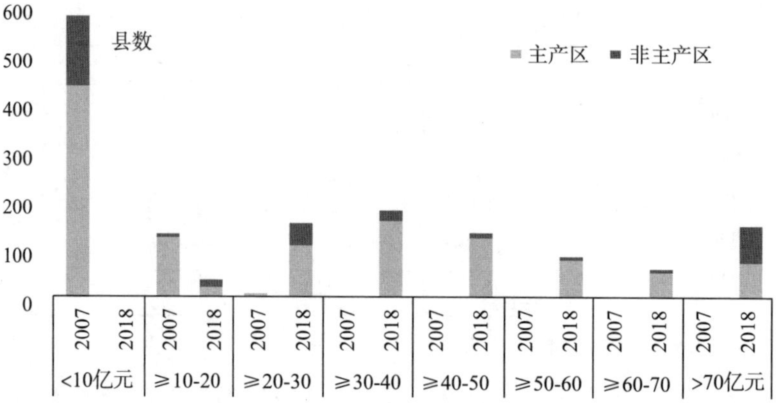

图 2-8　2007、2018 年产粮大县（市、区）县级一般公共财政支出分组情况

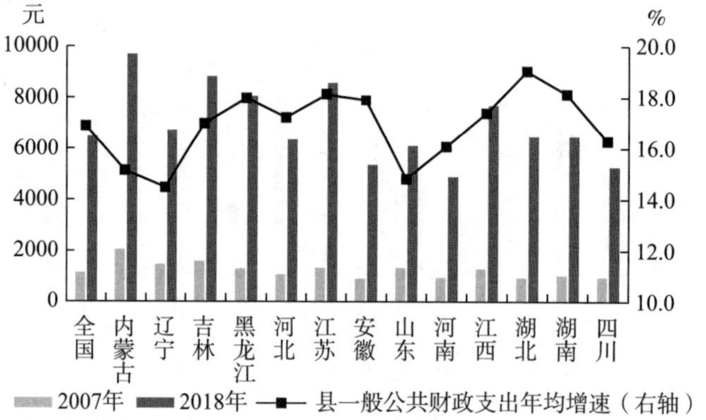

图 2-9　2007 年、2018 年主产区产粮大县（市、区）人均一般公共财政支出增长情况

主产区产粮大县（市、区）人均一般公共财政支出中位数为 6343 元（见图 2-10），为全国县级人均一般公共财政支出中位数（8648 元）的 73%；非主产区产粮大县（市、区）人均一般公共财政支出中位数为 7475 元，为全国县级人均一般公共财政支出中位数的 86%。

综上，可以看出 13 个主产省（区）产粮大县（市、区）人均一般公共财政收入、与支出的年均增速存在明显差异（见图 2-11）。

5. 农民人均可支配收入

2018 年，产粮大县（市、区）农民人均可支配收入中位数为 14973 元，高于全国农民人均可支配收入 2.2%，高于 2080 个县农民人均可支配收入中位数 2.7%。收入分档群体结构有所变化，低于全国农民人均可支配收入 10% 的县仍占 31.5%，仅比 2007 年下降了 0.7 个百分点（见图 2-12）。

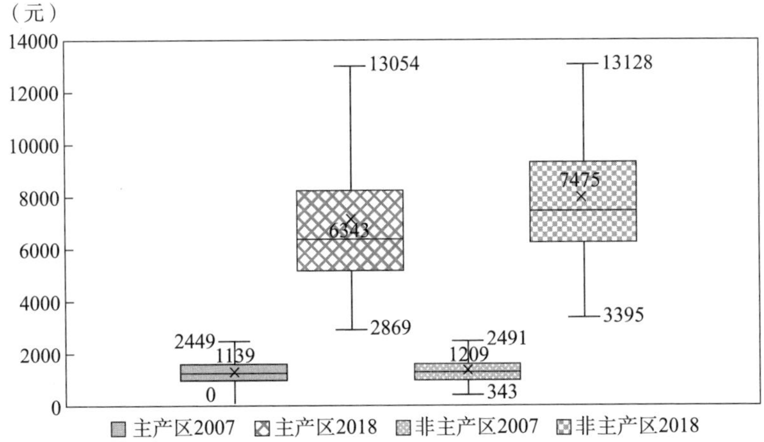

图 2-10　2007 年、2018 年产粮大县（市、区）人均一般公共财政支出分布变化

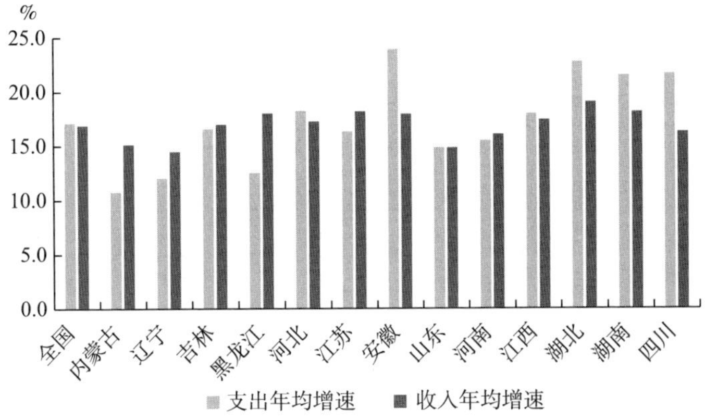

图 2-11　2017—2018 年主产区产粮大县（市、区）人均一般公共财政收入、支出增长情况

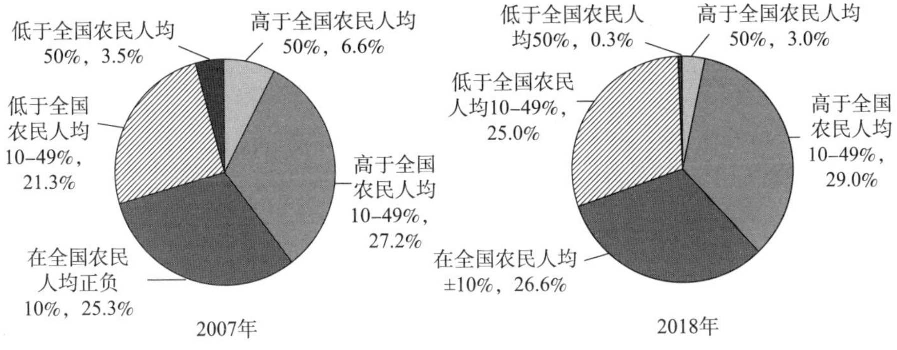

图 2-12　2007 年、2018 年主产区产粮大县农民人均可支配收入分档群体变化

（三）产粮大县对粮食增产的贡献

自2017年以来，全国粮食产量稳定在6.6亿吨以上，比基期增产1.6亿吨以上，其中90%来自13个粮食主产省，其680个产粮大县（含黑龙江农垦55个农场）粮食增产量达到8400多万吨，占全国增量的52.2%，占13个省份粮食增量的60%；水稻增产量占全国的71%，小麦、玉米的增产量约占全国的56%（见图2-13）。人均占有粮食达到908公斤，比2007年增加170公斤，为全国粮食人均占有量的1.94倍。黑龙江农垦55个农场粮食人均占有量达到18吨，比2007年增加了8吨，其他省（县）粮食人均占有量见图2-14。

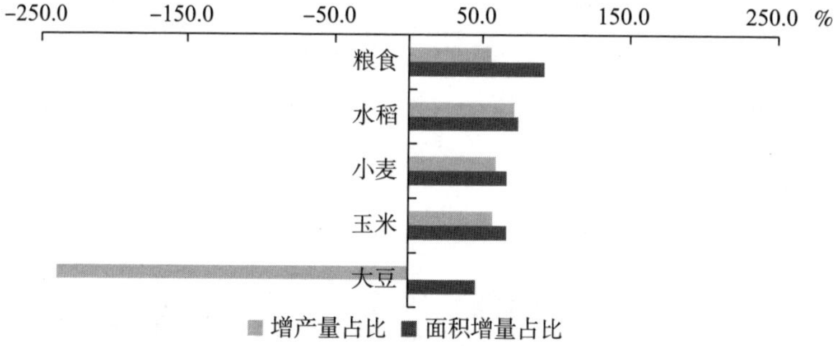

图2-13　产粮大县在全国粮食增产中的比重

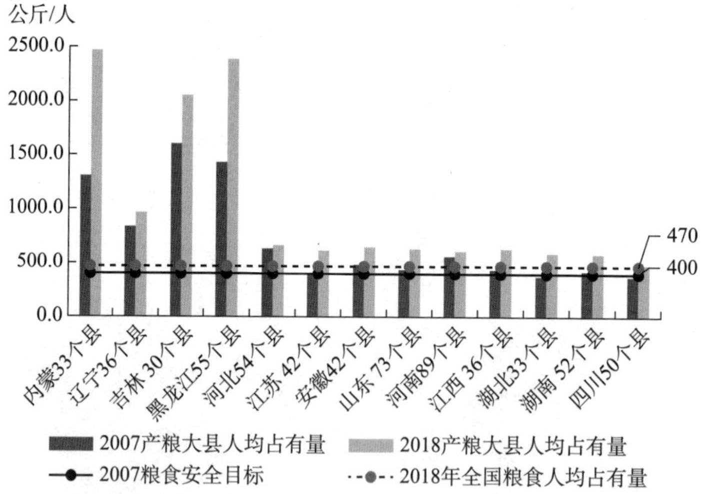

图2-14　2007年、2018年13个主产省的产粮大县对粮食的贡献

从三大主产区产粮大县对粮食增产的贡献度看，东北区水稻、玉米增产量分别为1353万吨和4051万吨，分别占全国增量的46.3%和37.3%；黄淮海区小麦、玉米增产量分别为1734万吨和1715万吨，分别占全国增量的

65.9%和15.8%；长江区水稻增产量为421万吨，占全国增量的14.4%，玉米增产量318万吨，仅占全国增量的2.9%。分省看，黑龙江省的110个县（市、区、场）贡献最大，增产量达2664万吨，占全国增量的16.3%，内蒙古自治区的33个县（市、区）和河南省的89个县（市、区）各增产1360多万吨，占全国增量的8%。

分品种看，水稻，黑龙江省110个县（市、区、场）水稻播种面积扩大178万公顷，为全国增量的1.4倍，增产1200万吨，占全国增量的41%；江西省水稻增产330万吨，占全国增量的11.3%，位居全国第二。小麦，河南省89个产粮县小麦播种面积扩大66.8万公顷，产量增加687万吨，分别占全国增量的76%和26%，位居第一。安徽和江苏两省各增产小麦350万吨左右，增产量均占全国增量的13%。玉米，黑龙江省110个县（市、区、场）玉米增产1848万吨，约占全国增量的17%；内蒙古自治区产量增加1329万吨，占全国增量的12%。

从技术进步贡献率看，江苏省排名第一，其42个产粮大县平均粮食单产提高58.2公斤/亩，水稻、小麦、玉米、大豆单产分别提高79.8公斤/亩、41.7公斤/亩、88.7公斤/亩和24.4公斤/亩。内蒙古自治区的产粮大县既扩大了玉米播种面积，又提高了单产，玉米单产增加了88公斤/亩。黑龙江农垦的55个农场水稻单产提高了50公斤/亩。

从县域粮食生产的稳定性看，12年间，耕地面积发生变化，产粮大县净增粮食播种面积800万公顷。532个县增加了粮食播种面积，268个县减少了粮食播种面积（见表2-1）。黄淮海区300个县中虽有138个县减少了耕地面积，75个县减少了粮食播种面积，但由于单产提高，244个县不同程度地增加粮食产量，降低了耕地、粮食播种面积变化带来的产量波动，保持了粮食生产的稳定。

表2-1　2007—2018年产粮大县耕地和粮食播种面积变化

地区	产粮大县/个	耕地面积变化县/个		粮食播种面积变化县/个	
		增加	减少	增加	减少
800个县合计	800	594	206	532	268
东北区	209	193	16	192	17
黄淮海区	300	162	138	225	75
长江4个省	171	161	10	82	89
其余120县	120	79	41	33	87
面积变化（万公顷）		869		875	

此外，2013年以来，国家加强了生态环境保护力度，先后出台了《农业环境突出问题治理总体规划（2014—2018年）》《耕地草原河湖休养生息规划（2016—2030年）》等一系列规划，强调资源节约利用、因地制宜和可持续发展，加上粮食连年增产，市场供给相对宽松，一些产粮大县主动调整了粮食种植结构，河北省10个县调减了水稻种植面积16万公顷，湖南省长株潭地区9个县由于治理重金属污染调减水稻种植面积18万公顷。

（四）产粮大县存在的问题

1. 县域经济发展滞后

在国家长期支持下，粮食主产省和产粮大县经济发展加快，县域经济状况有所好转，但是，由于原来基数水平较低，人口多，按人均GDP、人均财政收支水平，粮食大县、财政穷县的状况依然存在。

一是县级经济总量小，人均GDP低，部分产粮大县与所在省省均水平的差距拉大。2018年，745个产粮大县（不包括黑龙江农垦55个农场）地区生产总值为21.1万亿元，占全国的23%；人均地区生产总值4.12万元，为全国人均水平的63%，占比均与基期相当。13个粮食主产省中，江苏省的产粮大县人均地区生产总值超过全国人均水平，黑龙江、安徽、河南、四川4个省产粮大县的人均地区生产总值不足全国水平的50%（见图2-15）。值得注意的是，内蒙古和吉林两省产粮大县人均地区生产总值占所在省份人均的比重分别比基期下降了24个和28个百分点，河北、辽宁、山东均下降了10个百分点，表明北方省的产粮大县经济发展滞后，在省内的经济地位下降。

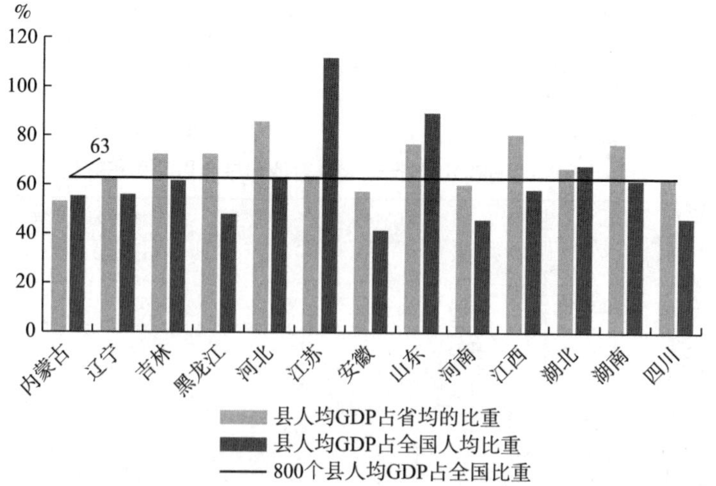

图2-15　2018年粮食主产区产粮大县人均GDP占全国和所在省比重

二是县级人均一般公共财政收入和支出均低于全国人均水平。2018 年全国人均一般公共财政收入和支出分别为 13047 元和 15718 元，产粮大县（不包括黑龙江农垦 55 个农场）人均一般公共财政收入和支出分别为 2506 元和 6550 元，分别仅为全国人均水平的 19.2%和 41.4%，分别为 2080 个县人均水平的 68%和 81%。虽然近些年中央财政加大了对地方的转移支付力度，13 个主产省的县域财政平衡率由基期的 37.60%提高到 38.96%，提高了 1.36 个百分点，但产粮大县县级财政支出远大于收入，安徽、山东、河南、四川 4 个省的产粮大县人均一般公共财政支出占全国人均的比重虽比基期有所提高，但仍未达到产粮大县平均水平。（见图 2-16）。

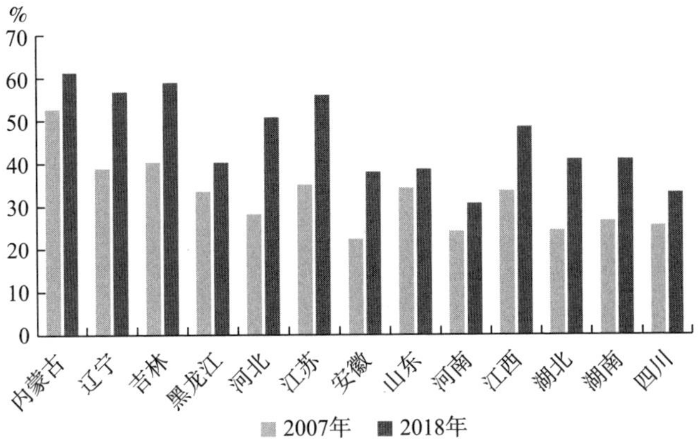

图 2-16　2007 年、2018 年主产省产粮大县人均一般公共财政支出占全国人均水平的比重

2. 近半数产粮大县农民收入仍低于全国平均水平

2008 年以来，我国农民收入进入了快速增长期，与城镇居民收入的差距明显缩小，粮食收益在农民收入中的比重已从 2010 年的 46.1%降至 13%，但产粮大县农民收入中的粮食收益比重仍高于全国和省平均水平，特别是东北地区，粮食收益的比重在 32%左右。虽然大部分产粮大县农民可支配收入与全国农民人均水平的差距有所缩小，但仍有 46.1%的产粮大县农民可支配收入低于全国人均水平（14617 元），且所占比重仅比基期下降了 0.4 个百分点（见图 2-17）。尤其值得注意的是，与全国农民人均收入①水平差距扩大的产粮大县绝大部分在北方地区，其中，59 个县的农民人均收入由基期高于全国人均水平变为低于全国人均水平，主要集中在辽宁、吉林、山东 3 个粮食主产省；71 个县的农民人均收入与全国人均水平的差距在扩大，河南 19 个县差

① 鉴于统计口径调整，2007 年为农民人均纯收入，2018 年为农民可支配收入。

距扩大了3~5个百分点，山东省8个县差距扩大了7~10个百分点。北方非主产区40个县中也有11个县差距扩大。究其主要原因，一是玉米、小麦多作为原粮收购，价格空间小；二是县域经济结构相对单一，农民兼业渠道少，粮食收益在农民收入中的比重较大。

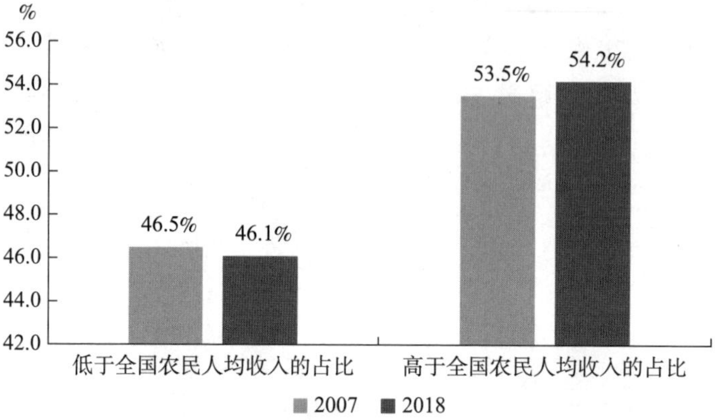

图2-17　2007年、2018年产粮大县农民人均可支配收入与全国人均水平的差距变化

3. 增长方式较粗放，单产的贡献率不足

12年间，800个产粮大县播种面积占全国播种面积的比重从53.4%增长到55.5%，上升了2.1个百分点，产量占比由65.2%降至61.3%，降低3.9个百分点。在产粮大县集中的13个粮食主产区，其粮食播种面积增量占全国增量的80%，增产量占全国增产量的52.9%，这种播种面积比重上升而产量比重下降的现象，表明产粮大县单产增速在下降（见图2-18），增产主要依靠扩大面积。13个粮食主产省中除江苏、江西、湖南、四川4个省外，其余省面积贡献率均大于单产贡献率（见图2-19），北方7个省面积扩大的多，而单产提升较慢。

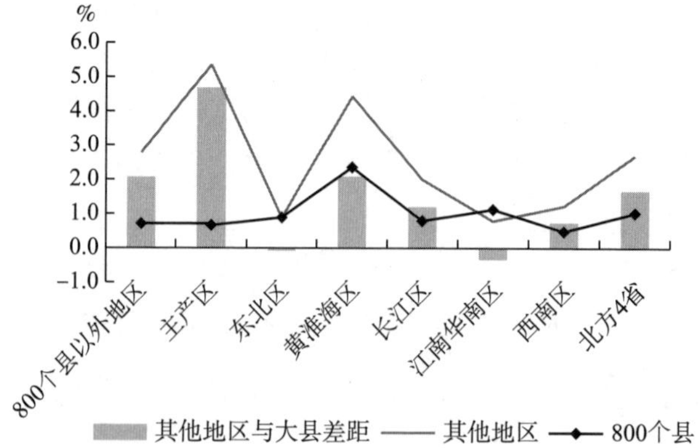

图2-18　产粮大县与其他地区粮食单产增速比较

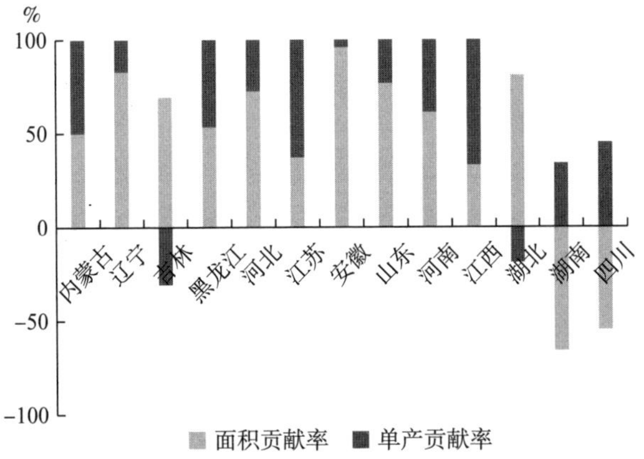

图 2-19　12 年间粮食主产区面积、单产变化对增产的贡献率

13 个粮食主产省 680 个产粮大县玉米播种面积增量占全国增量的 66.5%，玉米增产量占全国增产量的 56%，面积的贡献率为 98%，单产贡献率仅为 2%。其中吉林玉米增产主要是面积扩大，30 个县的数据表明面积对增产的贡献率超过 200%，单产贡献率为-118%，平均单产下降近百公斤。即便是玉米生产水平较高的山东产粮大县 12 年单产基本变化不大，增产也是依赖扩大播种面积。从全国看，玉米播种面积扩大了 1384 万公顷，为全国粮食播种面积增量的 115.7%，而玉米增产量仅为全国粮食增产量的 66.8%。玉米单产提升较慢，未达到《规划》预期的单产目标，玉米生产对土地依赖程度高、科技贡献率低的特征十分显著（见图 2-20）。

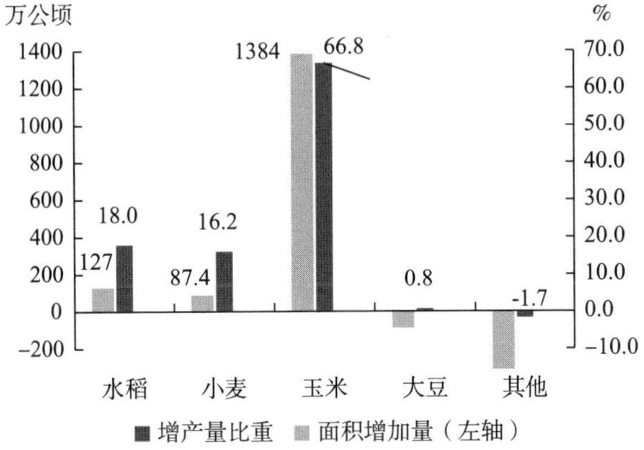

图 2-20　12 年间全国粮食作物面积变化、增产量占比

二、基于产粮大县的未来粮食增产潜力分析

（一）国内机构对未来粮食需求预测

“十三五”期末，有关部委、中国工程院、中国农科院信息所、中国农业大学等多个研究单位根据我国经济社会发展趋势对2035年粮食需求进行了研究预测，提出了不同需求方案（见表2-2）。

表2-2　国内2035年粮食需求的预测汇总

单位：万吨

部门	总量	按需求分				按品种分				
		口粮	饲料	工业	其他	水稻	小麦	玉米	大豆	其他
中国工程院	76016	23311	17892	29840	4973	15150	8237	29317	11252	12060
中国国际经济交流中心	74900	24500	31700	14900	3800	17800	13000	28350	11350	4400
中国农科院信息所	86000					22450	14195	34700	13167	
中国农业大学	84700					22000	13200	31500	11700	6300
浙江大学	66116	28433	19688	14297	3700	12782	11213	30452	11669	
有关部委	75000	26000	30000	16000	3000	17000	10300	31000	11000	5700

综上各预测方案，2035年粮食需求总量在6.61亿~8.60亿吨，其中口粮需求量为2.33亿~2.84亿吨，饲料需求量为1.79亿~3.17亿吨，工业需求量为1.43亿~3.00亿吨；按品种分，水稻需求量为1.28亿~2.25亿吨，小麦需求量为0.82亿~1.42亿吨，玉米需求量为2.84亿~3.47亿吨，大豆需求量为1.10亿~1.32亿吨。其中，3个方案预测粮食总需求量为7.5亿吨左右，2个方案预测粮食总需求量为8.47亿~8.60亿吨。需要说明的是，中国国际经济交流中心的预测方案提出粮食需求的峰值为2029年和2030年的7.57亿吨，之后粮食需求量有所下降。中国农科院信息所和浙江大学预测的粮食需求总量未包括其他粮食作物。

从2017—2019年粮食四大品种消费量看，水稻、小麦、玉米需求的增速分别为1.1%、1.1%、0.8%，大豆需求相对稳定，加上其他品种，总需求已超过7.4亿吨。按照人口和居民消费升级，2035年，需求量将达到8.6亿吨左右。

从目前国内6.7亿吨的粮食产能与2035年8.6亿吨的需求总量看，扣除粮食进口量（含大豆）1亿吨，仍有9000万吨缺口，若需求增加，缺口可能扩大至1亿吨。从需求结构看，由于近年居民口粮消费趋于平缓，国内小麦和水稻供给相对充足，呈供大于求的态势；但动物蛋白需求增加，导致玉米、大豆等饲料作物需求旺盛，与国内现有产能有较大差距。大豆由于产出水平

低和耕地替代问题，仍将保持以进口为主的格局，但进口依存度会有所下降；玉米供需缺口应以提升国内产能为主。因此，未来国内粮食供求状况仍呈总量与结构、区域与品种、产量与品质、资源与需求四大矛盾并存的态势。

（二）未来粮食增产潜力分析

目前，我国耕地灌溉面积已超过 10 亿亩，灌溉率超过 52%，基本摆脱了靠天吃饭的局面，在粮食播种面积相对稳定的前提下，实现产能提升的最佳路径就是提高单产。本文从理论单产潜力和 800 个产粮大县实例两个维度，对未来粮食综合生产能力进行了分析。

1. 单产潜力的分析

①水稻。中国农科院水稻研究所汇总分析了 2008 年以来 100 多个水稻品种的区试单产数据，得出以下结论：2008—2012 年水稻单产增幅为 4.0%，2013—2019 年为 5.10%（见表 2-3）。2018 年审定的粳稻和籼稻品种单产分别达到 621.9 公斤/亩和 568 公斤/亩。据此，提出了未来单产每 5 年增长 3% 和 5%两个假设。

表 2-3　2008—2019 年推广面积 50 万亩以上水稻单产　　单位：公斤/亩

时间	品种数量		区试单产	5 年单产增幅（%）
	个数	有单产数据		
2008—2012 年	175	133	560.3	4.0
2013—2019 年	191	168	588.7	5.10

资料来源：中国农科院水稻研究所。

按单产每 5 年增长 3%计，则 2025 年、2030 年和 2035 年全国水稻单产将分别达到 484.1 公斤/亩、498.6 公斤/亩和 513.6 公斤/亩，年均单产增长 2.9 公斤/亩，即 2035 年单产比 2020 年增加约 43.6 公斤/亩。按单产每 5 年增长 5%计，则 2025 年、2030 年和 2035 年全国水稻单产将分别达到 493.5 公斤/亩、518.2 公斤/亩和 544.1 公斤/亩，年均单产增长 4.9 公斤/亩，即 2035 年单产比 2020 年增加约 74.1 公斤/亩（见表 2-4）。但也有专家认为我国水稻单产水平已居世界前列，未来 15 年再提升 70 公斤/亩的难度较大。

表 2-4　未来水稻单产预测　　单位：公斤/亩

预测	2020 年	2025 年	2030 年	2035 年	增长量
按每 5 年增长 3%	470	484.1	498.6	513.6	43.6
年均增量		2.80	2.9	3.0	2.9

续表

预测	2020年	2025年	2030年	2035年	增长量
按每5年增长5%	470	493.5	518.2	544.1	74.1
年均增量		4.7	4.9	5.2	4.9

资料来源：根据中国农科院水稻研究所数据整理。

②小麦。2020年我国小麦单产为383公斤/亩。过去20年、10年、5年我国小麦单产增长率分别为2.19%、1.92%、1.55%①，增速呈放缓趋势。保守预计未来单产年均增长为1.2%，到2025年可达406.3公斤/亩，比2020年增加23.3公斤/亩。未来15年小麦单产在产量提升中的贡献将达到50%以上。

③玉米。2011—2020年，全国玉米单产年均提高3.8公斤/亩，玉米品种的区试单产年均提高8.56公斤/亩。2020年，玉米品种的区试单产已达到761公斤/亩，而国内玉米平均单产仅421公斤/亩，吉林、黑龙江的省均单产为450公斤/亩，与区试单产相差300多公斤/亩。即便是国内单产水平已达640公斤/亩的内蒙古五原县及宁夏的中宁县、贺兰县、永宁县，也与区试单产水平相差120~160公斤/亩。专家预测，2035年玉米单产可达到450公斤/亩，比目前增加30公斤/亩，若按种植转基因玉米10%的增长率计，也仅能达到470公斤/亩，比目前提高50公斤/亩。

2. 基于产粮大县的未来增产潜力分析

本文以800个产粮大县2007—2018年粮食生产变化为实证案例，并设定了“三个基本稳定”，即未来粮食播种面积相对稳定、产粮大县在全国粮食总产中占比相对稳定、粮食进口量稳定在1亿吨左右。在此基础上，根据产粮大县粮食生产变化、水稻、小麦、玉米品种区试单产数据以及全国三大粮食作物单产提升情况，对未来产粮大县及全国粮食增产潜力进行了预测。

（1）产粮大县增产潜力预测

①按产粮大县单产增长率的预测结果。2018—2035年三大粮食作物单产年均增长速度为0.45%，分品种看，水稻、小麦和玉米的年均增速分别为0.45%、0.56%和0.40%（见表2-5）；分区域看，东北区年均增速约0.69%、黄淮海区年均增速约0.42%、长江区年均增速约0.46%。按此预测，2035年产粮大县三大粮食作物增产潜力为5048万吨，其中，水稻增产潜力1247万吨、小麦增产潜力936万吨、玉米增产潜力2865万吨；分区域看，东北区增产潜力2612万吨、黄淮海区增产潜力1562万吨、长江区增产潜力592万吨（见表2-6）。

① 资料来源：中国农科院作物所。

表 2-5　2018—2035 年粮食单产增长率预测

单位：%

品　种	产量大县单产增长率		其他地区单产增长率	
	方案一：按产粮大县单产增长率测算	方案二：按产粮大县单产增长量及历史最高单产测算	方案一：省均增长率测算	方案二：省均增长量测算
三大粮食作物	0.45	0.53	0.94	0.64
水稻	0.45	0.40	0.82	0.49
小麦	0.56	0.49	1.18	0.69
玉米	0.40	0.65	0.94	0.73

②按产粮大县单产增长量及历史最高单产的预测结果。2018—2035 年三大粮食作物单产年均增长速度为 0.53%，分品种看，水稻、小麦、玉米年均增速分别为 0.40%、0.49%、0.65%；分区域看，东北区、黄淮海区、长江区年均增速分别为 0.73%、0.56%、0.49%。按此预测，2035 年三大粮食作物增产潜力为 5643 万吨，其中，水稻增产潜力 1125 万吨、小麦增产潜力 817 万吨、玉米增产潜力 3701 万吨；分区域看，东北区增产潜力 2724 万吨、黄淮海区增产潜力 2026 万吨、长江区增产潜力 622 万吨（见表 2-7）。

（2）其余县（市）增产潜力预测。

①按省均增长率的预测结果。2018—2035 年三大粮食作物单产年均增长速度为 0.94%，分品种来看，水稻、小麦和玉米年均增速分别 0.82%、1.18%和 0.94%（见表 2-5）；分区域看，东北区年均增速 0.91%、黄淮海区年均增速 1.06%、长江区年均增速 0.96%。按此预测，2035 年三大粮食作物增产潜力为 3765 万吨，其中，水稻增产潜力 1031 万吨、小麦增产潜力 771 万吨、玉米增产潜力 1963 万吨；分区域看，东北区增产潜力 450 万吨、黄淮海区增产潜力 1113 万吨、长江区增产潜力 619 万吨，华东及华南区增长潜力 428 万吨、西南区增长潜力 451 万吨、西北区增长潜力 706 万吨。

②按省均增长量的预测结果。2018—2035 年三大粮食作物单产年均增长速度为 0.64%，分品种来看，水稻、小麦和玉米年均增速分别为 0.49%、0.69%和 0.73%（见表 2-5）；分区域看，东北区年均增速为 0.9%、黄淮海区年均增速为 0.78%、长江区年均增速为 0.52%。按此预测，2035 年三大粮食作物增产潜力为 2602 万吨，其中，水稻增长潜力 601 万吨、小麦增长潜力 407 万吨、玉米增长潜力 1594 万吨；分区域看，东北区增长潜力 446 万吨、黄淮海区增长潜力 830 万吨、长江区增长潜力 328 万吨、华东及华南区增长潜力 259 万吨、西南区增长潜力 294 万吨、北方 4 省区增长潜力 446 万吨。

据此，得出两组粮食增产潜力预测结果（见表 2-6、表 2-7）。

表 2-6　2035 年粮食增产潜力测算方案一

单位：万吨

区域	2035 年增产潜力	2035 年分品种增产任务					800 个产粮大县				非产粮大县			
		粮食	水稻	小麦	玉米	大豆	三大作物合计	水稻	小麦	玉米	三大作物合计	水稻	小麦	玉米
全国总计	10446	10446	2363	1758	5024	592	5048	1247	936	2865	3765	1031	771	1963
一、13 个主产省	7788	7788	1742	1423	3782	518	4766	1164	905	2697	2181	578	518	1085
1. 东北区	3498	3498	473	18	2571	305	2612	435	11	2166	450	37	7	406
2. 黄淮海区	2942	2942	388	1356	931	190	1562	251	894	417	1113	136	463	514
3. 长江区	1347	1347	882	49	280	24	592	477	0	115	619	405	49	165
二、11 个非主产省	2298	2298	536	284	1046	74	282	84	31	167	1583	452	253	878
1. 华东及华南区	538	538	380	7	98	12	58	40	0	18	428	341	7	80
2. 西南区	780	780	138	13	418	44	118	43	3	72	451	95	10	346
3. 西北及山西	980	980	18	264	529	18	106	1	28	77	706	17	236	453

注：①采用产粮大县增长率测算产粮大县增产潜力；②采用省均增长量测算非产粮大县生产潜力；③粮食播种面积（公顷）基本维持 2018 年水平，玉米播种面积恢复到 2015 年水平；④2035 年增产潜力 = 800 产粮大县+非产粮大县+表中未列入的京津沪等 7 省（区、市）。

表 2-7　2035 年粮食增产潜力测算方案二

单位：万吨

区域	2035 年增产潜力	分品种增产潜力				800 个产粮大县				非产粮大县			
		水稻	小麦	玉米	大豆	三大作物合计	水稻	小麦	玉米	三大作物合计	水稻	小麦	玉米
全国总计	9317	1755	1275	5433	281	5643	1125	817	3701	2602	601	407	1594
一、13 个主产省	7513	1393	1093	4490	251	5372	1040	791	3541	1603	353	301	949
1. 东北区	3490	301	12	2857	179	2724	267	5	2452	446	34	7	405
2. 黄淮海区	2982	416	1027	1414	55	2026	296	762	968	830	119	265	446
3. 长江区	1041	677	54	219	16	622	477	24	121	328	200	30	98
二、11 个非主产省	1567	333	132	805	30	271	85	26	160	998	247	106	645
1. 华东及华南区	355	262	7	51	8	61	55	0	6	259	207	7	45
2. 西南区	540	63	12	317	10	98	29	3	66	294	34	9	251
3. 西北区及山西	672	8	113	438	12	112	1	23	88	446	7	90	349

注：①采用产粮大县增长率测算产粮大县增产潜力；②采用省均增长量测算非产粮大县生产潜力；③粮食播种面积（公顷）基本维持 2018 年水平，玉米播种面积恢复到 2015 年水平；④2035 年增产潜力 = 800 产粮大县+非产粮大县+表中未列入的京津沪等 7 省（区、市）。

从两组方案看，未来粮食增产潜力在9300万～10400万吨。两组方案的差异在于，一是总量上相差1000万吨；二是产粮大县与其他地区在增产潜力中的比重不同。需要说明的是，两个方案中均包括了2007—2018年206个减产县应恢复的产能约1200万吨，其中粮食主产区139县约900万吨。

方案一中其他地区增产潜力为51.6%，占比高于主产区。这基于前12年其他地区单产增速较快的测算结果。2007年，其他地区粮食单产水平与产粮大县相差较大，随着生产条件改善和产粮大县单产提高的辐射作用，其他地区单产与产粮大县单产的差距已由157公斤降至92公斤，缩小了65公斤，水稻、小麦、玉米单产差距分别缩小了60公斤、75公斤、133公斤，由于原单产水平低，故增速快于产粮大县。其他地区单产水平未来虽有潜力，但增速会有所下降。此外，其他地区特别是沿海发达地区粮食生产波动性大，不确定因素多，不及产粮大县生产稳定，相比之下，方案二较为稳妥。

在方案二中，产粮大县三大粮食作物的增产潜力占全国增产潜力的60.6%，稻谷、小麦、玉米占全国比重分别为65.2%、66.7%和69.9%。

分区域看，东北区仍是增产潜力最大的地区，105个县（市、区）增产潜力在10万吨以上；三大粮食作物增产潜力占全国增产潜力的37.5%；玉米增产潜力占全国玉米增产潜力的54%，但稻谷增产势头减弱，黑龙江稻谷增产潜力占全国稻谷增产潜力的12%。黄淮海区三大粮食作物增产潜力约占全国增产潜力的32%。其中，小麦增产潜力占全国小麦增产潜力的83.9%，江苏、山东继续保持单产优势，增产潜力均占全国的18.2%，河南依靠县（市）多的优势，增产潜力约占全国的24.2%；玉米增产潜力占全国26.7%，其中，河南玉米单产潜力较大，增产有较大空间。长江区增产潜力虽然仅占全国增产潜力的11.5%，但是稻谷增产潜力占全国稻谷增产潜力的39.2%，其中湖南、江西依据单产优势（预测年均增速分别为0.7%和0.5%），增产潜力分别占全国稻谷增产潜力的17.2%和11.7%，是南方稻谷增产的主力军；湖北现有单产水平已达到540公斤，高于湖南和江西的100公斤和140公斤，大幅度提升单产的空间不大，因而增产潜力有限。11个非主产区增产潜力占全国的16.5%，华东及华南区占比为3.8%，西南区为5.8%，西北区及山西为7.2%，其120个产粮大县分布较为分散，各省在全国的占比较低。2035年产粮大县增产潜力分布见表2-8。

表 2-8　2035 年产粮大县增产潜力分布

地区	县数（个）	2035 年产粮大县增产潜力分布				
		>20 亿斤	10 亿 ~20 亿斤	5 亿 ~10 亿斤	1 亿 ~5 亿斤	<1 亿斤
合计	745	48	114	209	344	30
东北区	154	47	58	38	11	
黄淮海区	300	1	52	133	112	2
长江区	171		4	33	131	3
华东及华南区	42			1	25	16
西南区	38				35	3
山西西北区	40			4	30	6

从未来产能预测看，水稻、小麦增产潜力有较大空间，玉米除了提高单产外，还要适当扩大种植面积，才能达到 5000 万吨以上。因此，在总量上保障国家粮食安全，特别是口粮绝对自给是有保证的。但是受气候、水土资源、耕作制度等因素影响，粮食品种结构区域矛盾依然存在，其中小麦和稻谷将产大于需，玉米和大豆产需仍有缺口，北粮南运的局面将持续。

三、提升粮食综合生产能力的条件分析

粮食综合生产能力的提升涉及诸多因素。从政策、经济和人为因素看，包括国家对粮食生产的重视程度、财政资金的支持力度、县域经济发展水平、农民的种粮积极性等；从支撑条件看，包括可提供的水土资源、农田基础设施水平、科技进步贡献率、自上而下的农业技术服务保障系统等。上述诸因素都对粮食综合生产能力产生影响。本研究试图通过县级 GDP、第一产业增加值、一般公共财政收入和支出、农民收入变化以及耕地、粮食播种面积、单产对粮食增产的贡献率等指标的回归分析，找出东北、黄淮海、长江、西南等区影响粮食产能因素和规律，但回归结果不显著。究其原因，一是 GDP、财政收支等指标涉及多个领域，难以把握权重和分类量化；二是农业第三次普查对省级数据进行了调整，省县数据的衔接问题等影响回归结果。由于数据不支持，故不做因素量化分析，仅从外部环境和支撑条件等影响因素进行定性分析。

（一）有利条件

——政策环境有利。党中央着眼于国家重大战略需要，始终把提升国内粮食供给保障能力放在维护国家经济安全的高度和“三农”工作首位。近年来，随着全球能源等大宗产品供求形势变化，尤其是 2020 年以来全球新冠疫情蔓延和 2022 年初俄乌冲突爆发，国际粮食市场波动频繁。《中华人民共和

国国民经济和社会发展第十四个五年规划和 2035 年远景目标纲要》对保障国家粮食安全作出了总体部署，明确将增强粮食综合生产能力列为经济社会发展的主要约束性指标，并将通过制定《中华人民共和国粮食安全保障法》，以法律形式保障国家粮食安全。

——具备良好的粮食生产基础设施。一是通过永久基本农田划定、土地整治和高标准农田建设夯实了粮食生产的基础，逐步形成保护有力、建设有效、监管有序的耕地资源保护格局，为未来提升粮食综合生产能力提供了条件。二是农业科技基础设施基本完备，将在作物育种、农业投放品、农业装备、资源利用等方面发挥效能；从中央至县的四级农业技术服务体系，为农民提供种子、植保、土肥、气象防灾等多项服务。三是粮食仓储设施增容及现代化水平的提升，保证了粮食产后安全入库并降低损耗，物流粮食骨干通道全部打通，原粮散粮运输、成品粮集装化运输比重大幅提高，提升粮食物流效率①。

——不断加大粮食安全保障力度。一是不断完善粮食安全政策体系，调动地方政府和粮农生产积极性，完善粮食最低收购价和生产者补贴政策，扩大粮食保险覆盖范围，加大粮食安全金融支持力度，推动普惠信贷业务，打造服务粮食种植的专属金融产品服务，满足农户、新型农业经营主体粮食生产经营的资金需求。二是进一步夯实粮食生产基础，将以往以粮食主产区为重点的高标准农田建设逐步扩展至 15.46 亿亩永久基本农田，同时加强现有高标准农田的建管机制，为“吨粮田”创建条件。

（二）面临的挑战

1. 资源趋紧与要素流失并存

水土资源和气候环境是农业生产的基础，我国可用于农业生产的资源十分有限，工业化、城镇化的快速推进，导致水土资源进一步缩紧。当前，面对土壤污染治理、农业投放品减量化，实现 2030 年“碳达峰”与 2060 年“碳中和”的目标，农业发展的资源环境压力越来越大。一是耕地数量仍在减少。2009—2019 年全国耕地减少了 1.13 亿亩，由于农业比较收益持续下降，耕地净流向林地 1.12 亿亩，净流向园地 0.63 亿亩②。南方一些重金属污染区，借土壤环境治理将耕地变为林地，造成隐性失地。二是新增耕地质量等别有所下降。我国原有耕地等别不高，1~8 等别的优等和高等耕地比重仅为 30%（见图 2-21），中央强调耕地占补平衡后，“占优补劣”问题较为突出，

① 国务院新闻办公室，《中国交通的可持续发展》白皮书，2020-12。

② 第三次全国国土调查主要数据公报（2021 年 8 月 25 日）。

全国因建设用地、农业结构调整等原因减少的耕地质量等别平均为 8 等，新增耕地质量平均等别为 8.76 等，低于被占用耕地等别①。此外，交通便利增加了城市的“虹吸”作用，适龄农业劳动力外流加快，农村劳动力老龄化限制了新技术的应用。

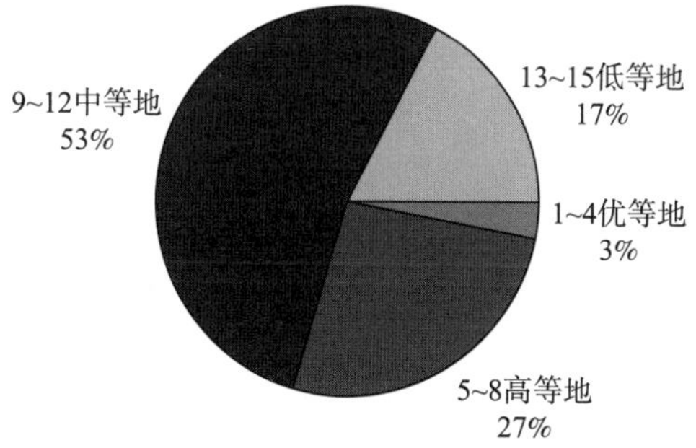

图 2-21　2018 年全国耕地等别分类比重

资料来源：全国耕地质量等别年度数据分析报告（2019）。

2. 区域、品种等结构性矛盾依然存在

从粮食增产潜力分析看，未来粮食生产有提升空间，粮食品种区域矛盾依然存在。一方面，受气候、水土资源、耕作制度等因素影响，粮食品种布局调整受限。另一方面，近年单产提升相对缓慢，品种结构调整的技术支撑作用明显不足。统计数据显示，近些年单产增速下降的趋势较为明显。2013—2018 年小麦、单季稻、玉米年均增长率分别为 0.98%、0.34%、-0.6%，远低于 1990 年以来的单产年均增长率 1.90%、0.75%和 0.32%。小麦、水稻、玉米主产区单产及增速见图 2-22、图 2-23、图 2-24、图 2-25。

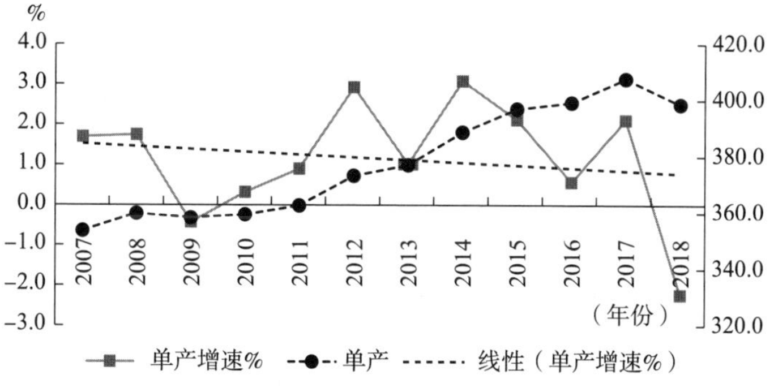

图 2-22　2007—2018 年黄淮海区小麦单产与增速

① 《全国耕地质量等别年度数据分析报告（2018 年）》。

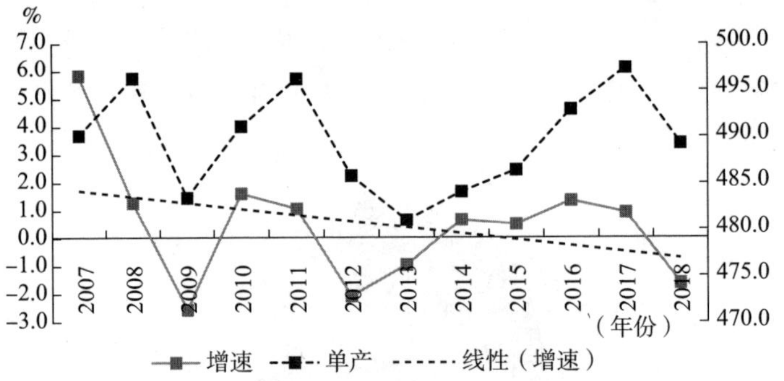

图 2-23　2007—2018 年东北区水稻单产与增速

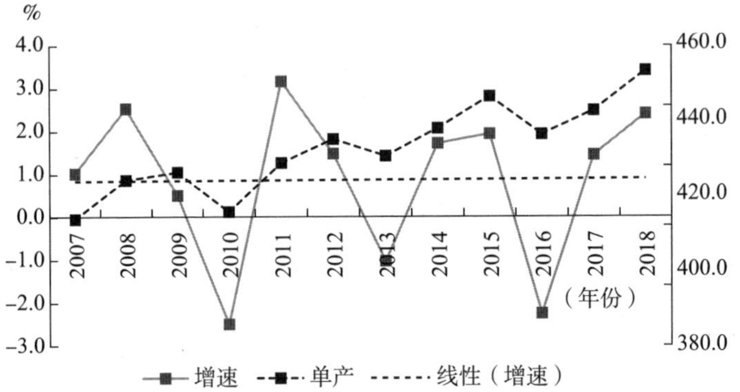

图 2-24　2007—2018 年长江 4 省水稻单产与增速

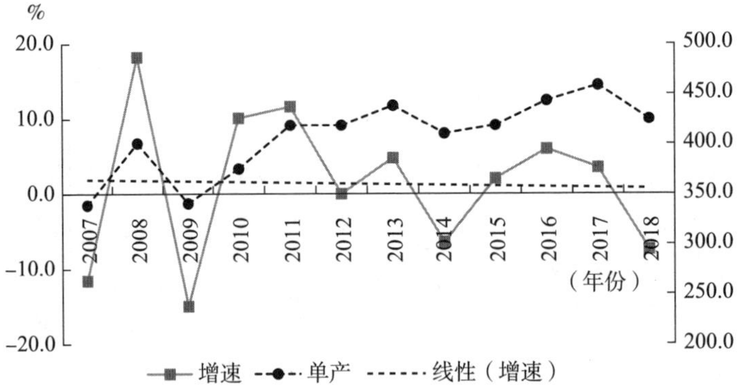

图 2-25　2007—2018 年东北区玉米单产与增速

从全球范围看，我国除水稻单产具有优势外，玉米单产比世界平均水平低，且低于美国、加拿大、法国等国 180~380 公斤，特别是近 12 年与美国单产差距在拉大；小麦单产虽然较高，但与法国相比，还有 100 公斤左右差距

（见表 2-9）。未来国内面临着增加大豆产量和北方水资源的压力，如果国内育种研发没有重大突破，玉米、小麦单产没有大幅提升，玉米、小麦种植结构难作较大调整，稻麦产能过剩、玉米产需不足的品种区域结构性矛盾难以缓解。

表 2-9 2007 年、2018 年粮食三大作物中外单产比较 单位：公斤/亩

国家或地区	小麦单产			玉米单产		
	2007 年	2018 年	2018 年比 2007 年增长（%）	2007 年	2018 年	2018 年比 2007 年增长（%）
世界平均水平	186.1	228.3	22.7	331.4	394.9	19.2
中国	307.2	361.0	17.5	344.4	407.0	18.2
美国	173.1	213.3	23.2	632.1	790.9	25.1
加拿大	159.1	214.3	34.7	516.9	647.0	25.2
巴西	146.6	174.9	19.3	248.7	340.3	36.8
法国	416.7	456.2	9.5	590	593.9	0.7
澳大利亚	70.4	127.9	81.6	379.4	489.1	28.9

资料来源：2009 年和 2020 年的《中国农村统计年鉴》。

3. 面临粮食增产与绿色发展双重压力

党的十八大以来，国家加大了生态文明建设和生态环境保护力度。党的二十大报告提出围绕 2035 年美丽中国建设目标，要重点抓好蓝天碧水净土保卫战，推动发展方式绿色低碳转型，加大农村环境特别是面源污染治理，农业生产绿色转型任务相当艰巨。客观上，我国耕地质量等别①总体偏低，单产提升对农化产品的依赖性较强。按照 800 个县县级耕地平均等别与现实产量计算，黑龙江、江苏、安徽、湖北尚有提升空间，山东、四川略有余力，其余 7 个粮食主产省的粮食产量超出了现有地力；非主产省中仅广西和陕西关中平原有余力（见图 2-26）。在此情况下，粮食增产在很大程度上仍要依赖化肥投入。同时，粮食种植品种过度集中，使病虫害发生频率增多，国内农化产品技术升级、质量效能提升相对缓慢，难以适应生产转型的需要；指导小农户科学合理施用化肥农药的农技推广工作不仅需要投入大量人力，还有一个相对漫长的转变过程，“最后一公里”问题也影响了农业生产方式的转变。

---

① 耕地质量等别：1 等地标准粮平均生产能力为 1400 公斤/亩，每降低一个等级产量减少 100 公斤/亩。

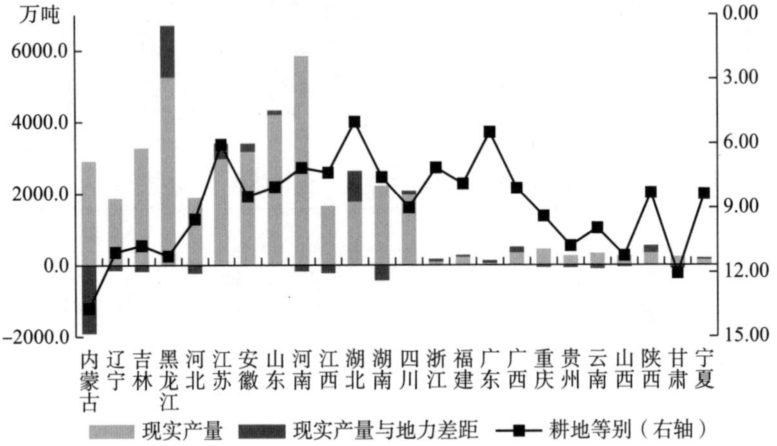

图 2-26　800 个产粮大县耕地质量等别与粮食产量对比

4. 种粮收益低导致产粮大县分化

12 年间，全国产粮大县中有 268 个县减少粮食播种面积约 300 万公顷。其中，粮食播种面积减少 7000 公顷以上的有 143 个县，山东省 13 个、湖南省 29 个和四川省 19 个；粮食产量下降的 202 个县中 138 个县在粮食主产区，湖南、山东、河北 3 个省占 1/3，非主产区中主要集中在陕西、福建和广西 3 个省区。

粮食生产下滑，导致部分产粮大县粮食人均占有量下降，176 个产粮大县（主产区 104 个、非主产区 72 个）粮食人均占有量低于全国人均水平（470 公斤），其中有 70 个县已低于原设定产粮大县标准（375 公斤）（主产区 29 个县、非主产区 41 个县）。

在粮食播种面积下滑的县中，黄淮海区部分县是耕地减少所致，而长江 4 个省则出现耕地增加而播种面积下降的情况，究其原因主要是种粮效益低。不少地方为增加农民收入，盲目调整粮经种植结构，将近年国家给予产粮大县建成的高标准农田转种经济作物，即“高标准农田修到哪里，果菜种到哪里”，导致粮食面积下降。同时由于果菜面积扩大较多，受品种、质量、营销手段等多因素影响，大多数调减粮食面积的县未见农民收入有大幅增长，而由于上述原因又失去了粮食生产优势，粮食调出县沦为平衡县或调入县。

2020 年以来，随着能源等大宗产品价格变化，农业生产资料价格已大幅上涨，2021 年三种粮食平均收益已处于盈亏平衡点之下。俄乌冲突进一步推高全球能源、粮食、运输价格，并通过化肥等农业生产资料价格传导至种粮成本，而国内粮食的高自给率使国际市场粮价上涨对国内粮食市场的传导作用弱于农业生产资料，导致粮食收益空间更窄。未来粮价与生产成本之间差距的大小，是影响农民种植意愿的关键。

此外，在制定调控政策时系统思维、底线思维不够，产业政策出台过急过猛，导致国内农产品供求一直未摆脱“一增就多，一减就少”的被动调整局面。如前几年集中出台的消化玉米库存政策，取消玉米临时收储、实行镰刀弯地区结构调整、发展深加工等，造成国内玉米价格飙升、进口量大幅增加。在生猪存栏降至低位、猪肉价格高企时，为鼓励养猪，放宽养殖用地界限，一些地方占用了永久基本农田；大量进口种猪、补栏措施力度大，导致生猪出栏猛增，2021 年猪价比上年回落 40%，猪粮比价低于 5：1，2022 年国家已连续开展猪肉收储，猪周期频率加快。上述典型例子反映了调控措施的不当，未来也难保此类情况不再发生。因而，尽管粮食总量、品种增产潜力基本可满足未来国家粮食安全的需要，但粮食品种增产潜力的发挥很大程度受到当期政策的影响，目前尚难估计。

四、提升粮食综合生产能力的基本思路及政策措施

综上所述，我国现有粮食产能基础稳、有潜力，未来提升产能有条件、有空间，但也面临挑战，任务十分艰巨。必须坚持系统思维、底线思维，在兼顾国内外市场、兼顾区域品种、兼顾需求与资源约束等多因素的基础上做好顶层设计，依靠科技突破品种瓶颈，实现增产预期目标。

（一）基本思路

立足资源，以需定产。落实两藏战略，做好顶层设计，根据国内需求，用好国内外两种资源、两个市场，科学规划各粮食产区产量目标，合理安排粮食生产，统筹粮油作物结构，按照农业绿色发展要求，摒弃为追求产量而盲目开发的粗放型生产方式，处理好增产潜力与即期产量的关系。

整合资源，重点攻关。围绕农业的生物育种、核心材料、先进设施、现代装备等共性技术问题，统筹人才、技术、资金各类优势资源，集中进行作物生长全过程技术研发。以育种为抓手，把提高玉米、大豆单产作为提升国内粮食产能的主要任务，力争实现品种突破、单产质量双提高，突破我国饲料作物供给不足和利用效率偏低的瓶颈。

动态调整，优化县域布局。建立产粮大县动态调整机制，根据大稳定小调整的原则，基于未来粮食需求及品种变化、县域粮食生产和商品粮调出情况，适时调整产粮大县范围。

加大投入，建立长效机制。加强对产粮大县的扶持，综合运用价格、财

税、保险等多种手段，扶持粮食生产，夯实粮食生产基础。建立主产区利益补偿制度，支持粮食主产区经济发展，形成粮食稳定增长、农民持续增收的长效机制。推进小型农田水利的建管机制，使其发挥长期效益。

（二）政策措施

保障国家粮食安全是长期国策，提升粮食综合生产能力是一项长期任务，不仅要考虑长久之计，更要解决当下问题。

1. 稳定生产布局

实行粮食安全党政同责，压实地方责任。国家层面做好顶层设计，根据国内需求、储备库存、生态环境及国际市场价格等多方因素，合理调控年度种植面积，并明确各省区粮食生产目标任务。地方政府把粮食生产任务落到实处，不论是主销区还是产销平衡区都要切实承担起粮食生产责任，保持粮食种植面积相对稳定，避免大起大落，确保完成年度粮食生产任务。

落实粮食生产功能区和重要农产品生产保护区规划，加强监督检查。加强粮食生产功能区的种植结构监测，明确作物种植优先序，永久基本农田重点用于稻谷、小麦、玉米种植，一般耕地统筹用于粮食和棉、油、糖、蔬菜等农产品及饲草饲料生产，引导瓜果蔬菜等园艺类产品“上山下滩进设施”，稳定重要农产品种植面积。

加强县级粮食生产监测。一是完善县域统计指标，将县级粮食面积、产量等列入相关统计资料，及时公布，以便压实地方政府责任。二是保证统计数据的严肃性。处理好全国普查、全面统计和抽样调查的关系，重点做好国家层面与重点大省（如黑龙江）、省与县基础数据的衔接，加强调查流程、数据审核等方面的监管，以免由于基础数据变更产生的误判。

实施产粮大县的动态调整。根据县域粮食生产和商品粮调出的实际情况，以及粮食品种的需求，适当调整产粮大县范围，使国家支持粮食生产的资金集中用于生产紧缺品种的县市。建议将人均粮食占有量400公斤，有玉米生产潜力的云南、山西等省的县（市、区）纳入国家支持范围；对南方省区产粮大县中粮食人均占有量低于全国平均水平、水稻面积下降较多、土壤修复任务较重的县（市、区）由产粮大县支持转为重点生态治理支持。

2. 强化耕地保护，抓好“一控一提”

“控”即严格控制高等别耕地占用审批和耕地转为其他农用地。坚决遏制农田的“非粮化”“非农化”，完善耕地占用公示制度，对违法乱占耕地“零容忍”，守住18亿亩耕地红线。实行耕地保护党政同责，将耕地保有量和永久基本农田保护任务细化分解落实到具体地块，作为刚性指标纳入乡村振兴实绩考核范畴。落实耕地利用优先序，优等地、高等地优先用于粮食生产，严控耕地资源“隐形”流失，筑牢粮食生产根基。

“提”即提升耕地质量。我国土壤质量整体偏低是影响粮食产能提升的短板，提升土壤质量用时长，但投入资金少，又可最大限度发挥品种的丰产和优质特性。要加大耕地质量提升工程的投入力度，分区域、分耕地等别实施，先易后难。扎实推进黑土地保护工程，推广保护性耕作、粮豆轮作、粮草（饲）轮作以及种养循环模式。加强南方酸化耕地降酸改良治理和北方盐碱地压盐改良治理，多措并举逐步提高耕地质量等别。

通过“一控一提”措施，实现耕地“面积、等别”两平衡。同时在保证国家粮食安全的前提下，适当降低耕地利用强度。

3. 强化粮食产业科技支撑，尽快突破单产瓶颈

整合资源，打造高水平科研团队。深化农业科技体制改革，改进农业科技项目组织管理方式，整合完善农业重点实验室等创新平台。发挥领军企业的创新主体作用，支持企业建立农业科技创新联合体或新型研发机构，吸引国外生物、信息技术高层次人才回国建立跨学科实验室，推动重点领域项目、基地、人才、资金一体化配置。以生产应用为导向，促进农业科研与生产需求的紧密衔接。

集中攻关，突破关键品种。加快培育高产低水分、适宜密植和机械化收获的玉米品种，提高玉米单产水平，降低机收损失率。针对南方重金属污染区，采用基因编辑技术，加快培育低吸附镉的水稻品种；培育籼粳杂交品种，着力解决杂交水稻米质较差的问题。针对特定群体，加快培育功能性口粮品种。

进一步畅通科研成果快速转化为现实生产力的渠道，促进农业技术集成化、劳动过程机械化、生产经营信息化。良种良法配套。加强栽培技术研发，强化示范推广，使良种优势得到充分发挥。东北区和黄淮海区通过玉米合理密植，提高亩株数，提高单产。加强农机、农艺、信息化技术的结合，优化作物水肥药施用，实现肥药减量，减损减排，节本增效。

4. 健全高标准农田的建设监管机制

推进高标准农田建设。实施新一轮高标准农田建设规划，结合灌区续建配套工程，优先将大中型灌区建成高标准农田，确保完成规划目标任务。同时，完善 2013 年以前建设的高标准农田的相关设施，加强土壤改良和渠系配套。

严格执行中央一号文件“高标准农田原则上全部用于粮食生产”的要求。针对部分高标准农田种林种果菜等情况，地方政府要因地制宜，引导瓜果蔬菜等园艺类产品“上山下滩进设施”。要建立高标准农田利用的监督检查机制，利用卫星遥感技术对高标准农田使用情况进行实时监督并及时通报，压实基层政府责任，坚决遏制高标准农田“非粮化”。

5. 完善粮食生产支持政策

从原有的生产补贴、价格支持转向保险、信贷全方位支持。一是加大粮食生产补贴支持力度。在 WTO 规则框架下进一步完善农业补贴政策，加大支持力度，保持政策稳定性和连续性，提高政策指向性和精准性，重点支持粮食主产区、适度规模经营、粮食生产经营主体、种粮农民和绿色发展。坚持并完善稻谷、小麦最低收购价政策，按照“蓝箱”政策进一步完善玉米、大豆生产者补贴政策，使补贴资金直接惠及粮食生产主体，提高生产主体的种植积极性。

二是加大农业保险支持力度。加大财政对保险保费的补贴力度，提升农业保险保障水平。扩大农业大灾保险试点范围，逐步实现稻谷、小麦、玉米三大粮食作物的完全成本保险和种植收入保险全覆盖，健全农业再保险制度，提高保险公司参与农险业务的积极性。

三是完善粮食生产贷款贴息政策。针对粮食生产周期长、生产投入负担重的特点，加大粮食生产贷款贴息力度。探索由村集体经济组织、各类专业合作组织等担保的小农户小额融资渠道，满足小农户粮食生产贷款需求。

6. 培育粮食生产经营主体

新型农业经营主体是连接小农户与大市场的重要纽带，通过粮食生产经营组织，扩大粮食生产规模可以较大幅度提高小农户种粮效益。要大力培育种粮大户、家庭农场、粮食专业合作社等新型农业经营主体，鼓励专业合作组织开展托管服务，提高它们带动、服务小农户的能力。农业部门除了加强生产技术培训指导外，还应按照“（粮食）保本靠政策，效益靠经营”的原则，尽快培养一批懂技术、会管理、善经营的合作社带头人和种粮职业农民。财政金融部门要加大对各类农业经营主体生产、仓储、信贷资金的扶持力度，增强经济实力。地方政府要鼓励各类人才入乡发展粮食产业，促进粮食生产规模化、集约化、标准化、组织化，提高粮食效益。

7. 加强粮食生产预测和统计工作

完善县域统计指标。县市是最基本的经济单元，我国 2862 个县级区划单位中除省会城市、市辖区外，绝大部分县（市）均有粮食产出，这些县构成了国家粮食安全的基础，县域粮食生产数据的准确性、及时性，直接关系对粮食安全形势的研判和政府决策。建议将县级粮食种植面积、产量等列入相关统计资料，及时公布，以便压实地方政府责任。衔接好全国普查、全面统计和抽样调查的关系，重点做好国家层面与重点大省（如黑龙江）、省与县基础数据的衔接，加强调查流程、数据审核等方面的监管，以免由于基础数据变更产生的误判。鉴于当前已进入大数据时代，根据海量数据建立模型进行监测预警已成为常规手段，数据公开也有利于相关机构开展研究，为政府决策提供参考。

加强农情监测并及时通报。农口各部门要加强沟通，及时发布农民种植意向。加强统计遥感、气象遥感的应用与会商，采取卫星遥感技术和地面站配合的方法进行粮食估产，以便相关部门做好预案。

推动区块链技术在粮食产收储中的应用，利用区块链“去中心化”和“防篡改”的特点，规避粮食产购销数据的随意更改，确保数据的真实性和准确性。

第三章 实施“藏粮于地、藏粮于技”战略，夯实粮食安全基础*

“十二五”末期，国内粮食实现了自2004年以来的“十二连增”，粮食产量稳定在6亿吨以上。但受多年粮食提价、政策性收储等政策的影响，粮食市场调节功能弱化，国内粮食库存高企，南方水稻爆棚、东北玉米积压。与此同时，由于国内外粮食价格倒挂、国内粮食品种结构矛盾凸显，大豆以及高粱等饲料产品进口量持续增加。在粮食产量、库存、进口“三量齐增”的形势下，中央提出了“藏粮于地、藏粮于技”战略（以下简称两藏战略），这是推进农业供给侧结构性改革、转变粮食生产方式的重大举措，也是“十三五”规划纲要提出的14个重大战略之一。

然而“十三五”后期，我国粮食供求形势出现新情况，虽然粮食产量持续增长，已达到6.5亿吨，但玉米库存急剧下降、三大主粮种植结构失衡等问题凸显。尤其是2020年暴发新冠疫情以来，多国采取的疫情防控措施造成了供应链断裂、农产品流通不畅，导致国际市场粮价波动，也波及国内粮食市场。2020年新粮上市以后，国内小麦、玉米大幅上涨，玉米供求趋紧。

面对国内外环境的变化，党中央在《中共中央关于制定国民经济和社会发展第十四个五年》规划和二〇三五远景目标的建议》中提出坚持系统观念，加强前瞻性思考、全局性谋划、战略性布局，统筹国内国际两个大局，办好发展安全两件大事。强调坚持最严格的耕地保护制度，深入实施两藏战略。农业是国民经济的基础，粮食是涉及国计民生的战略物资，事关国家经济安全，必须在战略布局上做好未来粮食保供的顶层设计。在粮食生产中保护耕地、保护资源，依靠科技提高土地产出，从根本上改变粮放的发展方式，适时释放产能，以不变应万变，是两藏战略的核心要义。

---

* 本文为国家粮食与物资储备局2020年战略性研究课题的成果，收入本书时有所删改。

一、我国粮食综合生产能力[①]评价

（一）现阶段我国粮食综合生产能力评价

2004—2019 年以来，我国粮食生产连续 16 年增长，打破了粮食生产“两丰两平一欠”的波动周期，粮食总产量达到 66384 万吨（13277 亿斤），创历史最高水平。

1. 我国粮食综合生产能力达到较高水平

（1）粮食生产水平明显提升，单产显著提高。我国水稻、小麦产量均位居世界第一，玉米产量位居世界第二，水稻、小麦和玉米占全球粮食三大作物比重分别达到 27.6%、17.4%和 22.8%。从粮食单产生产水平方面来看，2019 年我国粮食作物单产 381 公斤/亩，其中谷物单产 418 公斤/亩，其中稻谷单产 471 公斤/亩、小麦单产 375 公斤/亩、玉米单产 421 公斤/亩。2017 年我国三大作物单产[②]分别高于世界平均水平 154.3 公斤/亩、130 公斤/亩和 35.8 公斤/亩（见表 3-1）。

表 3-1　2007 年、2017 年世界主要国家小麦、稻谷和玉米单产

分类 / 时间 / 国家或地区	小麦单产/（公斤/亩）			稻谷单产/（公斤/亩）			玉米单产/（公斤/亩）		
	2007 年	2017 年	2017 年比 2007 年增长（%）	2007 年	2017 年	2017 年比 2007 年增长（%）	2007 年	2017 年	2017 年比 2007 年增长（%）
世界	186.1	235.4	26.5	276.8	306.8	10.8	331.4	371.6	12.1
中国	307.2	365.4	18.9	428.9	461.1	7.5	344.4	407.4	18.3
美国	173.1	207.6	19.9	536.9	561	4.5	632.1	738.9	16.9
加拿大	159.1	207.9	30.7				516.9	701.6	35.7
巴西	146.6	152	3.7				248.7	374.5	50.6
法国	416.7	450.5.	8.1				590	583.3	-1.1
德国	474	509.6	7.5				605.7	701.8	15.9
俄罗斯	134.7	208	54.4				168	326.5	94.3
澳大利亚	70.4	174	147.2				379.4	429.1	13.1

① 粮食综合生产能力系指粮食产出能力，不含产后储运加环节。应课题委托方要求，本研究扩展至产后储运加环节，特此说明。

② 因《中国农村统计年鉴 2019》仅提供了 2017 年国外农产品数据，故使用同年国内数据进行对比。

续表

国家或地区 \ 时间 \ 分类	小麦单产/（公斤/亩）			稻谷单产/（公斤/亩）			玉米单产/（公斤/亩）		
	2007 年	2017 年	2017 年比 2007 年增长（%）	2007 年	2017 年	2017 年比 2007 年增长（%）	2007 年	2017 年	2017 年比 2007 年增长（%）
日本				435.9	444.7	2.0			
印度尼西亚				312.6	343.7.	9.9			
泰国				179.4	209.7	16.9.	256.1	299	16.8
越南				324.6	369.9	14.0	250	309.9	24.0

资料来源：笔者根据《中国农村统计年鉴 2019》整理而成。

（2）生产保障能力增强，因灾损失降低。2018 年，我国的灌溉面积达到 10.2 亿亩，位居世界第一。灌溉面积占全国耕地总面积的 50.3%，基本扭转了靠天吃饭的局面。全国已建成大型灌区 459 处，中型灌区 7300 多处；共有以灌溉为主的规模以上泵站 9.2 万座，灌溉机电井 496 万眼，固定灌溉排水泵站 43.4 万处，除涝面积达 3.57 亿亩。累计对 400 多处大型灌区、1200 多处重点中型灌区进行了续建配套和节水改造，节水灌溉工程面积约为 5.4 亿亩（见表 3-2）。水旱灾害受灾、成灾面积分别由“十五”时期的年均 6.8 亿亩和 3.8 亿亩，降至 2015 年—2017 年的 3.27 亿亩和 2 亿亩以下，下降了 52%和 63%。

表 3-2 灌区有效灌溉面积和节水灌溉面积

年份	灌区有效灌溉面积（万亩）	49.5 万亩以上灌区有效灌溉面积（万亩）	30 万~49.5 万亩灌区有效灌溉面积（万亩）	节水灌溉面积（万亩）
1980	31166	8994	2505	—
1998	34119	10037	4154	22853
2007	42510	15780	6224	35234
2018	49986	18599	8100	54203

资料来源：国家统计局网站。

农作物病虫害防治能力显著提升，降低粮食损失。2017 年，全国病虫害发生面积为 47.3 亿亩次，防治面积为 61.6 亿亩次，分别比 2000 年增加了 5.8 亿亩次和 15.5 亿亩次。防治覆盖率由 2000 年的 111%提高到了 2017 年的 130%，挽回粮食损失 5958 万吨，比 2000 年降低了 1600 万吨。

（3）粮食储运能力增强，加工水平不断提高。经过多年的建设，我国粮食仓储设施不断完善，安全储粮能力持续增强。截至2018年，我国共有标准粮食仓房仓容6.7亿吨、简易仓容2.4亿吨、机械通风仓容7.5亿吨、粮情测控仓容6.6亿吨、环流熏蒸系统仓容2.8亿吨①，有效解决了粮食储藏保鲜保质、虫霉防治等方面的难题。

粮食加工产业转型升级。据粮食行业统计资料，小麦、稻谷加工业总产值由2011年的6330亿元增至2018年的8100亿元，年均增速为4.0%。2018年我国稻米加工企业9827家，年加工处理稻谷能力为3.69亿吨，比2011年增加约8000万吨，大米产量8000多万吨；小麦加工企业2590家，虽比2011年减少了400家，但企业规模扩大，年加工处理小麦能力达到1.97亿吨，比2011年增加1840万吨，小麦粉产量7300万吨。专用麦粉、优质大米供给增加，主食产品加工量已达到750多万吨。

2. 粮食生产布局品种分化

（1）南北方粮食产量差距拉大，粮食生产重心逐年北移。随着经济的发展，人口向胡焕庸线东南进一步集中。经济发达的南方沿海地区种粮比较收益较低，加之城镇化迅速发展，耕地资源被占用，南方粮食生产比重不断降低，因此形成了粮食生产布局整体向北方迁移的趋势。1980年南方粮食产量占全国产量的59.85%，播种面积占50%。此后北方粮食播种面积和产量比重持续增加，到1993年北方粮食播种面积超过南方，2005年北方粮食产量开始超过南方。2018年，北方粮食产量占58.61%，播种面积占58.42%。

北方增产主要来自玉米种植规模的扩张。2018年东北、华北、西北及山东、河南15省（区），玉米播种面积、产量分别达到59737万亩和21412万吨，分别占全国玉米播种面积和产量的80%和83%。2006—2018年，北方新增玉米播种面积和产量分别为17315万亩和8967万吨，均占全国新增玉米播种面积和产量的84.5%。其中东三省及内蒙古玉米种植规模扩大最多，增加了1亿多亩，增产5360万吨，占全国增量的50%以上。从2007年起，玉米已成为我国种植规模最大的作物，2015年播种面积曾达到6.7亿亩，对粮食增产贡献率达到66.05%。

（2）粮食产能向13个主产区集中。2006年以来，13个主产省粮食播种面积、产量分别增加18898.49万亩和14212.8万吨，分别占全国粮食新增播种面积和产量的104.29%和88.91%。到2018年，13个主产省粮食播种面积、产量分别达到132467.64万亩和51768.85万吨，分别占全国粮食播种面积、

① 资料来源：国家粮食和物资储备局粮食储备司《2018年粮食行业统计资料》。

产量的 75.46%和 78.69%，比 2006 年分别提高了 3.32 个和 3.28 个百分点（见图 3-1）。

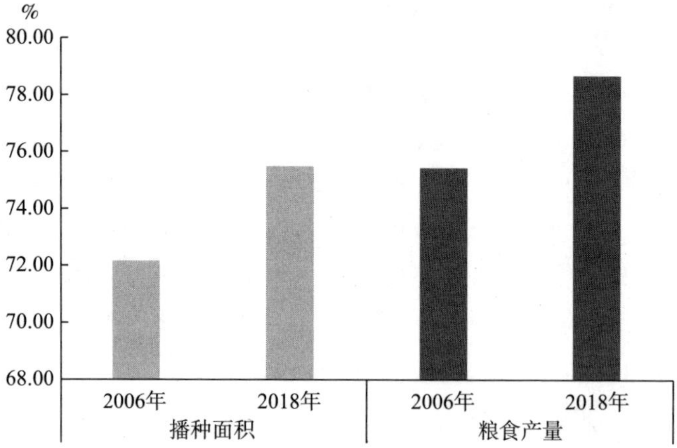

图 3-1　2006 年、2018 年 13 个粮食主产省粮食播种面积、粮食产量占全国的比重

资料来源：《（2007，2019）中国农村统计年鉴》。

从各大农业区来看，受国家对主产区的粮食扶持政策和规模优势影响，粮食生产呈现向主产区集中趋势。东北、冀鲁豫两大农业区粮食生产规模扩大，播种面积和产量占比分别从 2006 年的 40.73%和 38.85%提高到 2018 年的 44.08%和 41.99%，呈现小麦生产向冀鲁豫区集聚、东北水稻生产比重不断加大的特征。到 2018 年，冀鲁豫区小麦播种面积和产量占比分别达到 50.09%和 57.25%。而受居民优质大米消费需求增加的推动，东北粳米生产规模不断扩大，到 2018 年，东北稻谷播种面积占全国的 17%，产量占全国的 17.68%，成为全国重要的优质大米产地。

（3）三大主粮增产方式差异化明显。2006 年以来，粮食总产量增长 32.1%，单产和播种面积对产量增长的贡献率分别为 58.84%和 41.16%。其中小麦、水稻和玉米单产和播种面积对产量增长的贡献各有不同。小麦单产和播种面积的产出贡献率分别为 84.6%和 15.4%，水稻单产和播种面积的产出贡献率分别为 71.08%和 28.92%，表明小麦、水稻主要依靠科学技术进步促进了产量增长。

玉米则相反，增产主要依赖土地资源的投入。单产和播种面积的产出贡献率分别为 20.98%和 79.02%，这一特征在东北地区尤为明显，2006 年以来该地区玉米播种面积扩张了 63.85%，而单产仅增长 10.86%，播种面积对产量的贡献率达到 86.7%，大大高于全国平均水平。玉米种植规模的扩大成为近年来粮食增产的重要因素，2006—2018 年，全国粮食增产 15985 万吨，其中玉米增产 10557.4 万吨，增产贡献度约达到 66.05%。2006—2018 年粮食及三大主粮播种面积变化情况见图 3-2、表 3-3。

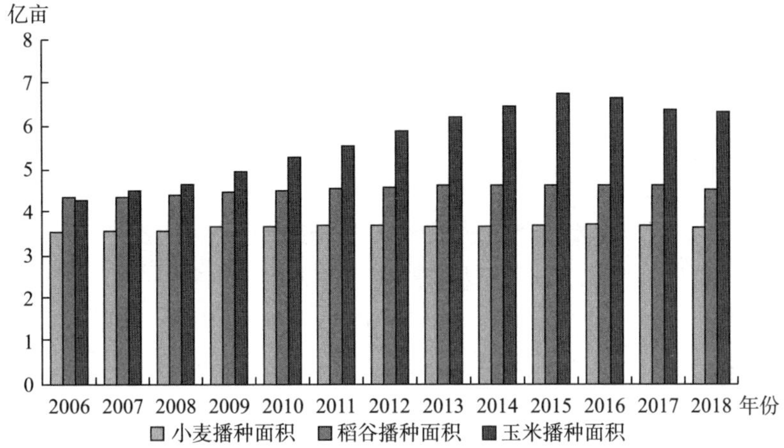

图 3-2 2006—2018 年三大主粮播种面积变化

资料来源：2007 年和 2019 年的《中国农村统计年鉴》。

表 3-3 2006 年、2015 年和 2018 年粮食及三大主粮播种面积变化

年份	面积	小麦		稻谷		玉米	
	粮食播种（亿亩）	播种面积（亿亩）	占比（%）	播种面积（亿亩）	占比（%）	播种面积（亿亩）	占比（%）
2006	15.74	3.54	22.50	4.34	27.6	4.27	27.12
2015	17.84	3.69	20.68	4.62	25.9	6.75	37.80
2018	17.56	3.64	20.73	4.53	25.8	6.32	36.00

资料来源：《中国农村统计年鉴》。

（二）我国粮食生产的资源条件评价

1. 水土资源总量不足，形成刚性约束

我国幅员辽阔，国土面积位居世界第三，淡水资源总量位列世界第四，但能够用于农业生产的水土资源十分有限。从资源总量来看，受自然、社会等因素的影响，可供开发利用的资源不足。可利用土地资源总量有限，后备耕地资源不足。2017 年全国农用地总面积为 96.72 亿亩，占全国国土面积的 67.17%；耕地面积仅为 20.23 亿亩，占国土面积的 14%左右。未来可供开发利用的耕地资源也十分有限，据国土资源部 2016 年全国耕地后备资源调查结

果披露，当前耕地后备资源总量为8046.7万亩，其中仅有3307.2万亩可供近期开发利用①。未来农业用水形势也非常严峻。我国多年平均水资源总量2.8万亿立方米，缺水量为536亿立方米，由于北方的灌区扩大，农业用水仍有所增加。预计未来一段时间随着气温的升高，农业灌溉用水还要增加6%~10%。按照10亿亩高标准农田的发展规模，2030年有效灌溉面积上的缺水量接近900亿立方米，实际灌溉面积上缺水230亿立方米②。

从人均资源占有量来看，人口、土地、水资源供需矛盾突出。在国内人口总数条件下，存在人均水资源相对短缺的情况。据统计，2018年全国人均水资源量1972.8立方米，仅为世界平均水平的25%，属于联合国环境规划署"水资源脆弱"国家。而受地形地貌影响，全国94%左右的人口集中居住在胡焕庸线东南方约43.8%的土地上，"人地"矛盾更为突出。2017年，全国人均耕地面积约1.46亩，约为世界平均水平的一半（2.89亩），低于东亚地区平均水平（1.65亩），是世界上人均耕地占有量最少的国家之一。

2006—2018年全国用水总量见表3-4。

表3-4 2006—2018年全国用水总量

单位：亿吨

年份	供水总量	农业用水总量	生活用水总量	工业用水总量
2006	5795	3664.4	693.8	1343.8
2007	5818.7	3599.5	710.4	1403
2008	5910	3663.5	729.3	1397.1
2009	5965.2	3723.1	748.2	1390.9
2010	6022	3689.1	765.8	1447.3
2011	6107.2	3743.6	789.9	1461.8
2012	6141.8	3880.3	739.7	1423.9
2013	6183.4	3921.5	750.1	1406.4
2014	6094.9	3869	766.6	1356.1
2015	6103.2	3851.5	793.5	1334.8
2016	6040.2	3768	821.6	1308
2017	6043.4	3766.4	838.1	1277
2018	6015.5	3693.1	859.9	1261.6

资料来源：《中国水资源公报（2006—2018年）》。

① 全国耕地后备资源特点分析［EB/OL］.（2016-12-28）http：//www.mnr.gov.cn/dt/zb/2016/gd/zhibozhaiyao/201806/t20180629_ 1964638.html.

② 王皓在中国国际工程咨询公司上的报告《我国农业用水演变趋势及调控策略》。

2. 水土资源配置不佳，降水时空分布不均

从水资源空间分布来看，南北方水资源分布不均和水土资源错配成为限制农业生产的重要因素。北方六大水资源一级区（松花江区、辽河区、海河区、黄河区、淮河区和西北诸河区）水资源总量5800亿立方米，仅占全国水资源总量的21.15%，而耕地面积占了58.95%；长江、珠江及东南、西南诸河水资源总量2.1万亿立方米，占全国水资源总量的78%，而耕地面积仅占41%，全国水土资源不匹配问题突出。据统计，全国耕地每亩平均占有径流量为1819立方米，仅相当于世界平均的2/3。其中，南方耕地每亩平均占有径流量为2894立方米，北方地区仅为367立方米[①]，不足南方地区的1/7。在气候干旱的西北地区甚至低于50立方米/亩。北方农业主产区水资源缺口较大，导致水资源的地下水超采，也限制了耕地产能的提升，如西北地区耕地面积2.17亿亩，占全国的11.57%，水资源却仅占5%，灌溉保证率成为土地产出能力的关键因素[②]。而西南地区尽管水资源充沛，占全国水资源总量的18.29%，但以山地、丘陵为主的地形特征导致土地细碎化程度较高，限制耕地利用率的提高[③]。此外，由于地形、气候等原因，南方地区东西部之间水资源利用面临问题的差异化，如西南地区由于地势陡峭易形成工程性缺水，而中东部平原地区由于地势平缓，排涝困难，易形成渍涝灾害，大大增加了水资源开发利用的复杂性。

从水资源的时间分布上看，我国受大陆性季风气候影响，冬季干冷、夏季湿热多雨，降水与作物生长时期匹配度不高。如北方降雨主要集中在夏季7—8月，而在春季作物需水量和地表蒸发量都逐渐增大时却降雨稀少，作物生长期缺水成为北方粮食增产的重要制约因素。

3. 耕地质量不高，水土污染面积大

据国土资源部2019年《全国耕地质量等级调查与评定》数据，全国耕地中基础地力较高、对于农业生产基本无限制因素的1~4等的优质耕地为333.7万公顷，占比仅为2.67%；9~15等的中低等耕地8420万公顷，占比为58%。耕地质量不高的成因主要有两个：一是由于土地资源禀赋的限制，全

① 南北方径流量根据各地地表水资源量与耕地面积折算而得，数据来自《中国统计年鉴（2017）》和《中国水资源公报（2017）》。

② 王凤娇，杨延征，上官周平．西北五省（区）耕地质量等别差异性比较［J］．干旱地区农业研究，2015，33（2）．

③ 祖健，张蚌蚌，孔祥斌．西南山地丘陵区耕地细碎化特征及其利用效率：以贵州省草海村为例［J］．中国农业大学学报，2016，21（1）．

国优质土地较少，《中国 1∶100 万土地资源图》数据显示，全国宜农土地面积中，优质土地仅占 10%，其余 90%的土地则受到地形、地质条件、气候条件等不同因素的限制。二是由于长期粮食供给的压力，土地高强度开发利用导致了土壤退化趋势加重，《2007 年中国环境状况公报》披露，全国耕地缺磷面积达 51%，缺钾面积达 60%，退化耕地面积占总耕地的 40%以上。

此外，多年的工业“三废”和农业化肥农药的过量施用，造成土壤重金属污染和水体面源污染等环境问题。农业部门对全国 140 万公顷污灌区调查数据显示，重金属污染比例达到 64.8%，其中有 0.5 亿亩的土地污染严重，不适合继续耕种。水土重金属污染物富集不仅造成农田生态失衡，还严重影响了粮食生产的生态可持续性和农产品质量安全。

（三）我国粮食生产科研能力评价

新中国成立 70 多年来，我国农业科技发展取得了巨大成就。目前，我国农业科技创新整体水平已进入世界第二方阵，农业科技进步贡献率达到 59.2%，特别是袁隆平院士研发的两系杂交水稻育种，使我国在粮食育种科研方面稳居世界前列，为保障我国粮食安全和推动我国农业现代化提供了重要动力。

1. 农业科研基础设施趋于完善

进入 21 世纪后，国家加大对农业科技投入力度。2015 年，我国农业科研经费投入已经达到了 388.8 亿元，为 2001 年的 8.8 倍。国家预算内投资在农业科研基础设施建设中也发挥了巨大作用，通过农作物良种工程、植物保护工程、国家新增 1000 亿斤粮食生产能力工程和转基因工程等专项投资，建成了农作物基因资源与基因改良国家重大科学工程、国家农业遥感应用与研究中心、农业再生资源综合利用研发中心、国家作物种质库等一大批国家重大科技基础设施和一批国家重点实验室、省部级重点实验室等重大科技创新平台。2015 年，已经形成了 49 个国家重点实验室、206 个国家农作物改良中心和储存中心、10 个国家农业科学数据中心、若干个省部级和地方专业性实验室、试验站等农业重大工程平台体系，地市级以上农业科研机构也已经达到 1035 个。农业科技产学研结合机制创新持续推动，构建了农产品现代农业体系、农业科技创新联盟、国家现代农业产业科技创新中心，以及国家农业科技园、国家现代农业产业园等产学研相结合的产业体系。

2. 自主创新取得重大突破

经过几十年的努力，我国农业科技原创性的成果共获得各类国家级奖项

2227 项。在品种培育方面，水稻经历了从矮秆革命向三系配套，到两系杂交的发展历程，品种从籼优 63 到隆两优 1988、深两优 136 等超级稻品种；小麦从百农这一单一品种逐步转变为小偃、周麦、扬麦、济麦等系列品种；玉米从常规育种向杂交育种发展，由最初的中单 2 号到掖单 13、浚单 20、郑单 958、京科 968、登海 605，品种不断更新。目前，我国已经在矮化育种、远缘杂交、杂种优势利用等方面取得重大技术突破，筛选出一批优质种质资源和基因，水稻、小麦、玉米等主要粮食作物的基因图谱绘制和测序工作已经基本完成。

（1）新品种培育数量连年增加。2011—2013 年国务院先后出台了《关于加快推进现代农作物种业发展的意见》（国发〔2011〕8 号）和《关于深化种业体制改革提高创新能力的意见》（国办发〔2013〕109 号）两个文件，推动了种业发展。尤其是加快了新生品种审定速度，2010—2019 年，国家共审定水稻、玉米、小麦新品种 3013 个，2014 年以来年审定新品种数量由不足 100 个增至 1095 个（见图 3-3）。

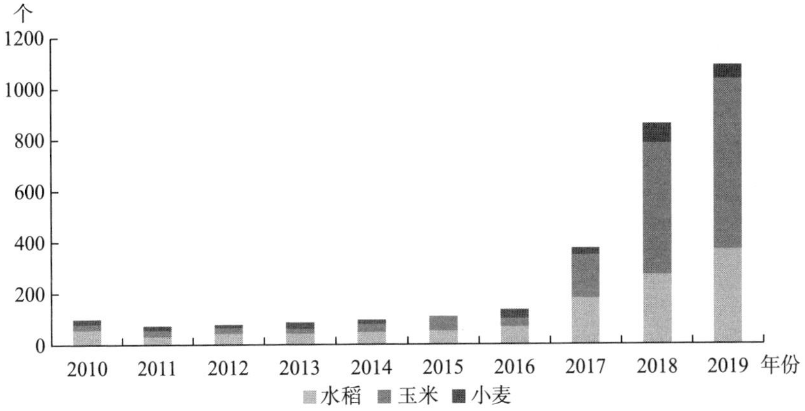

图 3-3　2010—2019 年国家审定水稻、小麦、玉米品种数量

资料来源：中国种业大数据平台，http：//202.127.42.145/bigdataNew/home/ManageOrg。

（2）粮食作物品质提升。科技创新能力的提升缩小了我国与国外品种性状质量上的差距。2003 年以来，黄淮海麦区小麦品种的拉伸面积、最大拉伸阻力、稳定时间、容重等特性均呈现持续上升的变化趋势。江苏里下河农科所培育的做饼干的软性小麦品种，弥补了我国小麦品种上的空白。大米的适口性有很大改善，籼稻的直链淀粉量从 2003 年的 20.4%降低到 2018 年的 16.7%，粳稻的直链淀粉量从 2003 年的 17.1%降低到 2018 年的 15.7%；籼稻和粳稻的垩白粒率分别从 2003 年的 46.5%和 30.8%降到 2018 年的 23.2%和

16.2%，提高了大米的品级。玉米粗淀粉含量呈现上升趋势。

（3）粮食单产持续提高。提高作物单产是我国农业科研的强项。在2000—2018年国家审定的新品种中，籼稻单产水平达到568.07公斤/亩（见表3-5），比2000年提高86.53公斤/亩；粳稻单产水平达到621.9公斤/亩，比2006年提高71.16公斤/亩。2014年，袁隆平院士领衔攻关的湖南省溆浦县超级稻示范基地，“Y两优900百亩示范方”平均单产高达1026.7公斤/亩。小麦新品种在单产方面取得了重大突破，单产能力持续提高。河南省小麦单产平均水平由2006年的375.86公斤/亩增加到2018年的418.46公斤/亩；山东省小麦单产平均水平由2006年的377.33公斤/亩增加到2018年的406公斤/亩。玉米新品种的平均容重①也在上升，2013年达到最高值764.5克/升，比2005年上升33克/升，2017年登海856容重达到821克/升。容重上升加上密植技术促进了单产的提高。2017年，云南、四川两省玉米单产分别达到345公斤/亩和382公斤/亩，比2013年提高了53~57公斤/亩；吉林单产达到520公斤/亩，比2013年增加了82公斤/亩。

表3-5　1978—2018年水稻审定品种单产变化　　单位：公斤/亩

年份	籼稻	粳稻
1978	387.5	386.8
1990	397.44	497.13
2000	481.54	550.73
2010	527.34	586.65
2018	568.07	621.9

资料来源：吕凤，杨帆，范滔，等.1977—2018年水稻品种审定数据分析[J].中国种业，2019(2)：29-40.

3. 农业科技成果转化加快

（1）农技推广体系覆盖全国乡镇。改革开放以后，由于农村经营体制发生变化，基层农技推广体系一度出现线断、网破、人散的局面。针对这种情况，党的十七届三中全会明确提出建设覆盖全程、综合配套、便捷高效的社会化服务体系，加强农业公共服务能力建设，创新管理体制，提高人员素质，在全国普遍健全乡镇或区域性农业技术推广、动植物疫病防控、农产品质量

① 玉米在标准的容重器实验下的重量（克），反映了玉米子粒的饱满程度，受水分、杂质的影响。现行国家标准共分5个等级，具体等级为：一等：大于等于720克/升；二等：685~720克/升；三等：650~685克/升；四等：620~650克/升；五等：590~620克/升；等外品：小于等于590克/升。

监管等公共服务机构。2010—2014 年国家集中投资建设了 2.8 万个乡镇或区域性农技推广站，覆盖了全国的乡镇，完善了中央、省、地市、县、乡镇五级农技推广服务体系。供销社、跨国公司及涉农企业也开展涉农服务，形成了我国“一主多元”农技推广格局。此间，国家建设了一批农作物品种展示中心、旱作农业示范基地、保护性耕作示范区、节水灌溉示范项目，推动粮食生产技术在具体实践中的应用。

目前，我国农业技术推广服务已由以往的单一技术服务发展到优良品种推广、合理密植、土肥水科学利用、病虫草害科学防治、农作物综合栽培技术，以及机耕机播机收等多项技术综合服务，为作物生长提供完整方案。农作物耕种收综合机械化率已经超过 70%，小麦生产已经基本实现全程机械化，玉米和水稻耕种收机械化率也已超过 80%。玉米精量播种、水稻工厂化育秧、玉米合理密植等技术既节省时间、耕地，又降低了生产成本，发挥了提质、节本、增效的作用。

（2）优良品种集中度明显提高。种植品种“多乱杂”的现象有所改观，有利于粮食收储和分等分级。三大作物中 8 个品种推广面积超过 1000 万亩。小麦、杂交稻、常规稻、玉米前 5 位品种集中度①（CR5）分别为 24.5%、11.4%、24.8%和 20%②。

小麦排名前 10 位品种为百农 207、鲁原 502、济麦 22、中麦 895、山农 28、郑麦 9023、西农 979、郑麦 379、山农 29 和烟农 19，推广面积 1.06 亿亩，占小麦播种总面积的 30%。河南省郑麦 7698、周麦 27、西农 979、百农 AK58 4 个优良品种播种面积占全省小麦面积近 40%，山东省济麦 22、鲁原 502 和山农 20 播种面积超过全省小麦播种面积的 50%。玉米：郑单 958、先玉 335、京科 968、登海 605、德美亚 1 号、浚单 20、伟科 702、裕丰 303、隆平 206、科创 808 这 10 个品种，推广面积为 1.2 亿亩，占玉米播种总面积的 20%。超级稻已从试验品种走向田间地头，2018 年推广面积最大的 10 个常规稻品种中，龙粳 31、中嘉早 17、南粳 9108、中早 39 这 4 个是超级稻；推广面积最大的 10 个杂交稻品种中，晶两优华占、隆两优华占、C 两优华占、天优华占、宜香优 2115、深两优 6814③ 这 6 个为超级稻品种。小麦年最大推广面积及其品种见表 3-6。

① 前 5 位品种推广面积占 10 万亩以上的品种推广总面积的比例。

② 中国农业科学技术出版社：《2019 年中国种业发展报告》。

③ 梁健，等．我国超级稻发展现状及建议［J］．中国稻米，2020，26（3）．

表 3-6　小麦年最大推广面积及其品种

年最大推广面积	品种
200 万 ~3000 万亩	周麦 22、济南 13、绵阳 11、扬麦 158、济麦 20、豫麦 21、烟农 19、百农 3217、郑麦 158、泰山 1 号
3000 万亩以上	豫麦 18、百农 AK58、济麦 22

资料来源：《2019 年中国种业发展报告》。

4. 具有一批较高水平的科研团队

近年来，我国在农业科研领域涌现出一大批具有国际水平的科技人才和高水平创新团队，极大地推动了农业科技创新，为国家农业战略科技力量的发展提供了有效支撑。袁隆平院士科研团队育成强优势的杂交水稻，并在生产上大面积应用，极大地提高了我国水稻产量；荣廷昭院士科研团队设计并成功实施了玉米自交系、杂交种选育与群体遗传组成研究、群体改良同步进行的育种新方法，实现了玉米科研领域的突破；李登海科研团队开创了中国紧凑型玉米育种先河，建成国内最大的玉米育种科研平台，培育出 20 多个优质高产玉米新品种并在全国大面积推广种植；李振声院士科研团队研究的小麦与偃麦草远缘杂交，并育成了“小偃”系列品种，育成了小偃 4 号、5 号、6 号等高产、抗病、优质小麦品种，以及育成小偃麦 8 倍体、异附加系、异代换系和异位系等杂种新类型，在小麦遗传与远缘杂交育种研究方面取得了重要突破；山东省农科院作物研究所科研团队研制出济麦 22 等具有绿色、优质、抗病、高产等突出特点的小麦品种，近年来，在山东省的年度推广面积达 1000 万亩以上，实现了小麦丰产丰收。同时，农、科、教之间的融合程度不断增强。农业基础科学、应用科学和农业技术推广之间逐步实现有机结合，也促进了农技推广人员专业素质的提升。

虽然，我国在粮食生产科研上取得了很大成就，但是也要看到我国与美国、法国、德国等发达国家在品种质量单产以及生产技术上的差距，如玉米单产低于美国、加拿大 300 公斤，小麦单产低于法国 85 公斤、低于德国 130 公斤，单季稻单产水平低于美国等主要单季稻生产国。科技进步永无止境，我国要加快科技研发和成果转化，提高农业核心竞争力。

二、实施两藏战略的有利条件及面临的挑战

（一）当前实施两藏战略的深刻意义

2019 年，国内粮食生产实现了自 2004 年以来的“十六连增”，粮食产量

也基本稳定在6.5亿吨台阶上，人均粮食占有量达到470公斤，远高于世界平均水平。尽管当前国内粮食生产已基本满足了国家粮食安全的要求，但由于“十三五”时期实施的一些粮食调控政策的效果未达到预期，导致国内粮食供求隐含着诸多矛盾和问题还未解决，主要体现在以下方面：

一是农产品供需结构性矛盾。主要集中在总量和质量、品种与结构方面。随着国内居民收入水平的提高，优质农产品和动物性蛋白食品的需求大大增加，但受产量目标激励、国内生态环境等因素影响，优质农产品和动物性产品供给不足，进口农产品不断增加的现象仍在持续，反映在粮食上为大豆和玉米等饲用作物不足，稻谷积压严重。

二是资源与产业发展矛盾。主要体现在资源分布与农业生产布局的矛盾。受国内资源禀赋限制和社会经济发展推动，南北方经济发展差距拉大，资源要素流向经济效益高的产业，南水北调、北粮南运、北粮南储的格局不断深化，北方粮食主产区资源过度开发，地下水超采、土壤有机质下降、黑土地黑土层流失等问题突出，资源环境约束再度收紧。

三是政策调控力度过猛。如玉米去库存政策，扩大玉米加工产能和“镰刀弯”玉米结构调整双管齐下，供给侧、需求侧共同发力，国内玉米库存急剧下降，市场供应出现缺口，价格上涨，连带影响下游产业。2020年新粮上市时，小麦价格同比上涨10.7%，高于国际市场19.64%[①]；华北地区玉米价格同比上涨20%；东北玉米上市价格已达到1元/斤以上，同比上涨了30%。而以往政策性收储的玉米已全部拍完，国内企业玉米进口需求迫切。据海关统计数据，1—10月累计进口玉米、高粱、大麦已接近1800万吨，其中玉米同比增长1倍，高粱增长4.5倍。粮价上涨波及下游养殖业，上半年的高价仔猪尚未出栏，饲料成本上涨与仔猪成本叠加，最终将由消费者买单。

从国内长期的需求潜力来看，“量”“质”并增将成为发展趋势。一方面，我国人口总数决定了粮食需求总量的持续增长。有关专家预测，到2035年国内人口将达到14.5亿顶峰，保守一点估计粮食需求总量也超过7亿吨。另一方面，未来国内人口结构引起的消费结构全面升级将带来粮食需求质量的整体提升。随着城镇化推进和居民收入水平的稳步提升，农产品的需求结构将有较大转型潜力。到2030年中国的中等财产人口将达到人口的3/4，是当前的3倍，将形成巨大的优质农产品消费市场。从当前国内居民膳食结

① 2020年8月小麦市场供需形势分析：国内小麦价格上涨［EB/OL］.［2020-09-23］. https：//3g.163.com/war/article_cambrian/FN7LRVFD051481OF.html.

构来看，蛋白质摄入结构中动物性蛋白质来源占比仅为39.9%，低于日本的45.74%和中国台湾的44.1%（2017年），未来动物性产品消费比重的增加将带来饲料粮需求的迅速增长。因此，未来10~15年将是我国农产品供需的关键时期。

从未来粮食供给能力看，利用海外购地补充国内供给已错过了窗口期，国际形势的变化也增加了国际农产品市场的不确定性。因此，我们必须抓住当下国际市场农产品供给充裕，以及“十四五”人口峰值到来之前的这段窗口期，一方面在保证产业安全的前提下，尽可能利用国际市场多进口农产品，使国内资源休养生息，缓解水土资源压力。另一方面保护耕地提升质量，加大水土污染治理，强化以种业、节水为主的农业科技研发和以化肥、农机为主的装备支撑，尽快转变农业发展方式，把内涵式发展作为提升粮食产能、保障国家粮食安全的唯一出路，把两藏战略落在实处。

（二）实施两藏战略的有利条件

从我国整体粮食生产能力发展水平和经济社会发展阶段来看，当前我国已经具备了实施两藏战略的基础保障条件，主要体现在四个方面。

1. 农产品供给有保证

目前，国内粮食生产综合能力已达到较高水平，2015年以来国内粮食总产量始终保持在6.5亿吨以上，人均粮食占有量达到470公斤，远高于世界平均水平。与此同时，肉蛋奶果菜等农产品也供应充足。2018年，国内人均肉、蛋、奶产量分别为61.49公斤、22.09公斤、24.83公斤，其中肉、蛋产品人均产量高于日本、韩国等东亚发达国家水平，达到了亚洲平均水平的2倍。据2018年《全球粮食安全指数报告》统计，在113个国家中，中国粮食安全指数排第46位，粮食安全水平达到了中等偏上水平。

目前国内主粮生产格局相对稳定。一是黄淮海五省（冀鲁豫苏皖）麦区小麦播种面积和产量稳中有升。2018年，黄淮海五省小麦播种面积26153.4万亩，产量10421.9万吨，分别占全国总播种面积和总产量的71.9%和79.3%，较2006年分别提升了6.25个和4.8个百分点。

二是长江区、东北区水稻生产规模扩大，弥补了东南、西南水稻减少的空间（见图3-4）。特别是东北区受优质水稻需求拉动，水稻播种面积占全国水稻播种面积的比重大幅提升，已达到17%，成为国内优质大米重要产区。

三是北方玉米产区优势延续。2018年，北方玉米播种面积占比超过全国的80%。其中东北区、冀鲁豫区玉米播种面积占全国玉米比重均保持在30%

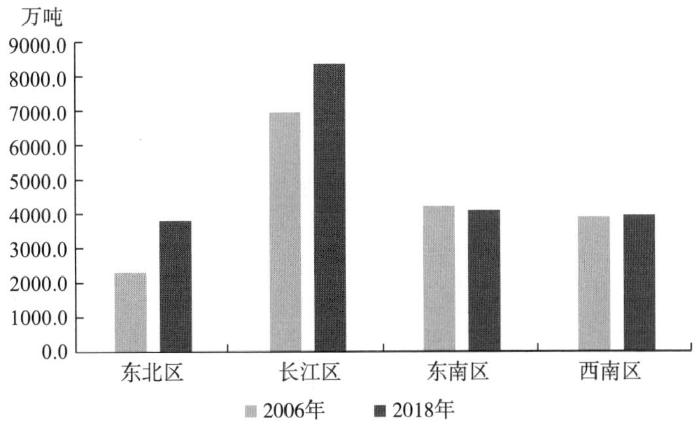

图 3-4　2006—2018 年四大稻谷主产区产量变化

资料来源：《中国农村统计年鉴》。

以上和 26%左右。西北区由于基本农田建设和灌溉条件的改善，玉米单产增长较快，也为全国玉米区域平衡起到了补充作用。

2. 国内库存较为充裕

2007 年来，随着国内三大主粮产量不断提高和实施最低保护价政策，国家政策性粮食库存持续增长，粮食库存充裕，为市场供给提供保障。2016 年 9 月底，三大主粮政策性库存一度高达 3.88 亿吨①。尽管 2016 年后随着玉米临储政策调整与粮食“去库存”措施的推进，国内粮食库存有所调减，尤其是玉米库存下降较快，但 2019 年三大主粮库存结余仍高达 2.8 亿多吨，其中小麦和稻谷两大口粮的库存量能够满足一年以上的市场消费需求。近 3 年，中国小麦、稻米库存分别约占全球库存 50%和 67%，在世界粮食库存中占有举足轻重的地位。

3. 生产方式向绿色化转变

新中国成立之初，我国粮食产量仅为 1.13 亿吨，因此在相当长的时期内“吃饱饭”成为国家农业发展的头等任务，同时对资源是掠夺性经营。面对农业污染、资源约束收紧、食品安全等突出问题，党的十八大以来国家作出了一系列农业绿色转型发展的决策部署，将农业发展目标由单纯的产量增加调整为在保障粮食安全前提下的高效、高质量和环境友好型农业，针对农业生产中突出的环境问题，出台了“土十条”“水十条”及《农业环境突出问题

① 刘笑然. 新形势下粮食去库存对策研究［J］. 农业经济与管理，2017（1）.

治理总体规划（2014—2018年）》等一系列政策，对土壤重金属污染、地下水超采、土壤退化、农业面源污染等，实施了耕地重金属污染综合治理、农业面源污染治理、地表水过度开发和地下水超采治理、东北黑土地保护、退耕还湿、农牧交错带已垦草原治理等一系列生态修复与环境保护项目。同时，开展化肥农药减施的“双零”行动，推动农业生产方式转变和资源可持续利用。

4. 国际粮食市场货源充足

2008年以来，国际粮食市场货源始终较为充足，虽然价格偶有波动，但粮食供应总量远高于需求总量。据联合国粮食及农业组织（FAO）统计，2019—2020年世界粮食供给量为35.92亿吨，总需求量为27.21亿吨，世界贸易量达到4.2亿吨，比2008年增加了47%，小麦、玉米、稻谷总供给量均高于总需求量，市场货源充足，不存在结构性短缺，三大品种期末库存分别为2.77亿吨、4.06亿吨和1.82亿吨，库存消费比分别为35.9%、26.9%和35.0%（见表3-7）。

表3-7　2008—2009年、2019—2020年全球粮食供给、需求、贸易量变化情况

分类/时间/品种	总供给量（亿吨）		总需求量（亿吨）		贸易量（亿吨）		期末库存（亿吨）		库存消费比（%）	
	2008—2009年	2019—2020年	2008—2009年	2019—2020年	2008—2009年	2019—2020年	2008—2009年	2019—2020年	2008—2009年	2019—2020年
粮食	27.41	35.92	21.95	27.21	2.86	4.2	5.33	8.66	23.6	30.9
小麦	8.32	10.38	6.46	7.62	1.4	1.74	1.8	2.77	27.5	35.9
玉米	13.53	18.59	11.05	14.45	1.16	2.01	2.38	4.06	20.4	26.9
稻谷	5.6	6.95	4.43	5.14	0.3	0.46	1.15	1.82	25.8	35.0

资料来源：UNCOMTRADE。

（三）实施两藏战略面临的挑战

粮食生产是安天下、稳民心的战略产业，“我国是个人口众多的大国，解决好吃饭问题始终是治国理政的头等大事。”实施两藏战略，将先进的科学技术转变为先进的生产力，对于保障我国粮食安全具有重要的战略意义。但是，受我国农业发展区域性和分散性强的影响，实施两藏战略受到水土资源总量不足、经济发展带来的农业要素流失、技术研发瓶颈难以突破、农业生产经营方式等诸多因素限制，因此，认清当前我国农业生产中面临的问题，对于今后进一步推进两藏战略的实施具有重要的现实意义。

1. 城镇化背景下农业要素的流失

（1）城镇化、工业化引起土地利用非农化。随着城镇化、工业化的推进，大量土地资源流向非农部门。据统计，1999—2003 年，我国耕地面积以年均 1875 万亩的幅度减小[①]。尽管 2006 年后实施的一系列耕地保护政策减缓了耕地数量的下降，但是一些地方乱占耕地、违法批地、浪费土地的问题没有从根本上得到解决，2013—2016 年每年占补平衡后仍减少耕地约 100 万亩，2016 年减少了 120 万亩[②]，2018 年耕地数量为 20.24 亿亩。

（2）农村劳动力流失与粮食生产矛盾突出。在城镇化推动下，大量农村劳动力外出打工，对粮食生产造成了冲击。南方粮食主产区，由于农村务农劳力减少，用工成本上升较快，种粮比较效益下降，农民种粮积极性不高，水稻“双改单”现象普遍，早稻面积直线下滑，2019 年已降至 6675 万亩。2020 年，为遏制早稻下滑势头，中央财政给予 30 多亿元生产补贴，早稻面积才止跌回升。土地撂荒问题也十分突出，专家分析，保守一点估计全国约 3000 万亩土地被撂荒[③]，即使以全国最低粮食单产水平折算也折合损失粮食近 900 万吨。加之外出打工以青壮年劳动力为主，农业劳动力老龄化严重，对农业技术推广和田间管理形成了制约。

（3）耕地占优补劣导致部分耕地质量等别下降。近年在国家实施了耕地占补平衡政策后，乱占耕地、违法批地、浪费土地的情况有所好转。但由于城乡土地资源区位差异，东西、南北经济发展差异，“占优补劣”的问题较为突出，城市周边好地变远郊劣地、水田变旱田，发达地区城市周边良田被西部贫瘠的低产田代替，导致土壤质量等级整体下降。《2018 年全国耕地质量等别数据分析报告》披露，2016—2017 年，全国因建设占用、农业结构调整等各类原因减少耕地约 440 万亩，平均等别为 9.05 等；而相应新增耕地 405 万亩，平均等别为 9.58 等，降低了 0.53 个等别。耕地等别的下降直接影响粮食产能，据统计，2001 年国务院划定的 8 个粮食购销市场化改革的省市（北京市、天津市、上海市、江苏省、浙江省、福建省、广东省、海南省），粮食单产高于全国粮食单产的 30%，即上述区域 1 亩粮田相当于其他地区的 1.3 亩，即使在 2018 年，上述区域农田补偿比也在 1∶1.1 以上。

---

① 陈印军，易小燕，陈金强，等．藏粮于地战略与路径选择［J］．中国农业资源与区划，2016，37（12）．

② 方言．藏粮于地、藏粮于技夯实国家粮食安全基础［J］．中国粮食经济，2020（6）．

③ 耕地撂荒原因分析及解决办法［EB/OL］．https：//www.tuliu.com/read-39859.html．

2. 生产经营方式不适应农业发展要求

(1) 粗放型生产方式未得到根本转变。尽管随着农业基础设施改善和技术提升，全国粮食综合生产能力有较大提升，但从整体上看，粮食生产仍呈资源投入依赖的粗放型特点。一方面，资源的利用效率较低。受比较效益影响，农业劳动力投入减少，导致土地利用率降低，全国土地复种指数由2006年的125%降至2018年的123%，相当于减少播种面积约3800万亩。此外，农业水资源利用效率也相对较低，农田灌溉水有效利用系数为0.54，虽比2008年提升了0.06个点，但与世界先进水平0.7~0.8仍有较大差距。另一方面，资源利用效率低与粮食增产压力又导致了资源的大量投入与占用。全国用水总量中农业用水占比最高，长期保持在60%左右，而松花江区和西北诸河区农业用水量占比分别达到83.26%和87.36%（见表3-8）。土地资源占用增加的趋势更为显著。2006—2018年粮食增产了15985万吨，粮食播种面积增加了18120万亩，其对粮食增产的贡献率达42%，这表明了粮食增产对土地资源的强依赖性。资源的大量占用与利用效率低，加剧了粮食生产的水土资源矛盾，加大了未来增产的难度。

表3-8 2018年全国各主要水资源一级区农业用水

水资源一级区		用水总量（亿立方米）	农业用水量（亿立方米）	农业用水量占比（%）
全国		6015.5	3693.1	61.39
北方6区	松花江区	479.2	399	83.26
	辽河区	193.7	130.5	67.37
	海河区	371.3	217	58.44
	黄河区	391.7	264.4	67.5
	淮河区	615.7	406.9	66.09
	西北诸河区	654.9	572.1	87.36
南方4区	长江区（含太湖流域）	2071.6	995.1	48.04
	东南诸河区	304.6	136.2	44.71
	珠江区	826.3	487	58.94
	西南诸河区	106.5	84.9	79.72

资料来源：《中国水资源公报（2018）》。

(2) 农业生产组织弱化。2006年以来开展的新农村建设在提高农民收入、改善农村人居环境等方面都取得了很大成效，但也使原有乡村生产行为发生巨大变化，给粮食生产带来了一些负面影响。一是乡村建设降低了生产活动效率。乡村建设过程中部分地区存在集中居住后距离农地过远，不便于生产活动的情况。二是为了乡村环境的美观，乡村建设将原先农民用来种植自给农产品的房前屋后分散土地改为绿化带，降低了农业土地利用率。三是乡村建设的环境要求打破了农业生态循环。为提高环境质量，要求村内禁养家禽家畜，原先廉价的粪肥来源被切断，同时，集中养殖产生的粪便经过加工后成为价格高昂的有机肥，增加了养殖废弃物循环利用的成本，打破了原先家禽家畜粪便还田的农业生态循环，最终化肥、农药成为普通小农生产补充肥力的全部来源，阻碍了农业生产的可持续发展。

（3）技术推广体系难以适应农业发展需要。一是政府部门的农业技术推广体制落后。当前，我国的农业技术推广体制仍然停留在从上到下的行政命令层面，上级所推行的农业生产计划和生产技术与农民的实际需求有差距。传统农业技术体系已不适应农业发展的需要。二是我国农业人口基数庞大，农业发展的劳动力主体是农民，但多数农民的文化程度不高，需要灵活多样的农技推广方式。

3. 生产环境不确定性增加

（1）水土污染治理进展缓慢。水土污染治理是一项复杂的系统工程，近年来，国家虽投入了大量资金进行综合治理，但短期内难以奏效。2018 年，全国河流、湖泊、水库及省界断面中不适宜农业用水的劣 V 类水分别占比 5.50%、16.10%、2.60%、9.00%（见表 3-9）。农业用水水质普遍较差，在部分水资源短缺地区还存在利用污水灌溉的现象，更加重了土壤的污染。土壤重金属污染问题成因复杂，农业农村部关于《农业环境突出问题治理总体规划（2014—2018 年）》中确定了 5 年期土壤污染治理的经验探索任务，但由于基础数据多头，导致治理范围不精确，并未形成较好的治理路径与办法，因此进展缓慢。同时，土壤重金属污染治理属于世界范围内的难题，目前采用的修复手段以替代种植或轮作为主，对重点治理区粮食产量及农民收入造成较大的负面影响。况且国内重金属污染以镉为主，相较其他重金属元素的经济价值不高，因而难以调动社会参与治理的积极性。此外，以当前的土壤修复手段，重金属的消解需要相当长的时间，已被重金属污染的土壤短期内难有较大改善，对粮食生产能力的负面影响将长期存在。

表 3-9　2018 年全国水资源质量情况

单位：%

水资源类型	水质评价等级占比		
	Ⅰ~Ⅲ类	Ⅳ~Ⅴ类	劣Ⅴ类
河流	81.60	12.90	5.50
湖泊	25.00	58.90	16.10
水库	87.30	10.10	2.60
省界断面	69.90	21.10	9.00

资料来源：《中国水资源公报（2018）》。

（2）极端性天气增多。自然气候的不稳定、旱涝灾害频发增加了粮食生产的风险。受季风气候影响，国内尤其是东部、南部地区降水量年内和年际变化剧烈，丰水期和枯水期交替出现持续几年至十几年[①]。而在全球气候变暖的大趋势下，季风气候导致的水资源不稳定性明显增强，降水量和径流量在时间和空间上的变化愈加剧烈，旱涝等极端气候事件出现的频率和强度也在不断提升[②]。近几年，9 月后形成的秋季台风对我国农业生产的危害增加，给北方地区秋粮生产带来不确定性。如 2018 年 8 月下旬至 9 月上旬，东北地区 3 场台风过境，为历史首次，造成玉米大面积倒伏，影响玉米的产量。

（3）外来物种入侵风险加大。全球化背景下，随着国家、地区间产品贸易、人员往来日益频繁，外来生物入侵风险加大。据《2019 中国生态环境状况公报》统计，当前我国境内通过自然入侵、无意引进和有意引进渠道入侵的外来物种已达 660 多种。外来物种在缺乏天敌的环境中大肆生长繁殖，已严重影响了粮食作物生长，造成粮食减产。如草地贪夜蛾入侵对全国春季小麦和玉米造成了大范围的虫害。2019 年首次入侵我国的草地贪夜蛾扩散迅速，当年对全国 25 个省份近 1500 个行政区的 1500 多万亩农田造成影响，累计危害面积达到 240 万亩[③]。虫害造成的影响不仅广泛，危害程度也较大，如在广东部分地区，玉米田块危害株率超过 60%，若防治不到位可达 100%。此外，南方常见的福寿螺繁殖极快，水稻秧苗、水稻叶和分蘖皆可为食，对水稻整个生育期都会产生严重危害[④]，可造成高达 50%的减产。

① 刘英君．浅谈中国水资源的开发利用［J］．管理观察，2009（23）．

② 刘彦随，刘玉，郭丽英．气候变化对中国农业生产的影响及应对策略［J］．中国生态农业学报，2010，18（4）：905-910．

③ 警惕！全国多省份有生物入侵发生！（半月谈内部版）［EB/OL］．https：//mp.weixin.qq.com/s/IZFVhLLl61xMk7vpeTlKpw．

④ 刘阳，曾义玲，索绍霞，等．福寿螺的危害及防治方法［J］．农民致富之友，2018（15）：145．

4. 农业技术研发后劲不足

（1）育种技术面临瓶颈。目前我国小麦、水稻单产已经处于较高水平，在没有重大技术突破的情况下，提高单产的难度增加。况且现在作物育种面临“优质性、丰产性、抗性、广适应性”共同提高的综合要求，种质资源开发程度不够，更增加了育种的难度。

单产增长处于平滑期。过去 30 年，我国作物育种经历了快速发展的时期，1990—2018 年小麦、单季稻、双季稻、玉米主产区的单产分别由 243.6 公斤/亩、396 公斤/亩、380 公斤/亩、388.2 公斤/亩增至 412.7 公斤/亩、489 公斤/亩、453 公斤/亩、424.5 公斤/亩，增幅分别为 69.4%、23.48%、19.2%和 9.4%。但从年均增长率来看，除双季稻外，其余 3 类作物 2013—2018 年年均增长率分别仅为 0.98%、0.34%、-0.6%，远低于 1990 年以来的单产年均增长率（1.90%、0.75%和 0.32%），提高粮食作物单位面积产量难度在增加。

品质提升仍面临较大挑战。国内硬粒小麦品种与美国、加拿大同类品种尚有差距，我国稻谷单产水平较高，但优质稻比重不高，2019 年全国优质稻为 37%，且大都集中在东北地区，与日本、韩国尚有差距。此外，玉米品种受不同地区海拔、气候、温湿度、土质等环境因素的影响，品质、含水率差异大。目前玉米育种针对性不强，没有不同区域的定制化目标，品种同质化严重，影响玉米品质的提升。

（2）农用工业对农业支撑作用不强。总体上看，我国农用工业发展水平相对落后于其他行业。我国农药品种主要以仿制为主，自主研发品种较少，高毒、高残留农药品种未淘汰，先正达、拜耳、巴斯夫、柯迪华和富美时等国外公司已形成技术研发垄断局面。生物有机肥生产还处于相对原始的阶段，微生物技术研发水平较低，主要以普适性肥料为主，生产工艺简单、科技含量不足、生产成本高、市场竞争力不强。

农机研发制造水平提升较慢。农机制造业产业集中度低，产品同质化严重，结构性矛盾较为突出。200 马力以上拖拉机尚无规模化生产能力，天拖、盐拖、江拖、上拖等国内品牌近年来被外资收购或控股。高端、大型农机装备基本为外资品牌，200 马力以上拖拉机市场被美国企业占据，插秧机市场被日韩企业主导。一些农机关键零部件质量上仍未过关，使用寿命短，产品稳定性、可靠性欠缺。虽然目前农作物机械化率已达到 70%，但是三大粮食作物仅小麦基本实现了全程机械化，水稻、玉米的机械化率都在 66%，其中水稻机插秧率仅为 29%。在水稻插秧、玉米收获等生产环节仍存在“无国产机可用”的现象。粮食加工机械也存在制造水平低、技术含量不足、稳定性差、工程化配套能力低等问题，高端设备主要依赖进口。烘干设备技术不成熟，导致玉米在运输过程中破碎，损耗大，特别是影响玉米种子质量和出芽率。

5. 粮食储加销技术相对滞后

我国粮食产后加工方式相对粗放。从总体上看，粮食产后加工滞后于农业生产发展，究其原因，与长期科技研发投入不足相关。2018 年全行业研发投入 106 亿元，仅占粮食产业工业总产值的 0.3%，其中国家投入仅 4.4 亿元。科研基础薄弱，严重制约了粮食加工业的转型升级。一是现有烘干技术、设备与国外有较大差距。烘干技术的不成熟既影响了粮食质量，也增加了运输过程中的损耗量，同时，还影响种子质量和发芽率。二是粮食加工利用率不高与过度加工并存。2018 年小麦、稻谷加工能力分别为 19662 万吨和 36898 万吨，分别为年产量的 150%和 174%，加工产能利用率不足 50%。而粮食食用率只有 65%~70%，其中小麦加工精制面粉出品率约 70%，稻米加工精制米出品率约 65%，过度加工造成一些营养成分流失和不必要浪费。三是主食产品工业化发展滞后。随着外卖快递等新的消费模式扩大，主食产品结构发生变化，主食产品加工量已由 2011 年的 1300 万吨降至 750 万吨，如何延长粮食产业链，提升粮食产业整体效益，“粮头食尾”面临新的挑战。此外，主食产品在标准化、规格化等方面与商品性要求尚有一定差距，传统主食品简单的规模化、自动化改造已经不能满足当前需求。

仓储管理水平较为落后。目前我国粮食库存较高，出现了阶段性、结构性过剩，导致粮食有效仓容略有不足，且由于主产区新粮上市集中，不能满足收获后及时收储和长期储存的需要①，东北地区和长江中下游地区等粮食主产区尤为突出，部分地区只能采用露天或罩棚等暂时存放。同时，由于粮食物流的仓储、运输、供应等环节相互之间不具备完善的衔接功能，粮食物流成本高、损耗大，粮食物流效率和效益亟待提高，粮食仓储物流体系尚需进行整合。

6. 农业投入政策效应递减

（1）粮食补贴政策效应递减。保障国家粮食安全是粮食生产补贴政策出台的初衷，但是随着农民收入结构发生变化，粮食补贴对生产的激励作用大大下降。一是生产补贴对农民生产的积极性影响不大。在我国的非粮食主产

---

① 亢霞，钟昱，张庆．我国粮食仓容现状、存在问题及对策研究［J］．农业现代化研究，2015（5）：721-726.

区，通常人均耕地面积较小，从而给予的粮食生产补贴额度并不高，按照耕地面积计算，户均通常仅有几百元，缺乏一定的吸引力。二是补贴缺乏针对性。在进行粮食补贴支出时，补贴应主要用于小麦和稻谷生产，并且补贴的范围为粮食主产区，但是在实践过程中，部分省份将补贴种类扩展到油菜籽、花生、大豆、棉花等作物，甚至部分省份对特色种植农户进行补贴，补贴目标的不明确，导致粮食生产补贴对农民生产的积极性影响不大。

（2）农田基础设施投资成本上升。随着农村劳动力外流，用工成本的增加，标准粮田建设已由农民自建转为乡镇工程队承建，建设成本大幅上升。况且，各地农田基础设施水平不一，不同粮食作物对农业基础设施的需求也存在较大差异，同一标准下的补贴已不适宜当下农村的现状。有研究表明，农田水利设施对水稻作物和玉米作物增产有显著影响，而农业电力设施能显著促进小麦作物增产①，过去通过简单划一改造方式在当前生产中已经无法发挥效应，亟须有针对性地改善农业生产基础设施。有专家测算，我国适宜发展灌溉耕地面积约 9 亿亩，现在灌溉耕地面积已达 10 亿多亩，继续扩大灌溉面积，即使再加大投入，成效也并不明显，尤其是西南地区，扩大灌溉面积投资成本高，事倍功半。此外，国家投资建成的高标准粮田受比较效益影响，部分已改种经济作物，无形中造成国家用于粮食生产的专项资金流失，没有起到提高粮食综合生产能力的作用。

三、实施两藏战略的着力点：粮食产能提升路径

基于我国目前粮食生产和技术条件，在水土资源的强约束下，面对 2020—2030 年间粮食增产与生态环境修复和推进农业绿色发展转型的双重目标要求，对实施两藏战略赋予了新的内涵，关键在于实现内涵式发展。考虑到国际市场形势以及满足未来粮食需求总量和质量提升的压力，我们认为实施两藏战略应按照党的十九届五中全会提出的坚持系统观念、树立底线思维，在遵从保地、提质、增效、绿色化原则的基础上，平衡好四个关系。

一是平衡好“量”和“质”的关系。面对我国 14 亿人口，粮食生产的首要任务仍然是保证总量充足。但随着我国居民人均收入水平达到 1 万美元以上，对农产品质量的要求日益提升，尤其是对绿色、有机、优质米面产品的需求也不断增加。因此，在实施两藏战略中，要平衡好粮食生产“量”和“质”的关系，既要改变单纯产量目标下不可持续的生产方式，又要避免因过

---

① 蔡保忠，曾福生．农业基础设施投入对不同粮食作物产出的影响研究［J］．农业现代化研究，2019，40（04）：646-654.

分强调质量提升而忽略了保证产量的首要任务。

二是平衡好“藏”和“放”的关系。有限的耕地资源是我国粮食生产的最大约束，无论当前还是未来，粮食安全保障都有赖于耕地产能的释放。因此，必须在充分考虑国内国外两个市场两种资源的基础上，根据粮食供应情况，实施弹性政策，调控耕地产能的“藏”与“放”。当国际市场宽松时扩大进口，通过建立粮食生产“蓄水池”等方式“藏粮于地”，缓解国内资源压力；在国际市场变化时及时调整政策，适时释放产能，稳定国内粮食供应。

三是统筹好农业绿色化与高效生产的关系。当前，我国农业已从高速发展转向高质量发展。农业的高质量发展是要实现绿色化、可持续发展，但是在粮食保供的压力下，仍需依靠高产高效的石油农业生产方式来增加产量，满足国内刚需。因此，在实施两藏战略中，统筹好农业绿色化与高效生产的关系，既要强调农业生产技术、投入与资源利用的环境友好性，又要保证化肥、农药等农业投入品合理施用，提高粮食产量，实现粮食的生产可持续和环境可持续的双重目标。

四是平衡好农业资源养护与利用的关系。充分利用水土资源是当下农业生产和粮食产量保证的基础。在当前粮食生产水平下，可以在市场粮食供应充足的情况下实施部分耕地休养生息，但受资源禀赋限制，尚不具备大规模休耕轮作的条件。因此在实施两藏战略中，应当在满足当下粮食产量需求与面向未来的农业发展和环境要求之间寻求平衡点，要建立有序、适度的轮作、休耕制度，使得既能满足当前粮食产量需求，又能对资源进行有效的养护，以实现资源利用的可持续性。

（一）进一步优化粮食区域布局

在资源总量不足、农业生产要素流失严重的条件下，粮食安全与资源利用主要面临三个挑战，即资源总量不充裕、配置空间不均衡、粮食生产不稳定。为提升资源的利用水平，则需要从粮食生产的空间结构、品种结构优化入手，并在此基础上确立各农业生产区的生产功能与保供责任，稳定粮食生产。

1. 平衡南北方粮食种植格局

当前粮食生产中最突出的矛盾在于水土资源错配下的南粮北运。一方面北方主产省面临巨大的供水压力，另一方面南方地区普遍存在撂荒、非粮化和双季稻改一季稻情况。因此，提高全国资源利用率，优化资源配置的关键点在于平衡南北方粮食种植格局，减缓粮食生产重心进一步北移。

北方粮食主产区实施“以水定产”。北方各主产区将水资源可利用量、水环境容量作为刚性约束，纳入区域经济发展规划，充分考虑主产区粮食生产任务，将农业生产用水纳入水资源开发利用规划，制定合理的粮食产量目标，以控制用水总量、提高农业用水效率为抓手，推动北方粮食生产转型。

南方地区提高土地利用率。以减少撂荒、提高土地复种指数为目标，加大土地整理力度，平整土地、降低细碎化程度。同时加快发展土地流转型、服务带动型等多种形式规模经营，通过经营权流转、股份合作、代耕代种、土地托管等方式，把撂荒耕地利用起来实行连片种植。要稳定双季稻面积，推广再生稻生产，保证粮食面积相对稳定。土壤污染区应调整种植结构，可选用低吸纳作物、非食用作物，保证农作物种植面积，提高土地利用率。

2. 加强粮食生产功能区引导

新形势下国家粮食安全战略要坚持“以我为主，立足国内，确保产能，适度进口，科技支撑”的方针，其中核心目标为在资源禀赋有限的条件下，守住口粮绝对安全的底线，这就需要将尽可能多的水土资源留给主要粮食作物生产。从我国粮食生产的四条经验来看，稳定粮食生产面积是基础①。为保障粮食生产面积与生产功能的稳定，国务院办公厅印发的《全国新增 1000 亿斤粮食生产能力规划（2009—2020 年）》中确定了全国 800 个产粮大县（市、区、场）为粮食生产核心区。在此基础上，2017 年，国务院出台了《关于建立粮食生产功能区和重要农产品生产保护区的指导意见》。由于不同地区资源禀赋、社会经济和产销平衡情况各有差异，在具体政策落实时应根据不同地区条件，明确其在粮食保供中的功能定位，设定具体的工作目标和重点。

（1）提升粮食主产区商品粮供应能力。13 个粮食主产省（区）是国内粮食供给的中坚力量。2018 年全国 13 个粮食主产区粮食总产量 5. 18 亿吨，占全国粮食产量的 78. 69%。这些水土资源条件和基础设施较好的粮食主产区应通过加强基础设施建设、提升耕地质量、改进农业耕作方式、加快科技创新能力等措施，巩固和提升其粮食生产核心区和国家商品粮源的重要功能。在区域种植品种结构上，要通过保证三大主粮播种面积来保障全国三大主粮供应充足；对三大主粮内部的品种结构，要通过细化粮食生产规划等方式，保证小麦和水稻两类口粮作物的自给。

① 方言．藏粮于地、藏粮于技夯实国家粮食安全基础［J］．中国粮食经济，2020（6）：28.

（2）巩固非粮食主产区的区域平衡能力。非主产区产粮大县是保障区域粮食供给的重要补充。非主产区粮食生产要以增加区域口粮供给能力为目标，在区域内选择资源条件较为适宜、商品量较高的县给予重点扶持。通过土地整理和复垦等途径稳定耕地面积，通过改善田间基础设施和灌溉条件，提高农业资源利用水平和防灾减灾能力，释放粮食生产潜能。

（3）以“以需定产”为原则，建立粮食生产“蓄水池”。长期的产量目标导向不仅造成了耕地资源的过度开发，还给仓储设施带来了压力。今后，应该以“以需定产”为原则，在资源、气候、生产条件适宜的粮食主产区建立“蓄水池”，这样既可规避粮食产量年际剧烈波动风险，又可涵养土地、提高粮食生产能力。可依据全国粮食供应情况调节生产模式：在粮食供应充足时期，实施间套作、粮豆轮作、休耕，既调节主粮品种供应量，又涵养土地、恢复地力；在全国粮食供应减少时，将资源全部投入三大主粮生产，保障粮食供应充足。

（二）耕地产能提升路径

1. 综合施策，提高耕地质量等级

国家粮食安全保障根本在耕地，耕地重在质量。因此，推进“藏粮于地”要在严格坚守全国耕地18亿亩红线的目标下，着力提升农田质量，实现粮食生产的可持续性。根据《2019年全国耕地质量等级情况公报》，全国耕地存在普遍的盐渍化、瘠薄等障碍，重点在华北、西北以及东北西部和内蒙古东四盟。应科学实施相应的土壤改良措施，以带动全国整体耕地质量提升。

（1）改善土壤性状。对酸化、盐渍化以及长期菌群失衡的土壤合理施用微生物菌剂、土壤调节剂等生化制剂，调理土壤环境，改善土壤性状。针对当前因技术限制、市场不规范等引起的产品良莠不齐、使用不科学等问题，要制定明确、统一的产品质量标准，规范土壤生化调理制剂的生产。通过加强技术指导和土壤性状检测等技术支持，弥补农户知识技术不足，保证土壤生化调理制剂的合理施用。

（2）增加土壤肥力。大力推广科学施肥技术，尽快对全部粮田实施测土配方施肥，减少化肥过量施用，提高化肥利用率。通过加大有机肥施用、扩大绿肥种植面积、推广免耕播种、秸秆还田和轮作等技术增加土壤肥力。畜禽养殖区可就近建设有机肥工厂，促进农田有机资源的转化利用。东北地区要加强黑土地保护，通过秸秆覆盖、玉米与大豆轮作，增加土壤有机质；通过推广少免耕、深松提高保水保肥能力，实现种地与养地相统一。

（3）加强土壤污染治理。尽快完善土壤污染分级标准，针对已形成的土壤污染区，要定期开展土壤污染调查，根据土壤污染情况进行分类，因地制宜制订土壤污染治理技术方案与工作计划。要加强工矿企业的排污监管，严禁在优先保护区内新建排放金属、持久性和挥发性有机污染物的项目，防止边治理边污染。

2. 分区施策，提升农田基础设施水平

“水利是农业的命脉”，水是我国农业生产的最大制约，加强农田水利建设是提升耕地产能的关键。要依托灌区和流域，集中连片建设商品粮生产基地，加强田间水利设施、土地平整改良、机耕道、农田林网等建设，尽快建成高产稳产、旱涝保收的标准粮田。重点补齐农田小水利的短板，解决农田水利“最后一公里”问题。鉴于全国水土条件、农田设施基础各不相同，完善农田基础设施也应从各区域特点出发，以补短板为目标，采取差异化的措施。

东北地区主要通过加强灌区续建配套建设增加灌溉供水。在灌溉水源方面要特别注意江水、河水、井水不同水源的统筹利用。要进行土地平整，黑土回填，合理划分和归并耕地田块，在适宜地区建设有机肥堆沤池或堆沤场，建设智能化配肥站，修建配套田间道路，为大型农业机械的应用与推进粮食生产的全程机械化创造条件。

黄淮海地区水资源相对匮乏，要以提高灌溉水利用率和效益为目标，加强灌区续建配套建设和节水设施建设，缓解水资源约束。同时，加强农田林网建设，降低风沙对土壤的侵蚀。

长江流域省区通过加大低洼涝区和环湖地区排涝体系建设，提升蓄洪排涝能力[①]；整理废弃池塘及低涝洼地，清挖底泥，形成多级串联的多塘净化系统，或建设农田消纳池，净化稻田水，降低氮磷排放污染。通过加强中小型农田水利工程建设提高灌溉保证率。

在非主产区中，西北区应加强雨水集蓄利用和淤地坝等建设，保证粮食生产用水需求。西南区通过农田平整、地块合并、坡耕地改造等措施，降低土地细碎化；因地制宜建设小微型水利工程，通过小水窖、小水池、小塘坝、小堰闸、小泵站“五小”工程[②]，改善灌溉条件，缓解工程性缺水。

---

① 方言．转型发展期的农业政策研究［M］．北京：中国经济出版社，2017.

② 李伟，南春辉．对解决西南地区工程性缺水问题的思考［J］．海河水利，2012（4）：6-8.

（三）粮食科技创新能力提升路径

依靠科技提高土地单位面积产出是两藏战略的核心。要加强农业基础研究和应用基础研究，打好产收储环节关键核心技术攻坚战，加速科技成果向现实生产力转化，提升粮食产业水平和效益。

1. 品种突破，增量提质

（1）抓好良种研发。优良品种是农作物的“芯片”，要把育种作为农业科技创新发展的关键内容，以优质性、丰产性、抗逆性、广适应性以及适宜机械化作业的“五性”作为育种目标，培育出产量高、质量优、适应多种自然环境和生产方式的粮食品种。

水稻育种方面，加快水稻抗倒伏、抗稻瘟病的新品种以及适应盐碱地的品种研发；利用基因编辑技术，加快培育适应南方重金属污染区低吸附镉的水稻品种；重点培育籼粳杂交品种，着力解决杂交水稻米质较差的问题。

玉米育种方面，要加快选育产量水平高、抗逆性强、适应机械化作业的品种，并以高抗性、耐密作为玉米育种的核心目标，遏制自然灾害和病虫害对玉米生产的不利影响。针对东北地区玉米水分高、成熟度低、产量不稳定等问题，大力培育早熟高产低水分、适宜机械收获的品种，降水、降损、提质，提高玉米产出率。

小麦育种关键是突破“一软一硬”，填补我国硬质小麦和软性小麦不足的需求缺口，降低进口依赖性。同时，根据我国居民的膳食习惯，培育一批产量高、加工性能好的蒸煮兼用型优质品种，提升小麦面筋黏性、弹性和延展性，满足人们对高质量农产品的需求。大力发展生物强化技术，在育种源头提高人体所需维生素和微量元素的含量，实现小麦营养品质的升级，推动营养导向性农业发展。

（2）加强种质资源保护和利用。我国物种资源丰富，要加强农作物品种资源保护，特别是野生种质资源的收集、保存。全面普查收集种质资源，保证种质资源遗传多样性和完整性，加快种质资源的基因组测序，发掘能满足现代育种需求的抗虫、抗病、抗逆等关键基因，为粮食作物优质、高产、高抗提供可有效利用的优异种质资源。

（3）加强良种良法配套，农机农艺结合。良种良法是农作物增产提质的关键。要转变重育种轻栽培倾向，针对新选用的良种，加强栽培技术研究和配套，发挥栽培、植保、土肥等多领域优势，推动育种技术与栽培、植保、土肥、农机化技术的协同发展，从而提高良种的贡献率。

2. 肥药减施，节本增效

（1）根据农业绿色发展要求，减少农药化肥施用。一是从产品研发入手，提高农业投入品的质量。化肥生产要向复合化、专业化、精细化转变，有机肥产品要降低生产成本。大力开发高效、安全、绿色、环境友好型农药，逐步推动农药剂型向无尘化及控释、缓释及水基化等高效、安全方向发展。二是通过提高化肥、农药利用率，实现减施。大力推广测土配方施肥，要根据不同作物、不同时期营养需求科学制定施肥配方，配合农艺措施合理深施，逐步引导农民改变传统施肥习惯。实行病虫害统防统治，推广无人机、大型高效施药机械和飞机航化作业，提高农药利用效率和施用效果，减少盲目打药的情况。三是推进农业资源循环利用。采用生物替代技术达到化肥、农药减施的效果。针对东北区、黄淮海地区、长江流域等粮食主产区粮食作物病虫害，推广生物防治技术与生物农药防控以及高效低毒农药。针对农药化肥的环境影响，通过实施稻田拦截工程等项目，降低粮田排水污染物浓度，减少对环境的污染；充分利用畜禽粪便增施有机肥，增加土壤有机质。

（2）加强节水灌溉技术研发。节水灌溉装备的研发升级和节水灌溉技术的进步是提高农业水资源利用率的基础。要加强对节水灌溉装备的研发，提高节水灌溉技术对粮食生产的贡献度。加强灌排装备的自主创新，发展高效、节能、环保的技术和产品，以及排灌泵站节能改造技术。将互联网平台和信息通信技术融合到节水灌排装备的全生命周期，实现生产过程数字化、网络化和智能化。针对节水灌溉材料价格偏高影响大田推广的问题，加快研发低成本节水材料和技术，提升灌排机械行业发展质量和核心竞争力。

3. 提升装备，产后减损

（1）要加强国内农机制造薄弱环节技术研发。从水稻插秧和玉米收获两个环节的机械化入手，从而推动粮食生产全程机械化。加快农用机械关键零部件及新材料技术攻关，力争在大中型拖拉机传动、液压系统的关键部件上有所突破。要改进工艺，提高水稻插秧、玉米收获机械等关键零部件以及耕播犁耙等农机具质量，解决农机可靠性差、故障率高、使用寿命短等现实问题。加强智能化控制技术研究，重点是农用传感器与控制系统的开发利用，开发可在自然环境中检查农作物生长情况的传感器，降低其对粮食作物的影响。

（2）提升粮食烘干加工技术水平。针对目前粮食产后加工设备自主创新能力较弱、加工设备原创新产品少、模仿产品多等问题，加大自主研发力度，实行技术研发攻关，提高设计制造工艺水平。粮食烘干设备的研发既要注重开发性能稳定、节能环保、经济适用、烘干均匀的通用机型，也要针对不同类型农作物开发多样化的烘干设备，最大限度降低粮食损耗。粮食仓储技术的研发重点放在粮食品质控制技术、粮食收获源头保质技术、绿色生态害虫防治技术、现代低温储粮技术以及粮食仓储技术等①方面。粮食加工装备的研发要注重提高原料利用率和设备的自动化程度，降低生产成本，提高粮食全产业链效益。

四、保障措施

实施两藏战略是转变农业发展方式、推进农业高质量发展的重大举措，也是一项长期复杂的系统工程，除了要有一套完整的技术路线，更需要国家宏观政策支持和制度改革的推进。

（一）严格粮食安全省长负责制

2015 年相继出台了《国务院关于建立健全粮食安全省长责任制的若干意见》和《国务院办公厅关于印发粮食安全省长责任制考核办法的通知》，建立了实施粮食安全战略的重要制度保障。面对新形势下粮食安全问题挑战，应结合全国粮食生产功能区定位，进一步细化粮食生产任务、合理设定考核标准。以口粮绝对安全、谷物基本自给为原则，以巩固主产区口粮保供能力、加强粮食平衡区和主销区区域粮食自给能力为目标，从粮食供给保障、高标准农田建设、耕地污染防治等方面设定差异化的考核标准。要细化粮食生产任务，压实县级粮食生产责任。在粮食安全省长责任制考核中除省区总体考核外，还应建立粮食生产的县级考核。重点将国务院办公厅印发的《全国新增 1000 亿斤粮食生产能力规划（2009—2020 年）》中确定的全国 800 个产粮大县（市、区、场）的粮食生产、耕地保护、农业基础设施建设等情况纳入考核标准。

（二）严守 18 亿亩耕地红线

耕地是粮食生产最基础的条件，按照习近平总书记关于粮食安全的相关指示，以“谷物基本自给、口粮绝对安全”为目标，严守 18 亿亩耕地红线，是新形势下贯彻国家粮食安全战略的根本所在。

要保证城镇化过程中耕地总量不减与质量不降。一是加大省区耕地保护责任，实行耕地保护目标责任制，完善耕地保护补偿机制，调动基层组织和民众保护耕地的积极性。二是规范完善占补平衡政策。针对占整补零、占水

---

① 徐永安．粮食仓储物流技术领域发展中存在的问题与技术途径［J］．粮油食品科技，2019（2）：1-6.

田补旱地、成片占用永久基本农田和高标准农田等现象，根据《关于补足耕地数量与提升耕地质量相结合落实占补平衡的指导意见》改进和规范占补平衡工作，杜绝占优补劣，通过农田提质改造、开垦优质耕地等方式实现耕地质量占补平衡。

要确保耕地用途、稳定粮食种植面积。一方面，要严格控制耕地利用的“非农化”“非粮化”。严格农业园区、产业园的土地用途审批和监管，减少因非粮作物推广和农业生产组织形式创新引起农业内部耕地分配流向非农经营、非粮种植的流失。粮食主产区和非主产区的产粮大县要实施严格的永久基本农田管理，将基本农田落实到地块，禁止基本农田闲置与撂荒。另一方面，努力提高耕地资源利用率，保证复种指数。长江流域重金属污染区不宜种植粮食作物的可改为非食用作物，避免土地改变性质；南方稻区可引导农民种植再生稻品种，缓解既要农民增收又要保持粮食产量相对稳定的矛盾。

（三）优化粮食资金投入结构

要保持现有粮食生产资金投入规模和力度，力争有所增加。虽然2018年国家对农业资金进行了整合，但各专项资金涉及多个行业规划，尤其是跨部门安排的资金涉及各方利益，调整和完善仍有空间。

重点加强涉及核心竞争力的技术研发领域投入。除了增加作物育种、植保、农业信息化等农业科研经费外，建议国家安排农药、农业机械、粮食加工机械等涉农工业产品的专项资金，重点支持关键技术的研发和企业技术改造，促进农业装备的国产化，提高市场竞争力。要拓宽科研资金渠道，用政府资金撬动社会资金投入农业科研领域，采取资金注入、贷款贴息、减税等方式引导鼓励涉农企业增加研发投入。

调整农业补贴资金结构。要按照问题导向，打好政策组合拳，适时适度出台新政策，避免矫枉过正。要根据粮食市场供求，确定下年度补贴产品和补贴水平，使补贴资金发挥更大效能。建议在WTO农业国支持允许的范围内，加大粮食政策保险补贴，引导农民在粮食价格市场化改革中，通过市场化的手段规避粮食生产的价格风险。

完善产粮大县中央财政奖励办法，加大奖励力度。建立健全“钱粮”挂钩的产粮大县利益补偿制度，根据南北方产粮大县的实际情况，调整补偿“因素”权重，实现粮食生产与地方财力的同步增长，调动地方政府抓好粮食生产的积极性。同时支持地方加大种养结合等生态农业模式的补贴力度，引导农业绿色、循环和可持续发展。

加大粮食仓储基础设施建设。重点增加跨区域的粮食物流通道和仓储设施升级改造的资金投入。要加大东北区、黄淮海区、长江流域的中央储备粮食直属库和地方储备粮库的财政支持力度，提高粮食仓储物流的机械化、自动化、智能化、信息化、网络化水平，提升粮食仓储物流基础设施整体功能。此外，针对东北地区家庭农场、合作社和粮食种植大户，设立仓储设施补贴，鼓励农户、农业新型经营组织建设粮食仓储设施，科学储粮、“化零为整”。

（四）加快科研攻关和成果转化

整合农业科研资源进行重点领域科技攻关。要集中力量打造高水平农业科研团队，将农业科研分散化和碎片化的资源集中起来，实现科技资源集成，提高共享程度，增强农业科技创新体系的整体研究实力。要积极打造产学研平台，通过推动产业链、创新链融合的方式，不断提升农业科技创新水平。简化农业科研项目申报程序，为科研人员集中精力从事项目研究创造条件。要建立以创新质量和贡献为导向的绩效评价体系，调动农业科研人员的积极性。

强化农科教企统筹力度。要重点解决当前农业科研、教育、推广三方相互独立的问题，加强农业技术上中下游之间的协作，建立起长期紧密的产学研合作模式，科研院所要以技术优势吸引企业入股农业科技研发，促进农业科技创新投入要素向重点领域集聚，促进农业科研成果转化。

加强农业技术推广队伍建设，充实基层农技人员，定岗定责，防止乡镇农技人员职能缺位。大力培养农业技术推广人才，提高基层农技推广人员的素质。利用农业科技园、科技示范区开展农民培训，通过教育培训实现农业技术推广与农业技术研究有机衔接，将农业技术真正传授给农民。

（五）完善预警机制强化调控手段

要建立完整的粮食安全监测预警机制。一是完善国内与国外、消费与生产紧密连接预警机制。利用大数据等信息化手段连通粮食购销存各环节，监测粮食库存、加工、市场供求、价格、国际市场等各方面情况，以便国家及时进行宏观调控。在国际市场供给充裕、价格适宜时增加进口，调整国内种植结构、休耕轮作，降低国内水土资源压力；反之，在年度和各季作物播种前利用价格手段引导生产，充分释放粮食产能，保证国内供应。二是建立生产监测预警机制，提高粮食作物生产监测预警能力。通过遥感技术和信息技术进行农作物全生长期监测，提高水旱灾害预报的精确度，加强外来入侵物种重点区域的监测，做好草地贪夜蛾等发生较为严重的侵害物种预警工作，确保早发现、早控制。继续开展种子处理技术、害虫卵期和幼虫防治技术、成虫诱杀技术等方面的研究和推广工作，减少病虫害对粮食生产的危害。

随着贸易往来和出国旅游的增加，外来物种入侵的风险越来越大，要加强境外重点地区监测。海关动植物检疫部门要严查入境旅客携带、邮寄和相关进口货物，加强检验检疫，加强对进口货物包材的消杀，防止外来入侵物种给农业带来的风险。

（六）推动农业用水管理体制改革

明确水资源产权，利用价格调整农业用水。各级政府要根据各地情况在明确水资源使用的责任、权利和利益的基础上，因地制宜地界定农业灌溉用水的所有权和使用权。乡镇一级政府要依据相关法律政策和当地农民经济收入情况，将农业用水纳入市场体系，运用市场经济手段对水资源进行合理配置，以提高水资源利用效率。

调动农民参与农业灌溉用水管理的积极性。要吸引农民参与农田水利建设的管理和监督，在充分听取农民意见的基础上，完善农业灌溉用水管理机制，满足农民对农业灌溉用水的需求。进一步发挥农民集体行动的优势，实现农业灌溉用水“自上而下”与“自下而上”管理的有机结合，切实做好农田灌溉用水的管理工作。

（七）引导合理消费

倡导科学消费，减少粮食浪费。合理消费是保障粮食安全的重要环节。随着居民收入水平的提高，外食大大增加，粮食消费整体呈现摄入量与浪费量共同提高的特征，国内粮食浪费情况较为突出。据相关研究估算，每年全国城市餐饮业食物浪费总量达到1700万~1800万吨①，与每年主粮进口缺口数量相当。同时，青少年食物浪费情况尤为严重，节约粮食的观念也较为淡薄。据统计，城市中小学食物浪费量约为每餐130克，远高于全国城市餐饮业平均水平（93克），浪费率达到22%，了解食物来源的青少年占比仅为27%②。因此，对居民消费尤其是青少年进行合理引导与教育、减少粮食浪费、转变饮食结构将有助于缓解“口粮绝对安全”底线要求下不断加大的国内粮食供给压力。具体来看，一方面要推崇健康饮食理念，引导合理的食物摄入。可以通过普及食物热量、合理食物摄入量等健康营养知识，引导各个

---

① 你的膳食结构关系着粮食安全［EB/OL］. http：//news. sciencenet. cn/htmlnews/2017/7/383419. shtm.

② 触目惊心！全球一年浪费13亿吨粮食：人均中国排22 餐饮是重灾区［EB/OL］. https：//xw. qq. com/partner/vivoscreen/20200831A0FPAO00.

居民群体科学饮食。另一方面要促进全社会形成不浪费食物的良好风尚。引导餐饮业推出小分量食物，倡导聚会“光盘”、打包等消费行为。

要扩大食物来源，引导调整膳食结构。我国居民人均每日蛋白质摄入量为 101.36 克，与日本、韩国相当，但动物性蛋白质来源占比仅为 39.9%，低于日本和韩国 50%的水平，我国提高畜禽产品消费尚有空间。可通过调整粮饲结构，发展畜禽水产养殖，增加动物食物的供给。在主食消费中，宣传面食制品营养知识，增加小麦及面食消费，缓解谷物品种结构的压力。

第四章　粮食供给保障能力研究*

——发展壮大农村专业化社会化服务组织研究

粮食安全是“国之大者”，当前我国粮食生产经营仍以小农生产为主导，面临可持续发展后劲不足、高质量发展转型缓慢、粮食产业效益低下、市场竞争能力落后等危及国家粮食安全战略的重大隐患。农民合作社是带动小农户发展粮食生产的有效组织载体，当前我国粮食类合作社已探索出六种带动提升小农户种粮积极性和种粮效益的基本途径，但在现实推广应用中还存在粮食产业链短、比较收益不高、抗风险能力差、社会化托管服务约束多等困难和问题。要进一步发挥农民合作社辐射带动小农户发展粮食生产，将小农户纳入现代农业生产经营轨道的功能作用，还需多措并举，完善支持粮食类合作社生存发展的政策环境。

一、　关于小农户和粮食生产的文献梳理

目前，小农户在全球经济发展中还发挥着极其重要的作用，尤其是在发展中国家，它在提高农民收入、提供就业机会、确保食物安全和维护农业多功能性方面意义重大。20 世纪 80 年代初，我国农村改革确立了以家庭为单位的小农经营结构。实践证明，当时的小农户经营结构适合改革开放初期的国民经济环境，不仅增加了国家粮食产量，解决了城乡居民吃饭的基本问题，更是提高了农业生产效率，促进了农民增收，为我国农业农村繁荣发展奠定了坚实的基础。进入 21 世纪后，由于新型工业化、城镇化的快速发展以及国民经济发展步入新常态，长期以来粗放式经营积累的深层次矛盾逐渐凸显，农业可持续发展开始面临前所未有的重大挑战，尤其是在农业劳动力转移加速背景下农业适度规模经营呼声渐高，家庭农场、种粮大户和合作社等新型农业经营主体获得迅速发展，农业机械化及科技进步等因素正在削弱传统的小农户经营优势。但是，基于人多地少的基本国情，虽然新型农业经营主体发展迅速，但是占据绝大多数的小农户经营仍是农业经营制度的主体。按照

---

* 本文为清华大学中国农村研究院 2021 年重点研究课题“保障粮食供给能力研究”的研究成果。

世界银行（2003）关于小农户 2 公顷的定义标准，我国拥有约 1.93 亿小农户，占世界小农数量的 38.6%，约 95%的农户耕地面积低于 2 公顷，属于典型的小农户经营结构。在现有的农村基本经营制度框架下，未来很长一段时间内小农户可能仍将是我国农业经营的主体。

（一）关于小农户在粮食生产中的地位研究

小农户指经营规模较小的农户或农场，与小农的概念相关，但涉及范畴明显小于小农。目前，受资源禀赋、人文传统、经济发展等因素差异影响，各国对小农户的概念界定差别较大，对小农户的判定标准也不相同。最常用的标准是土地，在此基础上还会考虑到其他生产性资产（如家畜、固定资产等）和农户收入或总产值，以及这些标准的组合。小农户是一个广泛的概念，各种界定更多出于资源禀赋考虑以及各自研究需要。目前采用较多的定义来自世界银行（2001），即经营耕地面积不超过 2 公顷的农户。据研究，世界约 2/3 的农民属于小农户，随着城镇化、市场一体化和全球化的发展，小农户经营正向着多元化趋势迈进，但他们中绝大多数生活在绝对贫困中，并且占了世界一半的营养不良人口。因此，联合国把 2014 年宣布为“国际家庭农业年”，旨在推动提高家庭和小农农业的地位，促进全球对家庭和小农农业在减轻饥饿和贫困，提高粮食安全和营养、改善生计、管理自然资源、保护环境，特别是推动农村地区可持续发展等方面发挥重要作用的重视。小农户是我国农业生产的基本组织形式，对保障国家粮食安全和重要农产品有效供给具有重要作用。21 世纪以来，受新型城镇化、工业化等因素影响，大量农村劳动力转移加快、农户经营规模扩大，小农户发展呈现新特征，但其仍是现阶段我国农业生产经营的主体。根据第三次全国农业普查数据，2016 年，全国农业经营户 2.07 亿户，其中规模农业经营户 398 万户，占比不足 2%，小农户从业人员占农业从业人员的 90%以上，小农户经营耕地面积占总耕地面积的 70%。农户经营规模客观反映了一个地区资源禀赋、经济发展以及科技水平等综合性基础条件。基于特殊国情和经济社会发展的阶段性特征，我国小农户的客观存在必将是一个长期的历史现象，为推动小农户与现代农业发展有机衔接，党的十九大报告首次提出“小农户”的概念，在肯定小农户历史贡献的同时，也提出新时代推动小农户转型的目标任务。

（二）关于小农户粮食生产的制约因素研究

小农户在确保食物安全和维护农业多功能性等方面意义重大，尤其是在发展中国家发挥着极其重要的作用。但现阶段农业生产过程中，小农户家庭经营中存在着诸多问题，限制其粮食生产。

发展能力不足。诸多学者将小农户粮食生产的制约因素归结为小农户自身实力弱，缺乏发展能力，认知能力有限、规模小、集约经营程度低，由于生产弱势和资金弱势，导致小农户无法接纳现代农业要素。小农户获取市场信息不及时，抵御自然灾害和市场风险能力较弱，加上销售渠道狭窄、产品质量无法保障、应用新技术动力不足等因素限制，小农户在市场竞争中处于劣势，发展能力明显不足。

组织化程度不高。多数小农户自行购买农用物资，加上相互间的土地交错，很难实现作物连片生产。由于分散经营，小农户参与合作经济组织程度不够，小农户与农民合作组织、农民技术协会、农村专业组织等服务型组织联系不够，没有充分运用相关技术或服务，也没有享受到农村服务组织带来的效益。新型农业经营主体服务小农户收取的费用较高，甚至会侵害小农户利益。小农户自发组织合作的难度较大，地方机构也缺乏积极性。

增收空间有限。统计数据和大量调查表明，越是依靠农业生产取得收入的小农户，其收入越低，小农户只能得到农产品终端销售收入的一小部分。在商品市场中，小农户的交易成本较高，流通环节的规模效益低。由于单家独户很难独自开拓市场销售渠道，小农户市场议价能力差，利润得不到保障。

政策普惠性不到位。小农户生产发展经常处于政策的边缘，无法真正享受许多优惠政策，存在政策弱势；惠农政策的公平性和普惠性无法体现，部分地区出现人为垒大户，排挤小农户现象，限制了小农户改善基础生产设施、强化科技装备应用、提升新技术能力等，成为限制其粮食生产的外在因素之一。

目前，我国学者对于小农户发展制约因素的研究成果较多，但多数研究只局限于理论层次，通过实践探索的研究成果不多，尤其缺少在新冠疫情影响下的技术进步与发展结合研究领域的成果。

（三）关于小农户融入农业现代化进程的研究

国内外学者对小农户参与农村合作组织、融入农业现代化进程及保障粮食生产的研究，主要从概念界定、关系探讨、机制路径和技术进步等角度展开分析。

国外学者研究：国外学者就小农户如何通过参与农村合作组织保障粮食生产问题的研究主要包括合作组织模式与功能、合作组织的影响因素和如何可持续发展合作组织等方面。一是合作组织在实现小农户增收、保障供应链及产品质量安全、提高技术效率及创新能力等方面发挥了积极作用。二是影响因素呈多学科交叉趋势。文化、社会、制度等环境因素，规模、资本、治理结构等组织特征，以及管理者特征成为影响合作组织成效的主要因素。三是小农户的参与度、经理的能力、资金投入、改善治理结构、领导力建设和合作组织的可持续竞争优势均是合作组织可持续发展的核心要素。

国内学者研究：侧重农村合作组织的功能及作用、影响因素、路径研究及对策建议等方面。一是功能及作用方面，多数学者认为农村合作组织能带动贫困农民增收，提升自我发展能力和扩大赋权机会，是与现代农业衔接的必由之路。王晓毅、陈奕山、李聪妮等认为推动小农户现代化的主要任务是建立有效机制，克服小农户的脆弱性。二是影响因素方面，主要包括内外两方面，内部因素如组织成员能力、组织运行机制，外部因素包括经济、政治、社会和技术环境等。李刚基于调查，探讨合作组织对技术效率的影响，认为提高散户参与组织合作的积极性，能有效促进双方达成良好的合作关系，进一步帮助散户提升养殖技术效率。三是路径研究及对策建议方面，多数学者认为应加强政策引导、优化组织内部机制、加大人才培养、创新融资方式、延伸产业链等。陈永朋基于336户蜂农面板数据的技术进步率和要素弹性定量分析，从技术角度实证研究了小农户与现代农业衔接问题，进而提出加强农户培训、提高农户技术研发、规范小农户与合作社联结机制等政策建议。

整体来看，学界对于小农户融入现代农业问题的探讨较为广泛，但存在视角较为单一、实证研究理论和方法偏少等问题。

二、现阶段我国小农户发展与粮食供给

新时期，提高粮食供给保障能力，要重点解决“谁来种粮”问题。在发展壮大农村专业化社会化服务组织的同时，必须重视小农户的粮食生产及发展变化，在鼓励规模化发展的同时，更应积极促进小农户向现代农业生产方式的过渡。长期以来，基于人多地少的基本国情，以家庭为基本单元的小农户经营模式是我国农业生产的根本特征，也是确保国家粮食安全的核心力量。研究表明，小农户是我国农业生产的绝对主体，占比约95%，2020年占比仍在85%以上。本部分基于全国农村固定观察点数据对户均经营规模及生产效率进行了详细分析，其中户均经营规模以年末实际经营耕地面积①为标准，剔除部分缺失值，这样更能反映农户经营的实际状况，具有更明确的政策含义。

（一）现阶段小农户耕地经营规模及区域差异

1. 小农户耕地户均经营规模呈“U”形变化

从全国范围来看，小农户耕地户均经营规模呈“U”形变化。1986—2000年，我国户均经营规模呈下降趋势，由0.629公顷下降到0.555公顷，减少

---

① 经营规模主要指经营耕地面积。文中为深入分析不同规模农户的粮食生产等特征，按年末实际经营耕地面积对农户进行了详细分类，即0~0.25公顷属于第1类，0.25~0.5公顷属于第2类，0.5~0.75公顷属于第3类，0.75~1.0公顷属于第4类，1.0~1.25公顷属于第5类，1.25~1.5公顷属于第6类，1.5~1.75公顷属于第7类，1.75~2.0公顷属于第8类，2.0~5.0公顷属于第9类，5.0~10.0公顷属于第10类，大于10公顷属于第11类。除第11类外，其他各类均为右封闭区间。

0.074公顷；尔后，户均经营规模出现增长态势，2019年已达到0.685公顷（见表4-1）。分区域来看，东、中、西部地区户均经营规模变化趋势与全国基本一致，只是出现最低点的年份有所不同。东北地区户均经营规模呈持续增长态势，由1986年的1.234公顷增长到2015年的1.852公顷，其中有东北耕地面积调整的因素。

表4-1　1986—2019年中国小农户耕地户均实际经营规模　　单位：公顷

年份	1986	1990	1995	2000	2005	2010	2015	2019
全国	0.629	0.555	0.565	0.555	0.579	0.597	0.642	0.685
东、中、西部地区	0.490	0.463	0.425	0.403	0.388	0.395	0.400	0.564
东部地区	0.386	0.369	0.341	0.331	0.331	0.341	0.311	0.358
中部地区	0.442	0.439	0.373	0.350	0.354	0.373	0.363	0.514
西部地区	0.662	0.592	0.563	0.520	0.455	0.453	0.497	0.824
东北地区	1.234	1.276	1.336	1.407	1.580	1.599	1.852	2.321

资料来源：根据全国农村固定观察点农户数据计算整理；2019年为根据相关数据推算。

2. 土地流转速度逐渐放缓

从全国来看，随着人口增加，我国人均耕地面积在不断减少。第三次全国土地调查（2021年8月26日）公布的主要数据显示，2019年全国人均耕地0.091公顷（1.37亩），较1996年第一次全国土地调查时的人均耕地0.106公顷（1.59亩）下降13.8%，不到世界人均水平的一半。从土地流转情况看，自2000年以来，随着城镇化的加速，土地流转的形式不断变化，出现转包、出租、借用、互换、转让、入股等多元化趋向，但是小农户仍占绝大多数，2020年户均经营规模10亩以内的户数占比仍超过85%（见表4-2）。党的十八大以来，逐步确立“三权分置”（土地所有权、农户承包权、土地经营权）的农地改革框架，进一步促进土地流转。但是，“十四五”以来，农村土地流转增长速度呈放缓趋势，农村承包土地流转面积由2016年的4.79亿亩增至2019年的5.55亿亩，增长速度则由7.3%降至3%，2020年甚至出现负增长（见表4-3）。其中，约60%的流转土地转入农户经营，约21%流转入合作社经营，约10%流转入企业经营，流转入其他主体经营的比例约在8%，入股合作社的占比偏低，不足4%。近年来，受种粮比较收益下降、流转成本增加等因素影响，农村土地流转速度放缓。农村土地流转的发展对提升小农户粮食供给能力产生了积极影响，据统计，流转的土地多数用于种粮，占比最低的是2019年，为53.2%，最高的2020年达58.9%。

表 4-2　2016—2020 年全国农户经营耕地规模情况

年份	10 亩以下			10~30 亩			30~50 亩			50~100 亩			100~200 亩			200 亩以上		
	户数（万户）	占总比（%）	比上年增长（%）	户数（万户）	占总比（%）	比上年增长（%）	户数（万户）	占总比（%）	比上年增长（%）	户数（万户）	占总比（%）	比上年增长（%）	户数（万户）	占总比（%）	比上年增长（%）	户数（万户）	占总比（%）	比上年增长（%）
2016	22968	85.5	0.2	2814.4	10.5	2	700.6	2.6	0.8	251.9	0.9	4	87.7	0.3	9.9	36.6	0.1	6
2017	23098	85.2	0.6	2864	10.6	1.8	722.8	2.7	3.2	267.5	1	6.2	93.3	0.3	6.4	41.3	0.2	12.8
2018	23313.6	85.2	1	2867.9	10.5	0.1	730	2.7	1	272.6	1	2	97.9	0.4	5	43.3	0.2	5
2019	23661.7	85.2	1.5	2966.7	10.7	3.5	706.5	2.5	-3.2	283.6	1	4	104.9	0.4	7.1	47.2	0.2	9.1
2020	23210.3	85.1	-1.9	2922.9	10.7	-1.5	700.8	2.6	-0.8	291.7	1.1	2.9	109.4	0.4	4.3	50.6	0.2	7.1

资料来源：《中国农村经营管理统计年报》（2016—2018 年）、《中国农村政策与改革统计年报》（2019—2020 年）。

表 4-3　2016—2020 年全国农村永久土地流转情况

年份	流转面积				流转方向								流转用于种植粮食	
	面积（万亩）	比上年增减（%）	其中入股合作社		转入农户		转入合作社		转入企业		转入其他主体		面积（万亩）	比上年增减（%）
			面积（万亩）	比上年增减（%）	面积（万亩）	比上年增减（%）	面积（万亩）	比上年增减（%）	面积（万亩）	比上年增减（%）	面积（万亩）	比上年增减（%）		
2016	47920.8	7.3	1363.3	−12.6	27977.3	6.8	10340.9	6.2	4637.6	9.6	4965	10.1	27090.5	6.9
2017	51211.3	6.9	1555.6	14.1	29447.8	5.3	11626.9	12.4	5035	8.6	5101.6	2.8	28552.9	5.4
2018	53902	5.3	1419.7	−8.7	30816.9	4.7	12111	4.2	5558	10	5413.7	6.1	29186.6	2.2
2019	55498	3	1586.5	11.7	31177.3	1.2	12590.8	4	5762.2	3.7	5967.1	10.2	29504.5	1.1
2020	53218.9	−4.1	1703.9	7.4	32007.0 *	2.7	11453	−9	5558.5	−3.5	4200.3	−29.6	31324.7	6.2

注：* 表示 2020 年“流转入农户中的面积”之后增一项“流转入家庭农场的面积”为 7124.3 万亩，本表将该两项合并计总结果为 32007.0 万亩，以便于指标统一分析。

资料来源：《中国农村经营管理统计年报》（2016—2018 年）、《中国农村政策与改革统计年报》（2019—2020 年）。

从各国发展经验来看，随着人口增长、城镇化发展及收入水平提高，户均经营耕地面积呈先减后增趋势，即呈“U”形变化，21 世纪，我国迈入户均耕地稳步增加的发展阶段，“十四五”时期以来农村土地流转速度的放缓逐渐催生出对农村专业化社会化服务组织的巨大需求。

（二）现阶段小农户粮食收入情况及规模差异

1. 粮食收入所占比重持续快速下降

小农户粮食收入所占比重持续下降，尤其是 1995 年后下降速度明显加快。其中，东部地区粮食收入占比最低，中西部地区粮食收入占比下降速度较快，东北地区粮食收入占比维持在较高水平。粮食收入占比随农户经营规模的扩大而明显增长。1986 年以来，农户粮食收入占家庭总收入的比重持续下降，由最初的 40.4%下降到 2020 年的 8.7%，尤其是在 1995 年后下降速度明显加快，平均每年下降 1 个百分点。分区域来看，东部地区粮食收入占农户家庭总收入的比重最低，1986 年为 28.4%，2020 年下降到 4.9%。1986 年，中部和西部地区粮食收入占农户家庭总收入的比重和全国平均水平相差不大，但是 2020 年下降到 10%以内，西部地区下降速度已快于全国平均水平，中部地区由于是粮食主产区，故略低于全国降速，这反映出中西部地区大量农村劳动力转移引起的其他收入占比的增长。但是，在东北地区，粮食收入占农户家庭总收入的比重一直维持在较高水平，尤其是 1995 年达到 61.8%，尔后逐渐下降，2020 年仍为 28.7%（见表 4-4）。

表 4-4　1986—2020 年中国不同区域粮食收入水平及占家庭总收入比重

年份		全国	东、中、西部地区	东部地区	中部地区	西部地区	东北地区
1986	粮食收入（元）	754.7	633.7	593.7	667.7	643.5	1281.8
	占比（%）	40.4	36.9	28.4	40.5	42.8	56.5
1995	粮食收入（元）	2651.2	2301.4	2424.1	2256	2228.8	4585.4
	占比（%）	36.7	32.5	27.5	34.6	35.4	61.8
2005	粮食收入（元）	2492.9	1880.3	1723.2	1884.8	1983.1	5695.5
	占比（%）	25.6	21.3	14.6	20	26.8	47.9
2015	粮食收入（元）	5208.7	3472.7	3080.2	4083.2	3379.7	14158.9
	占比（%）	15.1	10.6	9.4	13	9.9	38.2
2020	粮食收入（元）	1679.51	—	945.93	1891.86	984.54	5540.45
	占比（%）	8.7	—	4.9	9.8	5.1	28.7

注：未扣除物价影响。

资料来源：根据全国农村固定观察点农户数据计算整理；2020 年为估算数，存在偏高可能。

2. 粮食收入占家庭总收入的比重随着经营规模扩大而增长

基于农户经营规模的分类研究得出，粮食收入占家庭总收入的比重随着农户经营规模扩大呈明显增长趋势。1986 年，第 1 类农户粮食收入占家庭总收入的比重仅为 22.1%，但到了第 11 类农户，这一比例达到 76.8%；即使在 2010 年，这一正向变动关系仍然存在，第 1 类农户该比重仅为 13.0%，低于 1986 年，但到了第 11 类农户，这一比重增加为 70.5%。2015 年，虽然粮食收入占总收入的比重迅速下降，但经营规模与粮食收入成正比的关系依然明显。总体来看，随着经营规模的扩大，农户依赖粮食维持生计的可能性不断加大，当经营规模超过 2 公顷时，粮食收入占总收入的比重就已经超过 50%。尤其是 2004 年以来，在国家各项支农惠农强农富农政策扶持下，粮农生产积极性恢复，生产专业化程度提高，粮食收入也相应增加。尽管如此，由于非农业收入的增加快于粮食收入的增加，粮食收入占农民总收入的比重仍在下降，粮食种植比较收益持续偏低。

由于种粮收益持续偏低，粮食收入在小农户家庭收入中的地位持续下降。提高种粮收益、确保农户种植积极性一直是重要的政策着力点。研究表明，依靠社会化服务组织降低小农户种粮成本，逐渐扩大小农户经营规模将是未来稳定粮食发展的重要路径。

（三）不同粮食品种经营规模与生产效率的关系

1. 各粮食品种全要素生产率随经营规模变化

作为我国粮食生产的主体，小农户粮食生产的效率问题值得重点关注。由于缺少农户经营规模数据，难以测算不同经营规模农户的生产效率差异。但是，基于全国农村固定观察点数据，利用随机前沿函数方法测算了四种粮食品种的全要素生产率。结果表明，2004 年以来，小麦、水稻、玉米和大豆四大粮食品种全要素生产率在波动中呈增长趋势，但在经营规模超过 2 公顷后，全要素生产率出现下滑，尤其是小麦品种较为明显。稻谷全要素生产率的波动较为复杂，不同年份间的趋势变化差异较大，主要原因可能是水稻种植区域较广，不同地区水稻种植环境不同，南方稻田与东北稻田生产方式完全不同。玉米全要素生产率的波动较为平稳，整体变化不大，随着玉米比较收益的持续向好，越来越多的农户种植玉米，玉米经营规模与全要素生产率的关系并不明显。大豆全要素生产率的波动差异较大，总体来看略有下降趋势，由于大豆比较效益偏低，部分地区农户仅在气候条件较差时改种大豆，使计算的结果表现出一定的反向作用。调研发现，测算得出的 2 公顷最优规模并不是固定的，而是受区域环境、技术水平等因素制约，这也意味着粮食生产效率并不局限于当前的最优规模，而将随着经营规模、技术水平等因素的变化而变化。

2. 各粮食品种技术效率与农户经营规模关系明显

据测算，小麦、水稻、玉米和大豆四大粮食作物的技术效率与农户经营规模均存在显著关系，但是小麦、水稻和玉米与农户经营规模呈正向关系，大豆则与其呈反向关系。结果表明，小麦、水稻和玉米的技术效率随着农户经营规模的扩大呈增加趋势，即其实际产量与最大可能产量的差距越小，生产越有效率；但是，大豆的技术效率随着农户经营规模的扩大而呈下降趋势，其实际产量与最大可能产量的差距扩大，生产效率下降。

（四）农村专业合作组织的潜在作用与组织形式

“十三五”时期以来，我国农村土地流转面积增幅放缓，小农户经营的阶段性特征仍然明显，但对农业规模化发展需求也日益迫切，必须采取新途径衔接小农户与现代农业发展，农村专业化社会化服务组织逐渐成为社会各界关注的焦点，并在服务小农户衔接现代农业方面发挥着重要作用。实践证明，农村合作组织在促进小农户融入农业产业链过程中发挥了重要作用：一是资源整合功能。农村专业合作组织将优良品种、技术、装备、人才、资金、组织形式等现代要素导入农业，兼具市场灵活性与服务高效率的特征，整合产业链上、中、下游各个环节，带动小农户参与农业产业链的协作分工，为小农户进入农业产业链提供模式和机会，促进小农组织形式转型升级。二是服务功能。包括农产品初加工、仓储物流、技术指导、市场营销等关键环节，延伸农民合作社产业链条，拓宽服务领域，由种养业向产加销一体化拓展。三是公益性功能。除为小农户创造盈利机会外，其在信息传递、科技推广、疫情防控等方面具有明显的社会公益性。作为经济组织，合作组织与其他企业一样平等参与市场竞争，对外是一个营利性组织。但作为社会组织，它以服务成员为宗旨，对内具有非营利性，不以资本营利为目的。此外，农业合作组织通过市场机制替代政府供给农业生产性服务，满足小农户日益多样化的服务需求。

目前，农村专业化社会化服务组织主要有专业服务公司、农民合作社、供销合作社、农村集体经济组织、服务专业户等类型，从实践看，这些主体各具优势、各有所长。尤其是2020年新冠疫情暴发以来，农村专业化社会化服务组织及时为农户提供“保姆式”生产托管服务，减少了农民集中下地的风险，有力保障了春耕和“三夏”生产顺利开展。其间，各地因地制宜发展多种形式的服务机制，探索出一系列行之有效的服务模式和组织形式。截至2021年11月底，全国依法登记的农民合作社达到221.9万家，辐射带动近一半农户。合作社已成为引领小农户参与国内外市场竞争的重要力量。

三、粮食类合作社发展现状

（一）粮食类合作社的发展情况

1. 粮食类合作社的总体情况

（1）粮食类合作社数量持续增长。根据《中国农村经营管理统计年报》和《中国农村合作经济统计年报》，截至2020年底，全国粮食类合作社达到48.27万家，比2016年增加了15.79万家，增长了48.6%；占全国农民专业合作社的比例从2016年的20.79%增至2020年的24.00%，增加了3.21个百分点（见表4-5）。

表4-5　2016—2020年全国粮食类合作社变化情况　　单位：万家，%

年份	全国农民专业合作社	粮食类合作社数量	占全国农民专业合作社的比例
2016	156	32.48	20.79
2017	189	37.90	21.61
2018	193	40.83	21.58
2019	201	46.10	23.82
2020	220	48.27	24.00

（2）粮食主产区粮食类合作社发展迅速，黄淮海五省集中度高，长江四省增速加快。2020年，13个粮食主产省的粮食类合作社达到41.1万家，比2016年增加了14万家，占全国增量的九成。从各主产区增量看，东北四省（区）的粮食类合作社增加了3.9万家，占增量的27.1%；黄淮海五省的粮食类合作社增至21万家，比2016年增加了6.7万家，占增量的47.1%；长江四省的粮食类合作社增至7.0万家，增加了3.5万家，占增量的25%①。从区域结构看，东北四省（区）、黄淮海五省和长江四省占比分别为26.5%、44.2%

① 东北四省（区）：黑、吉、辽、内蒙古；黄淮海五省：冀、鲁、豫、苏、皖；长江四省：赣、鄂、湘、川。

和 14.45%，东北四省（区）、黄淮海五省占比分别下降了 1 个、1.1 个百分点，长江四省占比提高了 3.8 个百分点，增速明显加快。地处黄淮海地区的河南省，5 年来粮食类合作社增加了 2.73 万家，总数达到 7.06 万家，超过了长江四省总和（见表 4-6）。

表 4-6 “十三五”期间粮食主产区粮食类合作社变化情况 单位：万家，%

地区	2016 年		2020 年		“十三五”期间增减	
	数量	占比	数量	占比	数量	占比
全国	32.48		48.27		15.79	
粮食主产区	27.1	83.4	41.1	85.2	14.0	1.8
内蒙古	1.65	5.1	2.13	4.4	0.48	-0.7
辽宁	1.3	4.0	1.76	3.6	0.46	-0.4
吉林	2.60	8.0	3.65	7.6	1.05	-0.4
黑龙江	3.36	10.4	5.25	10.9	1.89	0.5
河北	3.26	10.1	3.63	7.5	0.37	-2.5
江苏	1.15	3.5	1.53	3.2	0.38	-0.4
安徽	2.50	7.7	3.73	7.7	1.23	0.0
山东	3.46	10.7	5.41	11.2	1.95	0.5
河南	4.33	13.3	7.06	14.6	2.73	1.3
江西	1.0	3.1	1.87	3.9	0.87	0.8
湖北	0.86	2.7	1.41	2.9	0.55	0.3
湖南	1.11	3.4	2.83	5.9	1.72	2.4
四川	0.48	1.5	0.85	1.8	0.37	0.3

2. 全国托管组织服务粮食生产情况

（1）粮食生产托管逐渐成为主流，服务面积超过 10 亿亩次。农业生产托管服务组织（以下简称托管组织）开展的粮食生产托管服务，可以有效降低粮食生产物化成本，提高农业生产效率，提升农产品品质和产量，最终有助于提高种粮收益，对保障粮食安全发挥着重要作用。近年来，粮食产业的托管组织及其服务面积也快速增长，2020 年粮食生产托管总面积 10.6 亿亩次，黄淮海五省是我国较早开展生产托管的区域，也是托管最集中地区，托管面积超过 5 亿亩次，河北、安徽、河南 3 省托管面积均超过 1 亿亩次。

（2）粮食类合作社在粮食生产托管中具有较强优势，占据了半壁江山。2020 年，不同类型的托管组织的占比为：农民专业合作社占 54.3%，服务专业户占 25.0%，企业占 9.3%，农村集体经济组织占 5.5%，其他组织占 5.9%（见表 4-7）。

表 4-7　2020 年全国服务粮食作物的托管组织数量和服务面积

组织	托管组织		服务粮食作物面积		社均服务面积（亩次）
	数量（家）	占比（%）	数量（万亩次）	占比（%）	
合计	495566	100	106124	100	2141
农村集体经济组织	31789	6.4	5844	5.5	1838
农民专业合作社	153804	31.0	57642	54.3	3747
企业	16082	3.3	9849	9.3	6124
服务专业户	245159	49.5	26530	25.0	1082
其他组织	48732	9.8	6258	5.9	1284

各类托管组织平均服务面积也存在差异。2020 年全国各类组织生产托管的社均服务面积为 2141 亩次。其中，企业组织平均服务面积规模最大，达到 6124 亩次；农民专业合作社平均服务面积规模次之，为 3747 亩次；农村集体经济组织、其他组织和服务专业户单体服务面积在 1000～1900 亩之间，明显低于企业和农民专业合作社。13 个粮食主产省托管组织平均服务面积也与全国类似，企业、农民专业合作社、农村集体经济组织、其他组织和服务专业户的面积分别为 6070 亩次、4034 亩次、1755 亩次、1802 亩次和 1220 亩次。进一步比较发现，2016—2020 年，企业托管组织数量从 2.01 万家下降到了 1.61 万家，而农民专业合作社数量从 9.52 万家增长到了 15.38 万家。

从各类组织托管面积和占比看，企业平均服务面积虽大但占比低的原因在于企业资金雄厚，农机具（包括无人机）设备量大、设备新，具有大规模服务的条件，但面对田块分散的小规模农户，存在服务效益不明显、投资回报低的情况，因而导致一些企业进来后又退出。农民专业合作社则依据自身能力开展服务，具有明显的乡土性、草根性和农民群众的内生发展特性，加上有政府的补贴，自身投入也低，对投资回报没有企业那么高的要求。因此农民专业合作社虽然单体服务面积不如企业，但生命力更旺盛，尤其这些年增长更明显，发挥了更为明显的主力军作用（见图 4-1）。

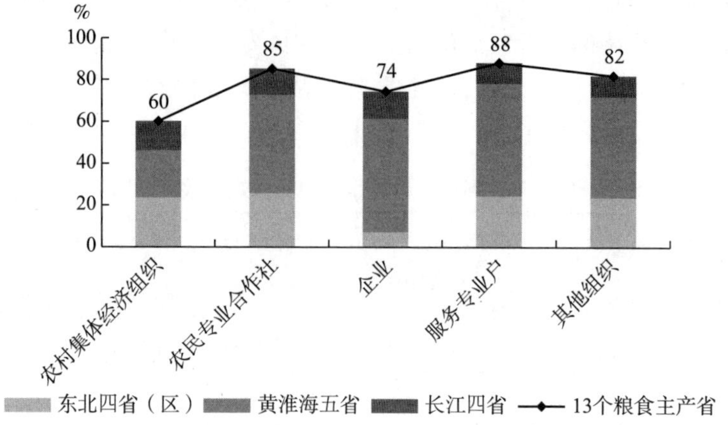

图 4-1　2020 年三大粮食主产区各类托管服务组织服务粮食作物面积占比

（二）国家农民合作社示范社的发展情况

国家农民合作社示范社代表着我国农民合作社发展水平最高的一个群体。为进一步了解和把握国家农民合作社示范社当中以粮食为主营业务的合作社（以下简称国家示范社）情况，课题组对 1056 家国家示范社（以下简称调研样本）2020 年度生产经营情况进行了问卷调查，取得了一手资料。根据样本数据，课题组对国家示范社的成员规模、种植面积、经营收入、财政补助，以及对农户的带动作用等多项指标进行了分区、分组研究。

1. 国家示范社种植规模及区域分布特点

1056 家国家示范社粮食种植面积 685 万亩，成员数为 26.9 万人，其中有 787 家来自 13 个粮食主产省，占调研样本的 74.5%。粮食种植面积为 565.5 万亩，占比为 83%。

（1）成员规模和生产规模。调研样本社均成员规模为 255 人，按 150 人以下、150~255 人和 255 人及以上分组，所占比重分别为 53%、23.8% 和 23.2%。粮食种植面积社均面积为 6490 亩，13 个粮食主产省社均规模为 7100 万亩，高于标配均值 10%。按粮食种植面积 2500 亩以下、2500~6490 亩、6490~10000 亩和 10000 亩及以上分组，其所占比重分别为 43.6%、33.2%、8.8% 和 14.4%，社均面积 6490 亩以下的占 3/4。调研样本成员按人均粮食种植面积 10 亩以下、10~25 亩、25~46 亩、46~100 亩和 100 亩及以上分组，所占比重分别为 31.6%、29.70%、19.40%、10.70% 和 8.50%。分析发现，调研样本中成员规模、粮食种植面积和人均粮食种植面积约 1/4 达到平均值以上，成员 150 人以下、粮食种植面积 6490 亩以下和人均粮食种植面积 25 亩以下的为合作社的主体。

（2）调研样本区域差异。东北四省（区）国家示范社成员规模小、人均种植规模大。东北四省（区）国家示范社为 181 家。由于成员人均种植面积大（43 亩），因而社均成员人数 158 人，是三大区中最少的，成员规模在 255 人以上的仅占 13%。社均粮食种植面积 6800 多亩，略高于调研样本均值，1/3 的国家示范社粮食种植面积高于调研样本均值，粮食种植面积不到 2500 亩的示范社仅占 22.7%。

黄淮海五省国家示范社社均成员规模大、社均种植规模大。黄淮海五省国家示范社 440 家（占比 41.7%），社均成员规模 294 人，虽高于调研样本均值，但 70%的国家示范社成员规模在调研样本均值以下，不足 150 人的国家示范社占 45.7%；社均粮食种植面积 7500 亩，高于调研样本均值约 1110 亩，但只有 1/4 的国家示范社粮食种植面积超过调研样本均值，不到 2500 亩的占比 41.6%。社均粮食种植面积较高的原因在于，河南几个国家示范社生产规模超过 10 万亩，拉高了整体水平。

长江四省国家示范社社均成员规模大，人均种植面积小。长江四省国家示范社 166 家（占比 15.7%），社均成员规模 299 人，虽然高于调研样本均值 44 人，但调研样本均值以下的国家示范社占比 2/3；社均粮食种植面积 6700 亩，略高于调研样本均值，2/3 国家示范社粮食种植面积低于调研样本均值（6490 亩），并以低于 2500 亩的为主；成员人均粮食种植规模为 22.5 亩，在三大粮食主产区中规模最小。

其他省区国家示范社成员及种植规模均偏小，低于调研样本均值的国家示范社占比为 87%，社均成员为 229 人，社均粮食种植面积 4400 亩，分别低于调研样本均值 10% 和 32%，人均种植面积为 19.4 亩，不足东北四省（区）的一半。具体见表 4-8、表 4-9。

表 4-8 调研样本按成员人数分组

成员人数	单位	东北四省（区）	黄淮海五省	长江四省	其他省区	合计
合计	家	181	440	166	269	1056
≤150 人	家	134	201	61	164	560
151~255 人	家	22	109	50	70	251
>255 人	家	25	130	55	35	245

表 4-9　调研样本按粮食种植规模分组

种植规模	单位	东北四省（区）	黄淮海五省	长江四省	其他省区	合计
总计	家	181	440	166	269	1056
≤2500 亩	家	41	188	69	162	460
2501~6490 亩	家	81	142	54	74	351
6491~10000 亩	家	23	43	17	10	93
>10000 亩	家	36	67	26	23	152

2. 国家示范社经营收入和年度盈余情况

（1）调研样本社均经营收入和盈余水平（见表 4-10、表 4-11）。调研样本社均经营收入为 1363 万元。但只有三成国家示范社经营收入水平达到了样本的社均水平。其中，经营收入 250 万元及以下的占 8.4%，251 万~500 万元的占 21.3%，501 万~1000 万元的占 32.1%，1000 万~1363 万元的占 10.1%，1364 万~2000 万元的占 10.9%，经营收入在 2000 万元以上的占 17.1%。

表 4-10　调研样本按经营收入分组

经营收入	单位	东北四省（区）	黄淮海五省	长江四省	其他省区	合计
合计	家	181	440	166	269	1056
≤250 万元	家	19	11	13	46	89
251 万~500 万元	家	28	90	27	80	225
501 万~1000 万元	家	71	142	48	78	339
1001 万~1363 万元	家	22	48	16	21	107
1364 万~2000 万元	家	17	59	22	17	115
>2000 万元	家	24	90	40	27	181

调研样本社均年度盈余为 182 万元。但 68.9%的国家示范社未达到社均盈余水平，其中，年度盈余 100 万元及以下的占 48.9%，年度盈余 101 万~182 万的占 20%，年度盈余 183 万~300 万元的占 13.9%，年度盈余 301 万~500 万元的占 9.5%，年度盈余 500 万元以上的占 7.7%。

表 4-11　调研样本按年度盈余分组

盈余水平	单位	东北四省（区）	黄淮海五省	长江四省	其他省区	合计
合计	家	181	440	166	269	1056
≤100 万元	家	73	194	77	172	516
101 万~182 万元	家	39	90	33	50	212
183 万~300 万元	家	26	70	24	27	147
301 万~500 万元	家	17	55	18	10	100
>500 万元	家	26	31	14	10	81

（2）三大粮食主产区国家示范社经营收入和盈余水平。从国家示范社经营收入和盈余水平看，三大产粮区差距明显。东北四省（区）的社均营收1189 万元，社均盈余 272.7 万元，在三大产区中营收水平最低，盈余水平最高；长江四省的社均营收 1840 万元，社均盈余 188.20 万元，在三大产区中营收水平最高，盈余水平最低；黄淮海五省的社均营收 1492 万元，社均盈余272.74 万元，在三大产区中居中。

课题组调研发现，东北、长江流域等地国家示范社营收、盈余存在差异的主要原因如下：一是东北地区土地流转价格相对低，土地连片、平整度好、适合机械化作业，而玉米产量又相对高；长江流域则土地流转价格相对更高，水田细碎化程度明显、地势平整度相对不理想，机械化作业程度偏低且成本更高。二是在产中环节，玉米大田管护要求低，而水稻田管护要求高、人工投入更大；在水稻产量不如玉米，而玉米和水稻市场价格接近甚至玉米价格高于水稻的情况下，东北的粮田亩均效益自然要高于长江流域等南方地区（东北单纯种玉米亩均净利润比南方单纯种水稻亩均净利润要高 500~700元）。三是南方通过多种经营，开展诸如“水稻—蔬菜”或者“稻蟹”“稻虾”等多种经营弥补稻田种植收益，虽然经营收入增加，但成本也相应上升。四是虽然部分南方省份采取了更高的种粮直补方式（按承包地）支持合作社种粮，但由于流转土地的种粮直补给了原有承包户，种粮直补变相成了农民收入补贴，南方粮食类合作社并未受益，因而降低了合作社的种粮利润空间。

3. 国家示范社获得财政扶持情况

调研样本中有 417 家国家示范社 2020 年获得财政补助资金约 3 亿元，占样本数近四成，社均补贴金额 72 万元。按照补助资金额度划分为 25 万元、25 万~50 万元、50 万~72 万元和 72 万元以上 4 个档次，获得 25 万元以下补助的国家示范社数量占比为42.7%，资金占比7.2%，平均补贴额为12万元；获得25万~50万元补助的国家示范社数量占比为26%，资金占比为12%，平均补贴额为33万元；获得50万~72万元的国家示范社数量占比为11%，资金占比为9.5%，平均补贴额为62万元；获得72万元以上的国家示范社数量占比为20.4%，资金占比为71.3%，平均补贴额为252万元。

按区域划分，东北四省（区）获得的补贴资金最多，国家示范社数量占比为18.9%，补贴金额占比为37.2%，社均获得补贴资金141万元；黄淮海五省获得补贴的国家示范社数量占比为38.4%，补贴金额占比为25.2%，社均补贴额为47万元，虽然补助面大，但平均额度较低。长江四省获得补贴的国家示范社数量占比为18.0%，补贴金额占比为13.5%，占比最低，平均补贴资金额为54万元。其他省区获得补贴的国家示范社数量占比为24.7%，补贴金额占比为24.2%，平均补贴金额为70万元，与全国平均补贴额相当(见表4-12)。

表4-12 调研样本获得财政扶持情况（按区域分）

项目	东北四省（区）	黄淮海五省	长江四省	其他省区	合计
示范社（家）	79	160	75	103	417
占比（%）	18.9	38.4	18.0	24.7	100.0
补助额（万元）	11161	7558	4047	7255	30021
占比（%）	37.2	25.2	13.5	24.1	100.0

按照获补助国家示范社的种植规模分类，粮食种植规模低于2500亩的国家示范社数量占比为37.7%，资金占比为24.6%，社均补助额为47万元；2500~6490亩的国家示范社数量与资金占比均为37.4%，社均补贴额为72万元；6491~10000亩的国家示范社数量占比为9.8%，资金占比为12.6%，社均补助额为92万元；10000亩以上的国家示范社数量和资金占比分别为15.1%和25.4%，平均获得补助额为121万元（见表4-13）。

综上所述，在财政支持粮食类合作社发展上有以下特点：一是体现了对种植规模偏小的粮食类合作社的支持；二是补助额随着种植规模的扩大而增加；三是体现了对东北地区的倾斜，其社均补助规模高于全国均值1倍。但同时也存在区域之间、生产规模之间支持力度不平衡，如同等种植规模获得的补贴额不一等问题。课题组分析，可能存在补助标准执行中的差异，也不排除个别国家示范社误计入“国家示范社专项”以外的资金，从而拉高了分档均值。

表 4-13　调研样本获得财政扶持情况（按种植规模分）

项目	<2500 亩	2500~6490 亩	6491~10000 亩	≥10000 亩	合计
示范社（家）	157	156	41	63	417
占比（%）	37.7	37.4	9.8	15.1	100.0
补助额（万元）	7385	11221	3773	7642	30021
占比（%）	24.6	37.4	12.6	25.4	100.0

4. 国家示范社成员分布范围

国家示范社成员分布范围主要在村内。调研样本中本村内成员占 53.9%，本乡镇成员占 18.5%，本县内成员占 23.8%，仅 3.8%为跨县成员。

东北四省（区）国家示范社成员多集中于本村内，占比 73.5%，跨乡镇和跨县的示范社占 15.5%；黄淮海五省国家示范社村内成员占比 49.5%，跨乡镇和跨县的成员占比为 29.1%；长江四省国家示范社本村内成员占比为 42.8%，跨乡镇和跨县成员占比为 38.6%。国家示范社村内成员与跨乡、跨县成员的比重，反映了三大产粮区的户均土地规模的差异，长江四省国家示范社跨区域经营的特征最明显，东北四省（区）成员分布在村内的特征最明显（见表 4-14）。

表 4-14　调研样本的成员分布范围

分类	单位	东北四省（区）	黄淮海五省	长江四省	其他省区	合计
合计	家	181	440	166	269	1056
村内	家	133	218	71	147	569
跨村	家	20	94	31	51	196
跨乡镇	家	26	114	50	61	251
跨县	家	2	14	14	10	40

5. 国家示范社对非成员农户的带动

调研样本带动非成员农户规模均值为 1032 户，77.1%的国家示范社带动非成员农户规模在 1032 户以下。其中，带动非成员农户规模 100 户及以下和 101~500 户的国家示范社各约占 1/3，带动非成员农户规模在 501~1031 户占 12%，带动非成员农户规模在 2000 户以上的占 13.6%（见表 4-15）。

表 4-15 调研样本带动非成员农户

带动非成员农户规模	单位	村内	跨村	跨乡镇	跨县	总计
合计	家	569	196	251	40	1056
≤100 户	家	245	41	56	6	348
101~500 户	家	179	81	70	9	339
501~1031 户	家	50	26	46	5	127
1032~2000 户	家	40	26	26	6	98
>2000 户	家	55	22	53	14	144

进一步而言，东北四省（区）国家示范社带动非成员农户情况最弱、带动均值为 519 户，长江四省带动非成员农户情况最强、带动均值为 1461 户，黄淮海五省带动非成员农户均值为 1251 户、规模居中。其他非粮食主产区国家示范社带动非成员农户均值为 754.4 户，高于东北四省（区）。

分析还发现，随着国家示范社成员规模扩大，其带动非成员的规模也实现了同步增长。成员分布于本村内的国家示范社，其带动的非成员规模不到 100 人的占 43.1%；成员跨县的国家示范社带动非成员规模超过 2000 人的占 35%。带动非成员农户的规模与合作社的跨区域经营特征呈现正相关关系，也即合作社需要通过跨区经营、带动非成员农户发展更好实现规模经营效益。

四、引领服务小农户发展粮食生产的合作社模式

在农村人口空心化、老龄化形势日趋严峻，传统农业无以为继的情况下，农民合作社日益成为将农户组织起来有效开展农业生产的重要组织主体。合作社在服务小农户发展粮食生产方面主要有六种模式。

（一）服务小农户发展粮食生产的六种合作社模式

1. 种粮农户领办型

在一些粮食生产大县，种粮农户为了降低生产和劳动力投入成本、提升农机具的利用率、壮大产业规模、提升产品质量、增强市场议价能力等多重目标，自愿联合起来组织成立种粮专业合作社，采取以统一生产资料购买、统一耕种收割、统一仓储加工、统一销售等为核心内容的合作种粮模式。

吉林省四平市铁西区永信农民专业合作社

该合作社成立于2013年6月，现有成员110户，拥有各类农机具52台（套），主要从事玉米生产，为成员提供统一生产经营服务。农户入社后，户均收益比自营每公顷高出3200多元，比转包出去的农户多收入9000元。

合作社推行“带地入社”经营，农户成员以土地经营权入股，面积达到1.5万亩，带动农户1080余户。农民带地入社后，合作社实施土地集中连片、规模经营，突破土地零散、细碎化制约，提高了农机具作业效率，农机作业每公顷节省柴油费100元，并节省2个人工。合作社按约定每公顷收取6500元作业成本费，比照农户自主经营每公顷8000元成本，直接降低经营成本至少1500元/公顷。

通过合作社统一生产资料购买，农户在种子、化肥、农药等主要环节上分别节省300元/公顷、300元/公顷、20元/公顷。合作社还将成员的粮食统一存储到信用优良的粮库，避免了农户自家存储粮食的霉变风险，消除了二次脱粒倒运、鸡扒鼠咬和地趴粮等环节的浪费现象，减少损耗500元/吨。

2. 村组织领办型

在一些人口空心化严重、老龄化程度较高的农村地区，传统一家一户开展农耕生产经营的模式已经无以为继，土地撂荒现象日益严重，在老年人已经干不动、年轻人又不愿意干的情况下，村集体组织通过入股成立粮食种植类专业合作社或土地股份合作社，实行全村土地统一耕种、发展粮食生产，增加农民收入。

沂水县旭阳现代农业发展农民专业合作社

该合作社成立于2019年，是山东省临沂市沂水县黄山铺镇蒋庄村党支部领办的。蒋庄村共有550户1586人，土地面积1600亩，其中平整良田只有340余亩，其余1200余亩为较贫瘠的山地。多数村民外出务工经商，其中，45%的外出农户在基本农田里栽植了杨树，20%的农户将土地低价转包给他人经营，15%的农户将土地无偿给予子女或他人经营，20%的农户利用最原始的种植模式经营土地，管理粗放、产出低、效益差。

2019年，合作社成立后，大力推行“1234”工作法①，推进农业生产规模化、产业化、专业化、稳定化发展，蹚出一条党支部领办合作社助力粮食生产的路子。合作社对村内集中连片的土地统一规划基础设施，完善了道路、排水和水肥系统，实现了“小田块变大田”。合作社开展标准化生产，统一品种，统一使用化肥、农药，极大地提升了生产效率，仅测土配方施肥一项，每亩就可减少肥料投入15%。2021年，合作社直接对接化肥企业，每袋化肥节省20元；通过无人机统防统治、使用卷盘式喷灌机灌溉，每亩节约人工费用70元。合作社还成立了科技服务队，邀请县农业专家制定了粮食标准化生产技术规程，聘请技术专家开展粮食种植技术专题培训。2021年，合作社种植的小麦每亩增产100千克，共计增收78240元。

3. 托管服务型

农户将粮食生产环节委托给农机、社会化服务类合作社，由合作社为农民种地提供全程或部分作业环节的保姆式服务。一方面降低了分散经营的生产资料成本，提高了农业生产经营效率；另一方面大幅降低了劳动投入和辛苦程度，将劳动力从农业生产经营中解放出来，促进了农村劳动力转移就业。

河北沙河市金福临农机服务专业合作社

该合作社成立于2011年5月，现有成员161人，拥有各类农业机械181台（套），建有储粮库、冷藏库、储藏窖各1座，育苗大棚50个，全面推进土地全托管、半托管、单环节托管，为购、耕、种、管、收、销各环节提供全方位服务。现有村级土地托管服务站45个，农业服务队

① “1”是坚持以党建为引领，逐步实现全村土地统一流转；“2”是完善“成员利益联结、产业延伸”两个链条；“3”是实施“规划建设、种植管理、对外销售”三个统一；“4”即强化“财务、耕地、资金、技术”四个保障。

185 个，共托管土地 3.8 万亩，农机服务面积 13.48 万亩，服务农户涉及沙河市 11 个乡镇 122 个村 2.8 万户。

农户以农机、资金、土地等生产要素入股，合作社对成员的出资进行量化。合作社将原有的小地块集中连片，实现整建制托管和规模化种植，每百亩土地可以提升 3%~5%的种植空间。小麦托管后亩均投入 555 元，比托管前降低投入 165 元。玉米生产托管后亩均投入 605 元，亩均节省投入 160 元。

合作社按本村同等级地块的上中等收入的平均值来确定托管农户的收益，农户每亩地可获得最低保障收入 500 元。合作社通过提供农机和农副产品购销服务获取利润；村集体负责监督合作社托管全程作业，每季作物收获后收取监督服务费 30 元/亩。2019 年合作社在下郑村托管土地 1860 亩，全村小麦和玉米总收入 396.6 万元，村委会收取监督服务收益 5.58 万元，占 1.41%；合作社获得服务费 215.76 万元，占 54.4%；农户获得收益 175.26 万元，占 44.19%。全村 851 户农户不用下地就实现了 942 元/亩的收益。

4. 企业领办型

一些涉及粮食生产加工的农业龙头企业为了稳定自身生产加工所需的粮食来源、降低原料价格波动风险、提升原粮品质，通过成立合作社的方式进行土地流转，再分包给小农户或种植大户（职业农民），并按照企业的标准进行耕种。

河北省南和县金沙河农作物种植专业合作社

该合作社成立于 2012 年，年产粮食 3.3 万吨，由金沙河面业集团领办。十多年来，合作社由固定地租流转土地转为“摊股入亩，按比分红”，种植规模已从最初的 3766 亩扩展到近 3 万亩，涉及南和县 6 个乡镇 30 个行政村共 6696 个农户。

合作社流转土地 2 万余亩，统一生产标准，将流转的土地分包给职业农民种植。为调动成员入社的积极性，保持合作关系的稳定，合作社开创固定租金和股权分红两种分配模式（见图 4-2）。

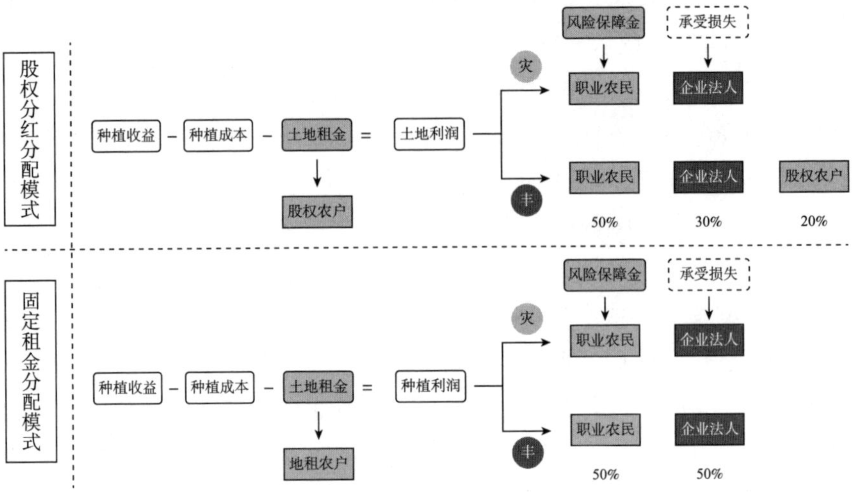

图 4-2　金沙河农作物种植专业合作社土地流转及分红模式

（1）固定租金分配模式。单个职业农户独立核算的地块，在每季种植前支付承包农户“双 500”固定租金、扣除其他各项种植生产成本后的经营利润，由企业法人成员与职业农民成员进行“五五分成”。

（2）股权分红分配模式。以职业农户的种植地块为核算单元，股权农户成员获得“固定租金+二次分红”，灾年时保证股权农户固定租金收益，丰年时所得盈余按照 5∶3∶2 的比例在职业农民、企业法人和股权农户之间二次分配，保证股权农户负盈不负亏。

在两种分配模式下，职业农民均获得独立经营地块上种植盈余的 50%。这样的分配方式在有效确保职业农民的生产积极性和责任管理意识的同时，也保障了股权农户和企业法人的利益，实现了合作共赢。

5. 多功能经营型

由于单一的粮食种植产业链条短、利润单薄，农户种粮积极性不高。通过组建合作社，延伸粮食产业链条、拓展产业利润空间，增强小农户开展粮食生产经营的积极性。近年来，越来越多的粮食种植专业合作社通过开展“稻鱼共生”“种养结合”“产加销衔接”“农旅融合”“联合合作”等生产经营模式，将产业链价值牢牢锁定在合作社内部，进一步提高农户收入水平，带领农户增收致富，从而提升农户种粮积极性，稳定粮食生产。

宁夏回族自治区贺兰县丰谷稻业产销专业合作社

该合作社创建于2010年3月，现已成长为资产总额1700万元、固定资产830万元、年营业收入达950万元的国家示范社。合作社采用“企业+合作社+基地+农户”的经营模式，示范推广稻渔综合种养，发展加工服务，推进一二三产业融合发展，带动当地农民增收致富。

（1）探索“1+X”稻渔综合种养模式。合作社发明“稻渔水循环系统”并申请国家专利，这种模式比普通种植节水25%以上。养殖稻田蟹、稻田鱼后，亩均收益达3000元，净利润在1000元/亩以上，是普通水稻种植的2倍。合作社运用杀虫灯、生物除草等生物技术，推动农作物秸秆、农业用水、饵料等循环利用，减少了化肥、农药的施用，涵养了水土环境，有效提升了大米、水产品品质。

（2）发展粮食加工业完善产后服务。建立“粮食银行”，通过水稻收购、计息储存、现价结算，为农户提供粮食代收、代储、代烘、代加、代销“五代”服务，有效解决农户储粮难、卖粮难问题。开发糙米、米汁、米醋、锅巴等特色产品，把加工与销售紧密结合起来，“现卖现加工”，保证大米的新鲜度，打通农产品进市场、上餐桌的“最后一公里”，延长产业链，提升附加值。

（3）发展休闲旅游促进农旅融合发展。打造稻田画观赏区、大米加工展示区、绿色果蔬采摘区、特色民宿度假区等主题功能区，配套景观塔、便民服务店、科普长廊、儿童乐园等基础设施，促进农旅融合。每年举办农耕文化插秧节、农民丰收节等节庆活动，吸引游客20万人次。与5家企业和村集体合作成立“情系田园”旅游发展公司，开发具有江南园林风格的民俗民居18家，优先聘用本地农户为景区服务员，带动周边农民经营特色小吃和餐饮，实现家门口就业创业。目前合作社共聘用本村农户60余名，月均工资达3600元以上。

6. 区域产业化联合体型

家庭农场、农民合作社和农业龙头企业通过在一些公共、关键环节上的联合合作，实现节本降耗、提质增效，不断提高区域内产业的整合度且延伸价值链，带动种粮农户增产增收。

嘉兴市秀洲区产业化联合体

嘉兴市秀洲区是浙江省的传统产粮大区，承包到户初期，全区有近10万户小农户。近年来，全区推动多主体联合发展，打造区域粮食产业共同体，多种形式农业适度规模经营已基本替代了原有千家万户的小农户经营。区内共有各类农民合作社203家，其中从事粮食生产经营的有18家。2020年小麦水稻复种面积248509亩，比2019年增加了31881亩，在全区274890亩麦稻复种总面积中的占比达90.4%，实现了粮食面积总产双增目标。

（1）积极引导家庭农场加入农民合作社。针对单个家庭农场单打独斗干不了干不好的突出短板，重组扩容了18家合作社，其中粮食类6家。入社家庭农场成员达到1170家，经营总面积20.7万亩。2020年各家粮食类合作社推广“亩产百斤鱼千斤粮万元钱”模式，发展稻鱼共生30003亩，打响了“蓬莱大米”“秀水渔米”等名优大米品牌，让更多成员共享到了全产业链增值收益，全年亩均种粮纯收入实现翻番，多数农场成员的种粮纯收入达20万元左右。

（2）将小农户纳入现代农业生产经营轨道。鼓励引导合作社为小农户、低收入农户、残疾人农户提供种子种苗、代耕代收、技术辅导、产品收购、包装销售等服务。2020年粮食类合作社为7267户种粮小农户种植的小麦（7611亩）、水稻（18770亩）提供了技术辅导、代耕代收等服务。

（3）推动区域内各主体之间纵横联合合作。组建联合社6家，产业化联合体3家，使合作社成员能分享全产业链增值收益和品牌溢价。灵心稻渔种养专业合作社联合“金福米业”“天天农展会”等龙头企业帮助加工、销售“秀水渔米”等品牌大米，形成了“合作社+家庭农场+龙头企业”的产业化联合体。合作社成员普遍实现“亩产百斤鱼千斤粮万元钱”目标，个别成员亩均纯效益达到20000元以上。

（二）六种合作社模式的总结

上述六种合作社模式是在不同的资源禀赋、不同的现实生产经营环境，以及不同的农村经济社会结构下因地制宜探索出来的，每种模式都有其独特目标、主要优势和适应条件。

种粮农户领办型在主粮产区内普遍存在，是经典意义上的合作形式，较好地发挥了“宜统则统，宜分则分，统分结合”的优势。在该模式中，种粮农户通过合作社组织起来开展粮食生产经营，最大的好处是能从生产资料投入品、劳动作业投入、收储损耗等各环节上有效节本降耗，提高经营效益。这种模式在水稻、玉米、大豆、土豆等粮食种植领域普遍存在，成为组织农户开展粮食生产，推广良种、农业技术，提升粮食生产效益的重要组织依托。

村组织领办型出现在人口空心化、老龄化较严重，传统农业无以为继的广大农村地区。一般以土地股份合作社为组织形式，较好地发挥村集体在整合农村土地资源中的作用。通过土地整村流转入社，推行统一规划，有效地推进了农业适度规模化、机械化耕种，为接力粮食种植、稳定粮食生产发挥了重要作用；同时，还在一定程度上带动了村集体经济的发展。随着未来农村老龄化程度加剧，这一模式将更加普及。

托管服务型通常出现在兼业农户较多、土地流转较困难的农村地区。多数农户并不入社，土地也不流转，仍然以家庭为经营单位，但大部分生产环节交由专业社会化服务组织。农户是老板，合作社是保姆，合作社为农户提供机耕机种、统防统治、收割仓储等菜单式服务，农户可选择全程托管，也可选择部分托管，从而实现外出务工和家庭经营两不误。在农村劳动力老龄化加剧、耕地保护从严从紧的现实环境下，农业生产社会化服务日益成为破解“谁来种地”“怎么种地”问题的又一重要路径。近年来，各地农业托管服务发展迅猛，其最大的优势是可以实现将农民从农业生产中解脱出来，最大限度促进农村劳动力转移就业。

企业领办型通常发生在农业产业化基础较好、农业生产经营在农户家庭总收入中占比不高，人们愿意将土地流转出去交由专业化的人或组织来经营的地区。在该模式中，合作社通常由农业龙头企业领办，农户以土地承包经营权入社，分享固定“地租”的同时，还可通过合作社盈余分配分享产业后端的红利。合作社主要起到为粮食加工企业稳定原料供给和品质把控的作用。

多功能经营型和区域产业化联合体型在近年来兴起的各种现代农业产业园或“田园综合体”中比较常见。多功能经营型通常以合作社为主体，通过发展加工业、服务业，推动农旅融合发展等延伸粮食产业链条，种粮农户可以多种形式参与合作，享受乡村产业融合发展带来的红利。合作社办公司，与农业龙头企业、旅游公司等市场主体或村集体合作成为这一路径的重要途径。而在区域产业化联合体中，小农户转化为现代化的家庭农场而实现适度规模经营，通过抱团组建农民合作社、联合社等，在共同的关键环节上开展统一服务，打造公共品牌，实现节本降耗和提质增效。合作社通常与农业企业进行对接，提高区域内粮食产业的整合度和市场竞争力，对于延伸粮食产业链条、拓展价值空间、增加种粮收入具有重要意义。

不同的合作社模式表明，农民合作社带动小农户发展粮食生产的方式和路径是多种多样的，不同地区可以根据自身的实际情况，因地制宜采取一种或多种路径发展粮食生产。但不管在何种模式下，合作社发挥的基本作用都是一致的。总的来看，合作社发挥的作用表现在三个方面：一是在生产合作方面，合作社能从机耕机种、统防统治、统购统销等关键共同环节上实现“统一”经营，做好单个农户“干不了、干不好或干起来不划算的事情”，从而节本降耗，提升产业效益；二是在科技推广方面，合作社能统一引进新品种、新技术，推动粮食生产适度规模经营，从而推动整个粮食产业生产经营现代化；三是在市场销售环节，合作社能创建统一品牌，发展粮食加工，统一销售渠道，提升市场议价能力，实现品牌效益和产业增值效益。

从我们对全国各地的调查了解来看，种粮农户领办型、托管服务型和企业领办型是当前的主流形式，其中种粮农户领办型和企业领办型是经典形式，托管服务型是新兴模式。之所以说是主流，是因为这些模式相对而言具有一定的普适性，在不同的地区基本都可以采用，而且这三种模式并行不悖、相辅相成。村组织领办型、多功能经营型和区域产业化联合体型是近年来兴起的非主流模式，相对于主流模式的普适性而言，这些模式更强调社会群众基础、资源禀赋和土地流转程度等各方面的条件，如有良好的市场环境和龙头企业支撑、有具有富民情怀的返乡创业能人带动、有较好的资源禀赋和较强的政策资源整合度，等等。

五、合作社带动小农户种粮面临的困难及相关政策建议

（一）合作社带动小农户种粮面临的困难和问题

1. 经营规模偏小、抗风险能力弱

粮食产业农民合作社的成员数量不多且多位于本村，平均服务面积不大、经营利润不高、抗风险能力弱。13 个粮食主产省的 787 家粮食产业国家示范社中成员达到 250 人以上的不足 1/4，其中，成员分布于本村内且不到 150 人的示范社占比超过了 50%，人均粮食种植面积不到 25 亩的国家示范社占比 61. 3%。这就使得示范社粮食生产规模偏小、收益低，2020 年近一半示范社社均年度盈余不到 100 万元，这也使得粮食产业的农民合作社市场抗风险能

力明显不足。

2. 管理水平不高、后续人才缺乏

粮食产业农民合作社大部分理事长受教育程度不高，1056 家国家示范社理事长年龄超六成在 50 岁以上，三成多拥有大专及以上学历，近两成只有小学及以下学历，大多领头人是抱着对农村生活的眷恋，对家乡的热爱，或者怀着回报家乡、建设家乡的美好愿望，组织带动村民开展粮食种植，其自身现代农业知识较欠缺，新技术、新事物学习能力不强，对内管理制度和民主决策机制不完善，对外缺乏应对外部市场竞争的经验，影响市场竞争能力提升。人才缺乏难以支撑合作社现有生产规模，成员总体老龄化更会影响培养下一代接班人，制约合作社进一步发展。

3. 补贴受益面窄、资金到位迟

粮食产业农民合作社获得财政支持的受益面偏窄，资金支持量偏小，规模越小的合作社越难获得财政扶持。根据《中国农村合作经济统计年报》数据，2020 年只有 1.9%的农民合作社获得了财政资金支持，项目的平均支持额度为 16.97 万元。1056 家粮食产业国家示范社也只有 39.5%获得了财政扶持，68.6%的国家示范社获得的财政扶持不足 50 万元。财政支持不仅具有区域性差异，而且小型合作社难以获得财政支持。同时，财政补助资金申请审核程序繁杂。一些县获得补助资金需经过项目申报、资格审查、选择服务组织、签订合同、实施作业、督查、指导服务和监管、面积核实、验收、公开公示、资金结算 11 道程序；补助资金申报环节要经过村、乡镇政府，县级农业农村部门和财政部门以及县领导小组多层，当年的补助资金到年底才能到位，给合作社等服务组织带来较大的资金压力。在服务组织自有资金较少、社会融资能力较弱、贷款难等情况下，服务组织的有序经营和规模拓展显得较为吃力。

4. 服务范围有限、产业链条短

粮食产业农民合作社产中服务多，产后服务不足，不利于提高粮食产业链效益和规避市场风险。1056 家粮食产业国家示范社只有 66.9%拥有注册商标，35.9%拥有绿色食品认证，19.4%拥有有机食品认证，22.3%兴办了产后加工业务，平均加工业务带来的收入仅 113.2 万元，仅占示范社整体经营收入的 8.3%。全体合作社的均值水平更低，根据《中国农村合作经济统计年报》数据，2020 年全国只有 4.6%的农民合作社创办了加工实体，5.3%的农民合作社申请了注册商标，2.7%的农民合作社通过了绿色有机等农产品质量认证。农民合作社等新型农业经营主体拓展产后服务困难，加大了资金回笼的压力。

（二）政策建议

粮食安全是“国之大者”，习近平总书记高度重视小农户以及合作社在组织服务小农户发展粮食生产、提高供给保障能力中的地位和作用，多次做出一系列重要指示批示。各级各部门都应深入学习、深刻领会习近平总书记指示精神，进一步提高思想认识，增强行动自觉，采取更加有力的举措，大力支持农民合作社等新型经营主体组织带领小农户发展粮食生产，提供各类便捷周到的专业化社会化服务。

1. 强化政策支持保障，增强合作社种粮信心

完善农业支持保护制度，优化粮食价格支持和生产者补贴政策，完善补贴机制，提高补贴效能，积极支持农民合作社提升生产技能、改善生产设施条件。全面实施粮食保护性价格政策，把“目标价格+价格补贴增量+政策性保险+保护性收购”等政策工具结合起来，通过保护价收购、加大补贴力度，稳定农户和合作社等种粮主体种粮预期、调动种粮积极性。

进一步加大对粮食类合作社等经营主体的财政补贴力度，将中央财政农业生产发展资金支持农民合作社和家庭农场等新型农业经营主体高质量发展项目纳入约束性指标。整合财政项目资金，对粮食类合作社发展适度规模经营给予适当补贴。

设立“国家粮食安全产销责任保障资金”专项，由中央财政资金和主销区省级财政资金共同负担，主销区按照调入粮食补缺数量情况缴纳责任保障资金，专项资金用于奖励、补助主产区县级财政，增强主产区县级财政用于支持当地粮农和粮食类合作社发展的财力保障水平。

2. 加强基础设施条件保障，增强粮食类合作社服务农户能力

支持符合条件的粮食类合作社承担土地整治、高标准农田建设、小型农田水利工程等项目建设和合作社自用的田间灌排工程、田间道路、农田输配电设施维护，改善种粮合作社农业生产条件，增强合作社抵御自然风险能力。

采用以奖代补、先建后补等方式，大力支持粮食类合作社建设粮食烘干、仓储、加工、运输等装备设施，开展粮食加工，不断延伸粮食产业链条，提升粮食产业的综合收益。建设一批以乡镇为单位的“共建共享”仓储、厂库棚设施，解决粮食类合作社在仓储加工、农机具存放等方面的用地难问题。

通过政府购买服务方式，支持有条件的粮食类合作社（联合社）代收代储部分国家粮食储备任务，构建以国家储备库为主导，中央、地方、社会多元化的渠道稳定、方便粮农的粮食收储网络体系。将粮食类合作社纳入品质提升、品牌创建和标准化生产、大豆玉米带状复合种植、稻油轮作、稻鸭稻鱼稻虾共育等财政支持政策范围。

3. 强化金融保险支持保障，提升粮食类合作社抗风险能力

加强对粮食生产类合作社的信贷担保和保险支持，完善完全成本险、收入保险及“保险+期货”机制。针对农民合作社需求特点创新金融产品，落实落细农业保险政策。鼓励各地将财税金融政策创新与合作社带动成员数量、运行规范程度、盈余分配水平等指标相挂钩，引导优惠政策向规范发展合作社倾斜。进一步推广总结新型经营主体信贷“直通车”经验做法，依法开发多年期的金融贷款产品，引导金融机构扩展有效抵押物范围，探索通过市场、法院、金融、保险等大数据综合评判主体信用情况，给予更合理有效的信用贷款支持。引导和鼓励试点地区有经济实力的农民合作社探索资金互助、保险互助等业务，进一步推动完全成本险、收入保险、农产品“保险+期货”等新型保险产品和保险机制优先面向各类粮食生产经营主体开展业务探索试点。

4. 强化服务支撑保障，培育粮食生产社会化服务大产业

加快形成组织结构合理、专业水平较高、服务能力较强、服务行为规范、全产业链覆盖的农业社会化服务体系。聚焦服务小农户，着力解决小农户生产关键薄弱环节的现代化难题。引导资源共享，推动合作社、服务专业户、专业服务企业、农村集体经济组织等多元服务主体加强联合合作，扩大服务半径，强化服务力量，拓展服务领域。

进一步简化粮食社会化服务补贴审核程序，探索更加简单可行的补助资金申报审批操作规程，简化审核程序。在资金发放环节，明确各环节审核人员、审核要点，加快补助资金发放进度。探索先行拨付部分项目资金用于前期生产服务需要，缓解其资金紧张的困境，促进粮食类合作社等服务组织扩大规模。

5. 强化制度执行保障，推动粮食类合作社高质量发展

深化示范创建，持续开展农民合作社质量提升整县推进。建立健全合作社财务管理和会计核算制度，依法规范合作社盈余分配，保障成员利益。引导合作社与各类新型农业经营主体融合发展，支持以家庭农场为主要成员组建农民合作社，推动组建规模大、竞争力强的大型粮食类联合社。加强典型

案例总结、宣传和推广，引领粮食类合作社因地制宜探索不同发展模式。健全社企对接服务机制，引导农民合作社与各类优势企业开展对接合作，鼓励各地引入产业链各环节优质企业，面向粮食类合作社提供覆盖全产业链条的服务和产品。

6. 强化人才支撑保障，优化专业化人才培养机制

坚持“请进来”与“送出去”相结合，管理人才与生产经营人才两手抓。完善社保、职称评定等优惠政策，鼓励支持各类“下乡返乡在乡”人员领办参办合作社或者到合作社工作，积极引进一批懂市场、善经营、会管理的专业人才。大力加强合作社现有人才培养，既要依托合作社人才培养实训基地，重点开展操作实务与技能培训，也要鼓励支持各类教学单位开设合作社管理专业或相关课程，或通过自学考试、函授教育等办法，重点对粮食生产合作社带头人等开展学历教育，为现代粮食生产提供科技支撑和人才保障。完善粮食生产先进组织和个人国家荣誉制度，激励粮食类合作社等种粮主体多种粮、种好粮。

第五章 农业规模化经营与期货市场发展*

2017年党的十九大报告中提出农业农村优先发展，实施乡村振兴战略，明确指出要“实现小农户和现代农业发展有机衔接”。目前，我国有2.07亿农户，农户户均耕地面积不足10亩，小农户占比98%，在未来一段时间内小农户仍是我国农业最主要的生产者。因此，如何通过专业合作组织、社会化服务组织，使小农户融入现代农业生产，实现农产品标准化生产、规模化经营，逐步形成现代生产、经营、组织体系，是加快推进中国农业农村现代化的关键。

2000年以来，各地进行了多种探索尝试，通过经营权流转、股份合作、代耕、代种等多种方式推进农业规模经营；同期，我国期货市场快速发展，农产品上市品种已达到21个①，基本覆盖了大宗农产品，且向多元化发展，一些地方采取“龙头企业（合作社+农户）+期货”“农户合作社+专业金融服务机构”“期货+保险”等方式，运用期货市场功能既保证了农户收益，也促进了农产品规模生产经营。但是，总体上看，由于我国农民专业合作组织整体实力较弱、经营者素质偏低，缺乏直接参与期货市场的能力；保险公司因潜在的系统性风险、期货公司因风险转移成本相对较高，参与的积极性有限。受诸因素制约，我国农业生产与现代化市场工具的衔接还有相当的距离。

一、 我国农产品期货市场的发育过程及其作用

期货市场产生于农产品市场。19世纪中期，由于谷物的价格随着季节的交替频繁变动和仓库不足，在美国中西部最重要的商品集散地芝加哥②逐步建立起一种缓解谷物供给和需求季节性矛盾的远期定价机制，即期货这种缓冲

---

* 本文为清华大学中国农村研究院2017年首席专家课题“农业规模化经营与期货市场发展研究”的研究成果。

① 黄大豆1号、黄大豆2号、强麦、普麦均为原保留品种的细化。

② 1848年，由82位商人发起组建了美国第一家中心交易所，即芝加哥期货交易所。此后，芝加哥期货交易所实现了保证金制并成立结算公司，成为严格意义上的期货市场。

机制，以稳定谷物供求关系。随着现货生产和流通的扩大，不断有新的农产品期货品种出现，如小麦、玉米、大豆等谷物产品。19世纪后期到20世纪初，随着新的交易所在芝加哥、纽约、堪萨斯等地成立，棉花、咖啡、可可等经济作物，黄油、鸡蛋以及生猪、活牛等畜禽产品，木材、天然橡胶等林产品期货也陆续上市，上市品种覆盖了大部分农产品；到2017年，全球已经形成了以芝加哥、纽约、堪萨斯为代表的近百家交易所。

我国的期货交易始于民国初期，第一家正式开展期货交易的是上海证券物品交易所，成立于1916年，交易的农产品有棉花、粮油及皮毛等；抗日战争爆发中断了期货市场，抗战胜利后未能完全恢复；1949年上海解放后，由于投机活动扰乱物价，上海证券物品交易所被查封。新中国成立后，北京、天津曾成立了证券交易所，1952年随着“五反”运动的展开，两所停业，国内期货市场就此消失①。

（一）改革开放催生了农产品期货市场

1984年，党的十二届三中全会通过了《中共中央关于经济体制改革的决定》，提出“建立自觉运用价值规律的计划体制”，发展社会主义商品经济。1985年价格体制改革后，价格波动加大，促使政府寻求规避价格风险的工具②，而期货市场的首要功能是发现价格，由此，一些地方开始探索期货交易试点，逐渐形成了期货市场。目前我国21个农产品期货品种已基本覆盖了大宗农产品。纵观我国农产品期货市场的发展历程，大体可划分为以下五个阶段。

1. 粮食现货试点转为期货交易阶段（1987—1993年）

1987年，我国开始进行农产品期货市场试点工作。次年，河南、四川等省成立了期货市场研究工作小组。1990年，郑州粮食批发市场正式成立，经营以小麦为主的粮食现货批发交易，此后，该市场逐步引入远期合同交易。1993年5月，国家批准郑州粮食现货批发市场转为粮食期货市场，成立了郑州商品交易所，这标志着我国农产品期货市场的正式成立；同年，国家陆续推出绿豆、天然橡胶、玉米、大豆、小麦和籼米等农产品期货，成立了北京商品交易所、大钟寺农副产品交易所、上海粮油交易所、长春粮油交易所、成都肉类交易所、海南中商期货交易所等包括郑州商品交易所在内的七家交易所（见表5-1）。

---

①② 陈支平．中国期货史［M］．天津：天津古籍出版社，2011.

表 5-1　1993 年前后开业的农产品商品交易所（批发市场）

地区	交易所（交易市场）名称	交易品种	开业时间
北京	北京商品交易所	农产品	1993 年 11 月
	大钟寺农副产品交易所	农副产品	1993 年
上海	上海粮油交易所	粮、油	1993 年 6 月
长春	长春粮油交易所	谷物	1994 年 4 月
郑州	郑州商品交易所	粮食、油料	1993 年 10 月
成都	成都肉类交易所	猪肉、牛肉	1993 年 11 月
海口	海南中商期货交易所	橡胶、糖	1993 年

资料来源：陈支平．中国期货史［M］．天津：天津古籍出版社，2011.

2. 整顿阶段（1994—1999 年）

1992 年，商品交易所开业后，农产品交易额迅速增加，一些问题也相继暴露出来，主要是各地相关交易所和机构盲目发展、交易秩序混乱、交易品种分散和不规范、业务漏洞较多、日常交易违规操作。对此，国家开始整顿期货市场：1994—1995 年，先后停止食糖、粳米、菜籽油、大豆油交易，将玉米交易保证金提高至 20%；1998 年 8 月，国务院发布《国务院关于进一步整顿和规范期货市场的通知》（国发〔1998〕27 号），整顿国内期货市场，并建立了对期货市场进行垂直统一管理的基本监管构架。整顿后的期货交易所和机构或转型为证券经营机构，或转变为期货经纪公司，最终只保留了上海期货交易所、郑州商品交易所、大连商品交易所三家交易所，保留小麦、绿豆、大豆、天然橡胶等四个农产品交易品种（见表 5-2）。

表 5-2　三家期货交易所上市品种

交易所	整顿后交易的农产品期货品种	交易保证金比例（%）
郑州商品交易所	小麦、绿豆	10
大连商品交易所	大豆	5
上海期货交易所	天然橡胶	10

资料来源：《国务院关于进一步整顿和规范期货市场的通知》（国发〔1998〕27 号）。

3. 缓慢恢复阶段（2000—2003 年）

这一时期中国面临加入 WTO，农产品贸易将逐步与国际市场接轨。由于国际市场大豆价低质优，进口税率仅为 3%，大豆进口增加，期货交易开始活跃，国内大豆期货上市的呼声较高。此间，增加了豆粕期货品种，以及将大豆、小麦细化为黄大豆 1 号和强麦，并停止了绿豆交易。如图 5-1 所示，大豆受益最大，天然橡胶日趋活跃，但小麦的活跃程度并未达到预期。

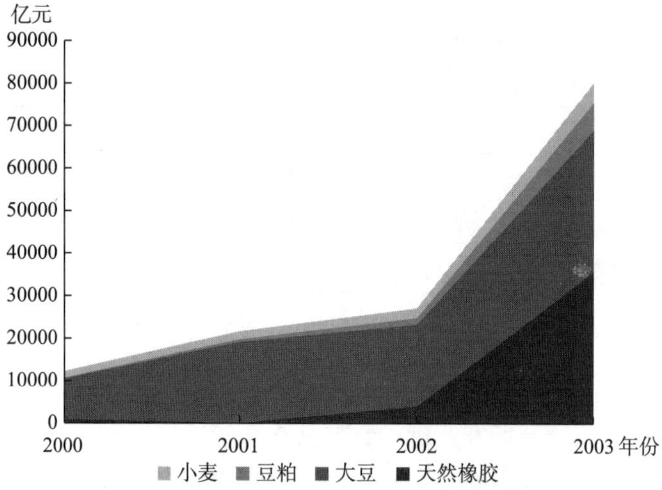

图 5-1　2000—2003 年农产品期货交易额

资料来源：陈支平．中国期货史［M］．天津：天津古籍出版社，2011.

4. 快速发展阶段（2004—2014 年）

2004 年 1 月，国务院发布《国务院关于推进资本市场改革开放和稳定发展的若干意见》（国发〔2004〕3 号）（已失效），明确提出逐步推出大宗商品期货品种。同年推出玉米、棉花和黄大豆 2 号三个期货品种。此后，我国农产品品种上市明显加快。2004 年，棉花期货在郑州商品交易所上市，棉花由于价值高、价格易波动，以 5 吨/手为交易单位，最小变动价位定为 5 元/吨，参照纽约期货交易所棉花期货合约每日价格波动幅度限制原则，其每日价格波动限制为±4%，合约的最低保证金确定为 7%。同年底，玉米期货在大连商品交易所重新上市，交易单位为 10 吨/手，最低保证金为 5%。玉米期货是目前国内现货规模最大的农产品期货品种。

2006—2014 年，白糖、菜籽油、菜籽粕、早籼稻和晚籼稻 5 个期货品种陆续在郑州商品交易所上市交易；大豆原油、棕榈油、鸡蛋和玉米淀粉期货品种先后在大连商品交易所上市。其中，菜籽油由于品质标准统一得到国内现货企业高度认同；棕榈油是我国第一个纯进口期货品种，标志着中国期货市场上市品种的国际化。2013 年 9 月，鸡蛋期货上市，这是我国首个畜产品期货品种，填补了我国鲜活产品期货的空缺。

5. 多元化发展阶段（2015—2017 年）

2015 年以后，农产品期货市场转入正常发展阶段，豆粕期权和白糖期权相继上市，标志着我国期货品种的多元化。2017 年，棉纱、苹果期货在郑州商品交易所相继上市。苹果期货交易合约品种为红富士，这是全球首个鲜果类的期货合约品种。我国农产品期货品种概况见表 5-3。

表 5-3　我国农产品期货品种概况

年份	上市品种	交易单位（吨/手）	保证金比例（%）
1993	天然橡胶	10	10
	小麦	10	10
	绿豆＊＊	10	10
	大豆	10	5
2000	豆粕	10	5
2002	黄大豆 1 号＊	10	5
2003	强麦＊	20	5
2004	棉花	5	7
	玉米	10	5
	黄大豆 2 号＊	10	6
2006	白（砂）糖	10	5
	大豆原油	10	5
2007	菜籽油	10	10
	棕榈油	10	5
2009	早籼稻	20	5
2012	普麦＊	10	5
	油菜籽	10	5
	菜籽粕	10	5
2013	鸡蛋	5	5
	粳稻	20	5
2014	晚籼稻	20	5
	玉米淀粉	10	5
2015	豆粕期权	10	
	白糖期权	10	
2017	棉纱	5	5
	苹果	10	7

注：＊品种为原保留品种的细化，＊＊品种为 2000 年退出。

截至2017年，我国已有21个农产品期货品种，覆盖粮、棉、油、糖和禽蛋等主要农产品。2013年以来，年均交易量9.5亿手，成交额约36万亿元，其中，2016年交易量达到13.4亿手，成交额接近50万亿元。根据美国期货业协会的统计，2017年，我国有12个期货品种位列全球主要农产品期货市场年度成交前20名，其中豆粕、玉米、橡胶、菜籽粕位列前五。

（二）期货市场在大宗农产品生产中的作用

农产品期货是市场经济的产物。经过30年的发展，全社会对期货的认知有了很大的改变。从原来担心期货扰乱农产品市场，到其成为政府部门制定调控政策的重要依据之一，农产品期货已经成为引导农民调整种植结构、安排种植规模，规避价格风险，提前锁定种植收益的一个市场工具。期货市场的形成推动了我国农产品市场化改革，也对推进大宗农产品规模化生产经营起到了积极作用。期货市场在大宗农产品生产中的作用体现在以下几个方面：

第一，作为制定宏观调控政策的依据之一。期货市场具有发现价格的功能，价格反映了经济运行情况，也反映了经济政策的预期效果。农产品期货市场价格反映了国际国内农产品供求状况和市场走势，政府可以据此调整农业政策，调控农产品价格，适时进行农产品进出口调控，保证国内供给，有效避免外来冲击，调节市场供给。

第二，指导农民调整种植结构。农产品市场放开后，依靠行政手段调整农业种植结构已不能奏效：一是行政手段滞后；二是农业补贴效益递减。而期货市场带来的价格信号能够帮助农民提前锁定收入预期，因此，期货市场成为调整农产品种植结构的重要依据，对农民安排农业生产有较强的指导作用。

第三，帮助生产、经营者规避价格风险，提前锁定种植收益。期货合约是通过交易所达成的一项具有法律效力的协议。期货合约对商品的买卖数量、预期交货时间和地点以及产品质量都有统一的规定。生产者可通过期货市场进行套期保值，反向交易现货和期货合约的对冲操作，锁定成本（利润），降低风险，稳定生产。贸易商则以预期成本购买原材料，既节省了分散采购的交易成本，又可避免不同产地的质量差别。

第四，有利于大宗农产品规模化经营。期货合约规定了商品的交易数量，强筋小麦、稻谷一手交易量为20吨，玉米、大豆等一手交易量为10吨，棉花一手交易量为5吨，按目前相关作物的单产水平，交易一手折合面积最少为24亩（玉米），最多为83亩（大豆）（见图5-2），进入期货市场的生产者必须具备一定种植规模，因而，期货市场对规模经营有助推作用。

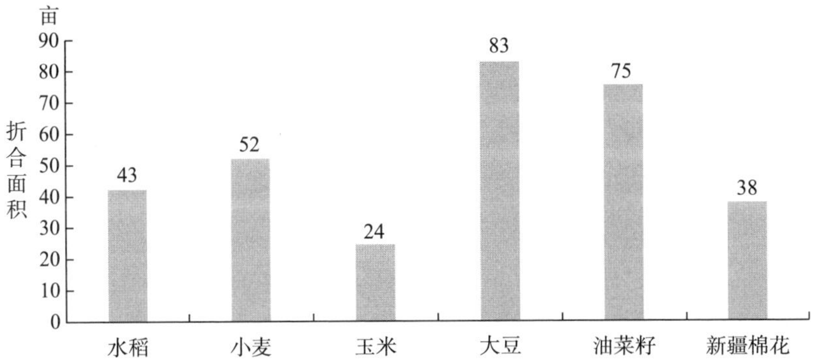

图 5-2　农产品期货品种最低交易量所对应的作物种植面积

资料来源：笔者根据农产品期货品种最低交易量及主产区单位面积产量计算而成。

二、我国大宗农产品生产格局及成本收益

我国粮食生产自 1999 年出现连续下滑，到 2003 年跌入低谷。2004 年后，粮食生产连续 13 年增产，2013 年以来产量保持在 6 亿吨以上。宏观层面，我国大宗农产品生产进一步向优势区集聚，随着农业机械化程度的不断提高和专业合作组织的发展，涌现出联耕联种、代耕代种等多种土地经营方式，土地流转加快，促进了农业生产的规模化。根据农业部 2016 年底对 30 个省、区、市（不含西藏）的调查：目前，我国 50 亩及以上的各类经营主体有 375 万个，其中大于 175 亩的家庭农场有 48.5 万家（其中 60%与大宗农产品生产相关）；新型经营主体有 207 万个，经营土地面积在 50～200 亩的家庭农场有 87.7 万家。农业生产的规模化又进一步提高了农产品生产的聚集度。但微观层面，农户的生产种植仍然较为分散，各农作物虽然单产均有提高，但由于生产总成本增长较快，各农产品净利润和成本利润率普遍不高。

（一）大宗农产品生产格局①

2016 年，农作物总播种面积比 2006 年增加了 9.5%，粮棉油作物面积占农作物总面积比重为 78.3%，比 2006 年下降 2.2 个百分点，其中粮食、棉花作物比重分别下降了 1.2 个和 1.8 个百分点，油料作物增长 0.8 个百分点。

三大粮食作物。2016 年，全国小麦种植面积 36280.3 万亩，总产量为

① 国家统计局第三次全国农业普查调整了农业数据，但未公布相应分省数据，故本节仍采用 2017 年《中国农村统计年鉴》相关数据。

12884.5万吨，比2006年分别增加了2.4%和18.8%。由于小麦生产的全程机械化以及跨区作业，黄淮海地区①小麦生产在全国比重进一步上升，面积、产量分别占全国的67%和76%。2016年全国水稻播种面积为45267.4万亩，总产量为20707.5万吨，较2006年分别增加4.4%和14.0%。其中，东北产区②面积、产量分别占全国的15.4%和16.7%，均比2006年增加了3.9个百分点。长江中下游地区面积和产量占比分别为40.9%和42.7%，产量占比比2006年下降了2.1个百分点。2016年全国玉米播种面积为55151.5万亩，总产量为21955.2万吨，分别比2006年增长29.2%、44.8%。东北春玉米区和黄淮海夏玉米区③的种植面积、产量分别占全国的69.8%和73%，占比与2006年基本相当，但东北占比分别上升了3.6个和4.7个百分点，黄淮海产区分别下降了3.1个和5.6个百分点。

大豆和油菜籽。2016年全国大豆播种面积和总产量分别为10803.5万亩、1293.7万吨，分别比2006年下降了22.6%和14.2%。其中，东北大豆播种面积比2006年减少31%、产量下降了25%。黄淮海产区大豆播种面积和产量分别比2006年下降了22.7%和14.5%。2016年全国油菜籽播种面积和总产量分别为10996.6万亩、1454.6万吨，分别比2006年增加了22.5%、32.6%。其中，长江流域冬油菜籽区④种植面积和产量分别比2006年增加了24.8%和32.8%，分别占全国的87.1%和87.9%。

棉花。2006年以来，棉花生产一直下滑，2016年棉花播种面积和产量分别比2006年下降42.5%和29.6%。棉花生产向西北内陆棉区⑤集中，面积、产量分别占全国的54.4%、68.2%，分别比2006年提高了24个和28个百分点。

甘蔗。2016年全国糖料播种面积和产量分别达到2544万亩、12341万吨。其中，甘蔗的比重已经达到90%以上，我国甘蔗生产主要集中在广西，2016年播种面积和产量分别占全国的62.3%、65.6%，产量占比不变，面积占比比2006年增加了1.4个百分点。

（二）大宗农产品成本收益

2010年以来，农作物生产成本普遍上升，收益下降。2016年小麦、玉

---

① 小麦黄淮海产区包括河南、山东、河北、江苏和安徽5省。
② 东北水稻产区包括黑龙江、吉林、辽宁及内蒙古4省区。
③ 黄淮海夏玉米区包括河北、河南、山东3省。
④ 该区域包括沪、浙、苏、皖、鄂、赣、湘、川、黔、滇、渝11省市。
⑤ 西北内陆棉区包括新疆、甘肃2省区。

米、大豆、油菜籽等农产品净利润已为负值，水稻、甘蔗、新疆棉花净利润虽为正值，但每亩现金成本已接近或高于现金收益（见图 5-3）。

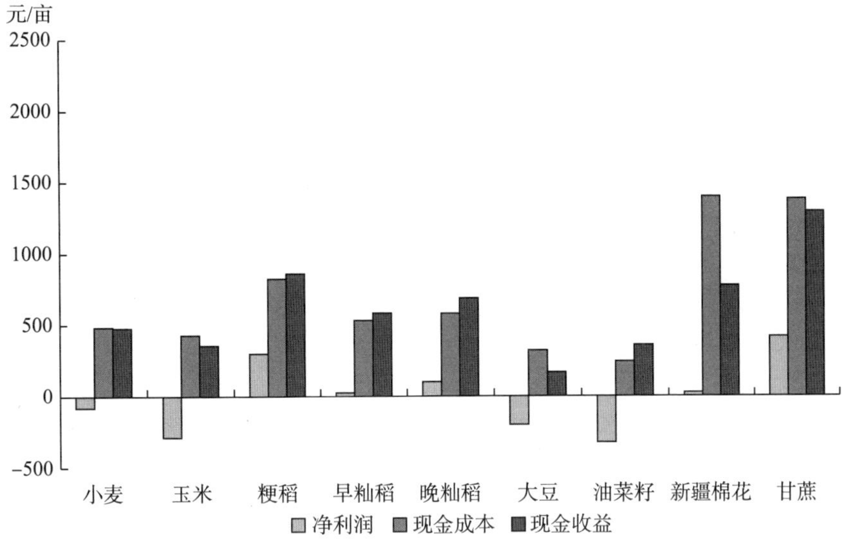

图 5-3　2016 年大宗农产品成本收益

资料来源：《全国农产品成本收益资料汇编 2017》。

与 2010 年相比，2016 年新疆棉花现金成本涨幅最大（59%），已达到 1387 元/亩。大豆、玉米和甘蔗的涨幅在 50%左右，每亩分别上涨 97 元、137 元和 459 元。小麦、水稻和油菜籽涨幅在 40%左右，每亩分别上涨 143 元、178 元和 67 元。

现金收益方面，7 种作物收益中两增三减两平。与 2010 年相比，小麦和水稻现金收益约增加 10%；油菜籽、甘蔗现金收益持平略增；棉花和大豆的现金收益则大幅减少，降幅分别为 47%和 57%；玉米现金收益在 2014 年达到 728.59 元/亩高点后持续下降，2016 年仅为 341.21 元/亩，比 2010 年下降 42%。

净利润方面，小麦、玉米、大豆和油菜籽每亩净利润均比 2010 年大幅减少，降幅在 150%以上，分别减少了 214 元、539 元、364 元和 339 元；新疆棉花减少了 99%，水稻和甘蔗减少了 48%。

三大粮食作物每亩生产成本均超千元，而现金收益增长缓慢，净利润下降明显。油料作物大豆和油菜籽生产成本相对其他农作物较低，现金收益中油菜籽涨幅甚微，大豆下降明显，因此净利润降幅较大。经济作物棉花和甘蔗每亩生产总成本较高约 1380 元，但由于两者现金收益不同，造成净利润差距较大。

从同一作物主产区成本收益分析（见图 5-4 至图 5-10）中可看出，玉米、油菜籽净利润普遍为负值，大豆大部分主产区净利润为负值，水稻、小麦、甘蔗及新疆棉花净利润有所下降。因此，在玉米、油菜籽、大豆主产区产前锁定种植收益，对稳定生产至关重要。

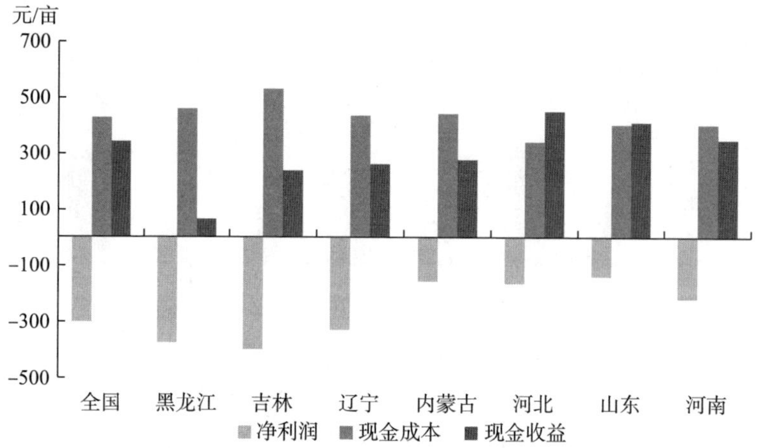

图 5-4　2016 年玉米产量千万吨以上省份成本及收益

资料来源：《全国农产品成本收益资料汇编 2017》。

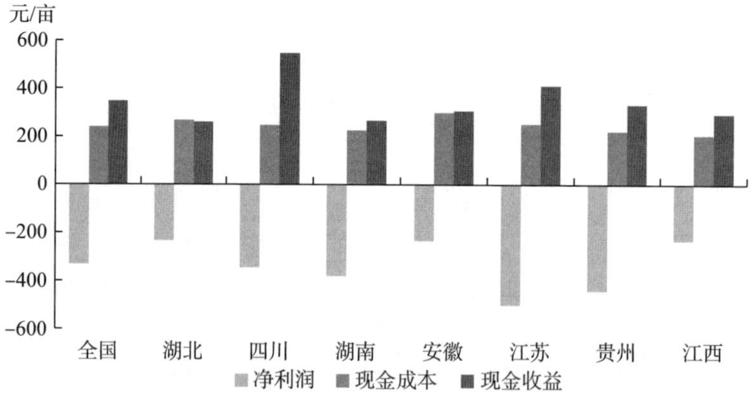

图 5-5　2016 年油菜籽产量 50 万吨以上省份成本及收益

资料来源：《全国农产品成本收益资料汇编 2017》。

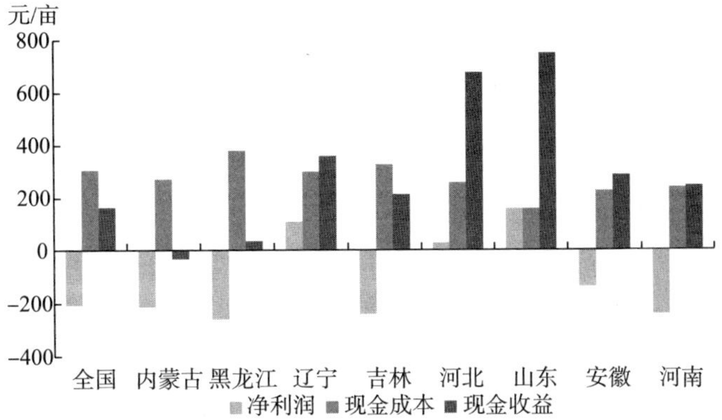

图 5-6　2016 年大豆主产省份成本及收益

资料来源：《全国农产品成本收益资料汇编 2017》。

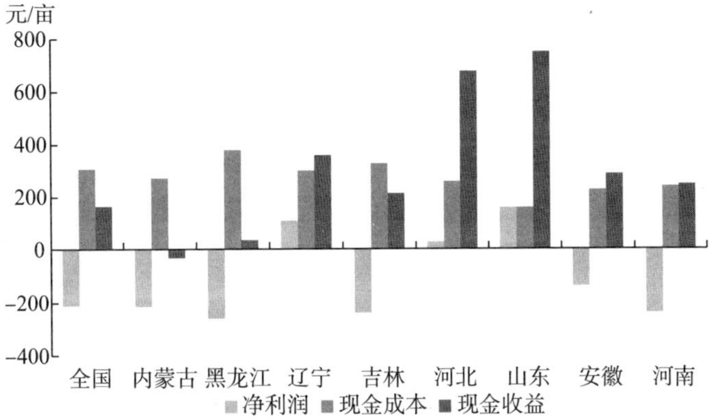

图 5-7　2016 年水稻主产省份成本及收益

资料来源：《全国农产品成本收益资料汇编 2017》。

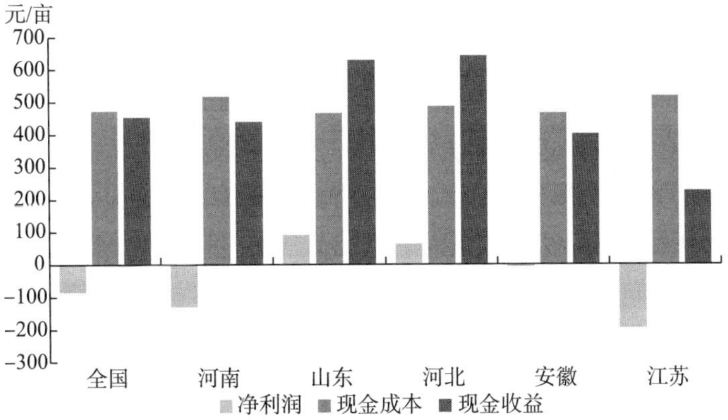

图 5-8　2016 年小麦主产省份成本收益

资料来源：《全国农产品成本收益资料汇编 2017》。

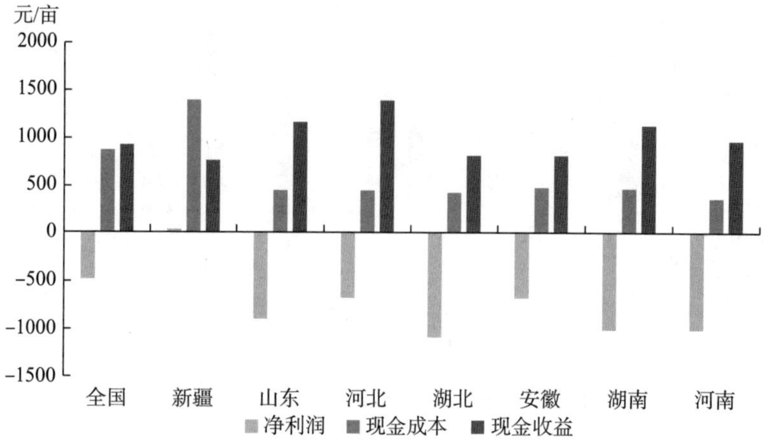

图 5-9　2016 年棉花产量 10 万吨以上省份成本及收益

资料来源：《全国农产品成本收益资料汇编 2017》。

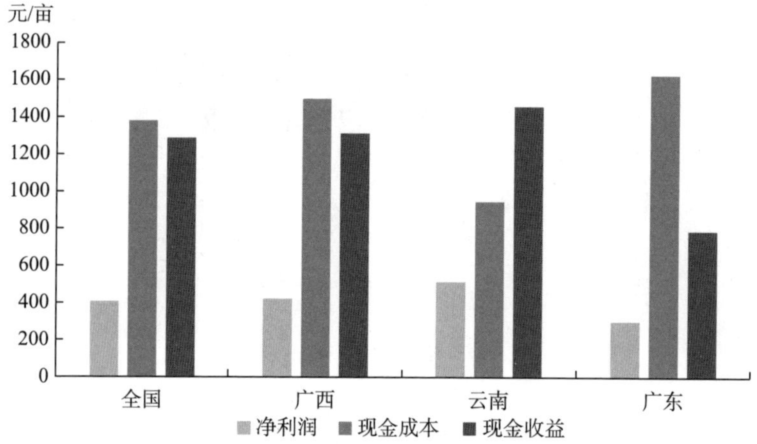

图 5-10　2016 年甘蔗主产省份成本及收益

资料来源：《全国农产品成本收益资料汇编 2017》。

三、农民专业合作组织现状

农民专业合作组织是在我国农村基本农业经营制度基础上发展起来的互助性经济组织。农民专业合作组织将从事相同产业的农户组织在一起，形成多户联合生产的规模化产业发展模式，促进农业产业化发展；农民专业合作组织提高了农民的组织化程度，是发展农业规模经营、连接金融市场的有效载体。在我国以小农为主的经营方式下，专业经济合作组织至关重要，特别是在推进规模化经营、参与期货市场等方面发挥重要作用。

（一）农民专业合作组织进入快速发展阶段

1. 合作组织数量增加，规模扩大

2008 年，我国的农民专业合作组织进入了快速发展阶段，农民组织化程度不断提高，合作社数量大幅增长。截至 2016 年底，纳入统计调查的农民专业合作组织总数达 156.3 万个，比 2010 年增加 121.3 万个，增长 3.47 倍；实有社员达 6457 万户，社均成员 41 户，分别是 2010 年的约 9 倍和 2 倍；通过合作组织带动非入社成员 6992 万户，比 2010 年增长 77%（见表 5-4）。在土地经营规模方面，2016 年流转入农民专业合作组织的土地面积达到 1.03 亿亩，已占耕地流转面积的 21.6%（以入股形式流转入合作社的比重为 13.2%）。以河南省淮滨县固城乡谷源种植专业合作社为例，利用土地流转方式在固城村、杨湾村等周边 6 村建设小麦种植基地 5 万多亩，集中种植弱筋小麦品种，合作社年产小麦 2.5 万吨，实现了规模效益。

表 5-4　农民专业合作组织发展情况

时间	专业合作组织（万个）	实有社员（万户）	带动非入社成员（万户）
2010 年	35	715	3949
2016 年	156.3	6457	6992
比 2010 年增长	3.47 倍	8 倍	77%

资料来源：《中国农村经营管理统计年报》。

2. 产业分布广泛，分工细化

截至 2016 年底，农民专业合作组织已覆盖农林牧渔各业，并逐步扩展到民间工艺、旅游休闲等多领域。种植业、畜牧业、林业、渔业、服务业各类合作组织占合作组织总数的比重分别为 53.9%、23.7%、5.9%、3.3%、7.9%（见图 5-11）。随着农业产业链上的行业分工不断细化，涌现出一批农资供应、植保、产后包装、贮藏、加工、流通等专业性服务合作组织。按经营服务内容划分，实行产加销一体化服务的合作组织 83 万个；以生产服务为主的合作组织 44.8 万个；以采购仓储、运销、加工为主的合作组织分别为 6.7、3.7 和 3.1 万个，所占比重见图 5-12。

3. 开展多种服务，带动成员增收

专业合作组织积极开展产前产后服务，帮助成员降低了生产成本，提高了生产效益。据有关部门统计，2016 年，专业合作组织统一购买生产投入品 2768 亿元，比 2010 年增长 1.7 倍，平均为每户成员购买生产投入品 4200 元；

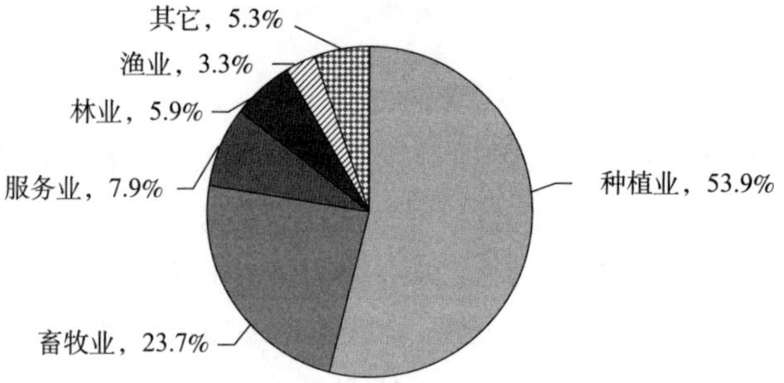

图 5-11　2016 年农林牧渔合作组织分布

资料来源：《中国农村经营管理统计年报（2016 年）》

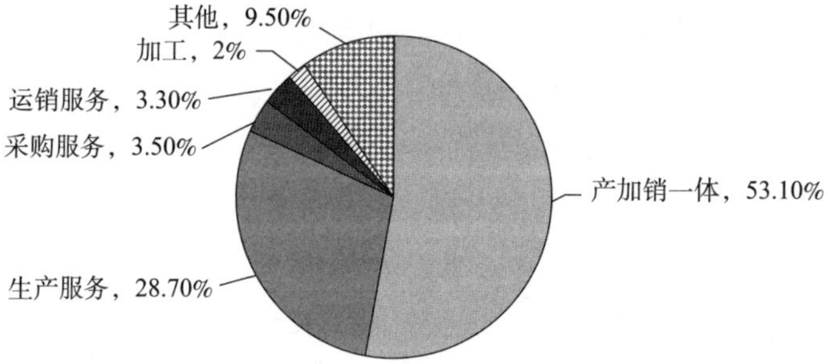

图 5-12　2016 年农民专业合作组织的行业分布

资料来源：《中国农村经营管理统计年报（2016 年）》

统一销售农产品总值 8276 亿元，比 2010 年增长 1.6 倍，平均为每户成员销售农产品 1.3 万元。同时，专业合作组织自办或参股农产品加工流通企业，增加了农产品加工流通环节的增值收益，向成员返还盈余进行二次分配。2016 年，各类合作社经营收入 5800 亿元，当年可分配盈余 999.5 亿元，平均每个合作社 6.4 万元，每个社员平均分配 1559 元，入社农民的收入普遍高于其他农户。还有少数合作组织参与了期货+保险试点，取得了较好的收益。

（二）专业合作组织的合作形式及职能发挥

1. 专业合作组织的合作形式

（1）“农户+合作组织”的合作形式。“农户+合作组织”是一种紧密型的合作模式，也是最普遍的合作模式。多以村为单位，也有跨村联合组成，主要提供产前、产中、产后的技术服务和中介服务。也有部分合作组织成立了企业实体，销售、加工合作组织内部成员和外部成员生产的农产品，从而实现农业生产的产加销和贸工农一体化经营，并在获利中提留公积金和风险金，有经济积累，具有经济实体性质。

（2）“公司+合作组织+农户”的合作形式。“公司+合作组织+农户”是依托农产品生产加工流通企业牵头兴办，在“公司+农户”基础上，通过兴办合作组织，将企业与农户的利益联结在一起，形成“公司+合作组织+农户”的模式。公司侧重于营销，以契约关系向农户提供一定的生产资料或生产技术服务与管理，农户提供土地、劳动力和其他资源用于生产，按照价格合约提供给企业特定的农产品。合作组织侧重联系和服务，形成企业与农民共同参与的产、供、销一体化且具有契约约束的经济联合体或利益同盟。这类合作经济组织具有如下特点：一是以某种农产品为依托，提高了农民组织化程度和抵御市场风险能力，有稳定的市场和相对受保护的价格，增加了农民收入。二是合作组织协调企业与农民双方利益，将市场交易内部化，节省交易费用，使企业和农民之间实现双赢。

（3）“相关主体+合作组织+农户”的合作形式。相关主体主要指农业技术部门和供销社。二者作为体制内机构，利用自身优势不仅指导和参与合作组织的组建，而且参与合作组织的实际运作。农业技术部门引进了新品种和新技术，统一了技术标准，通过合作组织开展技术示范、技术培训，为农民提供信息和服务。由供销社牵头组建的合作组织充分利用了供销社网络、资源优势，在农资经营、农产品销售等方面开展服务。

2. 专业合作组织的职能发挥

目前，农民专业合作组织主要具备以下两种职能：

第一，技术服务职能。农民专业合作组织将小规模的家庭经营农户联合起来实现规模经营，向农户提供产前、产中、产后有效服务。在生产领域，利用大型机械设施和生产技术，降低生产成本，提高农产品产量和质量。在流通领域，对农产品进行初加工，降低仓储成本和损耗；通过批量运输和销售，降低运输费用和销售成本，提高储藏、物流管理水平。

第二，中介服务职能。农民专业合作组织把分散的农户组织起来，实现了小农户与大市场的对接。企业与合作社、农户之间通过协议或订单农业的形式建立利益联结机制，采取“加工企业+合作社+农户”的运作方式，进一步拓宽市场。合作社实行统一供种、统一植保、统一供肥、统一保险、统一收购等“五统一”服务，减少中间环节，实现农民增收和企业节本增效，确保各方的利益。

此外，少数合作组织还行使了部分金融服务职能，提前锁定种植收益规避风险。黑龙江省勃利县民兴高蛋白大豆专业合作社是黑龙江省第一家具有一定金融服务职能的农民期货合作组织，由于长期开展“成员+合作社+期货+贸易企业”模式的业务，该合作组织的社员人数已达 286 人，不仅全县 11 个乡镇 80 个村都有人参与，并且辐射到七台河、依兰、桦南等周边地区。这种模式也多次被当地农经部门鼓励和推广。

（三）专业合作组织存在的问题

1. 组织规模小，对农户的覆盖率低

从总体上看，我国农民专业合作组织的覆盖面还比较小，与发达国家的差距很大，发达国家 80%以上的农民都参加了合作组织，有的国家已经达到 100%，而我国仅为 42%。此外，省份间的农民专业合作组织发展很不平衡，黄淮海（5 省）及晋、吉、川、甘 9 省的合作组织数量已占到全国合作组织总数的 54.9%，其他 20 余省相对发展缓慢。即使在农民专业合作组织发展较快的省份，农民专业合作组织的分布也不均衡。

2. 管理制度不完善，影响农户对合作组织的信赖度

农民专业合作组织虽然发展很快，但是大多合作组织内部利益机制不够健全、管理制度不完善、民主的决策机制和公平的利益分配相对缺乏。发起人往往凭借创业资本，以个人控制组织，民主气氛不够，影响普通社员的参与度，缺乏凝聚力，改组解体过于频繁，稳定性较差。同时，缺乏基本的管理知识和应对外部市场竞争的经验、人才短缺已经成为制约合作组织持续稳定发展的瓶颈。

3. 经济实力薄弱，缺乏市场竞争能力

各类专业合作组织的资金来源以农民自筹和各种形式的混合出资为主，组织资金实力差，没有财产可抵押，交易中承诺的可信度低，履行合同规定义务的可约束性很脆弱。因此，专业合作组织很难与其他经济主体确定经济合同，很难从事大规模的销售活动，加大了其发展的难度。这种不规范性大大增加了合作组织在订单农业中的履约风险，影响了合作组织的期货化进程。

四、期货市场与经营规模

近年来，随着农产品市场化改革的深入，农产品价格波动幅度加大，市场风险管理成为规模经营者关注的焦点。期货市场作为市场化风险管理工具，在国外，服务于农业规模经营已取得不错的成绩。在国内，土地流转和农业规模经营的加快推进，为生产者进入期货市场创造了条件。

（一）农业规模经营与期货市场的关系

农业规模经营与期货市场是相互促进、相辅相成的。经营规模越大，风险管理的需求就越迫切，参与期货市场的意愿就越强。反之，参与期货市场的规模经营主体越多，农产品期货市场就越活跃，发现价格和套期保值的功能发挥就越好，进而吸引更多的经营主体扩大种植规模，利用期货市场进行风险管理。

1. 期货合约及交割标准对经营规模和产品品质提出要求

期货合约通过设定农产品的交易单位间接限定了农户参与期货市场的最低生产规模，低于此，则无法在期货市场进行交易。同时，期货合约的交割标准也对产品的品质提出了具体要求，如玉米的容重、杂质含量、水分含量、不完善粒含量和色泽气味（见表 5-5）。黄大豆 1 号的完整粒率、种皮、损伤粒率、杂质含量、水分含量和色泽气味等，这就从客观上要求生产经营者在耕种收每个环节都要采取统一的标准和技术规范，统一组织实施。因此，只有具备一定的土地规模，标准化种植和组织化经营才有实施空间，才能实现农产品品质的统一，才能实现规模经营。

表 5-5　玉米期货合约交割标准品质技术要求

容重（g/L）	杂质含量（%）	水分含量（%）	不完善粒含量（%）		色泽气味
			总量	其中：生霉粒	
≥675	≤1.0	≤14.0	≤8.0	≤2.0	正常

资料来源：大连商品交易所网站。

2. 规模经营者对期货市场具有潜在需求

规模经营者流转大量土地，需要支付较多的种植成本，而大宗农产品价格波动幅度不断加大，又增加了规模经营者的市场风险。若要维持稳定的生产经营收益，必须借助市场化工具管理市场风险。以大豆为例，2016 年大豆现金收益下降了 102 元，降幅 57%，当年大豆（豆一）期货的总交易客户数达到 53.94 万个，较 2015 年增加了 47.13%，其中大多为从事生产、贸易、加工的产业客户。只有实现了有效风险管理，才能提高生产者扩大种植规模的积极性。

3. 扩大产业客户可进一步提高套期保值效率

2015 年，玉米期货月度价格套保效率为 35.74%。2016 年，取消玉米临时收储政策，玉米价格波动加大，单位客户数逐月增加，由 1 月的 1359 户增至 12 月的 2823 户，增加了一倍多（见图 5-13），户月均数 2121 户，较

2015 年增加了 167.13%。参与玉米期货市场的群体增加，可以提高期货市场价格发现功能，价格发现功能越强，套保的效率就越高，进而参与交易的客户也会越来越多，两者相互促进。期货市场进一步发挥了为现货企业规避风险的作用。

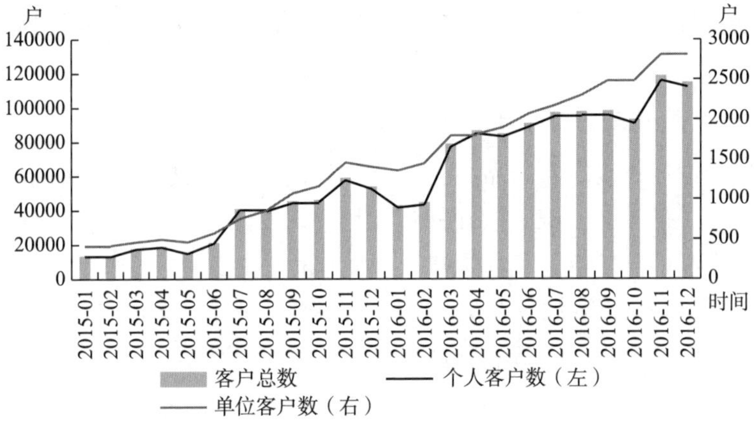

图 5-13　2015—2016 年玉米期货市场客户变动情况

资料来源：《大连商品交易所品种运行情况报告（2016）》。

（二）规模经营者参与期货市场的方式

规模经营者参与期货市场的方式分为直接参与和间接参与。直接参与期货市场包括参考远期价格指导种植经营和套期保值，间接参与期货市场主要是通过“保险+期货”或购买场外期权。具体有以下三种方式。

1. 利用期货市场套期保值

随着市场化改革的推进，农业规模经营者最担心的是农产品在上市季节价格下跌。利用期货市场进行套期保值的方法主要有两种：一种是在播种后，随即在期货市场产品销售月份（远期合约）选择相对高的价格（至少能获得正常的经营收益）卖出商品期货合约，等待合约到期后，将手中现货商品交割卖出。另一种是在播种后，随即在期货市场产品销售月份（远期合约）选择相对高的价格卖出商品期货合约，当农产品收获上市后，随着农产品的销售，逐渐平仓。这两种方式的区别在于前者进行商品交割，后者不进行交割。

2. 购买商品场外期权

由于在期货市场直接进行套期保值对参与人员技术能力要求较高，多数农业规模经营者选择间接参与期货市场，即通过“保险+期货”模式购买农业保险，或者直接购买场外期权。无论哪种形式，农业规模经营者都是直接或间接的商品场外期权的购买者。商品场外期权由于操作便利、个性化设计而受到不少农业规模经营者的青睐。对于农业规模经营者而言，购买与现货数量相当的看跌期权，能有效防范农产品价格下跌带来的风险。

3. 结合期货/期权市场的其他模式

一是“订单农业+期货”相结合。在现货市场签订收购合同，约定价格和数量的同时，选择合适的期货合约相应做空，或者在场外期权市场购买看跌期权，锁定未来收获时的销售价格，用期货或期权保障合约价格的可执行性，既保障了种植者利益，又对冲了部分收购企业的市场风险。二是“粮食银行+场外期权”相结合。传统的“粮食银行”提供代烘干、代储存、代加工等传统业务，将粮食银行与场外期权相结合，通过购买看跌期权，在锁定最低价格的同时，还可获得未来价格上涨的收益，不仅分散了粮食银行的经营风险，而且为粮食银行业务的发展和职能的拓展注入了新活力。三是“期货+库存”相结合。从企业风险管理和稳健经营角度，库存过多、过少都是风险敞口。通过期货与库存相结合，创立了“虚拟库存”的新模式，在价格上涨时，采购企业可以通过做空期货对冲现有库存未来价格下跌的市场风险；在价格较低时，采购企业则可以通过做多期货建立虚拟库存，同时对冲未来价格上涨的市场风险。

（三）农业经营者参与期货市场存在的问题

1. 专业从业人才匮乏，对期货市场普遍存有认识误区

缺乏期货人才是制约规模经营者参与期货市场的重要因素。期货从业人员培训成本相对高，从理论培训到现实操作需要一段时间，培养期现货结合的人才更难。期货公司薪酬相对于金融机构还存在差距，招人难、留人也难。期货专业人才不足，难以开展相关培训业务，农业合作社、龙头企业普遍对期货知识了解不多甚至仍存偏见，生产者也没有建立运用期货市场进行套期保值锁定收益的概念，过度依靠政府托底收购。少数参与期货市场的生产者，期货套保单方面亏损也让其对期货市场敬而远之。

2. 较高的权利金降低了农业规模经营者的参与热情

虽然商品场外期权设计灵活、个性化强、操作便利，但由于流动性相对不足以及设计操作成本较高，目前权利金水平普遍较高。而且行权价格越高，权利金越贵（相对购买看跌期权）。对于盈利水平普遍不高的农业生产经营者，权利金的支出无疑是一笔巨额开支。目前实施的“保险+期货”试点，是规模经营者间接购买场外期权的一种尝试。保费即由权利金和保险公司的运营费用组成。在该模式中，规模经营者选择购买农业保险（价格或收入险），

再由保险公司购买商品场外期权进行风险对冲。

3. 农产品期货市场功能发挥仍有待提升

农产品期货市场功能发挥包括体量和质量两个方面。从体量看，目前上市农产品期货品种还不完善，品种品系尚不丰富，特别是场内期权数量较少，无法满足多元化和个性化需求；部分品种成交量和持仓量与现货交易量仍有较大差距。从质量看，受我国农产品期货市场起步较晚和部分农产品现货政策等因素影响，农产品期货与工业品整体运行质量相比，还有一定差距；不同品种套期保值率、期现价格相关性、产业客户占比等差异较大。这些在一定程度上限制了农产品期货市场的功能发挥。

五、农业合作组织利用期货市场案例分析

2000 年以来，农产品价格持续低位运行，农民增收乏力，“订单+龙头企业”的农业产业化模式成为促进农民增收的重要手段。通过农业产业化龙头企业对农户的生产订单，实现小农户与大市场对接，推进农业生产规模化。2004 年，国务院下发了《国务院关于深化改革严格土地管理的决定》，首次提出“农民集体所有建设用地使用权可以依法流转”，各地加快了土地流转，一些地方政府鼓励农业产业化龙头企业参与土地租赁、流转承包，建设自有的原料生产基地。但是企业流转承包的土地不能作为企业本身固定资产，不能作为抵押品向银行申请贷款，这不仅存在资金长期占用风险，而且要承担农作物生产环节的风险，以及全球农产品价格波动的风险，以上风险需要采用规避工具进行冲减。在这样的背景下，期货规避风险的功能得到了粮棉油加工企业的普遍关注。湖北、河南等省龙头企业在棉花、小麦生产与期货市场有效结合上进行了探索，形成了棉花期货的银丰模式、强麦期货的延津模式。2014 年相继取消棉花等产品的临时收储制度，实行目标价格试点，大连、郑州两个商品交易所组织 20 多家期货公司、保险公司，开展了“期货+保险”“大豆收入保险+基差贸易”的试点工作，探索出一些经验。

（一）农业龙头企业（合作社+农户）参与农产品期货市场①

1. “龙头企业（合作社+农户）+期货”——银丰模式

21 世纪初，国内棉花市场放开，中国即将加入 WTO，纺织品出口解禁，棉花需求大幅增加，国内产不足需，供销社系统、棉花企业、纺织企业纷纷

① 资料来源：郑州商品交易所。

进入棉花市场，造成国内棉花市场“僧多粥少”的局面。面对这种状况，2003年湖北银丰棉花股份有限公司（以下简称银丰公司）开始探索“公司+合作社+棉农”的方式来稳定棉花资源，形成了“银丰模式”。

银丰公司从2003年建立第一个棉花专业合作社，与175户棉农签订4000亩棉花收购意向书起步；到2005年，建立10个棉花专业合作社，在棉花收购加工基地建立了大型轧花厂，给农民返利；再到2008年率先成立了全国首家省级棉花专业合作社联合社，与省内7个县市的163个村签订了棉花生产订单合同，覆盖植棉面积58万亩，带动农户5.3万户，与棉农形成了互惠双赢、共同发展的新型合作关系。

2004—2008年，银丰公司棉花期货经历了“先形成仓单再建仓—边收购边建仓、完全实物交割—边收购边建仓、部分平仓式交割—综合利用期货价格—综合利用期货市场套保和套利（当年的期货交易量接近现货贸易量的5倍）”等不同阶段。从期货经营收益看，2004年仓单约1000吨（折200手），获利约100万元；2005—2007年利用各月份之间的不同期货价格变化，买近期卖远期套利1万吨，获利150万元；2008年通过期现货价差回避风险，加大了套利业务的比例，每吨棉花赚取1000元左右的价差利润。

“银丰模式”有三个特点：一是以棉花合作社作为银丰公司和农民之间的桥梁，初步实现棉花的规模化生产，保证货源与质量，使企业能够稳步扩大经营规模；同时通过种植补贴、田间指导、种植保险、二次返还等形式，稳定企业与棉农之间的生产关系。二是湖北省农业发展银行对棉企参与期货进行支持，为企业做大做强提供资金。农业发展银行一方面认同公司销售仓单经营模式，加大贷款力度，另一方面通过监控在期货公司的持仓头寸和资金动向力保资金安全。三是充分利用期货市场发现价格、套期保值的功能，以期货市场的套保价倒推出收购棉花的保底价，转移现货价格风险，保障贷款足额及时归还，实现企业与棉农双赢。

2009年后，国家实施棉花临时收储政策，2011年后棉花临时收储价格由19800元/吨增至20400元/吨，棉花基本上为国家收储，市场流通量大幅减少，导致棉花期货交易量大幅减少，企业参与套期保值的积极性大幅降低。

2. 金粒公司的小麦期货——延津模式

延津模式由公司、专业协会和订单农户三大要素构成。协会在其中发挥联姻搭桥、产品交易、信息交换、技术服务的中介作用；农户直接从事标准化生产；金粒公司是与期货市场发生关系的通道。金粒公司通过和大企业合作来应对期货价格变动带来的风险。

金粒公司从 1998 年开始实行小麦订单收购，2001 年由固定订单改为浮动订单（60 万～70 万亩），2004 年实行保值订单，通过期货市场套保或套利。浮动订单和保值订单一方面使农户避免了销售价格波动带来的风险，另一方面企业也可以通过这种方式进行规模种植、标准化生产，获得品质稳定、货源可靠的优质小麦，极大地降低了农户因违约给企业带来的风险。在浮动订单和保值订单下，小麦价格波动的 80%～90%的风险由农户转移到公司，公司成为风险的主要承受者。为了转移相应的风险，金粒公司积极参与期货交易，不仅借助套期保值交易转移现货价格风险，还选择适当时机借助期现套利获得无风险收益，为公司订单上保险。

金粒公司进行期现套利时，首先计算小麦的交割成本（大概为 150 元/吨），再计算持仓成本（大概 1 个月增加 70 元/吨）。当小麦的基差[①]为每吨-200 元时，期现套做就赢利；再将经营小麦的现货收益考虑进来（一般为 150 元/吨），因此，当基差达到-350 元/吨时，就可以实现期现货市场的无风险套利。金粒公司一般在该基差范围内才进入期货市场进行期现套利。金粒公司通过和大企业合作来应对期货价格变动带来的风险。具体做法是：金粒公司负责标准仓单注册，对方负责期货交易并承担保证金变动风险，一方出货一方出资，实行强强联合，且双方在基差达到合适范围才入场交易，实现了稳定的低风险收益。参与强麦期货之后，金粒麦业改变了以往先盲目生产再找市场的做法，转变为先通过期货市场“签订”大订单，再组织农民生产、签订小订单。引进优良品种，实施标准化生产，加强了“小生产”与“大市场”的对接。通过将部分小麦注册为期货仓单，公司不仅将一部分现货以理想价格销售出去，而且由于有期货仓单垫底，公司进行套保时无后顾之忧，不再担心基差风险。到 2006 年，经营量达到 20 万吨/年，金额 1 亿元。2007 年后，因国家托市收购、垄断粮源，拍卖成为现货企业采购主渠道。

（二）“期货+保险”试点案例

2014 年，中央一号文件《关于全面深化农村改革加快推进农业现代化的若干意见》首次提出：“启动东北和内蒙古大豆、新疆棉花目标价格补贴试点，探索粮食、生猪等农产品目标价格保险试点。”2016 年、2017 年中央一号文件再次明确提出，扩大“保险+期货”试点。大连商品交易所、郑州商品交易所和上海期货交易所联合 20 多家期货公司和保险公司，先后在黑龙江、吉林、辽宁、内蒙古、河北、安徽、重庆以及新疆省区市开展了大豆、玉米、

① 基差：某一特定地点某种商品的现货价格和同种商品的某一特定期货合约价格间的价差。

棉花、白糖、天然橡胶的“保险+期货”试点项目。

“保险+期货”包含两层含义：一是利用期货市场的价格发现功能，把期货价格作为保险产品的目标价格和理赔价格依据；二是利用期货市场的套期保值功能，把期货作为农民投保的作物价格下跌风险分散的工具。试点的基本模式为：保险公司基于期货市场上相应的农产品期货价格开发农产品价格险；农户或者合作社通过购买保险公司的农产品价格险规避价格下跌风险；保险公司通过购买期货公司风险子公司的场外期权产品进行再保险，以对冲农产品价格下降可能带来的赔付风险；期货公司风险子公司在期货交易所进行相应的风险对冲操作，最终形成风险由期货市场承担、各方受益的闭环①。

1. 大豆、玉米试点情况

2016 年，大连商品交易所在黑龙江、吉林、辽宁、内蒙古、安徽 5 个省区进行 12 个大豆、玉米价格保险试点，41 个合作社和 4000 多个农户参保，投保面积 56 万亩，投保数量近 20 万吨。其中玉米试点 9 个，投保 16.65 万吨，涉及土地 33 万亩（玉米平均亩产按照 500 公斤计算），4022 个农户和 39 个合作社参保，保险平均目标价格为 1537 元/吨，平均保费为 122 元/吨；7 个试点产生了赔付，平均每吨赔付 36 元，共计赔付 435.7 万元。大豆试点 3 个，投保 3.45 万吨，涉及土地 23 万亩（大豆平均亩产按 150 公斤计算），136 个农户和 2 个合作社参保，保险平均目标价格为 3734 元/吨，平均保费为 178 元/吨，黑龙江农垦赵光农场试点产生了赔付，每吨赔付 87.61 元，共计赔付 87.61 万元。在农民负担保费方面，12 个试点由于交易所提供了一定的资金补贴，有农业部和地方少量资金支持，农民实际负担保费水平为 10%～30%不等。从试点情况看，农民仍感觉保费水平较高。永安期货公司在吉林省的试点项目中，针对没有产生理赔的部分，向参保农户全额返还了保费。

2017 年，试点范围在原有省区基础上增加了河北、重庆 2 个省市，试点数量扩大至 32 个，除了 23 个价格保险试点外，增加了 9 个收入保险试点，覆盖了 188 个合作社和 80201 个农户，涉及 206.4 万亩土地，比 2016 年扩大了 2.6 倍。投保产品数量约 80 万吨，按产品分，玉米占 84%，大豆占 14.2%；按投保种类分，价格险占 81.6%，收入险占 18.4%。玉米收入险设定的平均目标收入为 775.33 元/亩，平均保费为 58.91 元/亩。大豆收入险（黑龙江的赵光农场和嫩江地区）平均目标收入为 499.47 元/亩，平均保费为 56.66 元/亩。32 个试点中，28 个试点发生理赔，理赔金额为 4105.34 万元，价格险赔付

① 资料来源：大连商品交易所试点总结报告。

2521 万元，玉米赔付水平为 19.65 元/吨，大豆赔付水平为 148.67 元/吨。收入险赔付总额 1317 万元，其中玉米赔付额占 2/3，每亩赔付水平为 34.74 元，由于 2017 年年末玉米价格上涨，导致赔付较少；大豆赔付水平为 53.58 元/亩。2017 年还进行了银行介入开展融资服务、大型龙头企业复制美国模式为参保农民进行粮食基差销售提前锁定卖粮价格等创新。

“大豆收入保险+基差贸易”案例①：

为了从产量和价格两个方面为农民提供更贴合实际的收入保障，南华期货联合阳光农险、九三集团在黑龙江省赵光农场开展了大豆收入险试点。同时，为了发挥期货市场功能服务，缓解农民“卖粮难”问题，试点还创新增加了大型龙头企业九三集团基差采购现货环节。

赵光农场位于黑龙江省克东县，是国家重要的商品粮生产基地。2017 年大豆种植面积 30 万亩，产量约 6 万吨。大豆投保量 3000 吨，承保面积 37500 亩，投保户为 200 个农户。收入保险设定保障亩产 160 公斤，保险水平为 0.85%，每吨价格 4000 元，费率按 12.5%计，每亩保费 68 元。

阳光农业相互保险公司负责测算保费、费率、保值价格、保值时间等具体细节对接投保户、完成保费收取、测产、理赔等工作。南华期货股份有限公司主要负责项目调研市场状况、设计期权产品、期权对冲、现货对接、期权理赔工作。九三集团北安分厂主要负责推进“基差采购”模式、配合收购现货。保费分担情况见表 5-6。

表 5-6　保费分担情况

项目	合计	中央补贴	农场补贴	项目补贴	农户承担
保费（元/亩）	68	29.25	5.5	22	11.25
保费（元/吨）	425	183	34	138	70
分担比率（%）	100	43.0	8.1	32.4	16.5

资料来源：南华期货公司试点材料。

该试点有以下特点：一是在价格保险的基础上尝试以期货价格为基准的大豆收入保险，保障价格和产量双向波动带来的风险，更加贴近农业生产实际，对农民收入也带来更加全面的保障（见表 5-7）。二是将收入保障叠加基差贸易更好保障农民收入。项目引入九三集团，使其与农户之间签订了基差贸易合同，帮助农户实现了预先售粮，并获得了从容点价的权利。顺利售粮加上收入保险的差额补偿真正保障了农民收入。

① 资料来源：南华期货公司试点材料。

表 5-7 赵光农场政策性种植险和收入险保障效果对比

险种	农民缴纳保费（元/亩）	农户数（户）	投保土地数量（万亩）	单位理赔额度（元/亩）
政策性种植险	11.25	1291	31.9	36.44
收入险	11.25	200	3.477	68.71
差额				32.27

资料来源：大连商品交易所。

2. 棉花“保险+期货”试点案例[①]

2016—2017 年，郑州商品交易所开展白糖试点（13 个）、棉花试点（13 个），白糖现货量 12.5 万吨，棉花现货量 1.72 万吨，提供资金支持约 1950 万元。

（1）新疆兵团三师 51 团棉花试点案例。

新疆兵团三师 51 团是贫困团场，位于南疆图木舒克市，全团 5.3 万人，少数民族人口占 97%，耕地面积 19 万亩。试点参保对象为 51 团的 584 个少数民族农户，覆盖棉花种植区域 8510 亩。投保棉花 1000 吨，保险期限 3 个月（2017 年 9 月 20 日至 2017 年 12 月 20 日），总保险金额 1580 万元，保险费总金额 72.996 万元。以保险期内最后一个月各交易日棉花期货合约收盘价格的算术平均值为赔付采价。投保人与人保财险确定保险价格后签订保险合同，价格波动风险由建信期货通过棉花期货进行规避。如果到期赔付采价低于保险价格，则差额部分由人保财险进行赔付，从而使棉农免受棉花价格下跌影响，植棉收入得到保障。最终赔付金额 82.7 万元（目标价格为 15800 元/吨）。

“保险+期货”模式涉及兵团棉麻公司、人保财险、建信期货及建信商贸、建设银行和交易所五方主体。具体分工如下：

兵团棉麻公司——汇总贫困棉农需求，向保险公司购买棉花价格保险。保险标的为 1000 吨棉花价格保险。合同约定保险到期时投保农产品期货价格若低于期初合同约定价格，保险公司将按照合同约定价格对农户进行赔付。

人保财险——向建信商贸购买场外期权产品。建信期货风险管理子公司建信商贸为人保财险设计场外期权合约，合约类型为看跌场外期权，合约标的及数量与保险合同一致，起止时间与保险合同相同，执行价格与保险合同约定赔付价格一致。合同约定场外期权到期时，若合约标的价格低于执行价格，建信商贸对低于执行价格的差额部分向人保财险进行价格补偿。

建信商贸——实现场内对冲。针对向人保财险出售的场外期权产品，建

① 资料来源：建信期货公司、浙商期货公司试点总结材料。

信商贸需承担价格下跌时对人保财险的偿付风险。

建行新疆区分行——对参与该项目团场和农户给予信贷优先支持。

郑商所——提供资金支持。

操作流程见图 5-14。

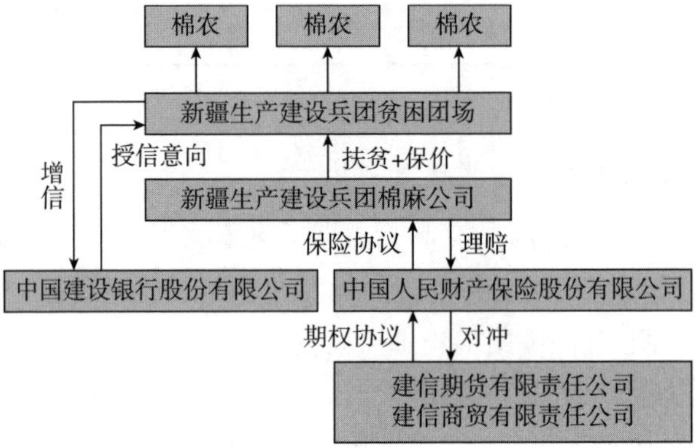

图 5-14 操作流程

资料来源：建信商贸公司总结材料。

该试点的特点在于，对农户的现货农产品实现保值，并将现货价格风险通过人保财险转移至建信商贸公司，进而通过期货市场实现分散风险，同时由于银行的参与，实现了期货公司和银行涉农风险管理业务的合作，为参保农户提供了优先信贷支持。

（2）新疆阿克苏柯坪县棉花试点案例。

柯坪县位于新疆阿克苏地区，是国家级贫困县，农牧民人均可支配收入 6882 元。棉花种植面积 13. 34 万亩，单产为 126 公斤，棉花总产量接近 2 万吨。一般农户面积 9. 56 万亩，种植大户面积 3. 78 万亩。近年，棉花价格波动不断加大，稳定棉农收入成为当地政府面临的重大难题。

2014 年在新疆开始棉花目标价格试点，其政策的实质是实行价补分离，这是我国在农产品价格改革上迈出的重要一步。但是，在实际操作中仍存在一些问题，如参考价格取自平均价格，采集时间长，有时间、地区差异，一些棉花质量好、售价较高的地区获得的补贴少，反之获得的补贴多，区域间存在不平衡，农民获得的实际收入与预期有差距，等等，而且财政成本和政策执行成本都较高。2016 年，在柯坪县开展了棉花目标价格改革试点评估工作，在两乡三镇选择不少于 30%的村进行问卷调查。调查结果显示，24%的调查对象认为 2015 年棉花收入（含补贴）不能保本。表明行政化的目标价格导致补贴与实际损失存在较大差异，而且层层下发的补贴形式导致补贴效率低下。

浙商期货公司选择启浪乡作为棉花“保险+期货”试点的原因：一是该乡棉花种植面积大，棉田 45277 亩，占全县 1/3；二是作为扶贫项目。试点项目覆盖 2.7 万亩棉田，现货保险规模 5000 吨，保障金额近 1 亿元，是当前国内最大的棉花“保险+期货”业务。参加价格保险的农户 1187 户，占全乡农户数的 88%，共获得赔付款 90 万元，其中建档立卡贫困户 215 户，获得赔付款 15.33 万元，占总金额的 1/6。平均每亩获得赔偿金 33.07 元（见表 5-8）。

表 5-8 棉花“保险+期货”项目赔款情况

参保对象	参保户数（户）	种植面积（亩）	赔偿金额（万元）	平均每亩赔偿金额（元）
贫困户	215	4636.3	15.33	33.07
非贫困户	972	22769.96	74.67	32.79
合计	1187	27406.26	90	

资料来源：浙商期货公司试点材料。

此外，上海期货交易所于 2017 年开展了 3 个天然橡胶试点，参保现货量 3.6 万吨；2018 年，试点扩大至 32 个，参保现货量达到 8 万吨。

（三）案例分析小结

从上述案例可以看出，农产品收购政策对经营者参与期货市场的影响很大，早期棉花“龙头企业（合作社+农户）+期货”的银丰模式、小麦的延津模式都随着最低保护价政策、临时收储政策的出台而淡出，而 2016 年玉米期货市场的活跃主要源于玉米临时收储政策的变化，这也反映了农业保护措施对市场手段的干预。

在调研中，各方反映了三个问题值得关注：一是“保险+期货”业务的定位到底是保障农民基本收入还是保障农民增收，对此，交易所、期货公司、基层干部、农民认识不一致。众多农业干部和农户把“保险+期货”试点看作国家保障农民高收入的工具，希望有较高的目标保障价格。二是农户对价格保险的认知有误区，认为购买保险就要得到赔偿，而不考虑是否出现约定的风险。这与通过价格保险保障农民基本收入，从而保障粮食安全的试点初衷有所差异，也与保险本身的功能定位相悖。三是由于试点项目只是部分发生赔付，因而交易所提供补贴资金的剩余部分最终留在了保险公司或期货公司，并未进入下一年度运行，使交易所对农业发展的良好意愿打了折扣。

六、研究结论

本研究的初衷是探讨期货市场与合作组织、规模经营的关系，意在通过期货市场促进土地流转和规模经营，但从实地调研情况看，专业合作组织虽已成为推进规模经营的主体，但远不具备直接进入期货市场的条件，这是由我国的国情、农情和期货市场本身的特点共同决定的，因此，期货市场对促进规模经营的作用十分有限。

（一）生产经营规模是农产品参与期货市场的必要条件之一

生产者进行农产品期货市场交易需要几个条件：生产规模、专业人员、资金规模，三者缺一不可。从实际情况看，目前大部分合作社具备了一定的生产经营规模，特别是土地富裕、人均耕地面积大，且作物相对单一的地区，农民加入专业合作组织形成的生产规模，具备了参与期货市场的条件，但是在人员素质和资金方面不具备条件，因此，试图通过期货市场促进土地流转和规模经营，需要相当长的过程。

（二）保险公司是专业合作组织与期货市场之间的关键环节

近年来，保险公司通过开展政策性农业保险业务，触角深入农村各个角落，在农民中认可度较高。从“保险+期货”试点情况看，期货公司均通过保险公司达成与合作组织和农户的合作，保险公司成为连接期货市场的重要一环。在农户直接参与期货市场条件不成熟的情况下，保险公司承担了部分专业合作组织的重要职能，短期无可替代。但是，保险公司因潜在的系统性风险，参与此项工作积极性有限。

（三）市场需求很大，补贴资金杯水车薪

近 3 年开展的大豆、玉米、棉花和白糖的“保险+期货”试点，主要靠大连商品交易所和郑州商品交易所以及上海期货交易所 3 个单位提供的资金支撑，2016—2017 年共提供资金 1.3 亿元，相关部门和地方政府的资金补贴十分有限。2018 年，3 个交易所继续扩大试点规模，预计提供资金 4 亿多元，比 2017 年增加 2 倍。3 个交易所已竭尽全力，但对于东北、新疆等粮棉主产区的需求仍是杯水车薪，依靠交易所补贴的“保险+期货”试点不可持续。目前，中央财政对农民的补贴高达千亿元，有些补贴的边际效益已递减，有些对生产的直接作用不大，已成为普惠性的补贴。从“保险+期货”试点经验看到了利用金融工具和市场化手段保障农民基本收入的可能性。可以利用财政农业补贴增量调整的时机，用较少的财政资金扩大试点规模、品种、模式、地域，进一步探索和总结，为政策性补贴向市场化改革提供经验。同时，交易所也应对承担项目公司试点补贴资金的使用情况进行检查，建立奖罚机制，部分剩余资金可纳入下一年度使用，防止“跑冒滴漏”。

（四）专业合作组织是推进规模经营的主体，应增强自身能力

我国“大国小农”的基本特点短期内无法改变，小农户仍是农业生产经营的主体。通过合作组织实现土地规模经营，可以提高生产效益，不少农业合作组织保收益、增利润作用也十分明显，但大部分农民专业合作社整体实力弱、经营者素质偏低。目前，合作社对风险管理和农业保险有迫切需求，现行的保基本、宽覆盖的农业保险政策已不能满足，但由于专业人员和资金的缺乏，合作组织缺乏直接参与期货市场的能力，也无力提供金融服务。因此，培育农民合作组织带头人的工作已迫在眉睫，要拓宽他们的视野和知识面，普及金融期货方面的知识，对“保险+期货”保障农民基本收入有正确的认识，从单纯依赖政府政策补贴转向逐步适应市场化改革。

可持续发展篇

第六章　我国农业绿色转型问题研究*

农业绿色发展是针对我国农业发展阶段和资源环境约束做出的必然选择。面对未来国内农产品需求增长的预期，推进农业绿色发展必须把保障粮食安全放在首位。当前我国农业生产中农用化学品施用强度仍处于高位，水土资源利用效率不高，粗放型发展特征突出，农业绿色发展受资源总量不足、农业生产布局、城镇化趋势下农业农村经济社会环境变动等一系列因素的影响。如何在这样的背景下探索兼顾环境目标与产量目标的中国农业绿色发展路径，是推动农业可持续发展的重要议题。

一、 问题的提出

改革开放以来，中国农业经历了飞速的发展，取得了卓越的成就，在精耕细作的生产方式下，中国用世界6%的淡水资源和不到10%的耕地资源，养活了占世界20%左右的人口。2004年以来，粮食产量不断增长，近年来，粮食生产水平已经稳定在6.5亿吨的台阶上，2019年全国粮食产量达到6.63亿吨，肉蛋奶产量达到1.41亿吨，人均粮食占有量达到470公斤，远高于世界人均水平，不仅保障了14亿人的粮食安全，还满足了居民日益丰富的农产品消费需求。据2018年《全球粮食安全指数报告》统计，在113个国家中，中国粮食安全指数排名第46位，粮食安全水平达到了中等偏上水平。

但长期以来，我国粮食安全的迫切性与自然资源的稀缺性导致农业生产资源、环境约束不断收紧。受经济社会发展影响，农业生产布局发生了较大的变化，比较收益较低的农业生产逐渐从经济发展水平较高的东南方沿海地区向内陆地区集中，“南粮北运”向“北粮南运”的转变以及农业生产区域集中度的提高，大大增加了农产品主产区的资源压力，区域农业结构趋同和农业产业结构总体格局不尽合理的问题日益突出（方言，2018）。与此同时，

---

* 本文为清华大学中国农村研究院2020年重点研究课题“我国农业绿色转型问题研究”的研究成果。

我国农业粗放型生产方式，更加剧了农业生产资源、环境的制约，影响了农业生产的可持续性。

一方面，农业资源过度开发问题严重影响农业生产资源可持续。据统计，我国农业生产用水效率仅为30%~40%，远低于发达国家70%~80%的水平，农业生产的压力下，粮食主产区水资源过度开采，由此引发了诸如“华北水漏斗”等问题。而在经济利益驱动下，不少地区还不同程度地存在陡坡开荒、开垦草原、围垦湿地滩涂等现象，造成了水土流失、生物多样性下降等问题。另一方面，农业生产环境污染问题严重影响农业生产环境可持续。据统计，我国粮食总产量占全球的16%，而化肥用量却占31%，每公顷土地化肥用量是世界平均用量的3.5倍左右，化肥、农药有效利用率分别仅为37.8%和38.8%；农膜残留率高达40%；畜禽粪污30多亿吨，有一半未处理；水产养殖饵料约有15%未被利用（方言，2017）。过量施用化肥和农药、养殖场粪污、残留饵料鱼药等，导致耕地质量下降、土壤重金属污染、地下水硝酸盐超标、河湖水体富营养化，农产品质量安全问题频发。

面对日益趋紧的生态环境约束，国家从党的十八大以来做出了一系列农业转型发展的决策部署。2015年中共十八届五中全会提出将“绿色”发展理念贯彻落实到农业发展中；2016年中央一号文件正式提出推动农业绿色发展，要加快形成资源利用高效、生态系统稳定、产地环境良好、产品质量安全的农业发展新格局；2017年中央一号文件提出以增强农业可持续发展能力为目标推行绿色生产方式；2017年9月中共中央办公厅、国务院办公厅印发了《关于创新体制机制推动农业绿色发展的意见》（以下简称《意见》），强调了坚持以空间优化、资源节约、环境友好、生态稳定为基本路径的农业绿色发展方式；2017年10月党的十九大报告要求到2035年生态环境得到根本好转，提出了加强农业面源污染防治的要求；2018年习近平总书记在全国生态环境保护大会上再次强调，要大力推动绿色发展，发展高效农业。

而在农业绿色发展的工作部署中，农用化学品使用的减量化成为一项重要的任务。2015年农业部印发了《到2020年化肥使用量零增长行动方案》和《到2020年农药使用量零增长行动方案》，推动农业“两减”的落实。此后，农用投入品特别是化学品减量化的工作要求出现在历年（2016—2020年）的中央一号文件中，相应的顶层设计也密集出台，农业减量化成为我国农业绿色发展的长期目标。截至目前，各地农业减量化行动取得了一定成效。从宏观数据来看，受农业绿色发展政策及减量化相关措施的影响，化肥、农药两类农用化学品的施用量近几年均出现了不同程度减少。然而从各地实践来看，已有农用化学品的减量化项目缺乏可持续性，且面临着农户激励不足、监督和检测等困难。

从农产品需求趋势来看，未来农产品消费将持续大幅增长。一是我国农产品消费结构整体升级潜力巨大。从当前我国居民农产品消费结构来看，2018 年我国居民人均年肉类消费量为 48.9 公斤，其中猪肉 30.4 公斤，禽类 11.6 公斤，牛肉 3.8 公斤，而同期美国和欧盟国家人均年肉类消费量分别为 99.3 公斤和 71.3 公斤（OECD 统计）。肉类消费量提高的预期也带来了饲料粮供给的压力。二是我国人口数量决定了未来粮食需求增长的基本预期。据预测未来 3 年我国人口仍将持续增长①，即使保持当前的农产品消费结构，对粮食的需求也将刚性上涨。三是人口结构变动也是推动农产品消费增长的重要原因。我国人口结构变动主要呈现经济发展与户籍限制放宽下迅速的城镇化、农村居民收入迅速增长和中产阶级不断壮大三个特征，这些人口结构的变动都将形成巨大的消费结构升级潜力。

尽管利用国际粮食市场能够补充我国粮食供给的结构性短缺，但一方面当前粮食进口量已达到较高水平，未来增长空间有限。2019 年我国农产品进口额达到 1509.7 亿美元，已成为世界第一大农产品进口国，且部分农产品如大豆等进口依赖度较高，达到了 90%。另一方面近年来国际形势复杂，国际粮食市场波动较大，依赖国际粮食市场供应并不现实。

由此可见，在保障国家粮食安全的根本任务下，我国农业发展不仅面临着绿色转型的环境压力，同时还面临着国内农产品稳定供给保障粮食安全的压力。这意味着中国农业绿色发展不能简单复制以生态农业、大规模休耕等为主线的国际经验（冯丹萌、王欧，2019），而是要在重新审视中国农业发展面临的多重约束基础上，探讨农业绿色转型的可行路径。在我国粮食供需紧平衡的基本现实背景下，推进农业的绿色转型发展，必然要求形成节约资源和保护环境的农业空间格局、产业结构、生产方式和生活方式（姜长云，2018）。那么资源约束下我国农业绿色发展现状如何？我国农业发展面临哪些外部约束？农业生产方式如何优化？回答这些问题对保障粮食安全、推进我国农业绿色转型发展具有重要的参考意义。考虑到农业绿色转型过程中的粮食安全问题，本课题将以主要大宗农产品——粮食生产为例，阐释中国农业绿色发展的含义，对现有水、土资源与农业生产状况条件下农业绿色发展水平展开评价，厘清中国农业绿色发展的关键影响因素，并提出推动我国农业

---

① 蔡昉. 2025 年中国人口总量或将达到峰值［EB/OL］. https://baijiahao.baidu.com/s?id=1686469715599193762&wfr=spider&for=pc.

绿色发展的相关政策建议。

二、中国农业绿色转型的内涵、目标和必要性

（一）农业绿色转型的内涵

农业绿色发展是农业发展观的一场深刻革命，也是农业供给侧结构性改革的主攻方向。《意见》将农业绿色发展定义为，以绿水青山就是金山银山理念为指引，以资源环境承载力为基准，以推进农业供给侧结构性改革为主线，尊重农业发展规律，强化改革创新、激励约束和政府监管，转变农业发展方式，优化空间布局，节约利用资源，保护产地环境，提升生态服务功能，全力构建人与自然和谐共生的农业发展新格局。

从农业发展历程上看，我国经历了原始农业、传统农业和现代农业发展阶段，为了实现农业可持续发展，从最初单纯追求农业经济增长、忽视改善农业生态环境的石油农业，到随后出现的有机农业、生物农业、循环农业、低碳农业、自然农业、生态农业、可持续农业等各种替代农业探索（严立冬，2008），再到将传统农业和现代农业有机结合、农产品生产和环境保护结合、资源保护和合理开发利用相结合的农业绿色发展新阶段（陈世雄等，2018）。目前，农业绿色发展包含了农业绿色发展理念、农业绿色发展模式和农业绿色发展结果三个方面。

一是农业绿色发展理念。按照以习近平同志为核心的党中央提出的绿色发展新思想，农业的绿色转型发展理念就是要将生态环境作为生产力的一项重要要素，纳入农业生产发展的要素配置过程中（于法稳，2016）。在这一理念的指导下，可以对农业绿色发展理念做出不同的解读。从全社会绿色发展方式层面来看，农业绿色发展是要强调如何正确处理农业发展和生态环境保护的关系，除农业发展方式转变外，还强调整个社会价值导向、思想观念、消费习惯方面的转变（孙炜琳等，2019）。从社会福利最大化和农业生产外部性角度来看，农业绿色发展是通过统筹协调农业发展的经济、社会、环境和生态四方面效益，转向资源节约、环境友好、生态保育、质量高效的发展模式，实现农业产地环境、生产过程和农产品共同绿色化（魏琦等，2018）。

二是农业绿色发展模式。从整个农业绿色发展格局来看，农业绿色发展就是建立在综合协调资源、环境、政府管理以及人民生活水平基础上的发展模式，既包括资源高效利用、生态系统稳定、产地环境良好等绿色生产内容，又涵盖农产品质量安全保障层面的社会整体福利提升。从更微观的视角来看，农业绿色发展是以尊重自然为前提，以现代化技术为手段，兼顾经济、社会、

生态效益目标，是一种涉及农业结构和生产方式调整的农业发展模式（崔海霞等，2018）。

三是农业绿色发展结果。农业绿色发展是整个社会经济绿色转型的重要内容，也是对农业可持续发展的探索实践。从整个社会经济绿色转型层面来看，农业绿色发展是充分挖掘和发挥农业在社会经济中的功能，强调包含生态服务在内的农业多功能性开发。从农业自身发展来看，农业绿色发展是农业现代化发展的必由之路，是利用人与自然的和谐共生、低碳循环发展、生态环保、资源节约和产能高效的绿色发展理念引领农业生产，着重深入治理农业环境问题、提升农产品生产加工质量，走出一条产能高效、质优价廉、环境良好的农业现代化之路（张新美，2019）。

（二）农业绿色转型的目标和必要性

基于农业绿色发展的内涵界定，一般认为农业绿色转型目标是在保障农产品供给安全的前提下追求生态资源安全和产品质量安全，实现农业生产的可持续性（罗必良，2017），也即推动农业由单纯追求“量”的增长发展模式向追求节约、可持续的“质”与“量”并重发展模式转变的过程。具体而言，农业绿色发展的目标体现在两个方面：

一是转变农业生产方式以实现生态可持续的农业绿色发展的目标。主要是通过法律、财政补贴、技术推广政策、农业科技人才培养政策、农业金融支持政策等一系列手段提升绿色发展理念在农业发展中的融入度，推进农业生产方式转型升级和生态环境的保护。更具体的是在微观主体层面，通过提升农产品产地环境质量、实施农业减量化、农业废弃物的合理处置等措施抑制农业面源污染对土壤和水体的污染问题（叶兴庆，2015）。

二是通过技术、经营模式、政策激励等方式发展绿色农产品生产。主要通过生产品种替代、粗放型生产方式转型以及有机、绿色、无公害农产品技术的应用，实现农业生产的无害化，在满足居民农产品质量安全需求的同时提高农业综合效益水平。

综上，可以将农业绿色发展分为广义和狭义两个层面，广义的农业绿色发展定义为在绿色发展理念的引导下，形成兼顾经济、社会生态效益的农业绿色发展模式，以实现农业资源可持续利用。其关键在于转变粗放型生产方式。而粗放型生产方式的成因主要有两方面：一是在资源总量不足的禀赋条件下，为了保障口粮安全导致的水、土资源过度利用；二是农户生产中过度投入行为。其中，前者是由我国的基础资源条件和人口总量决定的，是短期内难以突破的客观约束条件，而后者由农户自身的主观因素决定，也是现阶段农业绿色发展的突破点。因而狭义的农业绿色发展可以定义为在当前资源条件和粮食产量目标基础上，实现农业生产投入特别是农用化学品的减量化。基于此，本课题主要围绕农用化学品减量化，探讨狭义的农业绿色发展水平评价、影响因素与实现路径。

三、中国农业绿色发展水平评价

在我国当前粮食生产和技术条件及水土资源约束下，面对从 2020 年到 2030 年 10 年间粮食增产的目标要求，推进农业绿色发展转型的关键在于实现内涵式发展。而考虑到当前国内迫切的增产需求、国际复杂的粮食市场形势以及满足未来粮食需求总量增加和质量提升的压力，相关工作的重点在于遵从提质、增效、绿色化的原则。具体到农业生产过程，即体现在提升农业资源利用效率和降低农药化肥等农用化学品对环境的影响。

（一）受资源制约，农用化学品施用强度仍处于高位

在我国农业生产水土资源条件不足的约束下，为了满足农产品需求的增长，农用化学品的使用，尤其是化肥、农药的使用成为长期以来推动我国农业发展的重要投入品。21 世纪初，原农业部组织的田间试验表明，与不施肥相比，小麦、水稻和玉米施用化肥亩增产均在 110 公斤以上，增产率在 40%以上，每公斤养分增产 5.5~7.5 公斤粮食（张福锁、马文奇，2009）。另外，相关测算数据表明，农药的使用每年可平均减少约 2000 亿斤的粮食损失（周喜应，2014）。然而化肥、农药在促进农业生产的同时，不当的使用会造成突出的环境问题。据统计，中国粮食产量占全球的 16%，而化肥用量占比却达到 31%，化肥、农药有效利用率分别仅为 37.8%、38.8%。因此，化肥、农药使用率的提升与减量化成为中国农业绿色发展的一项重要任务。

我国农业在有限的耕地上加大各类要素的投入以应对增产的压力。化肥、农药使用量的增加体现在总量和强度两个方面。

1. 农用化学品施用量变化

从农用化学品施用情况看，整体而言，全国农业生产化肥、农药施用总量呈现不断增长的趋势（见表 7-1）。化肥施用方面，1980—2018 年，我国化肥施用量的变化趋势可以简单划分为两个阶段：第一个阶段是 2015 年之前，这一阶段化肥施用量基本与粮食产量同步增长，但增幅却远高于粮食增长，据统计，农用化肥施用折纯量由 1980 年的 1269.4 万吨持续增长至 2015 年的峰值 6022.6 万吨，增幅达到 374.44%，而同期粮食增产幅度仅为 106.08%。

此时我国化肥用量在全球范围内最高，是全球平均用量的3.64倍。第二个阶段是2015年后，国家提出“农药、化肥零增长行动”，在产业政策的调控下，化肥施用量有明显回调的趋势，2015—2018年呈持续小幅度减少的趋势，2018年全国农用化肥施用折纯量为5653.42万吨，较2015年峰值减少6.13%，但同期粮食产量基本稳定在6.5亿吨以上。

农药施用方面，全国农药施用量变化趋势与化肥施用量类似，1990—2018年全国农药施用量呈现先增后减的趋势。2014年以前，农药施用量持续增长，由1990年的73.3万吨增长至2014年的峰值180.70万吨，增幅达到146.52%，而同期粮食产量仅增长43.34%。2015年后，农药施用量相较于化肥施用量呈现出更显著的下降趋势，2018年全国农药施用量降至150.40万吨，与2005—2006年基本持平，相较2014年峰值减少了16.77%。

表7-1　1980—2018年化肥、农药施用总量　　单位：万吨

年份	农用化肥施用折纯量	农药施用量	年份	农用化肥施用折纯量	农药施用量
1980	1269.4	—	1994	3317.9	97.9
1981	1334.9	—	1995	3593.7	108.7
1982	1513.4	—	1996	3827.9	114.1
1983	1659.8	—	1997	3980.7	119.55
1984	1739.8	—	1998	4083.7	123.2
1985	1775.8	—	1999	4124.3	132.2
1986	1930.6	—	2000	4146.4	128
1987	1999.3	—	2001	4253.8	127.5
1988	2141.5	—	2002	4339.4	132.52
1989	2357.1	—	2003	4411.6	132.52
1990	2590.3	73.3	2004	4636.6	138.6
1991	2805.1	76.53	2005	4766.2	146
1992	2930.2	79.92	2006	4927.69	153.71
1993	3151.9	84.5	2007	5107.83	162.30

续表

年份	农用化肥施用折纯量	农药施用量	年份	农用化肥施用折纯量	农药施用量
2008	5239. 02	167. 23	2014	5995. 94	180. 70
2009	5404. 35	170. 90	2015	6022. 60	178. 30
2010	5561. 68	175. 82	2016	5984. 41	174. 00
2011	5704. 24	178. 70	2017	5859. 41	165. 51
2012	5838. 85	180. 60	2018	5653. 42	150. 40
2013	5911. 86	180. 20			

资料来源：《中国农村统计年鉴》。

2. 农用化学品施用强度及其生产力变化

随着我国农用化学品总量的增长，农业单位面积农用化学品施用量也在不断增长，2015 年以来，关于农用化学品施用量的宏观控制也呈现一定的效果。从化肥施用方面来看，1980—2018 年单位面积化肥施用量变化趋势基本与化肥施用总量一致，呈现先持续增长后缓慢下调的趋势（见表 7-2）。具体来看，1980 年单位面积化肥施用量为 108. 28 千克/公顷，2012—2014 年，增长至 510 千克/公顷以上，增幅达到了 371. 5%左右。2014 年后，又逐步缓慢下调，到 2018 年减少到 483. 04 千克/公顷。对比欧美经济发达国家公认的化肥用量环境安全上限 225 千克/公顷，可以发现早在 1990 年我国化肥施用强度就达到了 228. 29 千克/公顷，超过了这一安全上限，尽管近些年的调控政策在化肥减量方面已取得了一定的成效，但总体来说仍远远超过这一上限。从农药施用方面来看，1990—2018 年单位面积农药施用量变化趋势也基本与总量变化一致，但增长趋势的拐点在 2012 年左右，这表明对于相关病虫害防治技术的替代效果在减量化政策实行以前就已经产生了较为显著的效果。具体来看，1990 年单位面积农药施用量为 6. 46 千克/公顷，而到 2011 年达到峰值，为 15. 82 千克/公顷，增长幅度达到 144. 89%。2012 年后，农药施用强度又呈现明显的下降趋势，到 2018 年降至 12. 85 千克/公顷，与 2002 年的农药施用强度水平基本持平。由此可以看出，尽管 2015 年以来关于农药、化肥减量化的政策已经达到了一定效果，但从环境安全的角度来看，仍存在过量施用造成环境负担的情况，这一现象在化肥施用方面更为显著。

表 7-2　1980—2018 年化肥、农药施用强度和生产力

年份	化肥强度	农药强度	化肥生产力	农药生产力
	千克/公顷		千克/千克	
1980	108.28	—	25.25	—
1981	116.12	—	24.35	—
1982	133.38	—	23.42	—
1983	145.54	—	23.33	—
1984	154.12	—	23.41	—
1985	163.15	—	21.35	—
1986	174.03	—	20.28	—
1987	179.68	—	20.16	—
1988	194.46	—	18.40	—
1989	210.07	—	17.29	—
1990	228.29	6.46	17.23	608.79
1991	249.76	6.81	15.52	568.78
1992	265.03	7.23	15.11	553.90
1993	285.22	7.65	14.48	540.22
1994	302.88	8.94	13.42	454.65
1995	326.52	9.88	12.98	429.27
1996	340.11	10.14	13.18	442.19
1997	352.55	10.59	12.41	413.37
1998	358.89	10.83	12.54	415.83
1999	364.46	11.68	12.33	384.56
2000	382.29	11.80	11.15	361.07
2001	401.00	12.02	10.64	355.01
2002	417.69	12.76	10.53	344.89
2003	443.78	13.33	9.76	325.00
2004	456.33	13.64	10.13	338.72
2005	457.07	14.00	10.16	331.52
2006	469.49	14.64	10.11	324.01
2007	481.88	15.31	9.87	310.62
2008	487.15	15.55	10.20	319.53

续表

年份	化肥强度	农药强度	化肥生产力	农药生产力
	千克/公顷		千克/千克	
2009	490.17	15.50	9.98	315.63
2010	497.93	15.74	10.05	318.00
2011	504.89	15.82	10.32	329.32
2012	510.53	15.79	10.49	339.00
2013	510.05	15.55	10.66	349.88
2014	510.49	15.38	10.67	353.98
2015	506.26	14.99	10.97	370.50
2016	501.92	14.59	11.04	379.56
2017	496.61	14.03	11.29	399.75
2018	483.04	12.85	11.64	437.43

资料来源：《中国农村统计年鉴》。

为了评价农用化学品投入的产出效果，本研究引入生产力的概念进行对比，农用化学品生产力即单位化肥或农药投入带来的粮食产出。从化肥投入方面来看，1980—2018 年，与化肥施用强度相反，化肥生产力水平基本呈现先持续下降后略有提升的变化特征。具体来看，1980 年每千克化肥投入带来的粮食产出为 25.25 千克。2003 年化肥生产力降至最低点，为 9.76 千克/千克，2003—2009 年，在粮食产量和化肥投入双双增长的情况下，化肥生产力基本维持在 10 千克/千克左右的水平，之后随着生产技术进步，粮食增产迅速，使得化肥生产力提高到 10~11 千克/千克的水平。2015 年后，在化肥减量化行动的进一步推动下，全国化肥生产力有了明显的增长，到 2018 年增长至 11.64 千克/千克，基本达到了 2000 年的水平。从农药投入方面来看，1990—2018 年，农药生产力呈现比较显著的“U”形变化特征。具体来看，1990—2007 年，单位农药投入所带来的产出持续减少，由 608.79 千克/千克降至 310.62 千克/千克，降幅达到 48.98%。2007—2010 年，农药生产力基本稳定在 310~320 千克/千克的水平上。2010 年后，农药生产力呈现较为显著的增长趋势。2010—2018 年，农药生产力从 318.00 千克/千克增长到 437.43 千克/千克，增幅达到 37.56%，2018 年农药生产力水平基本与 1996 年前后水平相当（见表 7-2、图 7-1）。从以上分析可以看出，在技术进步、政策调控的共同推动下，我国农用化学品生产力水平呈现先减后增的趋势，化肥、农药的生产力水平恢复均取得了一定的成效。

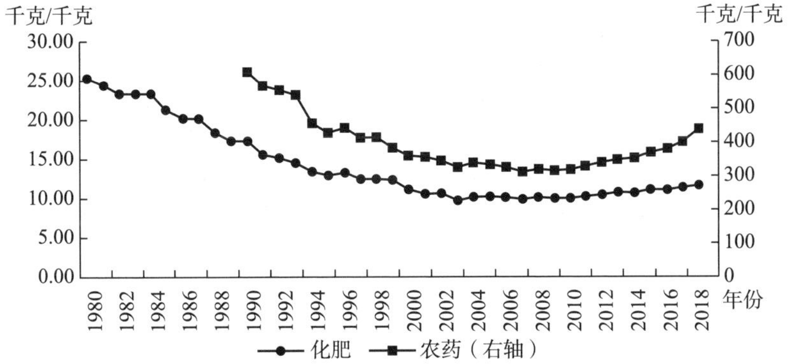

图 7-1　1980—2018 年全国化肥、农药生产力

资料来源：《中国农村统计年鉴》。

（二）水、土资源利用率仍然较低

长期以来，在保障粮食安全的任务要求下，中国农业生产方式过度强调产量目标，而忽略了国内资源总量的有限性和利用的可持续性，导致国内水、土资源利用效率相对较低。如何提升农业生产中水、土资源利用率成为农业绿色发展中“提质、增效”的重要议题。

一是水资源利用方式粗放，效率不高。2018 年全国农业用水 3693.1 亿立方米，占全国用水总量的 61.39%，部分地区超过 90%。然而从农业用水方式来看，仍然呈现粗放型的特征。2001 年以来，在国家的推动下，节水灌溉面积持续增长，到 2019 年达到了 55588.5 万亩，较 2001 年扩大了 112.4%。从有效灌溉面积中节水灌溉占比来看，2019 年节水灌溉面积比例为 53.96%，较 2001 年增长了 21.8 个百分点（见表 7-3）。这意味着全国仍有近一半的灌溉区域使用水资源利用率较低的大水漫灌等传统地面灌溉方式。从具体的灌溉水利用效率数据来看，2018 年农田灌溉水有效利用系数仅为 0.54，虽然较 2008 年的 0.48 有一定提升，但与世界先进水平 0.7~0.8 仍有较大差距。

表 7-3　2001—2019 年全国有效灌溉面积与节水灌溉面积变化

年份	有效灌溉面积（万亩）	节水灌溉面积（万亩）	节水灌溉面积比例（%）
2001	81374.085	26169	32.16
2002	81532.5	27940.5	34.27
2003	81021	29164.5	36.00
2004	81717	30519	37.35
2005	82544.01	32007	38.78

续表

年份	有效灌溉面积（万亩）	节水灌溉面积（万亩）	节水灌溉面积比例（%）
2006	83625. 75	33639	40. 23
2007	84777. 51	35233. 5	41. 56
2008	87707. 52	36654	41. 79
2009	88892. 175	38632. 5	43. 46
2010	90521. 55	40971	45. 26
2011	92522. 34	43768. 5	47. 31
2012	93735. 78	46825. 5	49. 95
2013	95209. 95	40663. 5	42. 71
2014	96809. 295	43528. 5	44. 96
2015	98808. 96	46590	47. 15
2016	100710. 93	49270. 5	48. 92
2017	101723. 355	51478. 5	50. 61
2018	102407. 46	54202. 5	52. 93
2019	103017. 915	55588. 5	53. 96

资料来源：国家统计局网站。

二是土地利用率呈现下降趋势。随着社会经济发展，生产要素特别是人口逐渐向收益更高的第二、第三产业部门转移，相当一部分农户转变为兼业户，导致农民对农业生产投入的积极性降低，这一点在土地利用方面尤为显著。尽管随着新型经营主体的兴起，农业机械的使用能够在一定程度上弥补农村劳动力的流失，但全国土地利用率仍呈现下降趋势。2006—2019 年，全国农业生产复种指数从 1. 25 降低为 1. 23①（见表 7-4）。从耕地普查和播种面积变化看，2006—2019 年全国耕地调整了约 2 亿亩，增加部分耕地的平均复种指数为 1. 05。从几大农区来看，除东北与西北耕地、播种面积同步增加外，冀鲁豫、长江、西南 3 个区域耕地面积的增加均大于播种面积的增加，复种指数下降 0. 18~0. 59 不等，水土资源最佳的东南地区复种指数虽然没有变化，但耕地和播种面积双双下降②。这表明土地利用率在南方稻区明显下降，种粮

① 耕地面积数据来源于自然资源部全国土地变更调查数据，由于相关数据更新至 2017 年，因此 2019 年复种指数测算采用 2017 年耕地面积数据。

② 东北区包括黑龙江、吉林、辽宁三省；西北区包括内蒙古、山西、陕西、甘肃、宁夏、新疆六省（区）；冀鲁豫区包括河北、山东、河南三省；长江区包括湖南、湖北、江西、安徽四省；西南区包括重庆、四川、贵州、云南、广西五省（市、区）；东南区包括上海、江苏、浙江、福建、广东、海南六省（市）。

比较收益降低，南方水稻种植“双”改“单”的现象十分普遍，一些地区尤其是西南土地细碎化程度较高的地区，甚至出现了大面积抛荒的现象。

表 7-4　2006 年、2019 年全国各农区耕地面积、播种面积与复种指数

地区	2019 年			2006 年		
	耕地面积（万亩）	播种面积（万亩）	复种指数	耕地面积（万亩）	播种面积（万亩）	复种指数
东北区	41706.05	37656.45	0.90	32358.95	30434.70	0.94
冀鲁豫区	33331.45	50669.70	1.52	29765.76	50480.43	1.70
京津区	975.73	748.35	0.77	1077.90	1124.70	1.04
长江区	27514.38	45362.85	1.65	19849.35	44517.15	2.24
东南区	16676.60	24504.75	1.47	18060.25	26607.05	1.47
西北区	42376.91	41544.15	0.98	33252.57	34655.12	1.04
西南区	36321.83	47172.60	1.30	27828.17	42850.82	1.54
青藏区	1249.34	1237.50	0.99	1147.74	1125.33	0.98
全国总计	202350.00	248896.50	1.23	182663.81	228223.50	1.25

资料来源：《中国统计年鉴》《中国农业统计资料》。

（三）中国农业粗放型发展特征突出

由以上分析可知，当前中国农业发展呈现水、土资源利用效率有待提高，化肥、农药等农用化学品的投入水平仍处于高位的特征。利用历年粮食生产的投入产出数据，在环境可持续和粮食安全双重目标视角下，进一步分析各类要素产出贡献，并对中国农业绿色发展水平做出综合性评价。

考虑到全国农业生产数据属于时序序列，且时间跨度有限，为了降低自由度的损失，本研究采用灰色关联分析法对化肥、农药等农用化学品施用对农业产出的贡献度进行测算和分析。灰色关联分析是一种多因素统计分析方法，它以各因素的样本数据为依据，用灰色关联度来描述因素间关系的强弱、大小和次序。

在变量选择方面，考虑到农业发展的两种方式，即资源依赖型和技术进步型，从科技投入与资源投入两方面选取投入指标。具体来看，在科技投入方面，选择农业机械总动力、有效灌溉面积和农林牧渔业科研费用投入来衡量农业生产技术、科技的进步；在资源投入方面，考虑土地、劳动力和农用化学品三类投入，分别选择粮食作物播种面积、第一产业就业人员、农用化肥施用折纯量和农药施用量四个变量（见表 7-5）。在分析的时间跨度上，考虑到数据的可得性，选择 2002—2018 年作为主要考察期。所选数据主要来自

《中国统计年鉴》《中国农业统计资料》和《中国科技统计年鉴》。

从两大类投入来看，2002—2018 年，科技投入总贡献率为 40. 82%，资源投入总贡献率为 59. 18%，这表明我国农业生产仍对资源类投入有较大的依赖性，粗放型的生产方式并未得到彻底的扭转。从各单项投入贡献率来看，化肥贡献率最高，为 17. 23%，其次为农药，为 16. 34%，表明农用化学品的施用对粮食产出有较大贡献。有效灌溉面积对粮食产出的贡献率略低于农药的施用，表明灌溉设施的提升对产出的贡献也十分显著。粮食作物播种面积的贡献率为 14. 61%，这说明粮食种植面积扩张也是产量增长的重要因素。农业机械总动力对粮食产出的贡献率为 12. 85%，第一产业就业人员对粮食产出的贡献率为 11. 00%，这表明随着农业生产的机械化推进，机械对劳动力的替代效应已经十分显著，造成劳动力产出贡献率相对较低。农林牧渔业科研费用投入对粮食产出的贡献率仅为 12. 55%，这反映出科研投入转变为产出收益的效果有限，农业科技投入面临科技成果转化的困境。

表 7-5　2002—2018 年各投入要素对粮食产出的贡献率　单位：%

要素 贡献	科技投入			资源投入			
	农业机械总动力	有效灌溉面积	农林牧渔业科研费用投入	粮食作物播种面积	第一产业就业人员	农用化肥施用折纯量	农药施用量
单项投入贡献率	12. 85	15. 41	12. 55	14. 61	11. 00	17. 23	16. 34
总贡献率	40. 82			59. 18			

资料来源：根据灰色关联分析模型测算整理得到。

从 2002—2018 年农用化学品产出贡献率变化来看，化肥投入的产出贡献率基本呈现缓慢增长的趋势。2002 年化肥投入的产出贡献率为 14. 29%，到 2008 年达到第一个峰值，贡献率达到 18. 5%，但到 2009 年出现调整，降至 17. 07%，之后又持续增长了 7 年左右，到 2014 年达到 19. 5%，此后化肥的产出贡献率基本稳定在 19. 5%~20%。对比 2014 年后化肥施用总量的减少和粮食产量的持续增长，反映出 2014 年后在各项节肥技术的推广下化肥使用效率的提高。从农药的产出贡献率来看，基本呈现倒“U”形的变化特征，2002—2014 年，基本呈现持续增长的趋势，这期间贡献率增长了 4. 5 个百分点，随后迅速下降，到 2018 年降至 15. 22%，基本与 2003—2004 年的水平持平，这表明在农药减量化政策的调控下，农药的施用迅速减少，而同时其他环境友好型病虫害防治技术的应用能够较好地对农药的效果做出替代。

四、中国农业绿色发展的影响因素

中国农业绿色发展关乎中国农业可持续发展，粮食安全视角下的中国农业绿色发展问题是探讨如何在当下产能开发与未来产能保留之间寻求平衡的重要议题，对于保障粮食安全战略落实的长久性、可持续性具有重要的战略意义。但是，受我国农业发展区域性和分散性强的影响，中国农业绿色发展的推进可能受到诸多阻碍，如技术研发瓶颈难以突破、水土资源总量有限且资源分配不均、经济社会发展提出新要求等。因此，认清当前农业绿色发展生产中面临的资源、技术等具体问题，对于进一步推动中国农业绿色发展具有重要的现实意义。

（一）耕地资源总量不足、质量不高的刚性约束

耕地是农业生产最基础的资源条件，但从我国耕地资源来看，存在总量不足、质量不高的情况，成为农业发展和转型的刚性约束。

从耕地总量来看，我国土地资源总量大，但可供农业生产的耕地资源十分有限。我国国土总面积为 960 万平方公里，占世界总土地面积的 1/14，仅次于俄罗斯和加拿大，位居世界第三。但我国土地以山地高原为主，最适宜农业生产的海拔 500 米以下平原地区面积仅占 11.98%。据统计，2017 年全国农用地总面积为 96.72 亿亩，占全国国土面积的 67.17%。其中林地面积为 37.92 亿亩，占 39.21%；牧草地为 32.9 亿亩，占 34.02%；园地和其他农用地仅占 5.86%；耕地面积为 20.23 亿亩，占 20.92%。从人均水平来看，耕地资源更为稀缺。据统计，我国人均耕地面积约 1.46 亩，仅约为世界平均水平的一半（2.89 亩）。此外，东低西高、山地高原普遍的地形特征造成全国 94%左右的人口集中居住在胡焕庸线东南方约 43.8%的土地上，这使得国内用于农业生产、经济发展的空间更为逼仄，更加剧了人地矛盾。

从耕地质量来看，全国耕地基础地力整体不高，耕地污染严重。据《2019 年全国耕地质量等级情况公报》统计，全国耕地中基础地力较高的一到三等耕地占比仅约为 27.3%，而生产障碍因素突出、地力相对较差的七到十等耕地面积占 27.9%。耕地质量不高的原因：一方面，我国土地资源基础条件不足，且气候环境影响下退化严重。据统计，全国宜农土地面积中，优质土地仅占 10%，其余 90%的土地则受到地形、地质条件、气候条件等不同因素的限制[①]。与此同时，土壤退化趋势仍难以遏制，据《2007 年中国环境

---

① 资料来源于《中国 1：100 万土地资源图》。

状况公报》披露，全国退化耕地面积占总耕地的40%以上。另一方面，土地污染问题突出，全国土壤总点位超标率为16.1%，其中轻微、轻度、中度和重度污染点位比例分别为11.2%、2.3%、1.5%和1.1%，各类农用地中耕地污染问题更为突出，点位超标率为19.4%，远高于林地、草地（10%和10.4%）①。

在耕地总量不足、质量不高的基础资源条件下，农业产量目标的实现只能借助于化肥的大量施用，引发耕地地力下降、农业面源污染等环境问题，耕地质量进一步下降，形成耕地利用的恶性循环。因而耕地资源禀赋的不足是农业绿色发展的最根本约束。

（二）农区作物品种结构单一导致农药过量施用

长期以来，为了充分发挥区域生产资源优势，在提升生产效率、实现规模效益的诱导和粮食主产区政策引导下，同一农区内往往趋向于统一作物品种与生产方式，形成如华北麦区、长江流域稻区与北方玉米区的作物优势产区。农业优势产区的形成对于机械化、专业化乃至农业现代化都起到重要的推动作用。但从农业绿色发展的角度来看，农区作物品种结构单一将导致农药过量施用，阻碍农业绿色发展。具体来看，自然环境的平衡是以物种多样化为基础，但大范围单一作物，打破了生态系统中原有的种间关系平衡，导致病虫害问题频发。为了保证粮食产量，农户只能使用农药进行病虫害防治。然而农药的使用又进一步对生态环境产生影响，导致病虫害抗性出现，病虫害更严重。在这一怪圈的影响下，农户农药施用量不断加大，最终导致过量施用。

（三）农业农村经济社会环境下的绿色转型困境

随着城镇化的推进，大量农村劳动力外出打工，对农村社会、经济环境带来了冲击。农业劳动力结构、农业农村生产生活环境的转变对农户主观生产行为产生影响，从而进一步影响农业绿色转型发展。具体而言，主要体现在以下五个方面。

1. 农户兼业化影响农业发展的绿色转型

农户生产行为是在特定社会、经济与制度条件下，根据自身收益最大化原则做出的理性决策结果。随着宏观社会、经济与制度的变迁，从事农业生产的比较收益下降，农户兼业程度的提高影响其包括化肥、农药投入在内的

① 资料来源于《全国土壤污染状况调查公报》。

行为决策。具体而言，一方面，农户兼业程度提高，其从事农业生产的机会成本也将提升，因此在实际农业生产中农户更倾向于用机械、农用化学品等其他要素替代劳动力投入，导致农用化学品的过度施用（史常亮等，2016）。另一方面，农户兼业程度的提高使其对农业收入依赖度下降，进而降低了其对农业生产的投入意愿，相比于价格较贵的有机肥等环境友好型技术，兼业农户更倾向于使用传统的化肥、农药。

2. 人力资本不足限制绿色生产方式转变

农户、涉农企业、农民合作社等共同构成了农业绿色化转型的基础决策单元，是农业绿色转型发展的主体，其生产经营能力直接决定了农业绿色转型发展政策的实施效果。从微观视角来看，农业生产主体的绿色转型意愿和行为主要受其对绿色生产认知、绿色生产技术采纳能力的影响。在劳动力外流的大背景下，大量青壮年劳动力向城镇、二三产业转移，导致从事农业生产的劳动力呈现明显的老龄化趋势。这部分劳动力往往由于受教育程度普遍偏低、绿色生产认知不足、新技术采纳能力较差，成为限制农业绿色发展的关键因素之一。

3. 资源禀赋条件导致生产行为转变困难

农户农用化学品的投入行为受其自身禀赋影响。在当前耕地户均规模小、细碎化程度高的耕地资源条件下，一方面，小规模经营不利于现代化农业生产基础设备和技术的应用，限制了借助现代生产工具提升化肥、农药使用效率的途径；另一方面，耕地细碎化严重抑制了化肥使用效率的提升，并且其影响效应往往在耕地、水资源条件相对较差的西部地区更为显著（史常亮等，2019），进一步削弱了资源条件较为薄弱地区的可持续发展能力。

4. 市场环境因素刺激农户过度投入行为

尽管自由市场提升了要素与农产品的流动效率，但在“小农户，大市场”的基本格局下，小规模农户往往面临着市场风险与信息不对称的挑战，进而影响其农用化学品的投入决策。具体而言，面对农业生产市场风险，对生产风险较为敏感的小规模农户往往出于减少潜在产量损失的需求倾向于施用更多的化肥以保证生产的稳定性（仇焕广等，2014）。而信息不对称一方面在要素市场阻碍农户对化肥农药有效信息的获取，导致化肥农药的不当使用；另一方面在产品市场阻碍农户对市场需求信息、消费者对产品质量信息的获取，使得使用环境友好型技术的农产品“质量溢价”难以形成，从而引起化肥农药过量施用（康婷、穆月英，2020）。

5. 传统家庭经营模式限制农用化学品减量化

在未来相当长的时期内，小农户家庭经营仍将是我国农业的主要经营方式。传统小农经营模式下，农户农业生产的投入往往是家庭根据全部产业收益最大化的原则而做出的家庭生产要素分配决策，在农户生产专业化降低的现状下，往往与农业生产最大化的投入决策存在较大偏差，导致要素投入不合理。此外，小规模生产在采纳新要素或新技术时往往面临极高的交易成本和交易风险，导致其采纳减量化技术的意愿往往较低。

五、推动农业绿色转型的方向与路径

（一）农业绿色转型发展的方向与路径

由于农业生产发展任务与资源条件差异，不同地区的农业绿色转型发展方向与路径也各有不同。

1. 农业大省的农业绿色转型发展方向与路径

针对农业大省长期追求产量、资源环境负荷重的情况，农业绿色转型要以保障农产品供应数量与质量安全为主要目标，以推行绿色生产技术、新型经营主体培育、农业产业链提升为主要方向。具体来看，要以加强农业绿色发展顶层设计为基础、强化农业绿色发展的科技与人才培养为支撑、构筑农业绿色发展体系为框架、建立农业绿色发展多元化投入机制为保障。特别是在科技政策体系方面，要加强农业绿色转型的研发、成果转化支持力度，完善农业绿色转型研发支持机制，重点加强农业绿色生产标准、技术操作规范、投入品标准体系等相关的科技支撑。

2. 大城市周边都市农业的绿色转型发展方向与路径

对于大城市周边农业圈与资源环境约束偏紧的地区，农业绿色转型发展的主要目标要偏重生态环境安全的保障，将农业生态环境治理和优化农业布局作为地区农业可持续发展的工作重点。针对大城市周边农业圈的严格农业资源约束，以及城市虹吸效应和其他产业的发展导致的科技、人才支撑体系薄弱的特点，可以将农业绿色发展与大城市生态圈的山体修复、水治理、湖泊湿地保护、沿海整治修复等相结合，通过农业生产技术支撑和政策体系的完善加快农业生态修复，转变农业资源利用模式，同时依托大城市较高的经济发展水平和对生态环境的高需求，尝试建立生态经济补偿机制，协调农业生产、环境保护和经济发展之间的关系，形成绿色循环发展模式。

3. 西部地区农业的绿色转型发展方向与路径

对于西部地区，农业绿色转型发展的主要目标是在生态保护的前提下兼顾社会经济发展目标。我国西部大部分地区处于生态脆弱区，生态系统抗干扰能力弱，是生态保护的重要领域。同时西部地区大多经济发展相对滞后，农业绿色发展还需兼顾经济效益的实现。对此，要充分考量资源环境承载力，以生态涵养为主要任务，合理构建农业发展格局，规划产业发展结构。通过推广绿色技术、提升生产效率，推动形成农业绿色生产模式，并在此基础上发挥生态资源优势，发展优质特色农产品、休闲农业等绿色农业产业。

（二）农业绿色转型中的保障措施

1. 完善农业绿色发展支持政策体系

农业绿色转型具有提高农业产品质量、保护生态等正向外部性，因此推进农业绿色转型发展离不开相关农业政策和制度设计的引导。由于农业制度设计方面存在滞后与缺位，导致我国农业可持续发展能力较为薄弱。尽管目前我国已将“三项补贴”调整重点用于耕地地力保护，并开展了化肥农药零增长行动、重金属污染耕地修复综合治理工程、农业面源污染综合治理工程等一系列项目推动农业绿色转型发展，但从产量目标导向的发展模式向可持续发展的转变仍任重道远。对此，要根据不同地区的农业绿色发展现状与突出生态环境问题开展重点工程项目，实现分区施策。如在东北地区进一步加强黑土地生态修复，在华北地区注重地下水超采治理工程的持续推进。此外，可以尝试通过市场化支持政策以及与绿色生产行为挂钩的收入性补贴等手段，强化政策的导向性和支持力度。

2. 合理引导农户绿色生产理念与行为

农户是农业绿色发展的主体，农户对绿色生产认知不足、行为意愿不强是当前农业绿色转型的瓶颈，有必要通过相关政策引导农户生产方式向绿色、可持续转型。具体而言：一是要充分考量其原本的生产生活秩序，设计与其原本生产方式相契合的转型方案。二是要利用农户间技术扩散与知识共享的行为机制，加强科技示范户的基层农业技术推广作用。三是要建立绿色生产方式的激励机制，通过补贴、绿色产品销售渠道建设等方式鼓励形成绿色生态的生产方式。

3. 加强土壤修复提升和保护的科技支撑

水、土资源是农业绿色发展的基础。考虑到当前国内水、土资源质量与主要污染源，要加强土壤修复提升和保护的科技支撑。土壤修复提升方面主要针对土壤污染情况与类型，因地制宜制订土壤污染治理技术方案与工作计划，同时通过推进化肥科学施用、加大有机肥和绿肥施用比例等方式补充土壤肥力。土壤保护方面主要是推动化肥、农药的减量施用。具体而言：一是推广病虫害生物防治与高效低毒农药替代普通农药；二是推广测土配方施肥、病虫害统防统治等技术，提高化肥、农药利用效率，实现精准科学施药施肥；三是通过发展高效施药机械、无人机和航化作业，减少农药流失，提高作业效率；四是通过实施稻田拦截工程等项目降低粮田排水污染物浓度，减少农药化肥污染的影响。

第七章　中国国家公园的土地权属与人地关系研究*

一、背景

从 2013 年党的十八届三中全会通过的《中共中央关于全面深化改革若干重大问题的决定》首次提出建立国家公园体制，到 2016 年 12 月中央全面深化经济体制改革领导小组通过《大熊猫国家公园体制试点方案》《东北虎豹国家公园体制试点方案》，我国国家公园体制已从理论层面进入实践层面。目前，国家已确定了青海三江源、湖北神农架、福建武夷山、浙江钱江源、湖南南山、北京长城、云南香格里拉普达措、大熊猫和东北虎豹 9 个国家公园体制试点，试点时间为 3 年。国家公园体制试点表明中国开始在代表性区域进行保护地管理体制机制改革，对完善我国生态文明体制建设具有重要意义（钟林生、肖练练，2017）。其中大熊猫、东北虎豹两个试点区域跨 2~3 个省区，这意味着我国在有效推动生态保护和自然资源资产管理体制创新方面，实现跨省区的统一管理。

我国人多地少的国情决定了协调人地关系是生态建设中面临的突出问题，无论在我国的自然保护区还是国家公园都还存在大量的原住民和集体土地，有着极为复杂的产权问题，涉及村民、村集体和国家多方利益，处理不好极易引发矛盾纠纷，不利于建立归属明晰、权责明确的资源保护管理体制。各类保护地是国家公园体制试点的载体，明晰保护地内各类自然资源权属，明确各类资源用途，并进行统一登记是我国自然资源产权管理的重要内容。在我国自然保护地，特别是自然资源富集的贫困地区，林草地既是生态保护的主要部分，又是当地农民赖以生存的重要条件，如何在生态保护中保证农民收入水平不下降并有所提高，是生态保护目标能否实现的重要因素。因此，国家公园体制试点需要通过调整土地权属和明晰土地用途，落实好自然资源

* 本文为中共中央宣传部 2016 年委托课题“推进生态文明建设”的研究成果之一。

的归属管理和用途管制，最终实现资源的严格保护和永续利用。

现有研究表明，国家公园体制试点不仅为国家公园体制顶层设计提供实践经验，而且为一些重大敏感问题的解决提供可能方案，是推动生态文明制度建设落地的重要载体（钟林生、肖练练，2017）。唐小平（2014）指出，解决土地权属问题是我国建立国家公园的前提，只能在国有土地或可以全面化利用的土地上才能建立国家公园，对于保护价值较高的集体或个人土地，可通过赎买、置换、租赁等方式实现土地资源的全民所有。郭冬艳和王永生（2015）认为我国国家公园体制试点的建设应在生态保护的前提下，强调农民的公众参与，充分尊重农民的意愿，并将土地征收限制在国家公园的核心区。保证社区发展与生态保护的协调是实现国家公园可持续发展的重点（虞虎等，2017）。迄今为止，现有文献对国外国家公园的管理改革经验和启示的研究比较全面（周武忠等，2014；王连勇，2014），国家公园体制试点建设路径选择和管理问题研究也不断出现（殷培红、夏冰，2015）；但很少有研究对国家公园的土地权属问题进行系统的研究和解释，只有在研究国家公园体制和发展的文献中稍有提及。因此，从土地权属处置问题入手，深入研究我国生态建设中的人地关系矛盾，对于促进人与自然和谐发展具有重要的理论和实践意义。

二、国家公园的土地权属及分类

（一）土地权属类型

我国国家公园试点是在自然保护区、风景名胜区等保护地上进行的功能重组，区域范围是以上述保护地为基础的整合。由于上述保护地存在土地权属的遗留问题，造成国家公园区域内的土地权属性质复杂，推动区域内土地与自然资源的确权登记，明晰界定各类自然资源资产的产权主体是国家公园体制试点中的重点和难点。按土地权属性质划分，国家公园体制试点区所涉及的土地包括全民所有和农民集体所有。全民所有，即国家所有土地的所有权由国务院代表行使。农民集体所有的土地包括宅基地、自留地和自留山。按土地类型划分，国家公园体制试点区涉及国有林、集体林地以及自留地和宅基地等集体土地。从产权构成及特点上来看，国有林的山权和林权属于国家所有；村集体林地属村集体所有；林改后分林到户林地的所有权归集体，而林木所有权和林地使用权均落实到户，农民依法享有承包经营林地的经济收益，也可以依法进行转包、出租、转让、互换、入股、抵押或作为出资、合作条件。国家公园区域内的土地和自然资源确权，需要划清全民所有和集体所有的边界。因此，通过建设国家公园，重组自然保护地体系，逐步解决自然保护地的土地和自然资源资产的产权问题，需要探索区域内科学合理的土地确权方式和补偿标准。

（二）试点区的土地权属分类及对社区的影响

9个国家公园试点方案按照统筹考虑试点区域内生态保护和利用现状、社区居民生活和当地社会经济发展原则，将国家公园试点区分为严格保护区、生态保育区、游憩展示区和传统利用区四个功能区。由于9个试点所处区域资源和经济状况不同，因此反映出的土地权属问题也具有差异性。

按照土地权属类型划分，大体可以将我国国家公园体制试点区分为三类。第一类是三江源国家公园，以保护区为主且以地广人稀为主要特征。三江源国家公园区域内拥有湿地29842.8平方公里、草地86832.2平方公里、林地495.2平方公里，主要包括可可西里国家级自然保护区和三江源国家级自然保护区的5个保护分区，因此，产权归属相对明确，土地确权产生的矛盾纠纷较少。第二类是湖北神农架、福建武夷山、浙江钱江源、湖南南山等国家公园（北京长城除外），主要以集体林地为主，且所属区域人多地少，土地权属问题突出，是确权的重点区域。第三类是黑龙江、吉林东北虎豹国家公园和横跨四川、陕西和甘肃三省的大熊猫国家公园，区域内拥有大量的国有林场，土地的矛盾纠纷相对较少。

按照国家公园试点所在地的经济、社会发展情况以及对生态资源的依赖程度划分，大致可以分为以下几类：

第一类：以集体林地为主，经济较发达，农民对林业资源的依赖性小。如武夷山国家公园和钱江源国家公园都属于我国人口密度大、地少人多且经济发达的省份，大多数当地居民不以林业为主要收入来源，但是都面临着试点区域内集体土地占比较大、土地权属纠纷多、土地确权压力大等问题，而且土地权属分散造成统筹管制的经济成本非常高。武夷山国家公园体制试点区内的多数林权为集体林权，武夷山周边社区农民多而分散，当地的茶叶资源创造了较高的经济价值，成为农民的主要收入来源；武夷山国家公园试点区拟采取山上山下土地置换的方式保证完整性，将山上茶园与农民耕地置换，变茶园为生态公益林；按照统一纳入世界自然保护联盟的保护地分类体系实行严格保护，需种阔叶生态林，但由于山下农地权属和农林地变性问题，土地无法置换，导致碎片化问题依旧无法解决。钱江源国家公园的集体土地约占总面积的84%，周边社区居民多数外出打工，人均收入较高，农民的生产生活对林业资源的依赖性小；试点区内存在一定数量的原住民，易地搬迁涉及农户141户421人。

第二类：经济欠发达，农民对林业资源的依赖性大。如神农架国家公园和南山国家公园等，中西部地区经济相对欠发达，农民的生产生活对林业资源利用的依赖性大，协调保护区与周边社区居民发展的挑战性较大。神农架国家公园主要以国有土地为主，集体土地占土地总面积的14.2%，但是试点区内的人类干扰活动多，移民搬迁压力较大，涉及500余户2100人，移民安置资金需求较多。南山国家公园的集体土地占总面积的58.5%，主要为各个村的集体用地，试点区内移民搬迁涉及90余户280人，试点期内暂不对集体林地所有权进行调整，通过共管协议，按每亩每年14.5元进行补偿，拟开展地役权试点的集体土地的补偿标准为30元/亩，每年需要投入较多的补偿资金。

第三类：以国有林为主，当地居民就业渠道有限。东北虎豹国家公园主要以国有林场和国有林区为主，确权所产生的土地权属纠纷相对较少，但是试点区面积仅占东北虎豹栖息地的40%，且周边社区常住人口较多，社区居民的生产生活严重依赖于自然资源的开发和利用，林业收入是当地居民的重要收入来源。目前，吉林和黑龙江两省面临国有林场和林区改革以及天然林全面禁伐，吉林省林区面积虽小于黑龙江，但是占东北虎豹国家公园总面积的70%，由于禁伐补贴按原有木材采伐量计算，未考虑到木材材质价差，导致禁伐后林业工人收入水平下降较多。国家公园试点内涉及生态移民9000余户，其中非林业人员占3/4。改革开放以来，林区外来人员增多，居民的生产生活不仅挤压了虎豹的生存空间，而且影响了栖息地野生动物的繁衍，导致近年东北虎豹因野生猎物不足转而捕食家畜的现象时有发生。可以说，东北虎豹保护中主要的矛盾和核心问题是人与虎豹争夺生存空间和资源的问题。大熊猫国家公园主要以集体土地为主，区域内属于自然保护区的土地以国有为主。国家公园体制试点区的土地权属情况见表8-1。

表8-1　国家公园体制试点区的土地权属情况　　单位：平方公里，%

分类	国家公园	总面积	国有土地面积	国有土地占比	集体土地面积	集体土地占比
Ⅰ	三江源	123100	—	—	—	—
Ⅱ	武夷山	982.6	282.4	28.7	700.2	71.2
	神农架	1170	1003.8	85.8	166.2	14.2
	南山	635.94	263.9	41.5	371.9	58.5
	钱江源	252.16	40.3	16.0	211.8	84.0
	普达措	1313	1024.1	78.0	288.9	22.0
Ⅲ	大熊猫	27134	18405.1①	67.8	5943.4	21.9
	东北虎豹	14612	13100	—	—	—

注：①为国有林地。

资料来源：笔者根据国家公园试点方案整理而成。

三、钱江源国家公园土地确权流转案例

（一）案例概况

浙江开化钱江源国家公园体制试点区（以下简称钱江源试点区）位于浙西地区的浙皖赣三省交界处，包括古田山国家级自然保护区、钱江源国家森林公园、钱江源省级风景名胜区以及链接以上自然保护地之间的生态区域（大部分为生态公益林）。目前，钱江源试点需要确权的土地类型主要包括：集体林地、集体和居民的宅基地，以及少部分的耕地。钱江源试点区面积252.16平方公里（37.824万亩），其中集体土地占总面积的79.6%，约30.108万亩，共涉及了4个乡镇、19个行政村、72个自然村的9744人。钱江源国家公园试点区的集体林地占比较大，增加了国家公园管理机构统一保护的难度，给园区内的林地确权、流转和集体林权改革带来了较大的压力。

（二）以租代征的土地流转方式

1. 实施背景

国家公园体制试点需明确国家公园区域内自然资源资产的所有权人，鉴于国家公园公共产品的属性，其土地及自然资源应归国家所有、全民所有。2016年6月，国家发展改革委批复《钱江源国家公园体制试点区试点实施方案》规定，在试点过程中需对区内集体所有土地及其附属资源采取分区、分类补偿标准，通过协议、股份等方式实现使用权流转，完成集体林地流转。流转并不改变国家公园内土地（林地）的所有权关系，是通过征用、租赁和抵押等方式来实现国家与农民之间的集体土地（林地）使用权的转变。如果采取征收方式使集体林地转为国有，仅钱江源试点区的核心区林地就要征收4.5万亩，实际操作难度较大，不仅给地方政府带来了巨大的财政压力，而且在征收过程中也极易产生林权纠纷，不利于园区及周边社区的和谐稳定。

钱江源试点区周边农民的资源保护意识较强，一方面，出于对大自然的敬畏和传统乡规民约的约束，许多林地被当地村民作为风水林，农民保护森林和环境的愿望非常强烈；另一方面，近年采伐指标申请困难，林木的市场价格不理想，农民对林木收入的依赖性减弱。针对上述情况，开化县探索新的林权改革模式——以租代征，通过租赁集体林权方式，对林地进行流转、整合，加强了对集体山林的统一管理，减少了碎片化。

2. 征收和租赁的成本测算与比较

（1）征收的成本测算。

根据《钱江源国家公园体制试点区试点实施方案》中的标准对集体林地流转和生态补偿经费进行测算，总费用约为 15.33 亿元。钱江源试点区集体林地流转资金主要包括核心保护区和生态保育区林地征收费用、核心保护区其他的集体林地补偿金、生态保育区生态公益林补偿金、以及试点区内其他生态公益林补偿金。扣除财政已承担的生态补偿金 866.45 万元，钱江源当年需支付 15.25 亿元的征收和生态补偿款（见表 8-2），给县级财政带来了较大压力。

表 8-2　钱江源国家公园集体林部分征收的当年成本测算

项目 金额		实际所需支付资金	国家公园的集体林地流转和生态补偿					财政已承担的生态补偿金		
			小计	核心保护区和生态保育区林地征收费用	核心保护区其他的集体林地补偿金	生态保育区生态公益林补偿金	试点区内其他生态公益林补偿金	小计	已享受租赁的集体林	已享受生态公益林补偿的林地
合计（万元）		152451.21	153317.66	152235	213.66	622.89	246.11	866.45	458.15	408.3
补偿	标准（元/亩·年）			34000	60	45	30		48.2	40
	面积（亩）			44775	35610	138420	82035		95052	102076

（2）租赁的成本测算。

开化县古田山自然保护区自 2007 年开展核心区集体林权租赁试点，探索出了“保护区租赁经营集体林，自留山全额补偿到户，统管山分利不分林”的自然保护区集体林权改革模式，到 2013 年实现“三区”（自然保护区的核心区、缓冲区、实验区）同步租赁，试点经验已经推广至浙江全省、省级以上的保护区。因此，开化县政府和钱江源国家公园的管理者认为，部分征收与生态补偿结合模式所花费的代价太大，若在钱江源试点区全域采用古田山集体林租赁补偿机制实施林权租赁补偿，按照 2017 年集体林租赁的 48.2 元/（亩·年）的补偿标准，则 2017 年全域 301080 亩的集体土地的租赁总费用为 1451.21 万元。同样扣除已享受租赁及生态公益林补偿部分的 866.45 万元资金，则全域租赁模式的财政支出约增加 584.76 万元（见表 8-3）。从政府的年度财政压力和实施难度上来说，全域租赁模式具有更高的可行性。

表 8-3　2017 年钱江源国家公园全域租赁的成本测算

项目 金额	实际所需支付资金	国家公园的集体林租赁补偿	财政已承担的生态补偿金	
			已享受租赁的集体林	已享受生态公益林补偿的林地
小计（万元）	584.76	1451.21	458.15	408.3
补偿标准（元/亩·年）		48.2	48.2	40
补偿面积（亩）		301080	95052	102076

四、国家公园土地确权、流转中的人地矛盾

（一）确权导致的林地纠纷增多

林地纠纷是国家公园进行集体林地流转时的主要障碍。目前，国家公园内出现的林地纠纷可以分为以下几种情况：第一，由于林权基础资料不完善而出现的山林产权纠纷问题。集体林权分林到户比较粗放且界限不清，主要是按林木蓄积、距离远近等标准分配，导致农户之间山林界限不明、产权不明晰，农户间所承包的山林面积误差较大。第二，集体林分林到户后，有部分农户通过签订流转合同，将分林到户的集体林地通过租赁或承包的方式流转给林业大户或当地的林业经济合作组织进行集约化、规模化经营，从而获取一定的地租或分红收入。对于这部分租赁未到期的林地，如果强行流转，极易引发各种纠纷和矛盾。第三，国家公园的保护区内还存在一定面积的人工林，这些人工林原来通过承包的方式由承包户经营，但是有些人工林已过了承包期，山林被所在村收回。建立国家公园试点后，保护区内禁止采伐，对这些人工林没有相应的补偿政策，承包户的利益受到损害，由此产生了一系列的纠纷。

目前，针对有林权纠纷的土地，如果仅采取林业局管理者、村干部和保护区管理者与村民进行面对面的调解和协调，具有较高的行政成本。同时，仅仅通过政府和农户间的协调，而没有相关的政策优惠和补偿配套，也不利于矛盾和纠纷的有效解决。

（二）补偿标准低影响土地整合进度

建立补偿长效机制是国家公园体制改革的重点之一，国家公园试点对区域内不同的林地类型设计了不同的补偿标准。各地在国家公益林补偿统一标准的基础上，根据森林质量和经济条件制定了相应的标准，使各地的公益林补偿标准具有较大差异。如钱江源国家公园区域内的自然保护区实行集体林

租赁补贴，补偿标准为 48.2 元/亩；其他区域实行的是生态公益林补偿，补偿标准为 33 元/亩至 40 元/亩不等；5A 级景区还另有一部分由旅游集团提供的 15 元/亩的效益补偿，这种高标准在全国较为少见。武夷山国家公园试点区内原自然保护区内的生态公益林补偿标准为 21.75 元/亩，原风景名胜区内集体生态公益林和上游保护地带集体公益林的补偿标准为 18.75 元/亩。补偿标准的高低主要取决于所在省的经济发展水平，相邻省区易产生攀比。此外，国家公园区域内还有很大部分的山林因不在现有补偿政策范围内，产生了诸多矛盾和纠纷，其中既包含国家公园范围内居民受损害的农作物补偿问题，也包含划入保护区内已过承包期的人工林的补偿问题，上述种种都影响了国家公园的土地整合。

（三）部分生态移民缺乏后续收入保障

生态移民是国家公园体制建设中的重要内容，是保护区周边社区居民改变生产方式和生活方式的过程，也是整合连通各类保护地，形成大规模的生态系统的完整性保护的过程。目前，国家公园试点中生态移民数量由 60 人到 9000 人不等，且移民情况较为复杂，既有国有林区职工，也有社区农民。生态移民虽然有各种移民优惠政策的支持，但多为一次性搬迁安置费用，是农户短期利益的实现，而非农户家庭的长期可持续发展。从搬迁的实际情况中也可以看出，各地试点中差异很大，目前已经搬迁的多为年轻且有就业能力的农户，如钱江源国家公园已经搬迁的 70 人基本已经不从事农业生产，而剩余的未搬迁户中，存在因病致贫的贫困户，若这部分农户脱离传统的生产经营方式极易造成进一步的家庭贫困。对于搬迁后丧失生产能力的农户，应适当调整移民搬迁相关补偿和政策帮扶，经济相对发达地区，对这部分生态移民有托底政策，但是中西部地区的生态移民工作压力较大。

另外，生态移民也不仅是物理空间的变化，还涉及搬迁户与移民地的社会互动和文化融合的问题。因此，如何合理地选择搬迁地点，如何最大限度地保存农民的传统森林文化，使搬迁户获得更多样的生计结果，是试点区域的移民搬迁需要兼顾的重要问题。

五、国家公园土地权属与管理的英美经验

（一）美国

美国国家公园致力于保护生态系统的完整性和自然文化资源价值的内在统一性，当生态保护和资源利用发生冲突时，始终将保护放在第一位，有着

明显的公益性特征。美国已形成了联邦、州郡和非政府组织3个层面共20个类型的保护地体系（李晓莉，2010）。美国国家公园体系属于联邦层面的保护地体系，明确由国家公园管理局管理，国家公园内的土地、自然资源及文化遗产的产权均归联邦所有，归属于国土部。

美国不同保护地产权清晰、职责法定且定位明确。美国各类遗产资源基本上都是政府拥有主要的土地权和产权，因此享有对遗产资源的绝对支配权，能够有效杜绝外来干扰（苏杨，2006）。而美国国家公园内的私人土地产生于国家公园形成以前，属于历史遗留问题。对于国家公园内的非联邦所有土地，为了防止土地碎片化，通过制订严格的保护计划，明确需要纳入公共土地的范围和保护措施，通过与业主协商，对土地进行收购，对于无法协商解决的，则采取征收措施。土地收购资金主要来源于土地和水保护基金，收购方式包括以预算或捐赠资金购买、互换、捐赠、廉价出售、从公共领域转移或退出等多种方式。当收购不可行时，可与所属州协商进行合作管理①。因此，通过采取这些措施，国家公园内私人土地的面积也越来越小。

（二）英国

截至2010年，全英境内共有15个国家公园，公园总面积占国土面积的12.7%（DEFRA，2010）。如何处理国家公园的自然生态性与居民生产性的冲突，资源的私有性和公共性的矛盾，英国国家公园的经验值得我们学习和借鉴。英国的国家公园是开放式的共管景观，公园内的多数土地属于私人或者慈善机构所有，是土地私有制国家（程绍文等，2013）。英国采取灵活而复杂的“分权制”管理模式代替没收土地变为国有的形式，并通过鼓励各利益相关方共同参与国家公园的管理，形成了独特的土地私有国家公园管理方式。土地私有的权属关系要求国家公园的建立必须通过公众听证，从而促进了社区参与国家公园管理（徐菲菲，2015）。英国的国家公园大多具有半乡村性，如今国家公园内仍有大量的原住民，他们的生产和生活都依靠于国家公园，使得国家公园具有一定的生产性。

但是，英国国家公园的土地权属私有属性和国家公园维护公共利益的公有性特征也形成了冲突和矛盾，给国家公园的管理带来了不便。国家没有土地所有权不仅阻碍了国家公园的统一管理，也极大地限制了国家公园管理局的权力。英国新森林国家公园是英国人口密度最大的国家公园，涉及周边社区居民1万多户，其区域内的土地权属涉及众多部门，包括林业委员会、国

① 国家发展改革委，《2016年国家公园体制建设公共决策能力培训报告》。

家信托、私人业主和地方议会等（Xu et al.，2014）。由于土地私有属性，导致国家公园内核心区的增减和管理方式的变更很难通过公众听证。

六、几点思考

（一）因地制宜、分步开展土地确权和流转

中国人多地少，资源相对集中，人地矛盾突出。我国特有的国情使我们在解决人地矛盾方面可借鉴的国际经验有限，英国的土地私有制不适用于中国，而借鉴将集体土地完全收归国有的美国经验也不具备可行性。因此，我国在推进国家公园体制建设中应根据各地的实际情况来开展土地确权及流转工作，逐步解决土地破碎化问题。首先，最大限度对国家公园内严格保护区实施整体保护，加快对核心保护区的集体土地确权，有条件的试点区将其所有权和使用权收归国家所有，由国家公园管理机构统一管理。对于居住在核心保护区内的原住民，进行生态移民搬迁。其次，对于国家公园生态保育区、游憩展示区和传统利用区的集体和个人的土地确权，因地制宜、分步制订工作方案，为下一步土地流转打下基础。我国国家公园体系建设尚处于探索阶段，可选择经济条件好、农民对林业资源依赖性小的地区先行开展集体土地确权，通过总结试点经验，进而逐步推广。

（二）建立生态补偿长效机制

对于农民来说，土地是他们的基本生活保障和生活来源。生态补偿是解决国家公园土地权属问题的关键。建立补偿机制，不仅能有效缓解土地纠纷以及土地使用权限变化造成的负面影响，而且能促进民众参与国家公园的生态环境保护。国家公园体系建立中，要针对不同资源禀赋特征的原住民，实行多渠道、多形式安置补偿，补偿的方式也不应限于资金补偿，还可包括就业、培训、教育等政策补偿，变“输血式”安置补偿为“造血式”安置帮扶。通过提高试点区内流转以及限制用途的土地、资源的补偿标准，以及优先安排当地居民就业，以解决社区居民的后顾之忧。对于国有林区转出的林业职工，当地政府可增加天然林管护、森林培育、生态公共服务等公益岗位，同时有针对性地对职工进行职业教育和技能培训，拓宽就业渠道，促进转产就业。

（三）建立试点区与社区共建共享机制

人类生产活动与自然生态系统演替相互影响、相互作用。居住在保护地周边的居民对土地和当地特有的生态系统有天然的情感，适当引导当地居民

参与国家公园的建设和管理，能使自然资源得到有效保护和合理利用。同时，建立自然生态完整保护和文化资源合理利用的国家公园体制，可以对地方经济发展起到直接的促进作用。因此，国家公园土地权属问题的解决可以通过协调公园与周边社区居民的关系，建立试点区与社区共建共享机制。一方面，将支持传统文化习俗、生态保护与农民意愿三者有机结合，根据农民意愿适当保留试点区的原住民，但需严格规定居民的生活范围，控制生产活动类型，通过开展旅游类经营或相关政策补贴提高家庭收入。另一方面，通过发展绿色经济降低农民对土地的依赖性，减小国家公园的设立对社区民众造成的经济影响，协助社区发展绿色生态产业，引导和帮助农民从事农家乐、手工制品加工等旅游经营活动。

第八章　维护生态安全：挑战与对策*

生态安全是指一个国家具有支撑国家生存发展的较为完整、不受威胁的生态系统，以及应对内外重大生态问题的能力。生态安全是人类生存发展的基本条件。生态环境的恶化对人类生存的威胁，如同战争威胁一样生死攸关。20 世纪 80 年代初，有学者将生态问题纳入国家安全的范畴。此后，这个全球性问题逐渐为世界各国所认识，各国纷纷把维护生态安全列为国家安全战略的重要目标。我国作为一个领土、人口大国，随着经济社会的快速发展，资源约束趋紧、环境污染严重、生态系统退化，生态问题日益成为经济、社会发展中的焦点问题。维护生态安全直接关系人民群众福祉、经济可持续发展和社会长久稳定，生态安全成为国家安全体系的重要组成部分和基石。

一、维护生态安全的重要意义

习近平总书记指出，保护生态环境就是保护生产力，改善生态环境就是发展生产力。良好生态环境是最公平的公共产品，是最普惠的民生福祉。生态问题不仅关系到人民群众幸福安康，更直接关系到国家经济社会发展，事关国家兴衰和民族存亡。

（一）生态安全是人类生存发展的基本条件

自然生态系统是人类社会的母体。人类生存需要水、空气、土壤和食物供给等必备条件。人工生态系统和人类社会的和谐稳定，需要营养物质循环、气候与水文调节、污染物降解等生态调节过程。这些物质条件和功能构成了包括人类在内的所有生物的生命支撑系统。维护生态安全，首先就是维护人类生命支撑系统的安全。

就人类的实践活动而言，发展生产与影响生态环境可以说是同步进行的。人类只要进行生产，不管是多么科学的生产，都不可避免地会给自然环境带

---

* 本文是为《总体国家安全观干部读本》一书撰写的文稿。

来影响。人类在生产生活过程中会不断地把自然生态系统变为人工生态系统，这种人工生态系统以满足人类的物质精神需求为核心，受到人类的干预和主宰，但仍然必须遵循自然规律和生态法则。

维护生态安全，必须在满足人类生存发展条件的同时，防止生态环境的恶化。如果人类社会的发展使得自身失去生存的条件，如失去清洁的空气、水、食品，那么发展就失去了意义。因此，生态的良好和可持续是经济和社会发展的底线。

（二）生态安全是经济安全的基本保障

人类历史上，生态退化和自然资源减少而造成的经济衰退乃至文明消亡的现象屡见不鲜。对任何国家来说，其存在与发展都离不开自然环境的消耗。这种消耗要想可持续，就必须是有节制的，即对自然环境的索取必须是自然环境能够承受的。超过了这个限度，问题积累起来，就会导致三个结果：一是资源会越来越少；二是环境质量会越来越差；三是生态系统会越来越不稳定。一旦超过生态系统所能承受的阈值，将造成不可逆的生态退化或破坏，不仅导致直接的经济不安全问题，而且会透支后代的发展资源和生存环境，甚至对国家、民族的发展带来不可估量的影响。从这个意义上讲，生态安全构成了经济安全的条件与保障。可以说，没有生态安全，就没有经济的可持续发展，也就没有经济安全。

（三）生态安全是政治安全和社会稳定的坚固基石

生态安全直接关乎人民群众的健康和生产生活。生态环境的恶化意味着人民生活质量的下降，甚至生存发展条件的丧失可能导致社会动荡、冲突。随着全球人口的不断增长，对生产生活资源需求持续上升，对环境破坏日益严重，与生态相关的冲突很有可能在今后几十年进一步增多。过度的城市化、气候变暖、森林消失、生物物种减少、荒漠化和人类生存环境的恶化，都有可能导致社会关系的紧张，并进一步演变成政治安全问题，从这个意义上讲，维护生态安全对维护政治安全与社会稳定的重要作用不言而喻。

（四）生态安全是国土安全的重要屏障

从传统安全观看，国土安全主要是维护边界、主权和国家统一。从总体国家安全观看，国土安全则包括生态安全的内容。没有青山绿水的国土不是安全的国土。土壤、空气、水体不受污染，自然环境和人居环境适宜，国土才是真正安全的。

当代的生态问题，对国土的影响是多方面的。首先，它可能改变国土的大小。气候变暖所导致的海平面上升，会使一些国家的低海拔地区被淹没。尤其是一些小岛国，其国土甚至会完全消失。其次，它可能影响国土的质量，尤其是资源消耗过大、森林减少、土地退化、人居环境严重污染等问题，都在影响着国土的实用价值、产出效益和发展潜力。鉴于此，只有保护好生态环境，才能保护好国土。

（五）生态安全是资源安全的重要基础

生态系统作为一个整体，既是人类的生存空间，又是人类获取生产、生活资源的来源。对国家来说，要获得充分的资源，不仅取决于国内的生态安全，而且取决于国际和全球生态安全。

以水资源为例。按照联合国环境规划署 2013 年提供的数字，尽管全球已有 89%的人口可以得到经过改善的饮用水源，但仍有 11%的人口（约 7.83 亿人）不能得到卫生的饮用水源。缺水不单因为使用与分配不公，更是因为生态环境的破坏。从生态的角度看，只有解决好与气候、人口、污染等因素相关的问题，才能更好地保障水资源安全。

二、维护生态安全面临的机遇和挑战

从发展趋势来看，随着我国经济社会发展方式、居民消费方式的逐步转变，人口增长、能源消费和资源消耗增长等均有望逐步放缓，二氧化碳和主要污染物排放则将逐步进入拐点。这为逐步改善生态状况、维护生态安全提供了难得的历史机遇。

同时也要看到，我国生态本底状况较为脆弱，适宜工业化、城镇化开发的面积仅有 180 余万平方公里，中度以上生态脆弱区域占陆地国土空间的 55%。人口分布、经济发展与资源环境条件布局性、结构性矛盾突出。发达国家一两百年出现的环境问题，已在我国 30 多年来的快速发展中集中显现，全国生态环境恶化趋势尚未得到根本扭转。

（一）自然生态空间过度挤压

我国森林覆盖率和单位面积蓄积量远低于全球平均水平。90%的可利用天然草原存在退化问题，草原超载过牧现象仍然严重。湿地面积不断萎缩，湿地开垦、淤积、污染、缺水等问题突出，生态功能降低或丧失。近海生态恶化，自然岸线保有率仅为 37.6%，红树林和珊瑚礁面积较 20 世纪 50 年代减少 70%以上，近海赤潮、绿潮频发，生物资源衰退程度加剧，主要鱼类产卵场大幅萎缩。

（二）土地沙化、退化及水土流失不容忽视

经过长期发展，我国耕地开发利用强度过大，一些地方地力严重透支，水土流失、地下水严重超采、土壤退化、面源污染加重已成为制约农业可持续发展的突出矛盾①。全国水土流失面积占国土面积的37%、沙化土地面积占国土面积的18%，生态系统破坏带来的自然灾害频发。耕地土层变薄、酸化、次生盐渍化加重、有机质流失等问题加剧。

（三）水资源严重短缺

近年来，我国年均缺水量达500多亿立方米，近2/3的城市不同程度缺水。海河、黄河和辽河流域地表水资源开发利用率分别高达106%、82%和76%，西北内陆河流开发利用已接近甚至超出水环境承载能力。全国年均超采地下水215亿立方米，其中华北平原已形成12万平方公里的漏斗区。挤占生态用水问题也较为突出，京津冀地区永定河、大清河等主要河道发生断流，西北内陆河下游及尾闾面临生态消亡，区域水生态系统受损严重。

（四）生物多样性面临挑战

人类活动干扰及违法开发建设对野生动植物栖息地影响较大，我国4357种脊椎动物（不含海洋鱼类）中，受威胁物种占21.4%，其中两栖类动物受威胁比例高达41.3%；34450种高等植物中，受威胁物种占10.9%，其中裸子植物受威胁比例高达51%，60%~70%的野生稻分布点已消失或萎缩。部分珍稀或特有种质资源状况堪忧，外来物种入侵事件频发，对自然生态系统平衡、本土物种基因构成严重威胁。

（五）城乡人居环境恶化

空气污染十分严重，近年来以$PM_{2.5}$为主的雾霾天气频发，范围涉及广大中东部地区。2014年，开展空气质量新标准监测的74个重点城市中，仅有8个城市空气质量年平均值达标。

空气污染导致我国成为世界三大酸雨地区之一。根据《2014中国环境状况公报》，全国470个城市中，酸雨城市占29.8%。酸雨污染主要分布在长江以南至青藏高原以东地区，包括浙江、江西、福建、湖南，重庆的大部分地区，以及长三角、珠三角地区。

全国水污染也十分严重。松花江流域、淮河流域、江河流域、黄河流域

---

① 习近平．关于《中共中央关于制定国民经济和社会发展第十三个五年规划的建议》的说明[N]．人民日报，2015-11-04.

为轻度污染，海河流域为中度污染。大多数城市的地下水遭受污染，在4806个地下水的环境质量监测点中，水质较差的监测点占45.4%，水质极差的监测点占16.1%。部分区域城乡饮用水水源存在安全隐患。

全国土壤总点位超标率为16.1%，其中耕地土壤点位超标率达19.4%，局部地区呈现从轻度污染向中、重度污染，从单一污染向复合污染，从土壤污染向食物链污染转移的趋势。我国土壤污染南方重于北方，长三角、珠三角和东北老工业基地等部分区域土壤污染问题较为突出，西南和中南地区土壤重金属超标范围较大。

（六）气候变化可能造成重大影响

近年来，我国的温室气体排放量急剧攀升，排放总量已居世界之首。受气候变化影响，近百年来，我国陆域平均增温0.9~1.5摄氏度，洪涝、台风和季节性干旱更趋严重，低温冰雪和高温热浪等极端天气事件频发，造成农业生产的不稳定性和成本增加，基础设施建设和运行安全受到影响。根据《第三次气候变化国家评估报告》，1980—2012年我国沿海海平面上升速率为29毫米/年，预计21世纪末我国沿海海平面将比20世纪高出0.4~0.6米，可能对长三角、珠三角等地区经济社会发展造成严重影响。

三、维护生态安全需要注意的重要问题

生态修复是一项系统工程，需要耗费几十年乃至上百年的时间，短期内难以见效。因此，必须坚持绿色发展，着力改善生态环境。坚持绿色富国、绿色惠民，为人民提供更多优质生态产品，推动形成绿色发展方式和生活方式，协同推进人民富裕、国家富强、中国美丽①。要充分认识维护生态安全的长期性、复杂性、艰巨性，逐步建立健全维护生态安全的制度体系，着力解决突出的生态环境问题，切实维护我国生态系统稳定、保障国家利益。

（一）强化国土空间和资源开发管制

坚定不移实施主体功能区制度，健全财政、投资、产业、土地、人口、环境等配套政策。强化土地用途管制，划定并严守生态保护红线。严守水资源开发利用、用水效率、水功能区限制纳污三条红线，加强地下水开采总量控制。积极发展循环经济，强化节能节地节水准入，提高全社会资源产出率。实施工业绿色发展战略，加强产业上下游间衔接与耦合，推进工业集约化发

---

① 习近平. 关于《中共中央关于制定国民经济和社会发展第十三个五年规划的建议》的说明[N]. 人民日报，2015-11-04.

展。严格实施矿产资源规划，强化准入管理，严控采矿活动对生态环境的影响。

（二）完善相关法律法规和财税制度

加快推进生态安全重点领域立法修法工作，强化环境保护监督工作。将生态环境保护纳入领导干部政绩考核体系，探索编制自然资源资产负债表，建立领导干部自然资源资产离任审计制度，制定《党政领导干部生态环境损害责任追究办法（试行）》，对失职渎职、滥用职权的予以严肃追责。落实并完善促进节能减排、保护生态环境的税收政策，加快推进环境保护费改税和资源税费改革，深化自然资源及其产品价格改革，探索建立全面反映市场供求和资源稀缺程度、体现生态价值和代际补偿的资源有偿使用制度，建立健全生态保护补偿机制。

（三）加强自然生态系统保护与修复

加强林草植被保护与建设，提升森林和草原质量。强化天然湿地保护，有计划推进退耕还湿。调整农业结构，推进农业清洁生产，保护与提升耕地质量。强化自然海岸线保护，控制海岸带环境污染和生态破坏，控制领海内海水污染，推进受损典型海洋生态系统修复。强化自然保护区建设和管理，探索建立以自然生态资源保护为核心的国家公园体系，加强极小种群、重要野生动植物及栖息地的保护和恢复。严格重要种质资源、珍稀濒危野生生物资源进出口管理，加强外来物种监测预警及风险管理。积极推进重点地区水土流失和沙化、石漠化土地治理。

（四）推进重点环境问题治理

加强水生态保护，系统整治江河流域，连通江河湖库水系，开展退耕还湿、退养还滩。推进荒漠化、石漠化、水土流失综合治理。强化江河源头和水源涵养区生态保护。开展蓝色海湾整治行动①。实施大气污染综合防治，推进清洁生产和节能减排，严控多种大气污染物排放量，切实改善大气环境质量。完善国家土壤环境监测网络，加大土壤重金属污染治理修复力度，强化农产品产地安全和污染场地开发利用监管。实施矿山生态环境保护与恢复治理。

---

① 习近平．关于《中共中央关于制定国民经济和社会发展第十三个五年规划的建议》的说明[N]．人民日报，2015-11-04.

（五）加强生态安全监测与研判

探索建立生态安全监测预警体系，建立完善生态安全动态监测网络。定期对生态风险开展全面、科学的调查评估，加强对苗头性、倾向性、潜在性生态问题的预研预判。建立突发环境事件应急预案编制和管理体系，建立完善多级联动的突发环境事件应急网络，有效管控生态环境问题引发的社会事件和公共危机。加强资源环境国情宣传，及时准确披露各类生态环境信息，提高全民生态环境保护意识。

（六）积极参与全球生态环境治理

完善“一带一路”生态环境合作机制，积极推进沿线国家在环保基础设施建设、绿色低碳技术、装备与产业等方面的合作。加强应对气候变化和低碳发展法规制度建设，提高适应气候变化特别是应对极端天气和气候事件能力，建设性地参与应对气候变化国际谈判，推动建立公平合理的全球应对气候变化格局。参与全球生态环境和区域生态环境治理，引导完善国际生态治理体系和规则。强化“走出去”企业的环境意识和社会责任，加强“走出去”项目及其周边生态环境保护，努力实现合作共赢。

政策保障篇

第九章　完善农业支持保护政策体系研究*

2004年，是继1978年开始农村改革之后我国农业发展历史上又一个重大转折点。面对粮食生产持续下滑、农民收入增长缓慢、城乡二元结构矛盾凸显等严峻形势，党中央明确提出牢固树立科学发展观，按照统筹城乡经济社会发展的要求，坚持工业反哺农业、城市支持农村的发展方略和多予、少取、放活的方针，加大强农惠农富农政策力度。农业进入了又一个黄金时期，党中央、国务院连续出台了多个农业文件，不断加大农业农民补贴力度，着力加强农业农村基础设施建设，全面加强生态环境保护修复，加快推进新型城镇化和新农村建设，积极推进农业农村体制改革和机制创新，形成了完整的农业政策体系。农业支持保护政策体系是农业政策体系中的重要组成部分，快速增长的财政收入为加大农业投入奠定了坚实的基础，财政支农领域、范围迅速扩大，农业支持保护政策不断丰富和完善，有力支撑了粮食生产“十二连增”、农民增收“十二连快”和生态环境的修复改善。当前，我国经济发展进入了新常态，党中央提出了“创新、协调、绿色、开放、共享”五大发展理念，加大供给侧结构性改革，农业面临的形势更加复杂，任务更加艰巨。认真梳理现有政策，进一步完善农业支持保护政策体系，对推进我国农业供给侧结构性改革、促进农业可持续发展具有重要意义。

一、我国农业支持保护政策体系的建立

农业是高度依赖土、水、气候等自然资源的产业，其产品生产周期长，自然风险高，市场风险大。农业又是国家安身立命之本，大宗农产品涉及国计民生，因而各国政府都对农业采取了支持保护政策，农业支出成为国家财政支出的一项重要内容。我国是农业大国，长期以来为支持工业发展，农业付出了巨大的代价。20世纪90年代后期，党中央提出了统筹城乡经济社会发

---

* 本文为清华大学中国农村研究院2014年重点研究课题“完善农业支持保护政策体系研究”的研究成果。

展、工业反哺农业、城市支持农村的发展方略，按照多予、少取、放活的方针，加大了强农惠农富农政策力度，农业支持保护政策不断丰富和完善，形成了较为完整的政策体系。

（一）我国农业支持保护政策体系内涵界定

1. 我国“农业支持保护”由来

农业支持保护政策是国家农业政策的重要组成部分，以往称之为农业投入政策。1993 年颁布的《中华人民共和国农业法》（以下简称《农业法》）将“国家农业投入”单独列为一章，在第四十二条和第四十五条明确规定“国家财政每年对农业总投入的增长幅度应当高于国家财政经常性收入的增长幅度”，“国家农业投入主要用于‘治理大江大河大湖的骨干工程，防洪、治涝、引水、灌溉等大型水利工程，农业生产和农产品流通重点基础设施，商品粮棉生产基地，用材林生产基地和防护林工程，农业教育、农业科研、技术推广和气象基础设施等’”七方面。此外，第三十六条明确了国家对粮食等关系国计民生的重要农产品实行保护价收购制度，并设立风险基金。这成为国家对粮食等重要农产品实行宏观调控，以及日后在世界贸易组织谈判中保护国内农业的重要法律依据。

1998 年，中国即将加入 WTO，根据 WTO 农业协定，成员国需按规定口径通报本国国内农业支持保护水平，即政府用于农业的财政支出。由此“农业支持保护”一词进入人们的视野。此后，我国修改了《农业法》，将“国家农业投入”的概念扩展为“农业投入与支持保护”，并在第三十八条规定，各级政府财政预算内安排的各项用于农业的资金应当主要用于：加强农业基础设施建设；支持农业结构调整，促进农业产业化经营；保护粮食综合生产能力，保障国家粮食安全；健全动植物检疫、防疫体系，加强动物疫病和植物病、虫、杂草、鼠害防治；建立健全农产品质量标准和检验检测监督体系、农产品市场及信息服务体系；支持农业科研教育、农业技术推广和农民培训；加强农业生态环境保护建设；扶持贫困地区发展；保障农民收入水平九个方面。

2. “农业支持保护”的内涵

WTO 农业协定所指的“农业支持保护”，除了国内农业支持保护水平，还包括市场准入（进口配额）、出口补贴、动植物检疫等措施，统称为 WTO 农业协定四大支柱。2002 年修订通过的《农业法》与之接轨，在第三十七条规定“国家建立和完善农业支持保护政策体系，采取财政投入、税收优惠、金融支持等措施，从资金投入、科研与技术推广、教育培训、农业生产资料供应、市场信息、质量标准、检验检疫、社会化服务以及灾害救助等方面扶持农民和农业生产经营组织发展农业生产，提高农民的收入水平”，并在第三十三条、第三十五条、第四十六条分别对部分粮食品种的保护价定价水平、粮食风险基金用途、建立完善农业保险制度等做出了明确规定。

从政策执行层面上看，投入政策无疑是农业支持保护政策体系中的核心，但在农业投入的理论研究和实践中，存在着投入概念不清晰、界定有矛盾的情形，有必要予以说明。农业投入可分为广义和狭义两个层面。

广义上的农业投入指全社会农业的总投入，包括政府和社会各方面对农业的投入。政府投入包括财政预算资金和国债投资，以无偿资金为主，兼有少量有偿资金；社会投入包括银行信贷资金，集体、企业、农民自有资金和外资等。信贷资金是企业、农民与金融机构通过协商并订立商业合同而取得的，且属于有偿使用资金，需要还本付息，不应纳入政府投入范围①。

狭义上的农业投入，仅指政府对农业的总投入，即各级政府财政资金安排的农业支出，但不包括农村社会事业支出。

由于农业支持保护政策涵盖范围较广，本课题中所指的“农业投入”是指政府对农业的总投入。

（二）我国农业支持保护政策体系形成过程

1998年以前，由于国家财力有限，中央财政对农业的支持保护政策相对单一，覆盖面较窄，主要投向三个方面：一是农业生产性投入，包括农业生产支出、基本建设支出、农业科技三项费用等②。二是对粮食、棉花实行价格保护，国家对粮食、棉花实行统一定价，并对国家合同定购的粮食、棉花实行化肥、柴油、预购定金的“三挂钩”政策③。三是发展农用工业，保障化肥、农药生产和供应，在外汇双轨制期间，安排平价外汇进口化肥、农药中间体及农膜原料，降低农业生产成本。

---

① 方言，等．农业投入概念研究［M］//农业部软科学委员会办公室．农业软科学研究丛书（2004—2009）之二：现代农业与新农村建设．北京：中国财政经济出版社，2010.

② 方言．进一步完善农业支持保护制度［J］．“三农”决策要参，2013（8）.

③ 成致平．中国物价50年（1949—1998年）［M］．北京：中国物价出版社，1998：741. 1987年国务院决定实行定购粮食“三挂钩”政策，即收购每50公斤小麦、玉米各供应10公斤平价标准化肥，大米、大豆各供应15公斤平价标准化肥。并同时供应1.5公斤平价柴油，及按收购价格的20%预付收购定金。1992年前为实物兑现，1993年起以货币支付平议价差。合同定购棉花“三挂钩”政策，即定购合同内收购的皮棉给予奖售平价粮食，收购每50公斤皮棉供应35公斤平价标准化肥，及按收购价格的20%预付收购定金。1985年取消棉农平价粮供应和预购定金，1993年起以货币支付平议价差。

1998 年，农业发展进入新阶段。随着国家财力的增强，国家有能力扩大对农业的支持和保护范围。国内农业支持保护力度不断加大、内涵不断丰富、体系不断完善，从时间上大致可以分为投资型支持、建立农产品生产性补贴以及价格保护水平和生产补贴水平双提高三个阶段。

1. *以大规模投资改善农村基础设施为主的投资型支持阶段*（1998—2003 年）

在亚洲金融危机爆发的背景下，国家实施积极的财政政策，大规模发行国债拉动国内基础设施建设，1998 年增发国债 1000 亿元。农业基础设施建设成为国债资金的主要投向，资金量约占 1/3，并逐渐向农村基础设施建设延伸。此外，中央预算内基建投资中农业比重也达到 30. 8%，比 1997 年提高了 4. 4 个百分点，为中华人民共和国成立以来的最高水平。

（1）大规模开展水利等农业基础设施建设。1998 年，长江流域发生百年未遇的水灾，党中央、国务院部署灾后重建、整治江湖、兴修水利，水利建设成为 1998 年农口投资的重中之重。增发的国债资金中安排 270 亿元用于水利建设，加上原有中央预算内投资，水利建设年度投资达到 350 亿元。重点安排了长江中下游、黄河下游等大江大河大湖堤防建设和其他防洪骨干工程。1999 年底，部分投资初显成效，农业生产条件得到明显改善，抵御自然灾害的能力显著提升。

（2）拉开了生态环境建设的序幕。长江水灾引发了人们对生态保护、经济发展方式的思考，党中央、国务院做出封山育林、退耕还林还草、加强生态建设的部署，启动了天然林保护等项目，生态建设资金得到突破性增长，当年安排林业和生态建设投资 46 亿元，投资量相当于中华人民共和国成立 50 年林业投资的总和。

——启动天然林保护工程。1998 年开始天然林保护工程试点，黑龙江等 11 省的 52 个生态环境脆弱的林业局被实行停伐。2000 年 10 月，长江、黄河上中游和东北、内蒙古等 17 个省（区、市）的 734 个县和 163 个森工局全面停止国有天然林的商业性采伐。东北、内蒙古等重点国有林区木材产量由 1997 年的 1854 万立方米调减到 2003 年的 1102 万立方米。

——实施退耕还林、退牧还草工程。1999 年在长江、黄河中上游省区开始试点，因地制宜造林种草，恢复林草植被。国家向 3200 万退耕农户提供种苗费补助和口粮补助。2003 年开始在草原实施禁牧、休牧、轮牧，恢复草原生态。

——实行森林生态效益补偿。2001 年开始，对 30 个省（区、市）（上海除外）的国家级公益林实施森林生态效益补偿，当年补偿规模即达到 2 亿亩。

（3）国家投资向农村基础设施倾斜。自1998年起，国家先后启动了农村电网改造和农村公路改造等农村民生工程。1998—2003年，国家在农村电网改造和农村公路改造方面投入的资金已超过900亿元；这些项目建成，大大改善了农村基础设施条件，降低了农业生产和流通成本。

此外，1998年国家开展农业税费改革研究，2000年安徽省率先开展试点，2002年试点扩大至20个省区。

2. 多予少取、全面减负，建立农产品生产性补贴阶段（2004—2007年）

党中央制定的“多予少取”政策得到全面落实，全面取消农业税，建立粮食直补、良种补贴、农机补贴、农资综合补贴、养殖环节补贴，以及保护价收购制度。

（1）全面取消农业税负。2004年，农业税费逐步减免；2006年，全面取消农业税、屠宰税、牧业税和农业特产税等农业税负，当年财政转移支付782亿元，仅此项每年减轻农民负担约1200亿元。

（2）建立“四项补贴”。2004年国家开始实施种粮农民直接补贴、良种补贴和农机购置补贴，补贴规模分别为116亿元、29亿元和1亿元。2006年，针对化肥价格大幅上涨、种粮成本增加的情况，又增加了生产资料综合补贴资金276亿元。到2007年“四项补贴”规模从2004年的145.2亿元增至495亿元。

（3）实施农产品价格支持政策。2000年，我国全面放开粮食市场价格和购销经营后，粮食市场低迷、库存增加、粮价下滑。为此，国家于2004年、2005年先后出台了稻谷、小麦最低收购价政策，保障了口粮作物的种植收益，调动了农民种粮积极性，促进了粮食种植面积的回升。

（4）农产品生产大县奖励政策。为调动县级政府抓好大宗农产品生产的积极性，国家于2005年和2007年先后对粮油生产大县和生猪调出大县给予奖励性补贴。

（5）养殖业扶持政策。

——生猪、奶牛养殖扶持政策。2007年，国内生猪市场大幅波动，内蒙古、黑龙江等主产区连续发生宰杀奶牛、倒奶事件。为此，国家先后出台了扶持生猪、奶业养殖的文件①，对生猪、奶牛规模化养殖场进行标准化改造，年度投资规模30亿元；同时，中央财政对生猪、奶牛繁殖和奶牛饲养给予补贴。

——渔业扶持政策。为降低渔民捕捞成本，2007年中央财政给予渔业柴油

① 《国务院关于促进生猪生产发展稳定市场供应的意见》（国发〔2007〕22号），2007年7月30日；《国务院关于促进奶业持续健康发展的意见》（国发〔2007〕31号），2007年9月29日。

补贴，以3870元/吨为基准价给予差价补贴，当年共发放补贴资金31.78亿元。

（6）生态建设政策。鉴于2003年粮食生产下滑，生态建设内容有所调整，自2006年起，退耕还林工程转入巩固退耕还林成果阶段，不再扩大退耕面积。

（7）开展农业保险补贴试点。从2007年开始，中央财政在6个省实施了种植养殖业保险保费补贴政策试点工作，并鼓励地方政府设立保险保费补贴。

3. 价格保护水平和生产补贴水平双提高阶段（自2008年以来）

这一时期，国家农业生产扶持政策已基本覆盖了大宗农产品，大幅增加生产性补贴；建立了农产品临时收储政策，以小步快跑的方式大幅提高农产品价格；开展棉花、大豆目标价格试点；农业保险由试点到稳步推进；基础设施投入保持基本稳定并略有增长的态势。

（1）完善农产品价格支持政策。从2008年开始，国家连续提高小麦、水稻的最低收购价，到2014年，小麦、籼稻、粳稻最低收购价分别提高了64%、92%和106%。此间，先后对市场供给和稳定有重要影响或进口敏感性高的玉米、大豆、油菜籽、食糖、棉花、冻猪肉等大宗农产品实施临时收储政策。2014年后，根据市场供求情况，逐步调整油菜籽、大豆、棉花、玉米临时收储，开展棉花、大豆目标价格试点。

（2）加大原有政策支持力度。

——增加“四项补贴”规模。2008年，“四项补贴”总额为1030亿元，比2007年增加了1倍，其中，良种补贴达到123亿元，比上年增加了86%[①]；农机补贴达到40亿元，比上年增加了28亿元；农资补贴达到716亿元，比上年增长了163%。2008年下半年国际金融危机爆发，为进一步拉动国内需求，增加了农机购置补贴资金90亿元，补贴规模达到了130亿元。此后，“四项补贴”资金规模迅速扩大，到2012年已增至1668亿元，比2008年增长了61%。除粮食直补资金规模维持在151亿元外，良种补贴、农机购置补贴资金规模均已超过200亿元，农资综合补贴资金规模超过了1000亿元。

——扩大农业保险保费补贴范围。农业保险保费补贴试点扩展到全国范围，补贴品种由水稻、小麦、玉米、棉花、大豆扩至油料、糖料、马铃薯、青稞、天然橡胶、生猪、奶牛等15个品种。

——扩大农产品生产大县奖励范围。目前粮、油、生猪大县奖励县数量超过1000个，奖励资金已超过300亿元，其中油料大县的奖励资金规模达到30亿元。生猪大县奖励资金达到35亿元。

---

① 温家宝．全国农业和粮食生产工作电视电话会议讲话［EB/OL］．中国政府网，2008-03-27.

——加大农业基础设施投入。相继启动《全国新增1000亿斤粮食生产能力建设规划》《全国牛羊肉生产发展规划》[①]《糖料蔗主产区生产发展规划》[②]等重大建设规划，继续扶持生猪、奶牛规模化养殖。“十二五”期间，累计中央预算内农业投资已超过1400亿元，为“十一五”期间的2.3倍。

（3）生态建设和生态补偿。启动退耕还林二期工程和岩溶石漠化治理工程；继续扩大森林生态效益补偿范围。

——实施草原生态保护补助奖励政策[③]。2011年在西藏等省区开始试点，2012年，覆盖全部牧区县和半牧区县。中央财政对禁牧、草畜平衡、畜牧良种、牧草良种、牧民生产资料等给予补贴，并对生态保护绩效优异的地方政府给予奖励。

——重点生态功能区转移支付。2008年起，中央财政对国家重点生态功能区地方政府实行了生态功能转移支付，2015年补偿资金规模已达到512亿元。

——推进农业可持续发展。2014年启动农业环境突出问题治理规划，开展土壤重金属污染治理，中央财政安排11亿元作为治理区补偿。2015年开展河湖草原休养生息规划研究，开展化肥农药“双零”行动，转变农业发展方式，保护资源永续利用。

通过梳理可以看出，我国农业支持保护政策体系的形成是一个漫长的过程，从早期的投入政策、购销政策到形成投入、价格支持、补贴、补偿四大政策支柱，前后经历了20年，其中2004—2014年多项支农政策密集出台，且含金量高，可谓是农业政策的“黄金期”。

二、我国农业支持保护水平及成效

（一）我国农业支持保护水平

1. 中央财政农业支出

中央财政支农投入是国家农业支持保护的主要渠道，2000—2014年，国家用于农业的支出由1231亿元增至14173亿元[④]，增长10.5倍，其中，2008年后增速加快，年均增速为20.16%。但从图9-1中可以看出，涉农基建投资

---

① 国家发展改革委《全国牛羊肉生产发展规划》（发改农经〔2013〕1760号），2013年9月12日。

② 国家发展改革委《糖料蔗主产区生产发展规划》（发改农经〔2015〕110号），2015年5月20日。

③《国务院关于促进牧区又好又快发展的若干意见》（国发〔2011〕17号），2011年6月1日。

④ 包括农村社会事业支出，由于统计数据未细分，无法扣除。

增长缓慢。

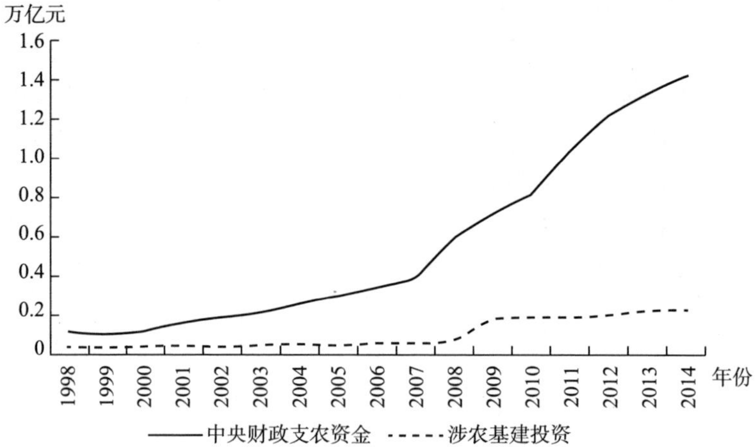

图 9-1　1998 年以来中央财政用于农业支出

资料来源：历年《中国统计年鉴》。

从国家财政农林水支出结构看，2014 年，农业支出达到 5816. 6 亿元，比 2008 年增加了 3537. 7 亿元，是增量最多的行业；水利支出达到 3478. 7 亿元，比 2008 年增加了 2356 亿元；林业支出 1348. 8 亿元，比 2008 年增加了 924. 8 亿元（见表 9-1）。从资金增长速度看，林业年均增速为 21. 3%，水利为 20. 7%，农业为 16. 9%。

表 9-1　2008—2014 年国家财政用于农林水事务各项支出　　单位：亿元

年份	农业	林业	水利	南水北调	扶贫	农业综合开发	农村综合改革
2008	2278. 9	424	1122. 7		320. 4	251. 6	
2009	3826. 9	532. 1	1519. 6		374. 8	286. 8	
2010	3949. 4	667. 3	1856. 5	78. 4	423. 5	337. 8	607. 9
2011	4291. 2	876. 5	2602. 8	68. 9	545. 3	386. 5	887. 6
2012	5077. 4	1019. 2	3271. 2	45. 9	690. 8	462. 5	987. 3
2013	5561. 6	1204. 3	3338. 9	95. 6	841	521. 1	1148
2014	5816. 6	1348. 8	3478. 7	69. 6	949	560. 7	1265. 7
2014 年比 2008 年增长（%）	155. 2	218. 1	209. 9	-11. 2	196. 2	122. 9	108. 2

注：2007 年中央财政支农支出统计分类有所变化。

资料来源：《中国农村统计年鉴》。

从资金用途看，2014 年农业支出体量大，用向最广，包括基础设施、技术推广、各项补贴等，其中“四项补贴”资金达到 1681 亿元，占农业支出的 28.9%，其中农资综合直补又占了“四项补贴”的 2/3（见表 9-2），保费补贴也达 120 多亿元。水利支出主要是建设资金，其中中央预算内水利投资约占中央预算内农业投资的 2/3。

表 9-2 2004 年以来四项补贴情况 单位：亿元

项目	合计	2004 年	2005 年	2006 年	2007 年	2008 年	2009 年	2010 年	2011 年	2012 年	2013 年	2014 年
四项补贴合计	11178	146	174	310	495	1030	1275	1320	1406	1668	1673	1681
粮食直接补贴	1598	116	132	142	151	151	151	151	151	151	151	151
良种补贴	1577	29	39	42	56	123	199	204	220	224	226	215
农资综合直补	6811	—	—	120	276	716	795	810	860	1078	1078	1078
农机具补贴	1192	1	3	6	12	40	130	155	175	215	218	237

资料来源：根据财政部提交人代会材料整理。

此外，2014 年中央财政用于政策性收储资金达到 1500 多亿元，比 2010 年增加 700 多亿元。

2. 按 WTO 口径的国内农业支持水平

WTO 农业协定中的农业支持水平系指中央财政及地方财政对农业的投入总和①。WTO 农业协定的国内农业支持政策分为“绿箱”“黄箱”和“蓝箱”②。

我国向世贸组织通报的 2008 年国内农业支持水平为 6821 亿元。根据有关资料估算，2010 年我国农业支持总量约为 8000 亿元，比 1998 年增长 2.8 倍。

---

① 与中央财政农林水事务支出口径有所不同。

② “绿箱”政策包括：一般性农业服务（农业科研、病虫害控制、农业科技人员培训、技术推广与咨询、检验服务、市场促销、农业基础设施）、为保障粮食安全提供的储存补贴、国内粮食援助补贴、不挂钩的收入支持、收入保险和收入安全网计划中的政府资金参与、自然灾害救济支付、农业生产者退休或转业补贴、通过资源停用计划提供的结构调整援助、通过投资援助提供的结构调整援助、环境计划下的支付、地区发展补贴等。“黄箱”政策包括：价格支持、营销贷款、面积补贴、牲畜数量补贴及种子、化肥、灌溉等投入补贴，某些有补贴的贷款计划等。“蓝箱”政策包括：按农作物固定面积或产值提供的服务、根据基期生产水平 85% 以下提供的补贴、按牲畜的固定头数提供的补贴等。

“绿箱”政策即对农产品全球自由贸易影响很小的政府支持农业措施，包括11项内容。我国2008年“绿箱”支持为5930亿元，2010年约为6700亿元，为1998年的2.2倍。从我国“绿箱”政策的结构看，政府的一般服务支出居首位，约4000亿元，为1998年的2.9倍；环境支出为940亿元，为1998年的16倍；救灾支出600多亿元，比1998年增长了11倍；粮食公共储备600多亿元；不挂钩的收入支持（对农民直接补贴，自2004年开始）为160亿元。其余收入保险和收入安全网计划，以及通过对生产者退休计划、资源停用计划、投资援助提供的结构调整援助等项措施现尚未使用。

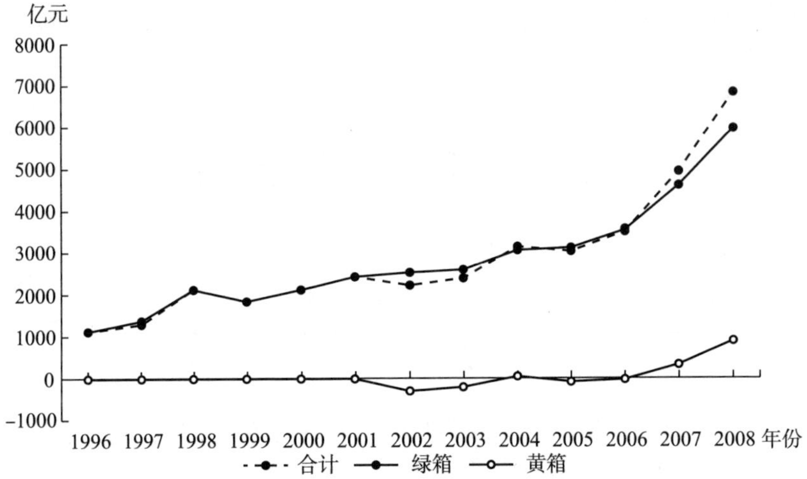

图9-2　WTO口径的国内农业支持水平

资料来源：根据我国正式向WTO通报的公报整理，仅到2008年。

由于“绿箱”政策中政府一般服务支出增长较快，其内部结构也发生了一些变化，基础设施服务由1998年的1019亿元增至2010年的2100多亿元，但在政府的一般服务支出中的比重由75%降至54%，下降了21个百分点；农业技术推广和咨询服务由70亿元增至460多亿元，所占比重由5%增至11%，上升了6个百分点；农业科研支出由45亿元增至170亿元，增长2.7倍，所占比重由3.3%上升至4.3%，仅上升了1个百分点①。

“黄箱”政策即政府对农产品的直接价格干预和农民收入补贴，种子、肥料、灌溉等农业投入品补贴等。2002年，“黄箱”政策为-300亿元，2008年为891亿元。

自2008年以来，农业生产资料补贴和农机购置补贴支出增长很快，农机

① 笔者根据《中国农村统计年鉴》、财政部官方网站相关数据整理。

补贴支出由12亿元增至2010年的155亿元，到2015年已达237亿元，农业生产资料综合补贴由2006年的276亿元增至2010年的800多亿元，2012年已突破1000亿元①。

（二）关税等贸易政策

农产品贸易保护政策也是农业支持保护体系的重要组成部分。我国加入WTO后，逐步取消了农产品出口退税和出口许可证制度，逐步降低了农产品关税税率，仅稻谷（大米）、小麦、玉米、食糖、棉花、羊毛及毛条实行关税配额管理。技术壁垒等非关税贸易壁垒也是贸易保护政策的一部分，目前我国基本没有非关税贸易壁垒。

1. 农产品关税配额情况

中国加入WTO后就履行了关税减让承诺。目前，中国农产品平均关税水平降至15.2%，不足世界平均关税水平（62%）的1/4。按照我国“入世”承诺进口关税配额，小麦963.6万吨、大米532万吨、玉米725万吨、棉花89.4万吨、豆油326.1万吨，配额内进口关税税率很低，除豆油外，小麦、大米、玉米关税均为1%，大豆的关税水平仅为3%。近年来，我国对东盟、澳大利亚、新西兰等自贸区国家给予国别配额关税的优惠。从东盟进口的部分大米品种配额外关税已由65%降至20%，对新西兰、澳大利亚的羊毛给予国别配额，国别配额内享受零关税。

2. 技术性贸易壁垒

“入世”后，中国开始履行WTO动植物检疫标准（SPS），并据WTO协议开始执行《技术性贸易壁垒协议》。2001年7月，国家出入境检验检疫局与国家质量技术监督局合并成立国家质量监督检验检疫总局，定期通报使用技术性贸易壁垒措施②。此后，国家有关部门根据世贸组织的《实施动植物卫生检疫措施的协议》修订或出台了《出入境粮食和饲料检验检疫管理办法》《进境动植物检疫审批管理办法》《进境水生动物检验检疫管理办法》《进境动物遗传物质检疫管理办法》等法规文件③。对农作物种子及商品实施检疫审批制，对进口动植物及其相关制品的质量环境、包装、运输均有明确规定，并必须接受我国质检部门的检测监控，依法依规保障农产品进口安全和国内

---

① 财政部网站。

② 《国务院关于国家工商行政管理局新闻出版署国家质量技术监督局国家出入境检验检疫局机构调整的通知》（国发〔2001〕13号），2001年4月30日。

③ 国家质量监督检验检疫总局网站，http：//www.aqsiq.gov.cn/xxgk_13386/jgfl/dzwjyjgs/zcfg/。

生产者和消费者权益。

3. 农产品反倾销

依据WTO《反倾销协议》，2002年中国开始实施《中华人民共和国反倾销条例》①，并在《货物进口许可证管理办法》②《中华人民共和国进出口货物原产地条例》③《中华人民共和国海关审定进出口货物完税价格办法》④等一系列法规规章中做出相应的规定，完成了与WTO《反倾销协议》的正式接轨。

（三）农业支持保护成效显著

农业支持保护政策体系的建立，进一步夯实了我国农业的基础地位，形成了全社会支持农业的良好氛围，调动了广大农民的生产积极性，提升了农业综合生产能力，保障了农产品有效供给，改善了生态环境，促进了农业的可持续发展和农民增收，有力地支撑了国民经济的持续健康发展。

1. 主要农产品产量稳定增长

在各项政策的激励作用下，粮食生产实现“十二连增”，产量连续3年稳定在1.2万亿斤以上，棉油糖生产呈稳定发展态势，肉蛋菜果等菜篮子产品丰富多样，满足了城乡居民日益提高的消费需求。

2. 促进农民收入持续增加

农产品价格保护政策和补贴政策有力地支撑了农民家庭经营收入和转移性收入的增长，加上农民外出打工收入增加，近年农民收入增长较快。2004—2014年，农民纯收入由2936元增长至9892元，收入年均增速12.92%，连续6年实现农民收入增幅高于GDP和城镇居民收入增幅，城乡居民收入差距已从2009年时的1∶3.33缩小到1∶2.97。

3. 农业基础设施得到改善

国家不断加大农业基础设施投入力度，大规模改造中低产田，建成了一批农田水利重大工程和现代种养业基地，农业综合生产能力得到全面提升。2014年底，全国农田有效灌溉面积已达到9.86亿亩，灌溉面积比重超过52%，这表明全国一半以上的农田可以旱涝保收，农业靠天吃饭的局面正在逐步改变。此外，农村的饮水、道路、用电、沼气、住房等生产生活条件明

---

① 商务部网站，http：//www.mofcom.gov.cn/aarticle/b/e/200207/20020700031674.html。

② 商务部网站，http：//www.mofcom.gov.cn/aarticle/b/e/200501/20050100327886.html。

③ 国务院办公厅网站，http：//www.gov.cn/zwgk/2005-05/23/content_240.htm。

④ 中华人民共和国海关总署网站，http：//www.customs.gov.cn/publish/portal0/tab49564/info692855.htm。

显改善，乡村环境也得到了整治。

4. 生态保护和建设成效显著

国家持续的生态建设投入和生态补偿政策，加快了重点区域生态环境治理，生态脆弱区林草植被得到恢复，生态环境总体恶化的势头得到遏制。仅“十二五”期间，全国累计造林 2372 万公顷，累计治理“三化”草原 4720.5 万公顷，1.08 亿公顷的天然林得到有效管护，1.24 亿公顷的国家级公益林被纳入中央财政森林生态效益补偿范围，2.55 亿公顷的草原被纳入草原生态保护补助奖励机制范围。“十二五”末，森林覆盖率提高到 21.63%，森林蓄积增至 151 亿立方米；草原平均植被盖度由 51.6%增加到 53.6%。

三、 农业支持保护政策体系存在的主要问题

近 10 年，国家农业支持保护政策体系在促进农业增产、农民增收中发挥了积极作用，取得了明显成效。但是，随着农业投入的增加、覆盖范围的扩大，部分政策效力减弱，投入结构不尽合理，个别政策间不协调等问题逐步暴露出来。特别是随着国民经济发展新常态的到来，中央财政增速趋缓，支农资金增长空间已十分有限。

（一）政策体系结构有待优化

1. 政策体系结构失衡

各项政策的支持力度畸轻畸重，不尽合理。在基础设施投入、价格保护、财政补贴、生态补偿四大政策中，存在“两多三少”现象，即普惠性补贴多、价格保护多，生产性投入少、基础设施投入少、生态补偿少。特别是农业真正受益的基础设施投入不足，科技研发投入不足，生产性投入的针对性、指向性不强，不利于提升农业竞争力，不利于推进农业专业化、规模化生产，不利于农业新型经营主体的发展。

2. 部分政策之间不协调

2004 年以来是各项支农政策出台的密集期，由于种种原因，一些具体政策出现了不协调，影响了政策效应。一是政策目标不一致，如渔业柴油补贴与渔民转产转业政策、农资综合补贴与测土配方施肥专项，这两类政策中的前者均以生产为目标，后者均以生态环境为目标，且支持力度前者大于后者，生产导向大大强于生态导向。二是同一区域同一目标设立不同的补贴标准，造成实施主体不尊重客观规律的逆向选择，如种树补贴远高于种草标准，不利于宜林则林、宜草则草，使生态建设资金成效打折。三是个别政策摇摆不定，易产生社会矛盾，如远洋渔船更新改造补贴政策，由先建后补改为先补

后建，引发了地方群体事件，也易产生道德风险。

（二）财政投入难以满足农业需求

1. 中央财政支农资金比重未明显提高

2014 年中央一般公共预算支出 74161.1 亿元，比 2010 年的 48330.8 亿元增长 53.4%，其中用于农林水事务的支出达到 6474.3 亿元，比 2010 年的 3879.7 亿元增长 66.9%，虽然增幅高于前者约 13 个百分点，但农林水事务支出占中央一般公共预算支出的比重（8.7%）仅比 2010 年增加了 0.7 个百分点（见表 9-3）。同时，中央财政本级支出的农林水事务支出占比①还略有下降，表明中央本级财政支持农林水的力度有所减弱。

表 9-3　2010—2014 年中央公共财政预算支出及农林水支出变动　单位：亿元

项目		2010 年	2011 年	2012 年	2013 年	2014 年	2010—2014 年	
							增长（%）	年均增长率（%）
中央一般公共预算	支出	48330.8	56435.3	64126.3	68491.7	74161.1	53.4	11.3
	农林水支出	3879.7	4785.3	5996.1	6005.4	6474.3	66.9	13.7
	比重（%）	8.0	8.5	9.4	8.8	8.7	0.7	
中央财政本级	支出	15989.7	16514.1	18764.6	20471.8	22570.1	41.2	9.0
	农林水事务	387.9	416.6	502.5	526.9	539.7	39.1	8.6
	比重（%）	2.43	2.52	2.68	2.57	2.39	-0.04	

资料来源：财政部网站预算司数据库。

2. 农业固定资产投资在农林水支出中的比例下降

2010—2014 年，中央财政累计用于农林水的支出为 27141.8 亿元，累计用于基础设施建设的中央预算内资金 5983 亿元，占农林水总支出的 22%。但其年度资金规模占全部农林水支出的比例变化较大，2010 年比例为 28.0%，2014 年降为 18.6%，下降了 9.4 个百分点，降幅高达 33.6%（见表 9-4）。

表 9-4　2010—2014 年中央公共财政农林水支出与农业基本建设支出变化

单位：亿元

项目	2010 年	2011 年	2012 年	2013 年	2014 年	2010—2014 增长（%）
农林水支出	3879.7	4785.3	5996.1	6005.4	6474.3	66.9

① 2010—2014 年中央财政本级支出的农林水事务支出占比呈先增后减的倒“U”形，曾经在 2012 年达到 2.68%，之后逐年下降，2014 年比 2012 年下降 0.29 个百分点。

续表

项目	2010 年	2011 年	2012 年	2013 年	2014 年	2010—2014 增长（%）
农业基建支出*	1088	1118	1487	1088	1202	10.5
比重（%）	28.0	23.4	24.8	18.1	18.6	-9.4**

注：*为中央预算内农业投资，由有关部门提供。**为 2010—2014 年的比重减少百分点数。
资料来源：财政部网站预算司数据库。

3. 农业基建支出增长慢且结构不合理

2010—2014 年，中央财政农林水事务支出增长 66.9%，年均增长 13.7%，中央预算内农业基本建设支出仅增长 10.5%，年均增长 2.2%，前者比后者快 5 倍，表明国家用于农业基建支出增长十分缓慢。农业基础设施建设资金主要偏重水利工程，特别是大型水利设施建设（一般占农业总支出的比重在 60% 以上），且其中部分项目与农业生产关联度不大，真正用于提高农业综合生产能力的建设投资规模较小且总量不足。

（三）部分补贴政策支持作用减弱

1. 粮食直补的引导作用下降

2014 年，农民人均纯收入中，粮食直补的比重只有 0.2%，比 2004 年下降 0.3 个百分点，中央财政对粮食主产区的转移支付对农民增收作用不明显，13 个粮食主产区中除江苏、山东外，其余 11 个省区农民收入都低于全国平均水平。随着农民收入结构的多元化，来自中央财政粮食直补的收入比重会进一步降低，对农民种粮的导向作用基本消失。

2. 农资综合直补作用受限

截至 2014 年，中央财政累计发放农资综合直补 6811 亿元。然而，受农业生产成本快速上涨、国际农产品价格持续下滑和国际农产品贸易公平竞争的多重压力，我国农业生产陷入价格“天花板”和成本“地板”挤压叠加的不利困境，中央财政农资综合直补规模难以持续扩大，政策运用空间限制较大，实际补贴效果受到影响。

3. 农机购置补贴成本趋高

由于补贴机型、补贴对象偏重小型农机和农户，导致实际补贴效果并不理想。从 2004 年中央财政开始对农民实施农机购置补贴，到 2014 年累计发放近 1200 亿元，补贴农机具 3500 万台，平均每台补贴 3492 元。2014 年中央财政用于农机购置补贴资金比 2010 年增长 52.9%，而同期，全国农业机械总动力仅增长 15.9%，其中大中型拖拉机及配套农具分别增长 45.8%和 45.9%，均低于农机购置补贴增长幅度。2014 年每增加 1 万千瓦农机总动力补贴资金成本为 22 万元，比 2010 年增加 5.3 万元。

（四）“绿箱”政策利用水平较低

1. “绿箱”政策资金结构不尽合理

与发达国家相比，我国仅使用了部分“绿箱”政策，农业生产资源储备补贴、生产者收入稳定、收入保险、退休补贴、结构调整性投资性补贴等“绿箱”政策均未纳入政府财政支持的范围。在已执行的“绿箱”政策中，粮油储备补贴居第 3 位，远高于农业科研、技术推广等项支出。由于目前粮油库存规模较大①，政府用于粮油储备的补贴还将继续增加。据测算，2014 年中央本级粮油储备补贴规模比 2011 年增加了 200 多亿元，年均增幅高达 19.4%，远远快于政府用于农业支持的增长幅度。此外，不挂钩的收入支持、自然灾害救济、地区援助计划下的支付等项目资金明显不足。

2. 部分“绿箱”政策资金漏损严重

由于我国部分“绿箱”政策补贴对象不同，在实际执行中出现明显漏损现象。如一些地方的粮库出现了“转圈粮”现象，套取国家粮食补贴；国家用于支持农业科技的补贴资金，为农业统计监测与信息服务设立的财政补贴，由于基层农业技术推广体系不健全、农村统计体系不完善、服务能力弱，造成资金漏损，使本来就非常稀缺的“绿箱”政策资源不断流失。

3. “绿箱”政策支持效率较低

目前国内农业“绿箱”政策制定、出台及运行，都要通过各部门充分地协商、沟通，并尽可能地首先符合本部门的职能职责要求，加上地方保护主义和各种寻租活动的影响，拖延了政策出台时间，增加了政策运行成本，导致农业支持政策补贴效率不高。根据财政部测算，我国农业支持效率只有 14%，低于 OECD 国家 25%的水平。

（五）价格支持政策矛盾凸显

1. 最低收购价和临时收储扭曲市场机制

目前，我国对小麦和稻谷实行最低收购价，对玉米实行临时收储政策。

---

① 马文峰在 2014 年 5 月 29 日的《中国粮食市场研究周报》中预测中国 2014/2015 年度粮食库存 2.69 亿吨，安全系数 43.5%。

由于2008年以来不断提高价格支持水平，导致上述产品价格明显高于国外，而市场风险又低于其他农产品，直接刺激了谷物类粮食的过度生产，严重浪费了稀缺的耕地和水资源。同时，上述产品的价格上升，抬高了加工企业的原料成本，迫使企业用进口农产品替代国内原料，进口量剧增，导致“洋货入市、国货入库”，玉米库存持续上升。

2. 目标价格亟待完善

2014年我国开展棉花和大豆目标价格改革试点，但存在政策设计尚不成熟、识别补贴对象难度大、配套技术手段滞后、操作环节比较复杂等问题；特别是2014年棉花目标价格与市场价格联动不足，定价水平过高，与市场价格差距过大，又无封顶机制，政府补贴全部差价，导致补贴水平居高不下。此外，大豆目标价格水平定得偏低，与玉米临时收储价格差距较大，比价关系不够合理，导致玉米产量不断上升，大豆产量低位徘徊甚至下降，对豆农收益保护不足。

3. “黄箱”政策结构失衡

我国部分特定产品“黄箱”政策接近WTO规则上限，而非特定产品的“黄箱”政策使用不足。据农业部农业贸易中心测算，近年来我国非特定产品的“黄箱”政策①空间使用比例均在20%以下，2013年非特定产品“黄箱”支持为1300多亿元，仅使用了政策空间的18.4%。

4. 收储负担重，对农民增收支持效率低

目前，通过托市收储的方式增加农民收入，国家每年要支付大量粮食收购费用和露天储粮设施搭建补助费用，还要投资建设大量仓储设施。在市场价格低迷阶段，难以实现顺价销售，库存粮食质量下降，不合格率上升，被迫低价处理，导致储备粮食潜亏变明亏，财政亏损负担越来越重。根据OECD的研究，在托市收储的全部补贴中，农民得到的补贴不足20%。此外，由于国有粮库监管体制机制存在漏洞，导致套取国家仓储补贴资金等严重腐败现象发生，二者相加大大降低了托市收储对农民收入的作用。

（六）应对国际农产品进口冲击的手段不足

目前，我国承诺的农产品平均关税水平（15.2%）只有世界平均值的1/4，粮棉油糖等重要农产品配额外最高关税65%，远低于其他WTO成员国

---

① “黄箱”政策和“绿箱”政策是WTO规定的国内农业支持政策的重要形式，“黄箱”政策扭曲生产行为，是典型的农业补贴政策，属于世贸组织严格限制的补贴政策。我国非特定产品“黄箱”政策主要包括农资补贴、农机补贴等投入物补贴和利息补贴等投资补贴。

上千乃至数千的高额关税，也远低于美国数百的关税。中国农产品基本处于无保护状态，而且我国农产品关税形式单一，从价税率达99%[①]。由于国内大宗农产品生产成本上升，与国际市场价格倒挂，农产品进口大幅增加。在成本不断推高国内农产品价格的趋势下，形式单一、水平低的关税及关税配额已无力应对进口农产品冲击。同时，我国尚未充分利用WTO规则赋予的应对进口农产品冲击的手段，尽管某些WTO成员享受高补贴的大豆、棉花等农产品已冲击我国市场，但迄今还没有采取任何反补贴、反倾销或特殊保障措施。在WTO多哈回合农业谈判中，如何争取有利于保护我国生计型农业、应对进口农产品冲击的WTO新规则，还有许多艰苦工作要做。

四、 国外农业支持保护政策体系及效果分析

各国农业支持保护政策体系框架大致相同，但由于各国国情不同，具体农业支持保护政策的侧重点不尽相同。美国对国际农产品市场的贡献度大，而日本对国际农产品市场的依存度大。因此，这两国农产品支持保护政策各具代表性。

（一）美国农业支持保护政策体系

美国农业的持续高效发展，使其一直保持世界最大的农产品出口国地位，这在很大程度上得益于农业支持保护政策。按照OECD的数据[②]，2000—2011年，美国农业支持总量保持在640亿~780亿美元，2013年增至830.84亿美元，其中2008—2013年，年均增速为0.7%（见图9-3）。

美国农业支持保护体系由八大类政策构成，分别为商品计划、农业风险保障计划、营养项目、贸易支持、农村发展、环境保护、农业科研推广、可再生能源。其中，商品计划、农业风险保障计划和贸易支持政策属于生产者支持，营养项目政策属于消费者支持，农村发展、环境保护、农业科研推广和可再生能源政策属于一般服务支持。2014年美国修改了《食物、农场及就业法案》（以下简称新法案），新法案具有以下特点：一是美国政府支持农业的手段出现重大调整。用与生产不挂钩的支持形式取代原有补贴，表明美国农业支持手段的“绿箱”化趋势。二是新法案通过削减属于消费者支持的营养项目的财政支出，减少了农业支持的预算总量，并保持了对生产者的支持水平。三是扩大了对农村发展项目中农村基础设施建设的支持范围。新法案

① 课题组．WTO多哈农业谈判与中国参与研究［J］．农村经济文稿，2015（5）：59.

② 为客观评价美国农业支持水平，故采用第三方OECD数据。

增加了农村宽带服务、远距离学习和医疗、污水处理与利用、垃圾处理以及节能等项目的支持。新法案在2014—2018年执行期内将安排财政预算9564亿美元。

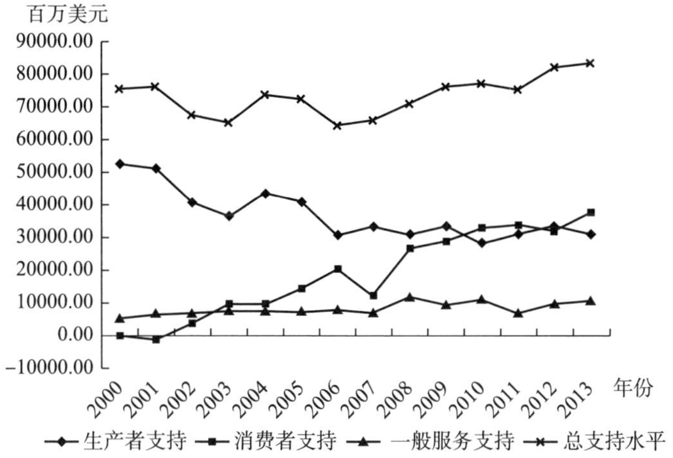

图 9-3　2000—2013 年美国农业支持水平

资料来源：OECD 数据库。

1. 商品计划

商品计划包括农产品价格与农民收入支持政策等。新农业法案对商品计划做出了以下调整：一是为了减少政府财政赤字，取消了直接支付①、反周期补贴②和平均作物收入选择补贴③；二是新设了价格损失保障与农业收入风险补偿，但农民只可二者择其一；三是以乳制品利润保障项目与乳制品捐赠项目，取代乳制品价格支持项目与乳制品收入损失合同项目。

（1）价格损失保障。当美国国内某农产品月平均价格低于新法案中参考价格时，按价差、补贴单产④和补贴面积⑤的乘积核发补贴。该项补贴适用范围大，且参考价格远高于2008年目标价格，其中玉米、高粱、大麦、燕麦、其他油籽的参考价格较之前目标价格分别提高了50%、60%、120%、77.78%、100%。

① 按照农作物历史种植面积的一定比例和预先确定的单产与支付率对生产者进行脱钩补贴。

② 依据农作物历史种植面积的一定比例和目标价格高于有效价格（由当期市场价格或贷款率与直接支付率决定）之差实施补助。

③ 针对州农作物实际收益低于保障收益和农场实际收益低于基准收益的情况，根据农作物产量、价格、面积提供支持。

④ 2008—2012年单产的90%。

⑤ 耕地面积的85%。

（2）农业收入风险补偿。该项目规定当某种农作物实际收入少于政府规定基准收入的 86%时，农场主将按耕地英亩数得到政府发放的相关补助。农场主可在县级保障计划和农场级保障计划间进行选择，区别在于前者按县相应作物收入情况发放补助，后者则按农场整体作物收入情况发放补助。

2. 农业风险保障计划

农业风险保障计划主要包括农业保险和灾害援助两个方面。其中，农业保险分为作物收入保险、单产保险和巨灾保险，灾害援助计划则包含紧急灾害贷款、牲畜灾害援助和无保险作物援助。

（1）农业保险。美国在农业保险方面对参保农民实行保费补贴，为受灾对象发放援助资金，对巨灾损失进行全额补偿，从而不断增强农业抵御风险能力。2014 年农业法案对现行农业保险制度进行了强化：一是增加保险支出经费（见图 9-4）。二是将水果、蔬菜等产品增列为保险项目适用品种。三是增设补充保障选择计划和叠加收入保护计划。

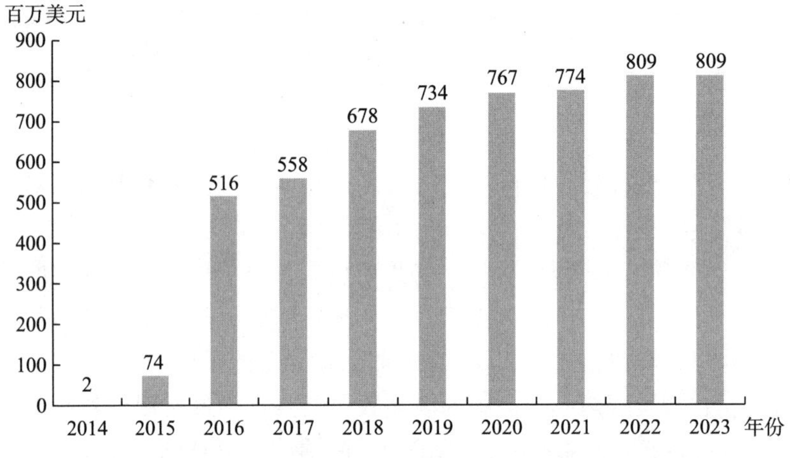

图 9-4　2014 年法案比 2008 年法案作物保险支出增加情况

资料来源：美国国会预算办公室。

——补充保障选择计划。本计划以县平均单产或收入为基础，与传统保险产品相结合，为生产者提供额外的基于种植面积的保险保障①。具体赔付标准依据生产者已参保项目②和投保额度进行确定。政府对参保者给予保费 65%的补贴。农民若参加了叠加收入保护计划，则不能参加补充保障选择计划。

① 作物单产、收入或价格历史平均水平的 86%。

② 指单产保险、收入保险、价格保险等传统保险产品。

——叠加收入保护计划。针对陆地棉，保险标的为县预期收入。棉农可用已参保的某一种保险为基础，以此保险计划为补充；也可单独直接购买一份本计划，来扩大保险保障范围。政府对参保者给予保费80%的补贴。

（2）灾害援助。灾害援助是当农产品生产者受灾之后，除农业保险理赔之外为其提供的一系列支持保护政策。

——紧急灾害贷款。政府资助的信贷机构提供的农业贷款，主要解决农场在非常时期所需的紧急资金，并可对农场平时的生产经营开支给予帮助。政府提供担保的保险信贷和直接贷款，如果农场不具备贷款偿还能力，则由政府代偿本金和利息。

——牲畜灾害援助。2008年农业法案规定，2011年9月30日以前因不利天气或其他环境因素，造成一个县农业生产连续受灾或产量损失超过正常年份的50%时，对受灾农产品按规定给予补贴。新法案将其中对牲畜的灾害损失援助回溯到2011年10月1日，并建立永久性的牲畜灾害援助项目，使今后受灾的牲畜饲养者能够一直获得该项目保障。

——无保险作物援助。该项目提供的是农业巨灾风险保障，针对未纳入保险范围的农作物，其生产者因不利天气遭受损失可得到相应补偿。本项目每人每年度以12.5万美元的补偿封顶。

3. 营养项目

营养项目为广大低收入群体和弱势群体提供所需食品，属于消费者支持。

（1）乳制品利润保障。当牛奶价格与饲料成本价差持续2个月低于每美担（1美担=45.359千克）4美元时，以生产者的牛奶历史产量为依据向其发放补贴，使其每生产1美担牛奶可获利4~8美元。

（2）乳制品捐赠。当牛奶价格与饲料成本价差持续2个月低于每美担4美元时，美国农业部便按市价购入乳制品赠给低收入群体；当乳制品市价连续3个月回升至政府购入前的水平后，购买捐赠随即结束。

4. 贸易支持政策

美国农产品贸易政策以出口支持政策为主，进口方面主要是关税和配额政策。贸易支持政策的财政支出较小。出口支持政策包括出口补贴项目、出口市场开拓项目和出口信贷、保险和担保项目。

（1）出口补贴。出口补贴项目主要是乳制品出口刺激项目。该项目是针对奶粉、乳脂和各种奶酪等乳制品的出口商，而非乳制品生产者，其政策目的是降低乳制品出口商的采购成本，进而在国际乳制品市场上占据价格优势。

（2）出口信贷。出口信贷保证计划为农产品出口商提供为期 3 年的信贷资金支持；出口设备保证计划是美国政府为其农产品进口国在建立仓储、运输和加工设备等方面提供贷款援助，以利于美国农产品的国外销售。

（3）关税和配额。美国的关税与配额主要用于乳制品、糖等特定农产品的贸易保护。最惠国配额内的平均关税为 9.1%，配额外的为 42%。2012 年农产品进口平均关税为 8.5%。乳制品、糖、含糖制品、含乳成分的产品和棉花均实行进口关税配额制。

5. 农村发展政策

农村发展政策主要是为农村提供必要公共服务的政策。历年的农业法案均强调向农业地区投入大量的财政资金，推进水利、电力、交通、通信、卫生、住房等事业发展。

6. 环境保护政策

环境保护政策是针对农业资源和生态环境的保护支持政策。在农业资源环境保护方面，美国实施保护储备、湿地保护、环境质量激励、农地保护、草地保护等项目，采取提供租金、分摊成本、购买长期与永久地役权、技术支持、资金援助等措施，加强保护和修复农田、湿地、森林、草原等自然资源和生态环境。

7. 农业科研推广政策

美国构建了以州立农业大学为依托、农业部管理和协调的农业科研、教育、推广体系，通过提供资助经费、建立研究推广基金、确定重点研究课题、实行优先研究推广计划、田间示范等途径，持续推进农业科技研究推广。2014—2018 年研发经费支出将累计增加 6.89 亿美元，2014—2023 年累计增加 11.45 亿美元。

8. 农业可再生能源支持政策

21 世纪以来，美国为过剩的农产品开发新的需求途径，大力发展以生物能源为主的农业可再生能源产业，采取税收减免、贷款优惠、保险保护、研发资助等措施给予支持。2014 年农业法案较多地增加了能源支出资金，2014—2018 年农业可再生能源支出比 2008 年农业法案中增加 5.41 亿美元。

（二）日本农业支持保护政策体系

日本的农业支持保护分为三个方面：农产品生产支持政策、农产品贸易保护政策和农协对农民的扶持措施，具体包括价格支持政策、收入支持政策、基础设施建设政策、关税措施、关税配额、技术性贸易措施等。根据农业生产者支持水平占本国农业总收入①的比重，OECD对成员国进行了测算，日本2008—2010年的比重远高于美国、欧盟和OECD国家平均水平（见图9-5）。

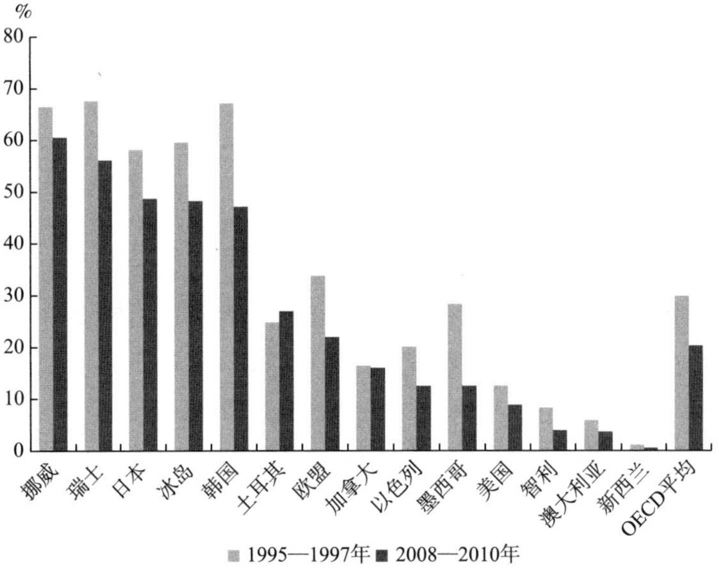

图9-5 OECD国家农业生产者支持水平占本国农业总收入比重

资料来源：OECD数据库，2012年。

1. 农产品生产支持政策

（1）价格支持政策。

——管理价格制度，早期针对大米政府实行统一管制，之后实行的新粮食法强调了市场机制作用，允许基层农协和经济联合会直接将自主流通米卖给批发商和零售商，促进了国内大米的自由化流通。

——最低价格保证制度，适用于小麦、大麦和加工用土豆、甘薯、甜菜、甘蔗等，当这些农产品的市场价格降至政府规定的最低价格标准时，政府则按最低价格全部收购。

——稳定价格制度，主要针对牛肉、猪肉等肉类产品，在这些肉类产品的自由市场交易中，通过政府相关机构的购进、售出等方式调节供求关系，使市场价格在稳定基准价与稳定上位价之间升降变化。

——补助金制度，旨在当大豆、油菜籽和原料奶等的市场价格低于目标价格时，政府对农民给予差价补贴。

---

① 农业总收入即指种植业、林业、牧业、渔业和其他农业收入，从财务核算的角度反映经营主体一年内由于生产性和非生产性活动，所得到的可以直接利用或分配的收入。一般以现价计算。

——稳定基金制度，稳定基金是由政府、农协和生产者共同出资建立的，当加工原料蔬菜、小肉牛、仔猪、蛋类和加工水果等产品的市场价格降至目标价格以下时，稳定基金对农民支付两种价格之间的差额。

（2）收入支持政策。

——作物直接补贴，主要对稻米、小麦和大豆等农作物进行直接补贴。2011 年对种植水稻、小麦、大豆、荞麦、油菜籽、饲料作物、生物燃料等的农户，正式实行按播种面积补贴。2012 年对水田、旱地等农地有效利用行为进行直接补贴。2013 年推出农地水环境保护管理、环境友好型农业直接补贴等。

——山区和半山区农民的直接补贴，对于山区和半山区农业生产成本与平原地区之间的差异，政府按成本差异的 80%对前类地区农户实行直接收入补贴，以使补贴对象区域的农业生产力水平提高到临近非对象地区的水平。

——生产资料购置补贴，对合作社和从事畜禽养殖、温室蔬菜生产的农户用于购买农用机具或设施改造的资金，由中央财政和都道府县财政分别补贴 50%和 25%，剩下的 25%可从国家补贴的金融机构获得贷款。

（3）基础设施建设政策。日本对农村基础设施建设采取多种资助和补贴政策，使农村基础设施支出居政府一般服务支出的首位。其中农田水利建设补贴所占份额最大，通过规定审批程序的，以及符合一定标准的一般性农田改造项目所需费用，中央财政、都道府县财政和市町村财政分别补贴 50%、25%和 15%，其余部分由农民自付或从有关金融机构获得优惠贷款。

2. *农产品贸易保护政策*

（1）关税措施。2010 年，日本农产品的平均关税税率为 15.7%，比本国全部产品的同期关税高出 9.9 个百分点，比美国农产品同期简单平均最惠国关税高出 6.8 个百分点（见表 9-5）。

表 9-5　2010 年日本和美国 6 种农产品简单平均最惠国关税情况　　单位:%

国家	谷物	糖	奶产品	蔬菜	水果	可可
日本	18.7	39.1	53.4	16.8	16.8	22.6
美国	2.4	13.8	20.8	12.1	12.1	13.8

资料来源：WTO. Trade Policy Report by United States and Japanese. 2010.

（2）关税配额。关税配额是日本控制敏感农产品进口、防止国际农产品市场波及本国农业发展的重要措施。近年，日本农产品关税配额产品为 18 个。对配额内进口的产品，日本政府在品种、价格、国别、用途等方面提出了较多的限制条件，对配额外进口的农产品征收高额关税。

（3）技术性贸易措施。农产品检疫防疫制度是日本农产品贸易技术壁垒的主要表现形式。其制定的动植物病虫害检疫防疫标准和食品安全卫生标准，对农药残留、放射性残留、重金属含量等提出了严格要求，有些要求的严格程度超过国际通行做法。

3. 农协对农民的扶持措施

日本农协在长期发展中建立了几乎覆盖所有农村和农户的，由基层农协、都道府县农协和全国农协组成的三个层次组织模式，主要承担农产品销售、农业生产资料和农民生活用品供应、农业生产指导和技术推广、农业金融服务、组织开展各项农业活动等任务，对扶持农民生产经营起到了不可替代的作用。农民 90%的农产品销售、购买 80%的生产资料和 60%的生活用品都是通过农协系统，80%的农业贷款也由农协提供。

（三）国际经验的借鉴和启示

通过对上述两国农业支持保护政策体系的研究和梳理，可以看出美国、日本农业支持保护政策体系的异同之处。美国农业资源丰富、农场经营规模大、生产效率高，农产品以商品性生产为主，是世界上最大的农产品生产国和出口国。农产品出口为其六大支柱产业之一，其小麦、玉米、大豆、棉花出口量分别占到了全球贸易量的 14. 14%、43. 96%、44. 52%、35. 4%。日本受限于地域狭小、资源不足，其农业生产经营规模小、生产成本高、农产品供给对外依存度大，主要依靠进口满足国内大宗农产品需求。虽然两国在资源禀赋、生产规模、经营方式、农产品产能等方面差异较大，但两国对农业的支持与保护目标是一致的，即保护国内农业生产、保护农民收益，只是政策侧重点不同。美国农业支持保护政策在农产品价格与收入支持、农业信贷与保险支持、农产品贸易保护、农业基础设施建设与资源环境保护等方面制度健全、体系完善；而日本则侧重于通过农产品生产支持与贸易保护、农协对农民的扶持等方式，对本国农业加以保护和支持。两国政策措施经过多年的经验积累和不断完善，已取得了成功。我国东北、西北等地区丰富的土地资源与美国相似，南方多为精耕细作的传统农业生产方式与日本相似，两国经验对于研究制定我国不同地区的差异化政策具有重要借鉴意义。

1. 通过立法保护农业

为使农业支持保护政策具有连续性和法律效力，稳定农民的生产经营收益，美国非常重视并不断加强农业支持保护立法，通过国家立法程序将各种农业支持保护政策措施融入法律文件，实现政策法律化，并根据执行情况进行修订、完善。

2. 有一套完整的补贴制度

完备有效的农业补贴制度是美日等国家支持保护农业的基本方式，对农业生产的持续健康发展、农民收入的稳定提高具有明显的促进效应。我国要吸收美日农业补贴方面的有益经验，对一些现行的农业补贴制度进行改革完善，提高补贴政策的精准性和指向性。

3. 资源与生态保护优先

注重加强农业资源和生态环境保护，是美日增强农业可持续发展能力的基本途径。美国通过实施一系列保护项目，对农田、水、湿地、森林、草原等自然资源和生态环境进行维护和修复，为农业可持续发展提供了基础条件。我们应借鉴美国保护资源环境的有效做法，强化资源环境保护的政策支持。

4. 充分发挥农业保险的作用

发展农业保险事业是美日等国家提升农业抵御自然风险与市场风险能力的重要措施，也是规避相关国际不利规则的手段。美国成立负责全国农业保险管理和监督的专门机构，不断加大农业风险管理投入，使农业保险与收入补贴一起构筑保障农民收入的“安全网”。日本很早就出台农业保险法律法规，尽力降低农户受灾程度。我国必须加快建立和完善各项农业保险制度，并鼓励商业保险机构参与。

五、 完善国内农业支持保护政策体系的目标及思路

从世界主要国家的农业发展历程看，在石油农业出现之前，大多数国家都经历了农产品短缺阶段，农产品供给不足是主要矛盾，各国农业支持保护政策的基本目标是优先保证农产品供给，兼顾农民收入。随着经济不断增长和石油化学工业的发展，农业生产者大量采用化肥和农药，农业生产力水平显著提高，时常出现部分农产品过剩，保农产品供给目标重要性下降，农民增收难度加大、矛盾加剧，多数国家把农民增收摆到了重要位置。随着农业多功能性凸显，农业支持保护的目标开始向保障食物安全、提高农产品质量、保护生态环境、延展农业文明方向演变①。

---

① 张兴旺. 纵观农业支持保护体系的发展　健全中国农业支持保护体系［J］. 世界农业，2010（1）.

2008 年国际金融危机后，全球大宗农产品供给增加、需求减弱，价格逐渐走低，农产品供给充裕。同时，随着我国粮食持续多年增产，棉油糖等农产品生产能力增强，大宗农产品库存不断增加，不得不依靠政府托市防止农产品价格暴跌。肉蛋奶、蔬菜、水果等菜篮子产品供给十分充足，价格走低[①]，表明我国农产品供给进入了总量平衡、丰年有余，品种结构有待调整的阶段，保供给的压力减弱。同时，受农产品成本上升、农业效益降低、农民务农收入增长乏力，以及农业资源约束趋紧、环境污染严重的多重压力，农民增收和农业可持续发展两大任务将被提到更为显著的位置，被列入各级政府的议事日程。

基于上述分析，现阶段我国农业支持保护政策目标，要从以往的优先保障农产品供给、兼顾农民收入，向保障农产品供给、增加农民收入和可持续发展并重转变。近年来我国劳动力和土地等要素成本上升较快，虽然国内拥有生产能力，但国产的高成本农产品易被国外进口的低价农产品替代，难以形成有效的国内市场供给，以国内生产为主的保障农产品供给受到严峻挑战。同时，受环境污染影响，农产品质量安全水平不高，难以卖到好价钱。在高成本、低效益的双向挤压下，农民增收受到影响。因此，新常态下必须围绕保供给、促增收、可持续的目标，按照比较优势原则，完善农业支持保护政策体系，从而推进供给侧结构性改革。

（一）目标

1. 保供给

目前全球农产品供给充裕，进口渠道较为畅通，我国农产品供求基本平衡，粮棉储备充足。但是，我国耕地和水资源短缺，农业综合生产能力不强，农产品成本和质量竞争力缺乏，紧急状态下以进口保障国内重要农产品能力较弱，在当今复杂国际环境下保障未来农产品供给依然面临挑战。因此，新形势下，确保国家粮食安全是农业支持保护政策体系的首要目标；同时，按照比较优势原则，兼顾棉花、油料、糖料和生猪等重要农产品供给。到 2020 年，确保谷物基本自给、口粮绝对安全，棉油糖生猪等重要农产品供给保障能力进一步增强，农产品供求基本平衡。

2. 促增收

到 2020 年，我国将全面建成小康社会，要保证农民收入随着国民经济的

---

① 2015 年 5 月以来，受生猪市场周期波动影响，生猪价格恢复性快速反弹，7 月 31 日比 5 月 19 日上涨 45.9%，达到每斤 9.57 元，仍未达到历史高位。

增长持续增加和城乡居民收入差距不断缩小，农民人均可支配收入需达到15741元[①]。按农民收入结构分析，占农民总收入一半以上的经营净收入和转移净收入与农业支持保护政策密切相关，依照2000—2015年农民人均纯收入年均增速，考虑新常态下国民经济增速放缓，农民收入增速也呈边际递减趋势，人均经营净收入和转移净收入分别达到5730元和3022元以上[②]，才能支撑上述目标。因此，“十三五”期间，农业支持保护政策的促增收目标，应聚焦于增加农民转移净收入，引领经营净收入增长。

3. 可持续

近十几年来，城镇化和工业化快速发展，粮食“十二连增”，棉油糖等农产品产量不断增长，大量优质耕地资源被占，水土流失不断，地下水漏斗区域扩大，农业面源污染严重，农业资源和生态环境的承载能力越来越接近极限，资源开发利用强度过大。通盘考虑农业发展和资源环境承载能力，坚持可持续发展，是农业支持保护政策体系的长期目标，到2020年，农业资源和生态环境可持续发展取得积极成效，农业面源污染程度下降，水土流失明显减缓，重金属污染面积显著减少，农产品质量安全水平明显提高。

（二）思路

1. 优化结构，补齐短板

按照农业可持续发展总体目标，以“加、改、调、增、补”为抓手，进一步优化政策体系结构。“加”即加大投入政策力度，加快基础设施建设，提升农业竞争力；“改”即改革农产品价格机制，激发市场活力；“调”即调整农业补贴方式，加强补贴政策的针对性和指向性，调动生产经营主体的积极性；“增”即增加生态补偿政策内容，推进农业可持续发展；“补”即补齐农业保险政策的短板，丰富保险险种，培育生产经营主体的参保意识。

2. 保证总量，用好“绿箱”

严格执行农业法要求中央和地方财政每年对农业总投入增幅高于财政经常性收入的增长幅度规定，着力加大财政支持农业发展的资金投入，中央财政示范带动各级地方财政加大农业投入，逐步提高财政用于农业的支出比例。充分利用WTO的“绿箱”政策空间，提高“绿箱”支持水平，更多地采用

---

① 2014年农民人均可支配收入10488.9元，其中，工资性收入（4152.2元）、经营净收入（4237.4元）、财产净收入（222.1元）和转移净收入（1877.2元）占比分别为39.6%、40.4%、2.1%和17.9%。

② 农业支持保护政策直接影响农民转移净收入和经营净收入，间接影响农民收入的58.3%。

市场的手段，避免特定产品的“黄箱”政策超标，转变资金支持方式，提高非特定产品的“黄箱”支持水平。

3. 化繁就简，提高效率

全面系统梳理农业支持保护政策，遵循“渠道不变、平台共用、各记其功”的原则，整合功能相似项目，减少审批环节，采用并联审批，优化审批流程，实行公开透明管理。削减事前审批环节，加大事中事后监管，符合条件的项目采取事后奖补方式，大幅提高农业支持保护效率。

六、 完善农业支持保护政策体系的建议

（一）优化政策体系结构

1. 优化政策体系结构

要重点解决普惠性补贴多、价格保护多，生产性投入少、基础设施投入少、生态补偿少的“两多三少”及政策支持力度畸轻畸重的问题。鉴于农业支出存量调整难度大，建议在中央财政支农资金增量上进行政策间的均衡和调整。按照“三优先”的原则解决“两多三少”问题，即资金增量优先用于农业基础设施建设，以及相关农业生产条件的改善，并逐步提高支出比重，特别是要集中用于重要农产品产区的田间水利工程和科技研发，优先支持农产品主产区、产粮大县、种养大户等，优先用于生态脆弱区生态补偿和移民安置。要稳步推进农产品价格改革，发挥市场配置资源的决定性作用。保险政策是现行政策体系中的短板，可借鉴美国棉花保险制度的经验，由补产品转为补收入，实现“黄箱”转“绿箱”。

2. 加强政策之间的协调

加强农业支持保护政策的顶层设计，把握新政策出台时机和原有政策的转型时机。按照新的发展理念，按照绿色环保、可持续的要求，制定生产扶持政策。基于我国国情，在生产目标和生态目标发生冲突时，力争生产与生态等重。要梳理现有政策，加强相关性研究，均衡各类补贴标准，避免在政策执行中的趋利行为。完善渔业柴油补贴与渔民转产产业政策，要因地、因人施策，该补则补，该减则减，不可“一刀切”。要保持政策的稳定性和连贯性，防止在政策整合中降低农业的支持保护力度。

（二）强化农业支持保护的法律保障

1. 修订《农业法》涉及农业投入的相关条款

细化稳定增加农业财政投入的相关法律条款，与“预算法”相关条款保

持一致，减少调整农业财政投入的随意性。强化保障农业投入增长的法律责任，在《农业法》第十二章中增加违反《农业法》第三十八条第一款关于农业财政投入增幅规定的法律责任。

2. 研究制定农业财政投入实施细则

依据《农业法》关于农业财政投入的相关条款，明确国家农业财政投入的范围、方式、主体、受益对象，规定各级政府的权利与义务，细化违法责任及处罚办法。

3. 加大农业财政投入的执法监督问责

中央和地方各级人大机构的涉农部门依法履行监督职责，探索采取上级人大机构审定下级人民政府的方式，严格审议每年各级政府财政预决算报告中关于农业财政投入增幅情况，对违法情况严肃追责。建立财政支农资金严格监管机制，按照中央和国务院有关财政支农资金管理规定，细化专人管理、专账核算、专款专用，对中央下达的支农项目资金实行省市县三级财政报账制管理，定期组织财务、审计等部门对支农资金使用情况进行全面审计检查，及时纠正发现的问题，以确保支农资金安全有效运行。

（三）创新财政支农资金投入机制

1. 建立动态资金调整机制

根据国内粮食等重要农产品供需、农业生产成本以及国际市场变化，适时适度调整支农资金规模总量、使用方向和支持区域，提高支农资金使用的精准度和针对性。加快“黄箱”转“绿箱”，将粮食直补、良种补贴、农资综合补贴“三补合一”资金纳入“绿箱”范畴，腾出非特定产品“黄箱”支持空间；转换“黄箱”政策支持领域，将部分特定农产品的支持资金转用于农机购置补贴、燃油补贴、施用有机肥补贴等非特定农产品支持领域。在未全面实行“三补合一”的阶段，要结合化肥、农药“双零”行动，合理确定农业生产资料综合补贴规模和增长幅度，根据生产成本变化相应调整补贴规模。

2. 建立社会资本投资引导机制

建立中央财政和企业资金的融合载体，中央财政以投资补助、担保补贴、贷款贴息、基金注资等方式，吸引社会资本投向重点农业领域。允许社会资本参与农业项目运营和收益分享，对与农民建立紧密利益联结机制的工商企业，给予适当支持。在重要农产品产区，合理划定政府与企业的投资比例，注重提高中央财政的份额。一般非重点产区，也要发挥政府资金的撬动功能，起到“四两拨千斤”的引导作用。鼓励进入种养领域的工商资本，根据企业发展需要发行企业债券。

（四）改进农业补贴方式

1. 推进农业补贴政策“三补合一”

继续推进粮食直补、良种补贴、农资综合补贴合并为“农业支持保护补贴”的试点，即“三补合一”，认真总结经验，逐步扩大覆盖范围。“农业支持保护补贴”主要与农户承包地面积挂钩，并逐步按照确权颁证后的实际耕地面积发放补贴；同时，结合地籍调查和土地等级划分结果，分等级给予耕地保护补贴。

2. 完善粮食规模生产者补贴面积的核定办法

鼓励以省区为单位划定适度规模生产经营者享受补贴的面积标准（如100~3000亩）以及粮食种植面积占比（如达到60%以上且不低于100亩），超出上下限部分均不予补贴，黑龙江、内蒙古东四盟和新疆可提高面积标准的上限。尝试粮食规模生产经营者与地方农业部门签订种粮合同，农业部门会同村干部实测粮食种植面积，并张榜公布。对虚假申报面积套取国家补贴金额较大者，按诈骗罪论处，并永久取消享受补贴资格。

3. 进一步完善农机具购置补贴政策

要注重提高补贴效率，实现大中小和适宜的农业机械补贴均衡，鼓励不同地区提高农业机械化水平。要制定农机装备能耗等级标准，实行能耗等级标签制度，优先补贴“国Ⅲ标准”低排放、低能耗农机装备化。将丘陵山区半自动化的户用小型农机设备纳入补贴目录，加快推进丘陵山区农业机械化。重点补贴农机大户和农民专业合作社，减少利用率低的户用中小型农机具补贴。根据农业机械的更新淘汰年限，在农机购置补贴中设置更新专项，鼓励农民适时更换淘汰老旧机具。

（五）改革农产品价格支持政策

1. 完善最低收购价政策

探索建立小麦、稻谷最低收购价与国内外市场价格联动机制，最低收购价要随着市场价格波动适当浮动，不能只升不降，引导农民根据市场供求变化适当调整粮食生产。当国内小麦和稻谷价格大大超过国际市场价格，配额关税保护失灵时，粮食规模化生产经营者逐渐成为生产主体，按面积补贴的操作成本大幅度下降时，可探索实行目标价格政策，按差价补贴粮食规模生产经营者。

2. 适时启动以目标价格替代临时收储政策

随着目标价格政策的逐步完善和规模生产经营者的占比提高，可将玉米临时收储政策改为目标价格政策，按照差价补贴规模生产经营者。以主产县为单位，对其中的主产乡镇乃至主产行政村的所有种植户按照承包面积给予差价补贴①。同时，设立大豆种植计划试点，参加计划的农户享受玉米补贴及差价，鼓励农户种植大豆。

3. 健全目标价格支持政策

建立棉花、大豆目标价格与国内外市场价格的联动机制，合理确定目标价格与市场价格的差距，目标价格随着市场价格上下适当浮动。借鉴美国事先公布目标价格补贴预算做法，先期公布每吨或每亩补贴的上限，既防止财政预算大幅度波动，又让农户分担一定的市场价格风险，有利于农户调整种植结构，减轻农产品生产过剩的压力。国家只对目标价格与市场价格差价的固定比例（如85%）予以补贴，增强目标价格与市场机制的适应性，促进农户按市场需求生产。

（六）建立完善农业保险体系

1. 加大农业保险支持力度

农业保险属于“绿箱”政策，国家应调整政策支出结构，增加农业保险经费。通过税收优惠、农业再保险、紧急贷款、保费补贴等方式，对保险公司开展农业保险所需经营费用予以补贴，对参保农民实行保费补贴，为受灾对象发放援助资金。同时，有重点、分品种地提高农作物尤其是主要粮食品种的保险保费补贴标准。

2. 建立粮食主产区的政策性保险制度

对因重大自然灾害形成的大额赔付，由粮食风险基金给予一定比例的补偿，逐步形成农业巨灾风险转移分担机制。提高农业保险赔付额，降低理赔标准，将因灾导致农产品品质下降纳入理赔范围。在自然灾害保险的基础上，探索价格保险和收入保险。

3. 建立重大灾害农业保险制度

尽快建立重大灾害农业保险制度，对于局部地区因不利天气或其他环境

---

① 即使主产乡镇或村有少量不种植主产作物的农户得到补贴，降低了补贴精准性，但比起高昂的识别成本，这种刻意漏损是划算的，况且补贴了农户，也算增加农民收入，对政策效能影响小。

灾害造成农业生产连续受灾或产量损失超过正常年份某一比例时，可对受灾农产品按投保级别给予补贴；对于大范围的重大灾害，国家可考虑根据受灾损失情况通过保险理赔形式对投保农户予以全额性补偿。

4. 提供多元化农保服务

针对不同类型不同规模的农户设立不同险种，开展相关服务；也可以新型农业经营主体为主要服务对象，开展产值保险、目标价格保险、天气指数保险等服务，发展农业基础设施、森林等保险，满足农户多层次多方面的农业风险管理需求。

（七）健全主产区利益补偿机制

1. 加大一般性转移支付力度

完善支农资金分配和财政转移支付机制，转移支付增量与粮食产量挂钩。完善县级基本财力保障机制，扩大保障范围，提高保障水平，逐步使粮食主产区财力达到全国或全省平均水平。加强粮食主产区在农业、农村和民生领域的基础设施建设，取消产粮大县农村基础设施项目县级配套资金，不断提高粮食主产区提供基本公共服务能力。

2. 完善粮食风险基金政策

按照国家财政收入的增长，同步增加粮食风险基金，提高粮食风险基金中用于粮食主产区经济补偿的比例。对主产区执行国家政策性收储产生的超量库存，减免粮食风险基金借款，逐步核销财务挂账，将节余的利息费用统筹用于扶持主产区发展粮食生产。

3. 完善产粮大省和产粮大县奖励办法

加大支持力度，进一步完善粮食统计制度，规范粮食省际调运量统计，实行产粮大省奖励资金与粮食调运量挂钩、产粮大县奖励资金与粮食商品量挂钩的联动办法。完善奖励资金使用制度，除发展粮食生产外，由地方政府统筹用于“三农”基础设施建设和农村教育、医疗、养老等社会保障建设，改变主产区财政拮据的局面。

4. 尽快核定主产区补贴面积

尽快推进粮食主产区各项补贴核算面积与第二次全国土地调查耕地面积数据相衔接，按实际耕地面积和粮食播种面积计算补贴额，特别是黑龙江等粮食大省要尽快妥善处理实际耕地面积与在册耕地面积不相符问题。

（八）加快建立生态补偿机制

1. 完善对重点生态功能区的生态保护补偿机制

探索建立全面反映市场供求、资源稀缺程度，体现生态价值和代际补偿的资源有偿使用制度，加快形成生态损害者赔偿、受益者付费、保护者得到合理补偿的运行机制。探索建立地区间生态保护补偿机制和市场化补偿模式。加大重点生态功能区转移支付力度，完善转移支付制度，归并和规范现有生态保护补偿渠道，逐步提高其基本公共服务水平。完善生态保护修复资金使用机制，整合中央财政资金，推进山水林田湖生态修复。

2. 对过度开发的农业资源实行休养生息和补偿

在耕地质量严重下降、草原超载过牧、河湖渔业资源严重衰退的地区实行休养生息，大幅减少开发利用强度，有条件的地区可按照一定的周期进行休耕、休牧、休渔，鼓励耕地地力下降的地区种植绿肥，对严重退化草地进行补播改良，全面落实草原生态保护补助奖励机制，加大渔业增殖放流力度。利用政策性收储粮食库存对休养生息的农民进行实物补偿，在促进农业资源恢复的同时消化粮食高库存。对重金属污染区、地下水漏斗区退减灌溉面积，调整种植结构，减少高耗水作物种植面积，或改种高富集树种，并给予一定补偿。加快推进沿海渔民减船、转产转业工作，继续实施休渔制度，降低近海捕捞强度。

（九）创新重要农产品进口调控手段

强化粮棉油糖等重要农产品进口冲击监测，积极收集并积累进口农产品对我国相关农业产业及农民就业和收入影响的数据、案例等相关证据，为采取相应保护措施提供充足依据。加强特殊保障措施及反补贴、反倾销措施的触发条件及应对办法研究，重点探索建立基于进口量和价格触发的特殊保障机制。借助大国地位，联合具有共同贸易政策诉求的新兴工业化国家，形成基本统一的政策立场，通过 WTO 多边谈判机制，建立基于农业资源禀赋的公平贸易规则，争取享受类似欧盟和日韩等农业资源短缺型国家的边境保护措施。

第十章　乡村振兴战略中的农村基础设施研究*

农村地区的基础设施是农业农村发展的前提条件，也是乡村振兴战略实施的重要方面。我国农村基础设施经历了一个漫长的建设过程，在合作社、人民公社、家庭联产承包责任制和新农村建设各时期均呈现不同的特点。特别是2005年党的十六届五中全会后，党中央、国务院坚持工业反哺农业、城市支持农村的发展方略，扎实推进“生产发展、生活富裕、乡风文明、村容整洁、管理民主”的社会主义新农村建设，加大了对农村地区基础设施建设的支持力度，农村水电气路房得到全面改善，农村生产生活条件发生了巨大的变化。党的十九大明确实施乡村振兴战略的目标任务是“到2050年，乡村全面振兴，农业强、农村美、农民富全面实现”，农村基础设施建设将得到更多支持，农业农村的发展也将迎来新的机遇与挑战。通过全面梳理相关政策，认真总结成功经验，准确刻画农村基础设施在乡村振兴战略中的作用路径，对于实施乡村振兴战略、促进农业农村可持续发展具有重要的意义。

一、 农村基础设施性质及我国农村基础设施的建设历程

（一）农村基础设施含义及其性质

世界银行《1994年世界发展报告：为发展提供基础设施》指出，基础设施是为社会生产和居民生活提供公共服务的物质工程设施，是用于保证国家或地区社会经济活动正常进行的公共服务系统。作为基础设施的子系统，农村基础设施是指，构成农村生产、生活的基础条件，对农村经济社会发展具有支撑功能的物化公共品①。农村的基础设施除了具备普通基础设施的共性，还具有以下特征：

＊ 本文为清华大学中国农村研究院2018年重点研究课题“乡村振兴战略中的农村基础设施研究”的研究成果。

① 建设社会主义新农村的理论与实践（全国县委书记县长“建设社会主义新农村”专题培训资料选编）［M］. 北京：党建读物出版社，2007：129-154.

第一，投资收益低，建设水平落后于城市。由于农村人口密度小、基础设施使用频度远低于城市，因此农村地区基础设施投资收益率较低，通常也无法采用收费、捆绑建成后的经营收益的方式对私人资本产生吸引力，投资方面的差异导致了城乡基础设施建设和公共服务不平等。截至2016年末，全国仍有31.3%的行政村未实现集中供水，80%的行政村未对生活污水进行处理，35%的行政村未对生活垃圾进行处理。

第二，投入的非均衡性和供给的非同一性。各类农村基础设施对资金、技术、人员的要求不同，加之各地自然条件与经济发展水平的限制，导致农村各类基础设施的建设投入不均衡、修建形式多种多样。同样是农田水利，我国北方地区的重点是改善灌溉设施，而南方地区的重点是加强排水设施。

第三，地域差异明显。由于自然、经济、社会、文化等多方面差异，致使各地农村基础设施差异较为显著：在东部地区整体相对良好，特别是在村内卫生环境、清洁能源供应方面明显优于中、西部地区；中部地区由于是粮食主产区，因此，与农业生产直接相关的灌排类基础设施建设较好；西部地区农村基础设施的整体水平相对偏低，与农民群众期待尚有一定距离。

（二）我国农村基础设施的建设历程

中华人民共和国成立以来，我国农村基础设施建设的演进历程大体可划分为以下四个阶段（见图10-1）：

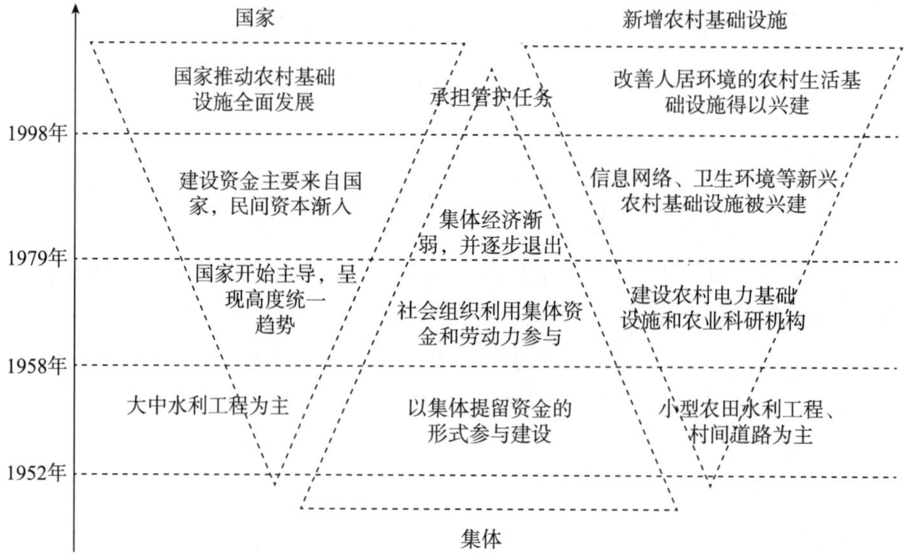

图10-1 各时期政府、集体作用和新增农村基础设施种类

（1）农业生产合作社时期（1952—1957年）：建设起步阶段。

1952—1957年，农村地区成立互助组、初级社和高级社。土地等生产资料从农民拥有发展为生产资料入股制，最后转变成生产资料集体所有。农业经营方式也随之发生改变，由农户自给自足的分散经营逐步发展为自愿互助。该时期农村基础设施（供给）也发生了相应改变：①农村基础设施产权逐步完成了“自备自用→私有公用→公共购买→集体所用→实现公有化”的转变。②农村基础设施的供给方式由原始自给模式，逐步转换为集体经济制度下系统内自给与系统外供给相结合的供给方式。高级合作社开始利用集体提留资金和国家投入的部分农业基本建设资金，有组织地进行农村基础设施建设。③国家受财力所限主要负责大中型农田水利工程，而小型农田水利工程、村间道路等则由农村集体组织或农民个人负责提供。

（2）人民公社时期（1958—1978年）：高度统一的建设阶段。

在行政、经济、社会等管理职能集一体的公社体制下，该时期农业经济明显区别于上一阶段，农业生产呈现高度的组织化。高度集中统一也是该时期农村基础设施建设的基本特征：①资金均来自国家财政拨款、集体自有资金。②各地农村基础设施建设实行自上而下的决策模式。③公社成为农村基础设施的直接建设者和供给者。基层政府通过社队组织，利用行政力量组织农村劳动力进行农村基础设施建设。④供给内容属性统一。各地农村均以生产性基础设施建设为主，主要集中于农田水利、农村道路、农产品仓储等方面，同时教育、医疗、广播、电视、通信等生活性基础设施逐步列入建设计划。

（3）家庭联产承包责任制时期（1979—1997年）：变革阶段。

家庭联产承包责任制的推行，使土地避免了私有化，土地所有权与经营权相对分离，分配制度相对简单、直接，充分调动了农民生产积极性。该阶段农村基础设施供给仍以国家建设为主，但呈现多元化趋势：①该时期由于农村集体经济渐趋衰弱，农村自筹资金部分与上期相比大幅减少，导致农村基础设施建设资金主要来自国家投资。②供给主体结构渐趋多元化。该时期国家鼓励农村集体组织、农民个人出资兴建部分农村基础设施，日渐形成政府为主、社会组织补充、农村集体组织和农民参与的格局。③该时期农村基础设施对农业生产的支持力下降。特别是农田水利设施因使用年限长久、缺乏常规性维护保养，使得相当数量的灌排设施老化损毁严重、影响正常运转。

（4）积极财政政策和新农村建设时期（1998年至今）：全面发展阶段。

该时期由于国家经济社会发展加快、财力增强，加之施行积极的财政政策，用于农村基础设施建设的财政资金不断增加，主要支持发展纯公共产品性的基础设施。但之后由于取消农村义务劳动和劳动积累工分两项制度，造成农村基础设施建设放缓。随后，国家采取专项拨款、转移支付，变革产权归属、投融资机制，推行“一事一议”制度等措施，筹集提供了较多农村基础设施建设资金。在新农村建设背景下，农村基础设施建设显现全面发展的基本特征，具体体现在以下方面：

一是最基本和最需要的基础设施得到优先建设，随后逐步扩展到其他类型的基础设施。2007 年 12 月，《中共中央　国务院关于切实加强农业基础建设进一步促进农业发展农民增收的若干意见》提出：农业设施要以现代物质条件进行装备，即农业基础设施应以现代物质条件作为建设的质量标准。农业生产性基础设施优先得到建设支持，多省区的高标准农田得以建设，农村电网也在全国范围内进行了新一轮改造升级。生产性基础设施建设中，虽然种植业方面内容仍然较多，但林区交通、森林安全、牧区水利这些林牧渔业方面的基础设施也得以不断加强。同时，随着现代农业发展和科技进步，生产性基础设施建设范围逐步扩大到高效节水灌溉、冷链物流等方面，从而使生产性基础设施的功能不断扩展，对农业生产的基础支撑水平进一步提升。

二是随着生产能力的提高，建设重心转为生产设施和生活设施的同步改善。在农业生产性基础设施得到优先建设后，国家将农村生活类基础设施纳入各级政府议事日程。各地普遍制定、实施村庄建设规划、人居环境治理方案，农村着力建设饮用水、垃圾和污水处理、卫生厕所、新能源等基础设施。同时，国家对农村地区的信息化和现代物流体系做出了明确的规划和建设要求。2008 年中央一号文件强调“共建平台，健全农村信息服务体系”，具体实施了“金农”“三电合一”等农村信息化示范工程和农村商务信息服务项目，农村网络覆盖率大幅提升。

二、　农村基础设施的影响机理和现阶段建设成就

工业革命以来，无论发达国家还是发展中国家，农业都是弱势产业。因此，当传统农业向现代农业过渡时或多或少都遇到了瓶颈，其农业都依靠政府引导、支持或保护才突破了原有困境，最终完成现代化的蜕变。1998 年以来，由于实施积极的财政政策拉动内需以及农业生产、农村生活的客观需要，国家增加了中央预算内资金投资，并重点投向农村基础设施建设，为农业农村发展奠定了物质基础。

（一）农村基础设施对农业的总体影响路径

索洛认为，政府增加农村基础设施建设可以提高农民户均资本量，从而增加户均农业产出。我国的农业经济已成为相对完全竞争的经济体系，在耕地面积和制度环境相对稳定的前提下，生产要素的增加和生产率的提高仍是农业经济增长的主要方式。但单纯依靠增加要素投入量，社会生产通常会面临规模效益递减；但当（农村）基础设施作为一种“免费”的资本被农户无偿使用时，农户的个人投入就将和政府的生产性财政支出结合在一起，或能延缓边际递减趋势，成为生产增长的动力之一（巴罗，1990）。农村基础设施影响农业的路径见图 10-2。

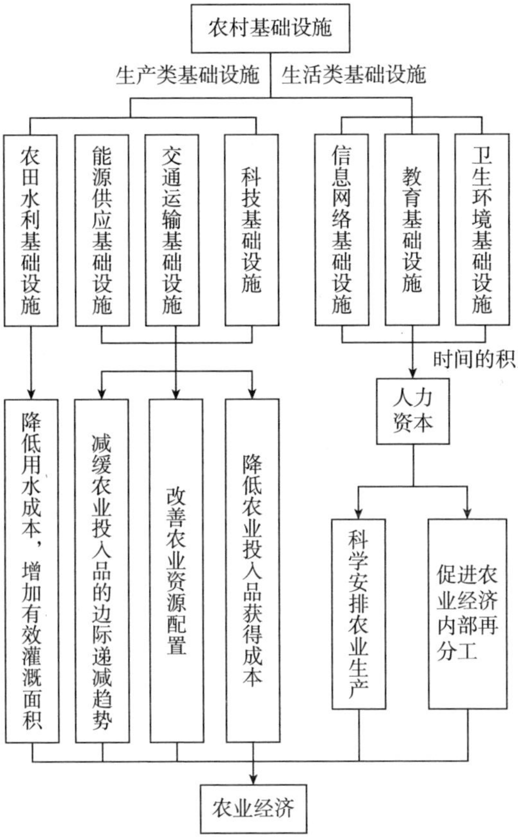

图 10-2　农村基础设施影响农业的路径

（二）农村基础设施分项影响机理及成效

随着经济的发展和时代的变迁，农村基础设施的类型和内容不断变化和发展。如卫生环境、信息网络等基础设施及其公共服务在农村地区得到快速发展，这些基础设施都对“农业产业兴旺”和“农村生活富裕”有着不同程度的影响。

（1）农田水利基础设施。

农田水利基础设施与种植业密切相关，因此已有研究对该项基础设施的结论相对一致：①减少旱涝灾害损失。完善的农田水利基础设施可调剂水资源分布不均的情况，减少农田受灾面积、稳定农作物产量、保障农业生产安全，使农户遭受旱涝灾害时仍可保持较好的农业收益。②增加灌溉面积。良好的蓄水工程通过保障农业生产用水来增加干旱、半干旱地区农田灌溉面积。③提高灌溉效果。完备的灌排设施可提高输水效率，减少水资源浪费。农田水利基础设施的影响机理见图 10-3。

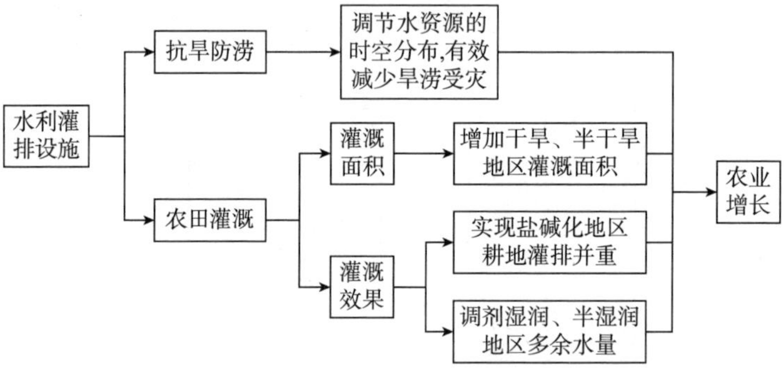

图 10-3　农田水利基础设施的影响机理

我国农田中的水利基础设施可大体分为蓄水工程和灌排设施两类。前者利用水库、湖塘等对水资源进行蓄积、调控，为作物生长、畜禽繁养等储备所需用水；后者利用机井、沟渠等工程与相关技术措施减弱旱涝灾害。如图 10-4、图 10-5 所示，农田中的各类排灌工程设施有效地提高了农业抗旱防洪能力，近期旱涝成灾面积明显减少，特别是旱灾成灾面积较 2009 年减少了 66.3%。

有效灌溉面积不仅反映了普通年景下农户的实际灌溉效果，而且体现了农户耕地周边农田水利工程基础设施的建设和相关设备的使用情况。传统农业大省耕地有效灌溉面积明显多于其他地区，从绝对面积看，河南省耕地有效灌溉面积年平均值最大，为 5140.83 千公顷，其次山东、黑龙江、河北、新疆和安徽五省区均高于 4000 千公顷（见表 10-1）。

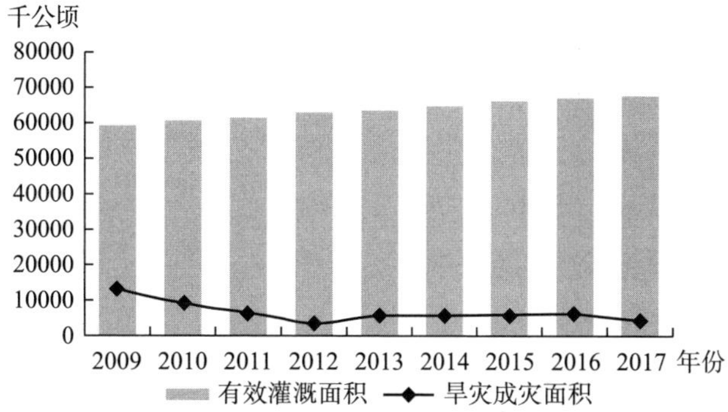

图 10-4　2009—2017 年中国农田灌溉面积和旱灾面积

资料来源：国家统计局网站。

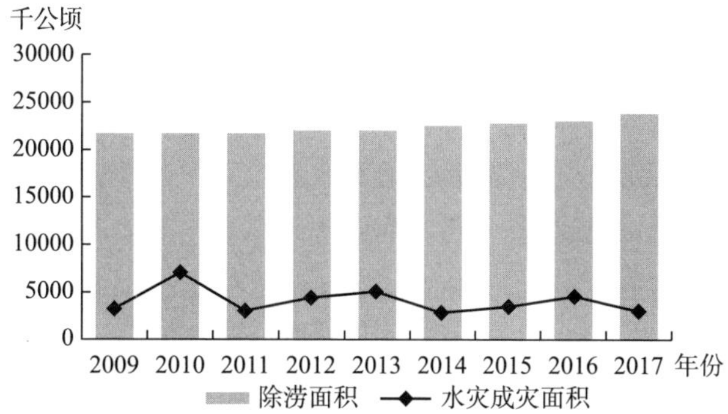

图 10-5　2009—2017 年中国农田除涝和水灾面积

资料来源：国家统计局网站。

表 10-1　2009—2017 年耕地有效灌溉面积年平均值

有效灌溉面积（千公顷）	省（区、市）						
1~1000	天津	上海	海南	重庆	西藏	青海	宁夏
1000~2000	山西、广西	辽宁、贵州	吉林、云南	浙江、陕西	福建、甘肃	江西	广东
2000~4000	北京	内蒙古	江苏	湖北	湖南	四川	
>4000	河北	黑龙江	安徽	山东	河南	新疆	

资料来源：国家统计局网站。

从相对值角度看，2017 年就有效灌溉面积占农作物总播种面积比例而言，北京最高，达 95.48%、新疆为 84.12%，绝大多数省（区、市）在 30%~40%，广西、云南、重庆、贵州四地低于 30%（见表 10-2）。

表 10-2　2017 年有效灌溉面积占农作物总播种面积比例

比例	省（区、市）								
<30%	广西	重庆	贵州	云南					
30%~50%	山西	内蒙古	辽宁	吉林	黑龙江	江西	山东	河南	湖北
	湖南	广东	海南	四川	陕西	甘肃	青海	宁夏	
>50%	北京	天津	河北	上海	江苏	浙江	安徽	新疆	

资料来源：国家统计局网站。

（2）农村能源供应基础设施。

现代农业以大规模机械作业和农产品精加工为主。无论机械作业还是初加工方面，能源是必要的前提，因此，农村能源供应基础设施对农业生产、农村生活的影响明显。在农业生产方面，能源供应基础设施可为农业各领域、各环节提供动力；而在农民生活方面，良好的农村能源供应基础设施可以改善农村生活条件，提升农民生活水平。农村能源供应基础设施的影响机理见图 10-6。

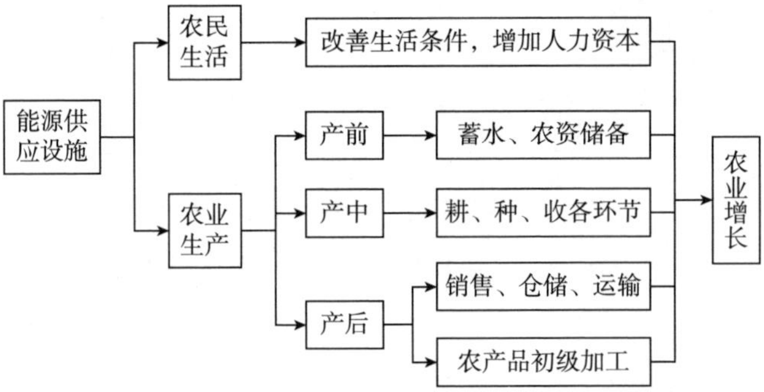

图 10-6　农村能源供应基础设施的影响机理

目前农村能源以电力为主，辅以天然气、沼气等。2015 年底全国范围内完成村村通电工程，农村用电量进一步增加，2017 年已达 9524 亿千瓦时（见图 10-7）。近年，覆盖县、重点乡镇区域的天然气管网已逐步建成。但总体看天然气占农村居民能源消费比例仍不高，目前使用天然气的农户仅限管网覆盖到的县区近郊村及重点乡镇。2009—2017 年全国城乡燃气普及情况见图10-8。

我国中东部沿海地区农村天然气受惠人群较多、发展较快。其中江苏农村地区普及率已达 79%，海南、上海、福建、广东和浙江也均超 50%（见表 10-3）。西部地区作为天然气资源输出省份，受限于农村人口密度低和建设成本高等，燃气管道在其农村地区铺设较少。

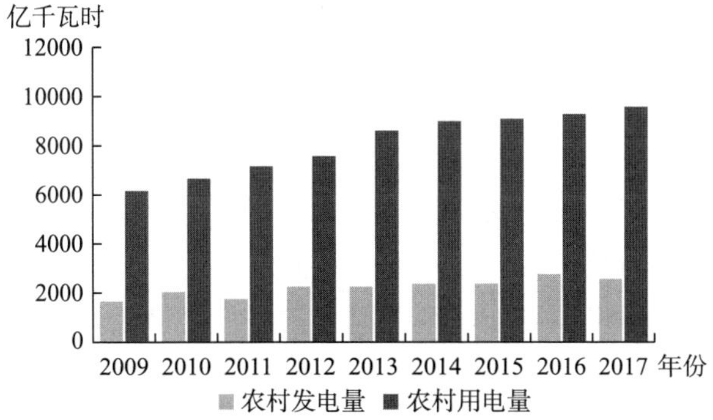

图 10-7　2009—2017 年农村用电量和发电量情况

资料来源：国家统计局网站。

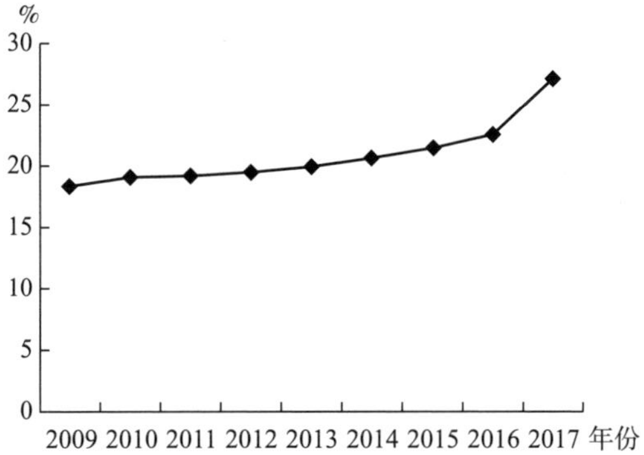

图 10-8　2009—2017 年全国城乡燃气普及情况

资料来源：《中国城乡建设统计年鉴》。

表 10-3　2017 年村庄天然气普及率

天然气普及率	省（区、市）					
<10%	内蒙古	吉林	黑龙江	河南	贵州	云南	西藏
	甘肃	青海	宁夏	新疆			
10%~50%	北京	天津	河北	山西	辽宁	安徽	江西
	山东	湖北	湖南	广西	重庆	四川	陕西
>50%	上海	江苏	浙江	福建	广东	海南	

资料来源：《中国城乡建设统计年鉴 2017》。

（3）农村交通运输基础设施。

学术界有关农村道路对农业增长影响的研究颇多，且侧重点、切入角度各不相同，但都肯定了农村道路建设的积极作用。①加快农业生产资料输入。良好的农村道路和完善的运输网络有利于提高农业生产资料运输的时效性和便捷度，降低运输成本。②提高农业生产效率。平整规范的田间路、机耕道（路）便于大型农用机械出入田间进行耕种收作业，实现高效的机械化生产，从而减少用工。农村道路状况直接影响农机的推广速度、作业质量和效率。③促进农业生产分工协作和农业科技推广应用。大型农机具可以显著提高农业生产效率，但因价格高、使用频率低，并非每个农户都拥有。规范通畅的农村道路可使大型农机顺利地跨区进村入田进行耕种收作业，实现农业生产中的分工协作，使农机、耕地等各种资源得以充分利用。④有利于农产品运出销售。现在农产品的出售一般由农产品经纪人和贩销大户驾车进村串户，直接面对众多而分散的农户收购。虽然每户出售农产品数量小，但整体出售运输量巨大，交通运输成本占比较高。而平整通达的农村道路不但可以加快收购和外运速度，而且能减少运损、增加单车载运量。农村交通运输基础设施的影响机理见图 10-9。

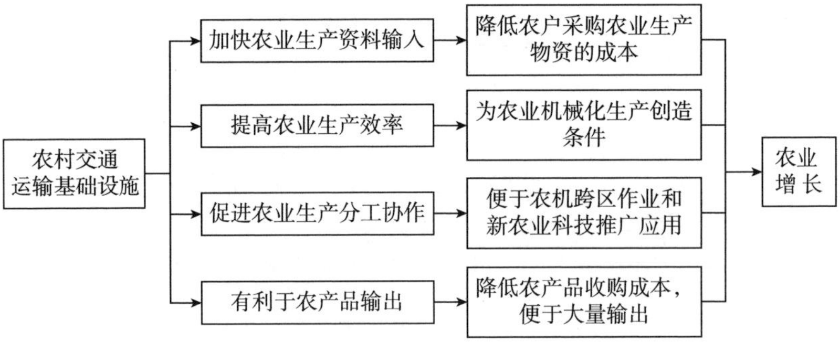

图 10-9　农村交通运输基础设施的影响机理

在我国农村地区分布最广泛、利用最普遍的交通运输基础设施是农村道路。对于农村道路的定义和涵盖范围，各部门、各地区尚未统一。狭义的农村道路是指村内和村庄间的道路；广义的农村道路包括县道、乡道和村庄道路三种。“十二五”期间，国家改建农村道路达 100 万公里，通车里程共约 395 万公里，已基本达到全部乡镇与中东部建制村硬化路全覆盖[①]。这极大地改善了农民的出行和运输条件，在方便农产品与农业生产资料运输的同时，促进了资源的优化配置。2009—2017 年中国县乡级道路建设情况见图 10-10。

① 刘志强．新改建农村公路超百万公里［N］. 人民日报，2015-09-23（2）.

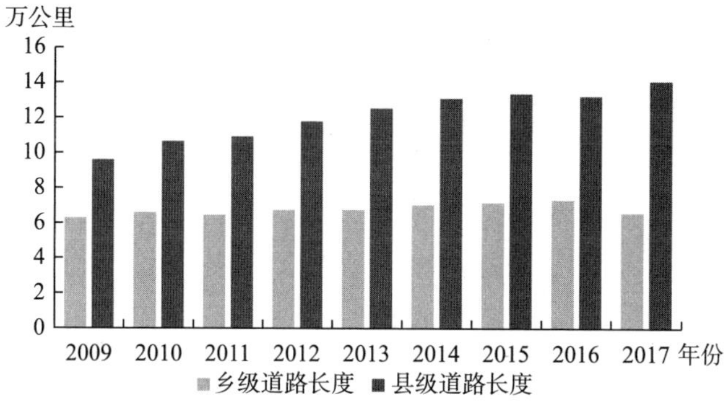

图 10-10　2009—2017 年中国县乡级道路建设情况

资料来源：《中国城乡建设统计年鉴》。

村庄道路硬化情况反映了农村地区交通运输基础设施的完善情况，可以体现农户生产生活的便捷程度。截至 2017 年底，全国村庄道路硬化面积为 80.7 亿平方米，共计 118.9 万公里。2017 年山东省村庄道路硬化面积和长度均较高，分别为 9.6 亿平方米和 15.7 万公里；四川紧随其后，两项指标分别为 6.9 亿平方米和 14 万公里。除直辖市外，西藏、内蒙古、青海、宁夏和海南五省区村庄道路硬化情况排名靠后（见表 10-4）。

表 10-4　2017 年村内道路硬化情况　　单位：万公里

道路硬化长度	省（区、市）						
<1	天津	上海	海南	重庆	西藏		
1~3	浙江	安徽	甘肃	青海	宁夏	新疆	
3~4	内蒙古、贵州	辽宁、云南	吉林、福建	江西、河南	湖北	广西	
4~10	北京	河北	山西	黑龙江	江苏	湖南	广东	陕西
>10	山东	四川						

资料来源：《中国城乡建设统计年鉴 2017》。

（4）农村信息网络基础设施。

信息化是国家“四化同步”发展战略的任务之一。良好的信息网络基础设施能从农村体系内部、外部两个维度为农民提供高质量的信息服务。在农村体系内部，农村信息系统可使农民及时获得可利用的生产、生活等信息，使生产经营活动的效率更高；在农村体系外部，农村信息系统加强了农村与外部的联系、沟通与交流（见图 10-11）。

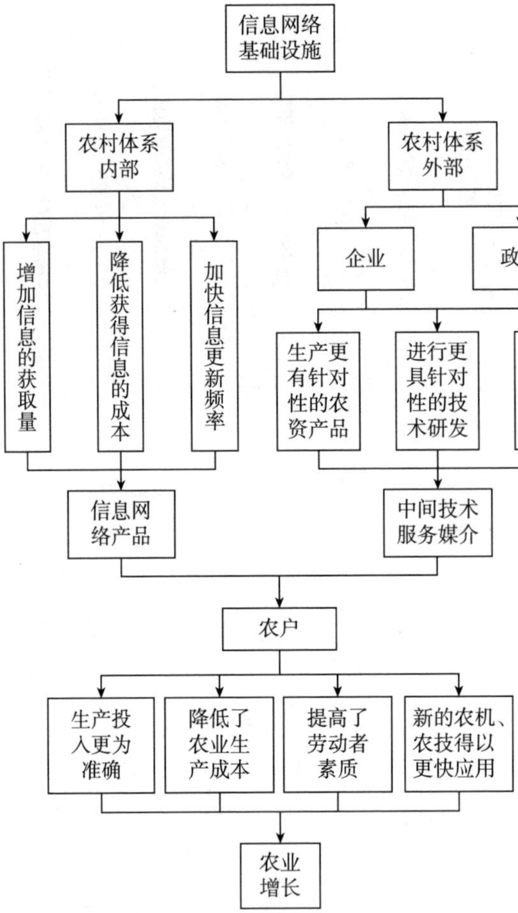

图 10-11　农村信息网络基础设施的影响机理

随着电信业务费用下降，农村地区移动互联网广泛渗透，农村居民能够低门槛接入互联网。2017 年我国农村网民规模为 2. 09 亿，较 2016 年末增加 4%。据中国互联网络信息中心数据：农村网民人均上网时长为 3. 44 小时/天，仅比城市居民少 24 分钟/天。这说明互联网对农村网民影响越来越大。另根据工业和信息化部发布的数据，2017 年末电信业完成 3. 2 万个行政村通光纤的电信普遍服务任务部署。全国农村宽带用户达到 9377 万户，全年净增用户 1923 万户，比上年增长 25. 8%，在固定宽带接入用户中占 26. 9%，较上年提高 1. 8 个百分点（见图 10-12）。

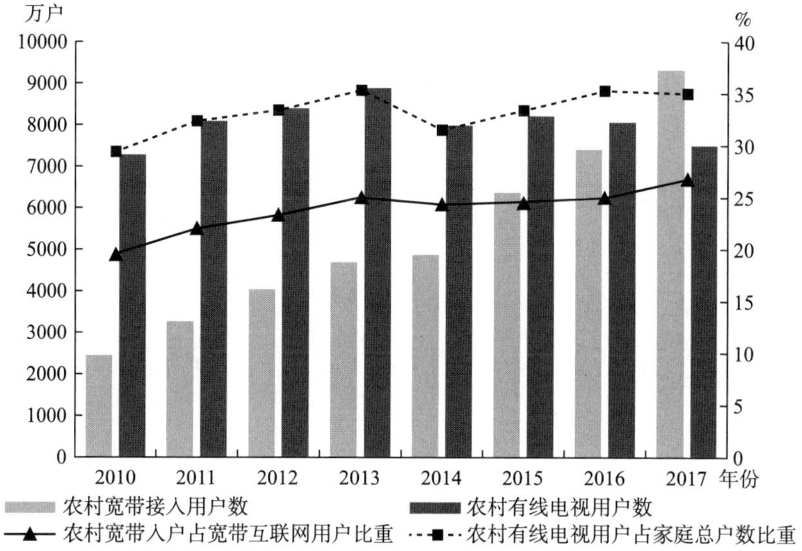

图 10-12　2010—2017 年农村宽带与有线电视用户情况

资料来源：国家统计局。

农村信息网络基础设施在宽带入户方面，东部沿海地区明显高于其他区域（见表 10-5）。西部地区农村由于人口密度低和建设成本高等原因，直接制约了光纤宽带的铺设，但目前大部分县区近郊村及重点乡镇已实现宽带网覆盖。近年移动网络终端（手机）增长迅速，平均每百户拥有量较 2009 年增加了一倍。随着资费下调和 3G/4G 覆盖范围的扩大，中国大部分农村将跳过传统 PC 互联网时代，直接进入手机移动互联网时代。

表 10-5　2017 年农村宽带接入用户情况　　单位：万户

用户数	省（区、市）					
<100	天津	吉林	上海	海南	西藏	青海	宁夏
100~300	山西	内蒙古	辽宁	黑龙江	湖北	广西	重庆
	四川	贵州	云南	陕西	甘肃	新疆	
300~500	安徽	福建	江西	湖南			
500~1000	北京	河北	浙江	山东	河南	广东	
>1000	江苏						

资料来源：国家统计局网站。

（5）农技推广和教育培训设施。

科学技术是第一生产力。科学技术一旦渗透和作用于生产过程中，便成为现实的、直接的生产力。农业科技推广的影响机理见图 10-13。

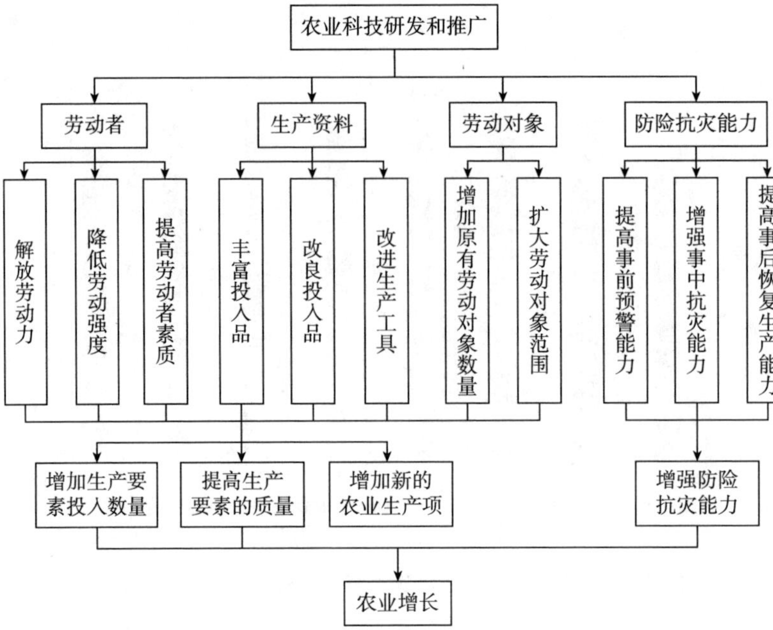

图 10-13　农业科技推广的影响机理

根据国家发展改革委农村经济司《农村基础设施建设发展报告》，2004年以来，不含农业科研院所，目前国家用于农业技术推广的资金投入约200亿元，其中乡镇一级约70亿元，动植物防疫约100亿元。[①] 2017年，农业科技研究与开发机构已达1247个，占全国科技研究与开发机构总数的35.2%。[②]

在传统农业劳动中，劳动者只需要一般的经验和体能，这对于集约化农业生产方式、现代农业经济是远远不够的。在农村地区，知识、技术的传播推广主要依靠农村教育及相关培训：一方面，通过学校教育直接向受教育者传授多门学科的基础知识，使农民获得系统的相关学科知识，提高自身知识水平和科技文化素质。另一方面，在学校教育中间接地传播相关信息、推广新技术，使农民获得大量有价值、可利用的信息，增加信息拥有量，拓宽农民视野。农村教育培训的影响机理见图10-14。

① 资料来源：《农村基础设施建设发展报告》。
② 资料来源：《中国科技统计年鉴2018》。

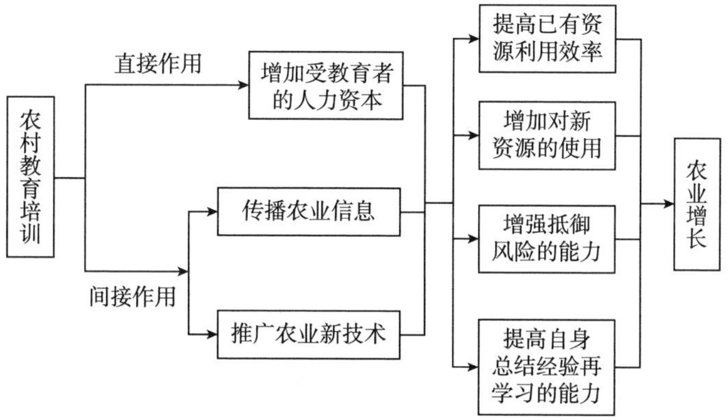

图 10-14　农村教育培训的影响机理

农村教育培训是国家最早重视的农村公共服务之一。2017 年底农村劳动力每百人中不识字或识字很少、小学文化程度所占比例均有所下降。近年农村地区适龄入学人口和在校生数量减少，承担基础教育的各类学校数量明显减少。2017 年农村普通高中、初中和小学数量较 2011 年分别减少了 20.4%、27.2%和 43.2%（见表 10-6）。截至 2017 年底，农村地区学校的多媒体教室共 93.8 万间，固定资产总值共计 4936.7 亿元，其中实验设备 155.3 亿元。①

表 10-6　2011—2017 年中国农村普通基础教育情况

类型	指标	单位	2011 年	2012 年	2013 年	2014 年	2015 年	2016 年	2017 年
高中	学校数	所	848	718	708	667	668	652	675
	学生数	万人	103.4	83.4	81.5	78.6	77	75.7	77.9
	专任教师	万人	6.8	5.6	5.5	5.5	5.5	5.5	5.7
初中	学校数	所	20997	19408	18485	17707	16991	16171	15288
	学生数	万人	1163	974.1	814.5	748.5	702.5	667	643.4
	专任教师	万人	85.7	97.4	73.1	68.5	64.5	60.8	57.5
小学	学校数	万所	16.9	15.5	14	12.9	11.8	10.6	9.6
	学生数	万人	4065.2	3652.5	3217	3049.9	2965.9	2891.7	2775.4
	专任教师	万人	244.3	216.3	219.9	211.6	203.6	197.5	177.2

资料来源：《中国农村统计年鉴》。

（6）农村卫生环境基础设施。

目前，在农村环境污染日益加剧的情况下，农村卫生环境基础设施的重

① 资料来源：《中国教育统计年鉴 2017》。

要性更为凸显。农村卫生环境基础设施是净化农村生活环境、优化村民生活空间、改善农民健康、提高人民生活水平的必要前提。农村卫生环境基础设施包括污水处理、垃圾处理等设施和设备。

在农村体系外部，潜在的投入资金和各种人才更倾向于流入环境良好的地区或行业，因为环境污染严重的地区或受环境污染影响较大的行业面临更高的风险。而完善的农村卫生环境基础设施能够遏制和消除农村环境受到的污染，创造清洁净化的生产生活条件，从而吸引外部资金投入农村产业，外部人才进入农村地区从事科技、教育等工作，普及推广农业新技术、新品种，提高农业经济效益。在农村体系内部，农村环境是农民生产生活的自然基础（见图 10–15）。环境污染对农村居民身体健康会产生不可逆的负面影响，造成劳动力体质下降、体力减弱，有效劳动时间缩短，劳动效率降低。

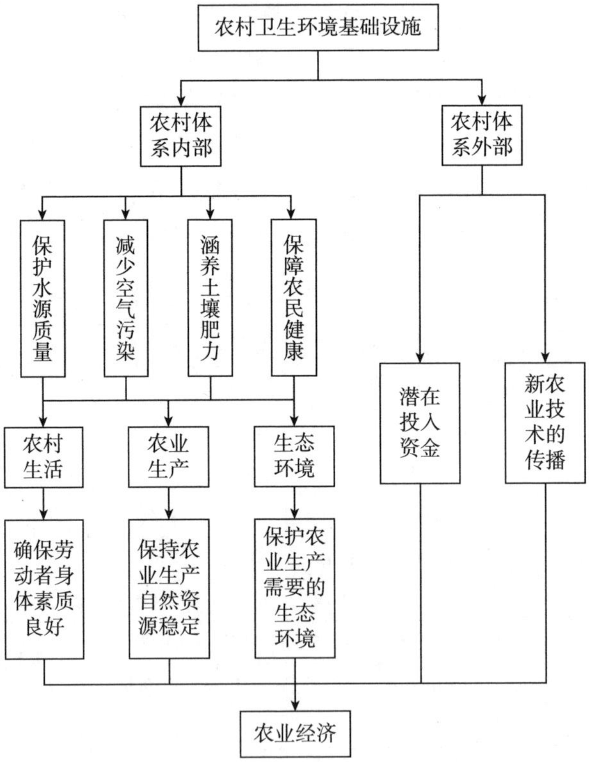

图 10–15　农村卫生环境基础设施对农村经济的影响机理

2017 年全国环境污染治理投资总额为 9539 亿元[①]。村庄一级建设投入中

① 资料来源：《中国环境统计年鉴 2017》。

有 294. 5 亿元用于村庄环境卫生建设（135. 6 亿元用于垃圾处理）、144. 2 亿元用于污水处理、187. 7 亿元用于村内园林绿化。在农村饮用水改善方面，截至 2017 年底，全国 72%的行政村实现了集中供水，受惠人口约为 5. 1 亿人①。在农村厕所改造方面，近年农村卫生厕所普及率已达 80%以上，2017 年累计卫生厕所使用户数已达 2. 17 亿户（见图 10-16）。

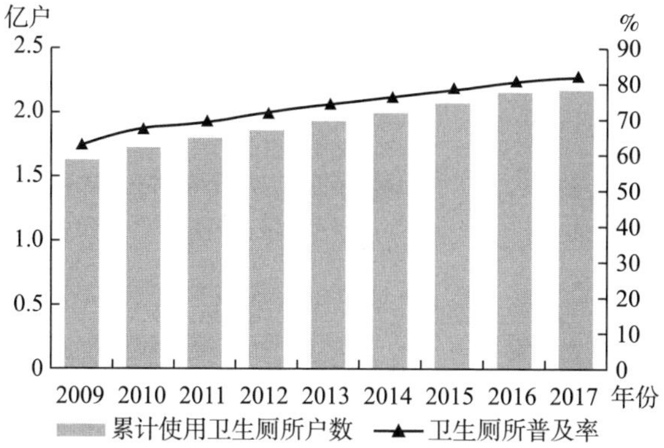

图 10-16　2009—2017 年中国农村卫生厕所普及情况

资料来源：《中国环境统计年鉴》。

三、 农村基础设施对农业经济的影响②

基础设施作为政府投资建设的重点领域，其建设可改善行业发展所需的基础条件，进而提高各行业经济运行效率。“生产发展”是新农村建设的中心环节，是实现其他目标的物质基础，对到 2050 年乡村振兴战略下全面实现“农业强、农村美、农民富”具有重要作用。因此，基于“生产发展”“农业强”这一角度，就农村基础设施建设对农业发展的影响进行进一步实证研究，力图阐述各类基础设施对农业发展的具体影响。

（一）基于省级面板数据的实证研究

前文已就各类农村基础设施及公共服务的影响机理逐一进行了分析，本节将采用柯布—道格拉斯生产函数形式，以农林牧渔业总产值为农业“生产发展”的代理变量，以上文农村地区基础设施为研究对象进行实证分析。相关研究变量及数据来源如表 10-7 所示。

① 资料来源：《中国城乡建设统计年鉴 2017》。

② 学术论文《农村基础设施对农业经济增长的影响》发表于 2018 年《农业技术经济》（CSSCI）第 3 期。

表 10-7 相关研究变量及数据来源

变量名称	基本描述	数据来源或测算方式
农田水利	有效灌溉面积（千公顷）	2004—2015 年《中国统计年鉴》
能源供应	农村用电量（亿千瓦时）	2004—2015 年《中国统计年鉴》
交通运输	等级外公路里程（公里）	国家统计局网站
农业科技	农业科技经费支出，以 2003 年为基期，利用消费价格指数进行平减（亿元）	2004—2015 年《中国科技统计年鉴》和各省统计年鉴 省农业科研经费支出 = 省科研经费总额×（全国农业科研支出/全国科研支出总额×0.5+省农业总产值/省 GDP×0.5）
农村教育	农村居民家庭劳动力平均受教育年限（年）	2004—2015 年《中国农村统计年鉴》 农村居民家庭劳动力平均受教育年限 =（不识字或识字很少人数×0+小学文化程度人数×6+初中文化程度人数×9+高中文化程度人数×12+中专文化程度人数×12+大专及以上文化程度人数×16）÷总人数
信息网络	农村居民家庭平均每百户移动电话拥有量（部）	2004—2015 年《中国农村统计年鉴》
卫生环境	村卫生室数量（个）	2004—2015 年《中国农村统计年鉴》

结合现实，我们发现在农业生产和农村生活中还存在很多因素可以直接作用于农业生产，进而对农业经济产生影响。因此，本节将常规农业生产投入要素纳入控制变量（见表 10-8）。考虑到农业经济是国家（或地区）整体经济的一部分，因而在控制变量中相应增加了：①产业结构。农业经济增长受到产业结构影响。②市场化程度。市场化是资源优化配置的基础，市场化程度越高的地区农村经济越有活力。

表 10-8 农村基础设施影响农业经济增长模型的控制变量

变量名称		基本描述或测算方式	数据来源
产业结构		第三产业产值占 GDP 的比重（%）	2004—2015 年《中国统计年鉴》
市场化程度		非国有企业职工数占职工总数的比重（%）	2004—2015 年《中国统计年鉴》
常规农业生产投入要素	农作物播种面积	农作物总播种面积（千公顷）	2004—2015 年《中国统计年鉴》
	农业机械总动力	农机总动力（万千瓦）	2004—2015 年《中国统计年鉴》
	农业劳动力	农林牧渔业从业人数（万人）	2004—2015 年《中国统计年鉴》
	化肥施用量	化肥施用折纯量（万吨）	2004—2015 年《中国农村统计年鉴》

考虑到我国地域辽阔，自然地理条件、社会经济环境的区域差异显著，可能会存在不随时间而变的遗漏变量；另外，各省份农业经济发展基础和速

度不一致，因此还存在时间上的不同趋势，故在面板回归中使用个体和时间双向固定效应模型。此外，为了使回归分析更接近现实情况，加入农村道路等项的滞后 2 期数据，以观测这些基础设施在建成两年后的效果。最后，为使回归结果更准确，分三种情况进行回归分析：①未增加任何控制变量；②增加了影响农业经济增长外部因素的控制变量；③增加了影响农业经济发展的常规投入控制变量。三种情况下估计的主要自变量的显著性没有变化，只是系数发生略微变化，所以③的估计结果可以被认为是准确合理的。

（二）结果分析

模型中的 7 个变量中有 4 个变量对经济增长呈显著的正效应，另有 3 个变量对经济增长的作用不显著。

（1）农田有效灌溉面积对农业经济增长有显著的正效应。开展与农业生产直接相关的农田水利基础设施建设，对农业经济增长产生明显的促进作用。一方面是由农业生产受水资源影响程度大、“靠天吃饭”的特点所决定的。另一方面良好的农田水利基础设施不仅能调节水源的时空分布，而且能有效提高灌溉实际效果，降低灌溉成本，从而在风调雨顺时，增加农产品单产；在旱涝灾害时，降低减产、避免绝产。

（2）农村能源基础设施对农业经济增长的影响不显著，与预期相悖。究其原因：一是 1999 年我国对农村进行了第一轮电网改造，2015 年底完成村村通电工程，绝大部分农村早已实现“通电”，且电力供应得到很好保证，这就使得“农村用电量”可能出现了边际效用的递减。二是随着农业生产的发展和农村生活水平的提高，农村用电量陡增，2017 年农村用电量比 2009 年增加了 56%。但用电量增加也造成电路老化加快，此外，农村人口分散也造成电损耗大。根据基层电网维护人员反映，农村目前情况下，农民用电花费中有 15%~25%浪费在电损耗上。为此，2019 年国家投资 405 亿元再次用于农村电网改造。

（3）农业科技的当期投入对农业经济增长的影响不显著。此前有研究表明，我国农业科技成果转化率仅为 30%~40%，远低于发达国家 65%~85%的水平。近年，虽然我国在农业科技推广方面的投入逐年增加，但科技成果转化率低仍制约着科技对农业发展的促进作用。农业科技成果转化率主要受相关费用和农民素质两个主要因素的制约。农业科技服务费用方面，一些研究得出了相似结论：如彭代彦（2002）在农村基础设施投资与农业发展的研究中得出，农业科研和技术服务增加了农村生产支出，降低了农民收入，其原因在于农业技术服务的收费太高；侯安石（2004）运用比较静态分析法，以

1980—2001 年中国财政年鉴公布的国家财政农业投入结构数据作为样本区间，就财政农业投入对农业增长的作用进行分析后指出，财政对农业科技三项费用的投入与农业增长的关联度很低。农户素质方面，Bert Metz（2003）从农户个性、动机、兴趣等角度研究了农业科技成果转化，得出结论：“农业科技成果转化”在发展中国家是极其复杂的社会过程，受到社会环境、家庭经济情况、个人文化素质等方面的影响和制约，具有较强的不确定性。

（4）农村信息网络基础设施对农业经济增长有正效应。一是扩展农产品的销售渠道，促进农产品生产的发展；二是促进农村生产要素配置的优化，有利于知识的传播和科技的进步，提高农村生产力水平；三是推广先进的农业技术和经营管理方式，促进农业现代化。这说明农村信息网络基础设施对农业生产发展有显著的促进作用，特别是随着宽带网络与 4G 网络的建设和智能手机的普及，其作用日益显著。

（5）农村教育基础设施对农业经济增长的影响不显著，与预期相悖。农村教育基础设施主要分为农村学校与村内文化设施两部分。前者主要是农村地区的中小学，受益群体是农户子女。2007 年全国普及九年义务教育，农村地区人口覆盖率达到 99%，农村人口素质得到整体提升。随后大量农村中学毕业生外出打工，虽然劳动力在部门间的转移使宏观经济获得资源重新配置效率，但不可否认的是，经过时间的累积，农村青壮年劳动力流失产生的影响越发明显：农业生产已先于第二、第三产业出现劳动力短缺和人工成本飞涨的情况，这也直接制约我国农业生产的进一步发展。姜涛（2009）的农业基础设施投资研究结论表明，农村教育公共投资的边际回报率低于 1。另外，村内图书室、文化站等设施的实际利用率低，对提高农户文化素质的影响并不明显。伍剑（2008）的农村基础设施研究结论甚至表明，现有农村教育基础设施严重制约了农户对知识的获得，农村教育基础设施建设水平与农村经济增长呈负相关。上述原因造成了农村教育基础设施对农业经济增长的影响不显著。农村教育对农村经济的影响是一个缓慢过程，直接作用虽不明显，但却能提高劳动者素质进而影响生产效率。教育是百年大计，需要长期的投入。为此，党的十八届五中全会提出“普及高中阶段教育”，“十三五”规划也将高中阶段教育普及攻坚计划列入教育现代化重大工程。

（6）农村交通运输基础设施建成后第 2 年对农业经济增长有显著正效应。虽然农村交通运输基础设施能够加强联系与交流，降低运输成本，但应该认识到农村交通运输基础设施对农业经济的增长具有滞后效应，原因如下：一是单条道路的建设相对容易，而完善的交通运输网络和体系的建设需要时间积累；二是道路建成为资源的有效流动创造了客观条件，但资源流动及达到有效配置也需要充足的时间。李白（2011）在农村交通运输基础设施对农民收入的实证研究中也发现，农村交通运输基础设施对农民收入的促进作用也存在 2 年的滞后期。

（7）农村卫生环境基础设施对农业经济增长有显著的正效应。2009 年新医改后，我国每个行政村都建立了一所标准化的村卫生室。首先，村卫生室承担了村内医疗任务，及时满足了农户的基本就医购药需求。农户无须为此再到乡镇，减少了花费、节约了时间。其次，很多村卫生室还肩负着村内疾病预防控制、健康教育等公共卫生工作。因此村内疾病防控工作得以全面落实，农业劳动者健康得到保障，这有利于农业生产发展。

（三）结论与启示

在上述理论分析的基础上，利用统计年鉴数据进行了实证研究，得出了以下主要结论：

第一，与农业生产直接相关的农田水利基础设施以及能促进要素流动、加速资源优化配置的农村信息网络基础设施，对农业生产有显著的促进作用。

首先，大中型农田水利基础设施能有效调剂降水丰、欠和分布不均的情况，中央和地方政府一直比较重视；对于能稳定产量、保障粮食安全的小型农田灌排基础设施，今后在财政能力允许的范围内应增加其建设强度。其次，农村宽带网络建设和无线上网服务已初见成效，今后互联网络建设的重要任务是尽快实现对未能上网村庄的覆盖和引导农户更好利用网络发展农业生产。

第二，农村交通运输基础设施对农业生产有促进作用，但具有滞后效应。这表明，虽然当期对农村道路和物流网络的建设投入对农业经济的影响不明显，但仍应超前规划和提前建设。因为随着建设的开展和时间的积累，一旦村与村、村与乡镇、村与城市间的道路和物流网络完成数的积累达到一定程度，终将出现质变，并对农业生产产生促进作用。

第三，农业科技和农村教育基础设施对农业生产的促进作用不明显。科技、教育均与农户综合素质相关，但劳动者素质的提高是长期复杂的社会过程，具有较强的不确定性。随着《高中阶段教育普及攻坚计划（2017—2020 年）》的出台，对已有农村教学设施修缮升级，未来农村劳动力素质将有进一步提高。农村劳动力素质提升又能提高农业科技成果转化率。农村成年劳动力教育方面，应结合当地“一村一品”规划开展特色生产技能培训。此外，努力扩大农户对农业科技的需求，降低农业科研和技术服务下乡成本。

第四，农村卫生环境基础设施对农业生产有显著的促进作用。实施日常疾病村内医治、有效防控各类疾病在农村地区传播等具体措施，为社会主义新农村建设奠定良好的环境卫生基础。良好的农村环境卫生基础设施不仅可以改善农村生活环境质量，提高劳动力身体素质，而且能延长农户劳动年限、促进经济发展，从而真正实现“产业兴旺、生态宜居、乡风文明、治理有效、生活富裕”方针的落实。未来，随着天然气、沼气等环保能源普及，水源工程建立以及厕所改造和村卫生室条件的升级，农村环境和农民生活质量将得到进一步改善。

四、 农村基础设施对农户农业经营收入的影响

“生活富裕”是新农村建设的目的，“农民富”是乡村振兴战略 2050 年时将要全面实现的目标。“生活富裕”和“农民富”也成为衡量乡村振兴战略在农村基础设施方面建设成效的基本尺度。农村基础设施建设不仅保障了农业生产正常运行、实现农业可持续发展，而且能缩小城乡差距、增加农户农业经营性收入，是建设新农村的重要举措。因此本部分将从“生活富裕”“农民富”这一角度，利用河北省 295 份农户问卷调研数据对农村基础设施对农户农业经营性收入的影响进行实证分析，在微观层面对前文的理论与实证分析内容进行更加深入的探究。

（一）农户、农村基础设施与农业经营收入间的关系

我国农业生产的基本经营单位为农户，因此基础设施的建设及农户使用情况都直接影响农户农业经营性收入。一方面，农村基础设施能改善农村生产条件，从而提高农业生产效率，节省各环节成本；改善生活条件则可提升农民生活质量、增加劳动者人力资本。另一方面，只有农户充分使用农村基础设施，才能全面发挥农村基础设施的功能、有利于农业经营性收入的增加。农户、农村基础设施与农业经营性收入间的关系如图 10-17 所示。

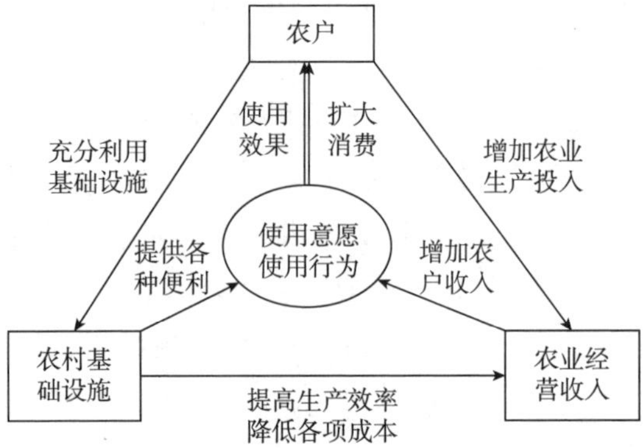

图 10-17　农户、农村基础设施与农业经营性收入间的关系

1. 以种养业为主的农户

我国农村以农为主的农户众多，其农业经营性收入占家庭总收入的比重为三分之一强。农田水利、交通运输、能源供应、农业科技等与农业生产直接相关的基础设施，通常对其农业经营性收入的影响较大。但这并不是说，农村教育、卫生环境、网络信息等基础设施对以农为主的农户影响小，而是这些生活类、社会类基础设施对以农为主的农户农业经营性收入发挥作用需要较长的时间累积。

2. 兼业、以农为辅的农户

新的历史阶段中，农民收入呈多元化趋势。一方面，随着一系列惠农富农政策的出台和一部分农民进城务工，农户工资性收入所占比重越来越高；另一方面，随着城镇化进程的加快，农村和乡镇逐步同城市融合，很多城乡接合区域出现了少地甚至无地农户，农业收入仅占这些家庭总收入的一小部分。由此在农村形成了以农为辅的农户。农村基础设施对他们的影响更多地体现在人力资本上，通过医疗、教育、培训等，从基础能力、完成特定工作的能力、组织管理能力和资源配置能力等方面增加其人力资本，进而增加农业收入。

（二）农村基础设施对农户农业经营收入影响的调查研究

2016 年课题组成员在河北省组织进行了针对农村基础设施的问卷调查。对受访农户随机发放 345 份问卷，回收有效问卷 295 份，有效率为 85.64%。有效问卷中男女性别比为 1∶1.3；54.5%为以农为主者，45.5%为以农为辅者；平原、丘陵半山和山地占比分别为 65%、20%和 15%。以农为主与以农为辅家庭在各地形分布相近，与整体差异不大。样本在各类村庄之间和不同农户之间呈均匀分布，对受访农户遵从了随机发放原则。调查涉及农户、村庄和农业生产等多个方面，问卷选取村庄的自然条件、区位条件、受访者个体特征等诸多因素，具体见表 10-9。

表 10-9　对农户农业经营性收入产生影响的因素指标体系

影响因素		指标描述	变量设定或赋值方法	变量符号
区位特征	地形	村所处地形	平原——1；丘陵——2；山地——3	*DX*
	政治区位	距乡镇政府的距离	米	*XZF*
	产业结构	村附近有企业数	家	*CQY*
		客（货）运中心	无——0；有——1	*KHY*

续表

影响因素		指标描述	变量设定或赋值方法	变量符号
个体特征	性别	性别	女——0；男——1	*XB*
个体特征	年龄	年龄	实际年龄	*NL*
个体特征	受教育程度	学历层次	小学及以下——1；初中——2；高中或中专——3；专科——4；本科及以上——5	*SJY*
农业投入	从事农业生产人数	家庭实际参与农业生产人数	15周岁以上，从事农业生产的家庭成员数	*NLD*
农业投入	耕地数	农户家庭耕地数	亩	*GDS*
农业投入	用于农业生产的资金总额	上年农户农业生产总成本	元	*NTZ*
农村基础设施	农田水利	农户耕地有效灌溉面积	农户耕地有效灌溉面积占总耕地比例	*GGD*
农村基础设施	农田水利	斗渠容积	斗渠长度乘以斗渠横截面积	*DQR*
农村基础设施	农田水利	毛渠容积	毛渠长度乘以毛渠横截面积	*MQR*
农村基础设施	农田水利	农田灌排渠通达情况	%	*GPD*
农村基础设施	能源供应	上年除用电外的能源花费	元	*NYF*
农村基础设施	科技推广	科技培训条件的满意度	非常满意——5；比较满意——4；一般——3；效果不好——2；差——1；没有相关培训——0	*NKJ*
农村基础设施	信息网络	农户家中宽带网速	实际宽带兆数（M）	*WS*
农村基础设施	教育培训	对教育培训基础设施的总体打分	百分制打分	*JYD*
农村基础设施	交通物流	长途汽车（或乡间班车）经过村庄情况	班/日	*CTC*
农村基础设施	交通物流	经过的乡道数	条	*XDS*
农村基础设施	交通物流	快递员到本村收寄件情况	一天2次——14；一天1次——7；两天1次——3.5；三天1次——2.3；四天1次——1.75；五天1次——1.4；一周1次——1；无——0	*KDQ*
农村基础设施	卫生环境	集中供水率	%	*JTS*
农村基础设施	卫生环境	卫生室建筑面积	平方米	*WSS*
农村基础设施	卫生环境	垃圾统一处理率	%	*LJC*

（1）农户基本情况。受访者户均收入6157元，平均年龄为42岁，其中

50 岁及以上仍从事农业劳动者有 37 人，占 13%；参与农业生产的户均劳动力仅为 3 人，个别三世同堂在未分家情况下可达到 7 人或 8 人，部分空巢老人家庭仍有 1 人从事农业生产。农业生产劳动力投入在以农为主与以农为辅家庭间差别不大，分别为 3.08 人和 3.1 人；初中文化程度者居多，高中及以上学历者仅占 13.1%。户均耕地面积为 5.4 亩，76%的受访者家中耕地数低于平均值，仅有 10 户家中耕地超过 20 亩。

（2）农田灌溉基础设施。绝大多数受访者认为自家田地能得到很好（53.6%）或比较好（16.6%）的灌溉，但他们对本村农田灌溉基础设施的评价却呈现两极分化，特别是在农田水渠方面：55%的农户认为村内近半数耕地没有水渠，但另外 45%的农户则认为村内绝大多数农田有相应水渠，这说明村际间水渠修建差异明显。

（3）能源供应基础设施。河北省农村均已通电，电力保障方面差异不大，但在电力之外能源使用方面差异较大。部分临近城区的村庄实现了天然气管网的铺设，特别是在冬季降低了取暖方面的花费；其余地区冬季取暖用煤花费为电力之外的主要能源支出。以农村 90 平方米平房为例，冬季日常室温保持在 15 摄氏度左右，一个取暖季需要煤 3 吨左右，费用 2000~3000 元不等。

（4）交通运输基础设施。多数村庄有乡道或乡道建设水平的道路通过，78%的受访农户表示在本村就能乘坐乡间公交车或“村村通”客车出行。只有部分村庄能享受到快递物流的直接服务，需要特别指出的是，乡间公交车或“村村通”客车能部分缓解农村快递“最后 1 公里”问题：在货物量不大的情况下，一些乡间公交车司机在乡镇村之间将快递包裹捎带到各村等候点，但这也造成了班车普遍不准时、时而送丢送错情况。

（5）信息网络基础设施。超过半数受访农户家中有宽带，家庭拥有宽带网在以农为主与以农为辅农户中占比分别为 61.34%和 61.48%，与整体情况一致。

（6）卫生环境基础设施。绝大多数村庄有自己的卫生室，但仍有 8.1%的村庄没有，卫生室建筑面积均值为 93.4 平方米。有 31.9%的受访者表示所在村垃圾没有实行集中处理，仍为各家自行处理，32%的受访者表示村内没有集体供水。

（7）对农技培训条件、所用设备的满意度。过半数受访农户（53%）对现有农技培训条件、所用设备表示不满意，满意或基本满意者仅占 37%。很多受访农户表示目前农技农艺推广仍以宣讲为主，就信息时代而言这样的形式相对单一。以农为主和以农为辅受访者对农技推广的满意度与整体情况相一致，表示满意和基本满意者均不足半数，分别仅为 38%和 36%。

（8）对教育培训的满意度。约70%的受访农户对子女所在中小学、村内图书室、文化站等农村教育基础设施表示满意或基本满意，以农为主受访者表示满意或基本满意者达到72%，以农为辅受访者占比略低，为67%；仅有18%以农为主受访者和17%以农为辅受访者表示不满意。

（三）结论与启示

本研究采用灰色关联度分析法①对上述模型中解释变量进行筛选，避免多重共线性。依旧采用柯布—道格拉斯生产函数形式，利用软件STATA12进一步回归分析了乡村振兴战略中农村基础设施建设对农户农业经营性收入的影响。主要研究结论与启示如下：

第一，农田水利灌溉基础设施对以农为主的农户影响明显。农田水利灌溉基础设施通过调节水源增强了农业生产抵御旱涝灾害的能力，进而综合影响农业产出、增加农业经营性收入，这与大部分学者的已有研究结论相一致。

第二，农村信息网络基础设施对农户农业经营性收入有显著的促进作用，其中以农为辅受访者家中宽带网速对其农业经营性收入的影响更为明显。以农为辅的农户能更好地利用农村信息网络基础设施及其服务。在调研中发现，以农为辅的农户通常耕地较少，其农业生产更具灵活性，且较多地种植（养殖）成本小、见效快、经济价值高的农作物（畜牧水产品），并根据市场信息及时调整自身生产活动、出售农产品。

第三，农村环境卫生基础设施对农业经营性收入有显著的促进作用，对以农为主农户的影响更为明显。良好的环境卫生基础设施为农村环境卫生综合整治提供了先决条件，也为社会主义新农村建设奠定了良好的环境卫生基础。农村环境卫生基础设施建设可以被视为国家对农业劳动力人力资本的投资，直接关系到广大群众的生活质量及身体健康。良好的农村环境卫生基础设施不仅可以改善农村生活环境质量，提高劳动力身体素质，而且能延长农户劳动年限，促进经济发展。

五、 主要结论与政策建议

按照党的十九大提出的全面建成小康社会、分两个阶段实现第二个百年奋斗目标的战略安排，到2050年乡村振兴战略将实现“农业强、农村美、农

---

① 灰色关联度分析法是根据因素之间发展趋势的相似或相异程度，亦即“灰色关联度”，作为衡量因素间关联程度的一种方法，其基本思想是若两个因素变化的趋势具有一致性，则同步变化程度较高，也可谓二者关联程度较高；反之，关联程度则较低。

民富”的最终目标。通过前文研究可知，搞好农村基础设施建设不仅有利于农业生产发展，而且有助于增加农户的经营性收入。在回顾此前实证研究结论的同时，结合世界发达国家在此方面的成功经验，提出相关政策建议。这将有助于农村地区基础设施建设更好地服务于乡村振兴战略，实现“农业强、农村美、农民富”这一最终目标。

（一）继续加强农田水利基础设施建设

从前文实证研究中得出：农田水利基础设施与农业生产活动直接相关，对宏观农业生产、微观增加农户农业经营性收入的促进作用明显。

我国中央和地方政府一直比较重视农田水利基础设施建设，始终抓紧组织实施一系列重要的大中型水利工程建设；而对于小型农田水利基础设施，因财力所限相对投入较少、建设速度较慢，致使其成为农田水利基础设施的薄弱环节。国外农业发达国家在此方面的成功经验值得我们借鉴。在美国，大型农田灌溉设施由联邦政府、州政府投资建设，中小型农田灌溉设施由单个或多个农场主联合投资建设。美国政府对这类私人投资兴建的农田灌溉设施除了提供40~50年期的无抵押免息（或低息）贷款，还对在洪涝多发地区修建泄水沟、地下排水管道等工程，在干旱频发地区建设引水、节水灌溉等工程设施的个人给予工程总投资额20%的补贴。涵养水源的基础设施直接影响农田灌溉用水和农村生活用水的数量、质量，但通常因投入大而收益边界模糊，无法吸引私人投资。在日本，这类“投入大，见效慢”、私人不愿承担的中小型水利工程通常由政府修建，建成后政府会将管理权移交给所在地农协等基层组织，由农户直接管理。在韩国，政府在渠道建设、节水灌溉等方面的做法相对更符合我国农情，韩国农户在进行此方面建设时，每户均可从政府免费领到价值35美元的相关建设物资。此外，政府还为他们提供为期30年无抵押的政策性低息贷款。

鉴于目前我国农田水利基础设施现状，借鉴上述国外成功经验，提出如下建议：①为农户提供无抵押的长期贷款，给予工程建设者适当补贴。明确重点建设地区，政府对洪涝或干旱多发地区的水渠修建、排水管道工程和引水、节水灌溉设施应提供固定比例的投资补贴与多种支持政策。允许私人资本单独或联合投资建设小型农田灌溉设施，承认修建者的所有权。银行应予以资金支持，可为私人投资建设的小型农田灌溉设施提供无须抵押物的长期免息（或低息）贷款。②直接修建水源工程，交予村民管护。为了化解水源类民生工程项目农户无力修建、政府无力管护的困境，修建过程应由政府主导，而建成后的管理权可移交给所在地的基层组织，政府仅监督协助管理。

③建设节水灌溉设施。我国水资源严重匮乏，而农业仍是用水大户，受水资源短缺的制约日益凸显。我们在华北等重点区域推广高效节水灌溉技术，建设农田节水灌溉设施。虽然先进高效的节水灌溉设施设备，可以大幅减少农田灌溉用水总量，但建设成本较高，普通农户往往难以承受。国家在鼓励农户自行修建的同时，应为每户均提供免费的建设物资，从而调动农户修建和管养的积极性，最终达到“政府出资，农户出力”的效果。

（二）完善农村信息网络基础设施建设，进一步促进农业信息化

从本研究的实证研究结果可以看出，农村地区信息网络基础设施对农业生产和农业经营性收入有着明显的促进作用。农村地区的信息网络基础设施一方面可以打破时间和空间对信息、技术传播的限制，另一方面也降低了农户获得信息和技术的各种成本。这就为信息、科技的加速扩散，教育培训的推广，政策规划及时推行创造了客观条件。此外，农户通过互联网络还可以开拓农产品销售渠道，对农业经济和农户农业经营性收入有着显著的促进作用。

国外农业发达国家在农业农村信息化、农村信息网络基础设施建设方面的成功经验值得我们借鉴，美国早在 20 世纪 40 年代就设立了农村电话局，专门负责农村地区网络通信、信息化等工作。同灌溉设施相似，农村电话局通过相关银行对农村通信和互联网等信息化建设项目给予长期低息贷款，而政府则对开展这类相关业务的银行给予补贴和税收优惠。在推进宽带网络与移动互联网覆盖方面，韩国政府的做法是从微观入手增加农户信息传输设备拥有量。在韩国，电信商或电器零售商只要以相应的折扣价将智能手机、电脑卖给农民，就会得到政府相应的补贴和部分税收减免，但需要承担对农民使用的指导工作和相关售后服务。而韩国农户不仅能以较低折扣价购入电脑、手机，而且如果开通互联网或购买其他辅助设备还将得到政府额外的补贴。在日本农村，虽然硬件设施和网络平台由政府统一建设，但农户层面的信息化是由行业协会、地方农协共同推进的。各级行业协会联合地方农协免费举办农民信息网络技术培训班，针对不同文化层次群体选择讲授不同内容、培训不同技术。近期，美国农业部每年都会投入 1 亿美元用来建立农村社区的互联网教育和远程医疗服务，通过远程协助方式帮助农户解决实际问题。在完善网络平台方面，美国政府 2002 年实施的“国家宽带发展战略”不仅在宏观层面搭建了覆盖所有农产品、产区与市场信息的网络平台，还免费为农场主提供国内、国外的农产品种植、收获及供求信息。而韩国政府通过整合全国农产品供销信息资源和农业科技资源，搭建了全国性的大型农产品网络销

售平台和农技推广信息服务平台，为本国农业信息化提供了有力支持。

现阶段我国正处于传统农业迈向现代农业的过渡时期。随着农业信息化的推进，农村宽带网络和3G/4G无线网络的建设已初见成效，其促进作用越发明显。接下来可从四个方面进一步促进农业信息化建设：①加大支持力度。同灌溉设施相似，当农户购买信息化所需设备时应继续予以补贴，同时对在农村地区开展互联网推广和信息化建设的企业给予税收优惠，对非政府组织给予经费支持。②加强欠发达地区的网络建设。一些边远、贫困地区的村庄仍未实现互联网的覆盖，考虑到这些地区的建设成本和目前移动互联网发展趋势，今后可直接推进移动网络向这些地区扩展。在增加农户智能通信设备拥有量方面，除了可适当提高这些地区农民购机的补贴比例（目前为价格的13%），还可选择补贴电信商的方式，鼓励电信商降低这些地区农户上网资费，以激发农民潜在的上网需求。③开展配套指导培训。当前农业生产中劳动者年龄偏大，如何以需求为导向为他们提供更符合地域特征、更贴近他们生活的网络培训，正确引导他们的上网需求，是接下来农业信息化的重点工作。国外在此方面的成功经验是利用非政府组织引导农户的上网需求。鉴于此，可鼓励各行业协会为农民举办免费的信息网络技术培训，针对不同文化层次群体选择不同讲授内容、培训不同技术。当农民素质达到一定程度后，国家就可以通过建立互联网远程教育的方式、通过远程协助方式帮助农户解决实际问题。④建立农村信息高速公路和搭建农业信息平台。对现有农产品、产区与市场信息网络平台进行整合。在此基础上对信息资源进行充分利用，不仅是在科学研究层面，更要落实在农户层面，特别是培育农户独立利用种植、养殖及市场供求信息的能力。

（三）加快农村卫生环境基础设施建设

农村卫生环境基础设施虽然与农业生产并不直接相关，但对改善农户生活环境、提高生活质量具有十分重大的意义。全面保障农业劳动者健康，与农户人力资本息息相关，因此对农业生产发展和农业经营性收入有着重要影响。

发达国家较早关注农村环境治理，因此相关环保制度及管理体系较完善。美国农业部乡村发展办公室对在农村地区从事污水和垃圾处理的非营利组织进行直接拨款；而营利企业如果开展相关业务，则可以很容易地从银行得到低息贷款作为启动资金。此外，《农业面源污染治理和资源保护行动计划》还将另外为各类农村污水和垃圾处理基础设施建设项目提供补贴额度最高可达项目投资额70%~80%的补贴支持。在德国，饮用水供应、垃圾处理等农村基础设施的供给更多的是采用市场竞争与财政支出相结合的形式：通过政府采购面向企业、个人甚至是非营利组织公开招标。日本农村在进行卫生环境基础设施建设时，会尽量避免化学方式分解、最大限度利用自然降解；以污水处理为例，日本农村大都采用无动力或微动力设施，力求污水就地处理后能直接补充地下水。

发达国家积累的这些成功经验，值得我们借鉴：①加大支持力度。对于私人企业愿意参与的项目，银行应给予长期的免抵押低息贷款以帮助它们启动项目建设；对于那些无法实现盈利的项目，政府可以与非营利组织合作，为非营利组织提供资金支持，让后者负责规划与建设，而政府只需同村组织一同进行监管和验收。②结合市场机制。具体项目建设上可通过政府采购面向全社会公开招标，通过引入竞争机制、充分利用社会资源使政府支出更为合理。③符合生态环境友好要求，避免二次污染。避免二次污染也是农村卫生环境基础设施建设的重要方面，在有条件的地区尽量依靠自然降解、避免化学方式分解；在需要重点治理地区应全面评估，尽量采用无动力或微动力设施。

（四）进一步完善农村交通运输基础设施

由本文的实证分析结果可知，以农村公路为代理变量的农村交通运输基础设施对农业生产具有显著的正效应。农村交通运输基础设施的完善升级不仅可以加快农业生产资料和农产品运输，方便农民出行、节约时间，还有利于先进农机具的使用，促进了生产要素流动，实现了资源的优化配置。

发达国家的农村交通运输基础设施及服务体系十分完善。在日本，大到其国内各县均有自己专属的农产品，小到每个村也都会有所差异。农户常年只生产一两种农副产品，其余所需则均通过购买获得。各地农协等基层组织会联合运输公司将专属的农产品运往异地贩卖，政府通常会对运输公司进行补贴和税收上的减免以实现降低交通运输成本，最终帮助日本农户以较低的价格（低于自行生产的成本）购买到所需农产品，这在客观上也提高了农副产品的商品率。在韩国，各地区通过修建农产品批发市场和转运中心来进一步完善农产品交通运输体系。韩国政府通过对运输环节进行补贴来降低农产品运输成本，促进农产品的物流运输。当农户自行修建农村道路或对现有道路进行加固升级时，韩国的“新村运动”规定每户均可得到价值35美元的钢筋、水泥等建设物资和无抵押的长期低息贷款资助。在乡村道路养护方面，韩国政府交由村级组织、农协负责，其日常费用初期由中央政府全额拨款，后期则从公交车、出租车等营运车辆管理费中划拨。

目前我国在农村地区已建成相对完整的道路网络，但仍可从以下方面做进一步提升：①建立完善农产品流通体系。近年为了充分发挥地理优势实施品牌农业战略，我国实施了“一村一品”政策。为了充分发挥本地资源优势，可以在一定区域范围内（以县乡为基本单位），按照国家“一村一品”规划，搭建村组织与农产品经纪人合作的农产品流通体系。为调动私人投资的积极性，国家在农产品流通体系搭建初期仍应通过补贴和税收优惠方式，给予农产品经纪人支持。②对田间路、机耕道进行升级改造。目前全国大部分田间路、机耕道修建于 20 世纪 60—70 年代，那时仅为满足小型耕整机和人力板车等小型农机具要求，因此修建标准低、多为土积而成，宽度也多数在 2.5 米以下，这显然与现代大型农机具要求的路基宽度、车道宽度有较大差距。政府可为村组织、农户提供钢筋、水泥等建设物资进行道路加固升级。③强化管理养护工作，使农村道路发挥更长久的作用。这就需要划拨必要的管护资金进行全面的管护，以使管护职责落实到位。首先，应在村级转移支付中设立“农村道路管护”这一科目，从根本上解决村级道路养护资金缺乏的问题。其次，中央政府可部分拨款，地方政府可从出租车等营运车辆管理费中划拨资金用于农村道路管护工作。此外，建议实行分片管理，每片区设立道路管护员，村委会负责出勤考核及监督管理，按考核情况兑现工资性质的固定补贴。④建立农产品批发市场和转运中心。农产品批发市场和转运中心可以加速农产品流通，通过整合不同运输方式或联合同种运输方式的物流设施，提高运输效率、降低运输费用。因此可以通过长期无抵押低息贷款的方式，调动私人资本在临近消费市场、多种运输方式交会处，建立各级别的农产品批发市场和转运中心。此外，还可以减免农产品运输环节各项费用，采用补贴和税收优惠政策等多种方式来降低运输公司营运成本，促进农产品的物流运输。

第十一章　农业支持保护制度变迁*

农业支持保护制度是农村制度变迁中的重要组成部分。我国农业支持保护制度的建立经历了一个漫长的过程。从中华人民共和国成立之初恢复农业生产和建立农用工业等生产投入政策、农产品购销政策，到21世纪之交逐步形成农村基础设施投入、农产品价格支持、农业生产补贴、生态补偿四大政策框架以及政策法律保障机制，前后经历了70年。2003年，党的十六大以来，党中央、国务院针对我国处于工业化中期、城镇化加速发展、国家财力增强的新形势，提出了坚持工业反哺农业、城市支持农村的发展方略和多予、少取、放活的方针。多项支农政策密集出台，政策含金量高，成为"政策黄金期"。这些政策在提升农业综合生产能力、促进农民增收、加快推进城乡发展一体化中发挥了重要作用。2013年，随着我国经济发展进入新常态，党的十八大、党的十九大提出了"创新、协调、绿色、开放、共享"五大发展理念，加大供给侧结构性改革，做出了农业农村优先发展、实施乡村振兴战略的重大部署。2018年，中央一号文件提出了2035年基本实现农业农村现代化的目标任务，农业面临着新的机遇和挑战。回顾我国农业支持保护制度演变过程，总结正反两方面经验，对进一步完善农业支持保护制度、推进农业供给侧结构性改革、加大农业对外开放、加快我国农业现代化具有重要意义。

一、 农业支持保护政策体系的演变

（一）"农业支持保护"的内涵

农业是高度依赖土、水、气候等自然资源的产业，其产品生产周期长、自然风险高、市场风险大。且农业是国家安身立命之本，粮食等大宗农产品涉及国计民生，因而各国政府都对农业采取了支持保护政策，农业支出成为

---

* 本文是为"新中国经济发展70年丛书"中的《新中国成立七十年农村发展与制度变迁》（韩俊主编）一书撰写的文稿。

国家财政支出的一项重要内容。

《世界贸易组织农业协定》中的"农业支持保护"，包括农业国内支持、市场准入（进口配额）、出口补贴、动植物检疫四方面措施，统称为 WTO 农业协定四大政策支柱。其中农业国内支持水平系指中央财政及地方财政对农业投入的总和①，WTO 农业协定的国内农业支持政策分为"绿箱""黄箱"和"蓝箱"。本文重点梳理 70 年国家财政支农②支出情况，不涉及市场准入、出口补贴、动植物检疫等内容。

1998 年，根据农业阶段性发展和即将加入 WTO 新形势，全国人大对 1993 年颁布的《中华人民共和国农业法》（以下简称《农业法》）进行了修订，"农业投入与支持保护"独立成章，在第三十七条规定"国家建立和完善农业支持保护政策体系，采取财政投入、税收优惠、金融支持等措施，从资金投入、科研与技术推广、教育培训、农业生产资料供应、市场信息、质量标准、检验检疫、社会化服务以及灾害救助等方面扶持农民和农业生产经营组织发展农业生产，提高农民的收入水平"。在第三十八条明确了农业资金的使用范围：加强农业基础设施建设；支持农业结构调整，促进农业产业化经营；保护粮食综合生产能力，保障国家粮食安全；健全动植物检疫、防疫体系，加强动物疫病和植物病、虫、杂草、鼠害防治；建立健全农产品质量标准和检验检测监督体系、农产品市场及信息服务体系；支持农业科研教育、农业技术推广和农民培训；加强农业生态环境保护建设；扶持贫困地区发展；保障农民收入水平九个方面。并在第三十三条、第三十五条、第四十六条分别对部分粮食品种实行保护价制度和保护价定价原则、粮食风险基金用途、建立完善农业保险制度等做出了明确规定。修订后的《农业法》于 2002 年经第九届全国人民代表大会常务委员会第三十一次会议通过，自 2003 年 3 月实施。

（二）我国农业支持保护制度的建立与演变过程

我国是农业大国，长期以来，为支持工业发展，农业付出了巨大的代价。改革开放以来，党中央调整国民经济结构，不断调整农业和工业关系，推进农村改革、放开市场、解放农村生产力，逐步加大了对农业的投入力度。20 世纪 90 年代后期，随着国家总体经济实力的增强，党中央注重城乡协调发

---

① 与中央财政农林水事务支出口径有所不同。

② 主要包括支援农业生产支出和农林水利气象部门的事业费、农业基本建设支出、农业科技三项费，扶贫等，不包括农村社会事业支出。

展，基础设施建设向农村延伸，农村生产生活条件得到明显改善。2003 年，胡锦涛同志在中央农村工作会议上提出把解决好“三农”问题作为全党工作的重中之重。此后，党中央连续出台了 16 个一号文件，国务院出台了一系列扶持农业的产业政策和规划，中央财政支农领域和范围迅速扩大，农业支持保护政策不断丰富和完善，形成了较为完整的政策体系和制度框架，有力地促进了农村经济的发展和繁荣。纵观我国 70 年农业支持保护制度的历程，大致可分为以下四个阶段。

1. 1950—1978 年兴修水利、发展农用工业

中华人民共和国成立之初，我国农业基础十分薄弱，江河堤防常年失修、水患灾害频繁、农业生产水平低，粮食、棉花大量进口。周恩来总理指出“农业的恢复是一切部门恢复的基础，没有饭吃，其他一切就都没有办法”。恢复农业生产，必须兴修水利。国家在财力非常有限的情况下，把兴修水利作为中央政府投资的三个主要方向之一，拨出大笔资金用于水利建设。根治淮河，建设官厅水库、密云水库，修建荆江分洪等水利工程，扩大灌溉面积、减少水灾面积。除了中央财政投资水利建设，国家还动员农民群众进行大规模水利工程建设。到 1978 年，全国已建成大型水库 311 座、中型水库 2205 座、小型水库 8.4 万多座，总库容量 4000 多亿立方米；排灌动力由 1952 年的 7.2 万千瓦发展到 4700 多万千瓦，灌溉面积由 2.7 亿亩发展到 6.7 亿亩，农村小水电装机容量由 1952 年的 0.8 千瓦增加到 228 千瓦，并形成了一批桥涵闸等小型农田基础设施，农业抗灾能力明显提高。尽管当时国家财力紧张，财政用于农业的份额较低，但由于政策得当，还是有效地促进了农业的发展。

发展农用工业是这一时期国家支持农业的又一项重要举措。1959 年第一拖拉机厂在洛阳建成，成为 156 个现代化大型骨干企业之一。在 1961—1965 年国民经济调整时期，国家在大力压缩基本建设投资规模的同时，尽可能地增加对农用工业的投资，促进了以化肥和农用机械制造为主的农用工业的起步发展。到 1978 年，全国累计新增拖拉机制造生产能力 11.5 万台，大中型拖拉机拥有量从 1958 年的 1307 台增加到 55.7 万台；全国化肥产量从 1949 年的 0.6 万吨增加到 884 万吨。

我国开展工业建设之初，人口向城市和工矿企业集中，由国家供应商品粮的人口增加较快。1952 年，城镇总人口数达到 7163 万人，比 1949 年增长了 24.2%，主要城市粮食销售量增长了 1.28 倍。1953 年需要由国家供应的粮食销售量比上年增加 31%，出现了粮食生产能力落后于因工矿企业建设形成

的消费需求增长的尖锐矛盾；当年10月，党中央做出了关于实行粮食的计划收购与计划供应决定，即在农村实行征购、在城市实行配给，严禁私商自由经营；11月实行了油料统购和食用油统销。1954年，对棉花实行统购统销，对猪、牛、羊、蛋等主要副食品和麻、糖、茶主要工业原料等实行派购政策。这是在特定情况下，为保持市场稳定做出的选择。1958年后，中央政府采取提高农产品收购价格、降低农业生产资料价格、基本稳定供应农村的工业品零售价格的措施，逐步缩小工农业产品交换剪刀差。与1950年相比，1978年农产品的收购价格提高了107.3%，农业生产资料的销售价格仅提高了0.1%。统购统销体制下形成的工农业产品价格剪刀差成为农民向国家、向工业贡献力量的重要渠道。

2. 1979—1998年农产品从“统”到“放”

中国改革始于农村。农村改革主要是土地制度和经营制度改革，废除人民公社，实行了家庭联产承包责任制，突破计划经济模式，初步构筑了适应发展社会主义市场经济要求的农村新经济体制框架。农业的改革重点在农产品购销体制，1979—1998年是我国粮食流通体制和农副产品购销体制改革的重要时期，也是国家集中资金建设粮棉生产基地、提高农业综合生产能力的重要时期。

自1953年实行农产品统购统销制度以来，农民在出售农产品时一直处于不利地位。1977年，邓小平同志在听取国家计委关于经济计划问题汇报时的讲话中指出：“从长远来说，要注意农村问题，随着工业生产的发展，要逐步缩小剪刀差，使农民生活好一些。”国家物价总局测算的大体结果是，我国农产品价格低于价值20%~30%，工业品价格高于价值10%~20%。农民负担的剪刀差总额约200多亿元，相当于当年国家财政收入的28%。这种以比较低的价格帮助国家获取大部分农业剩余，从而为工业发展提供资金的做法，显然已经不适应当时的农村改革发展要求。

1979年9月，党的十一届四中全会通过的《中共中央关于加快农业发展若干问题的决定》，总结了过去29年我国农业发展走过的曲折道路，制定了发展农业生产力的二十五项政策和措施。其中，提出了根据国民经济的发展情况和等价交换的原则，对工农业产品的比价进行必要的调整，调减粮食征购指标，减轻农民负担。国家开始大幅度提高粮食统购价格和超购加价幅度，调减粮食征购基数，开展粮食议购议销，恢复粮食集市贸易，较大幅度提高粮食、棉花、油料、生猪等18种农产品的收购价格，平均提高幅度达到

24.8%。1985年取消统购派购，将粮食、棉花改为合同定购[①]，并对国家合同定购的粮食、棉花实行化肥、柴油、预购定金的“三挂钩”政策[②]。这标志着实行了32年的统购统销制度开始逐步退出历史舞台。农产品购销政策的改革极大地调动了农民生产积极性，粮食产量增长较快。但是，由于粮食品种、质量不适应市场需求，以及产销区调销不畅，20世纪90年代初期，粮食主产区农民“卖粮难”和粮价频繁波动现象交替出现。1990年，为保护主产区农民生产积极性，国家建立了专项粮食储备制度，随后建立了棉油等其他农产品储备制度，根据市场供应进行适时调控。1993年，建立收购保护价制度和粮食风险基金制度，并改进粮棉“三挂钩”兑现办法，即将扶持粮棉生产的化肥、柴油按平议价差付给农民。1991—1996年，国家先后3次提高粮食收购价格。1996年，我国粮食产量首次突破10000亿斤大关，在粮食供给形势明显好转的情况下，国务院决定按保护价敞开收购农民余粮，切实保证农民增产增收，保护粮农的生产积极性。

国家集中资金支持粮棉主产区发展经济。1983年开始，国家安排中央预算内资金建设商品粮（棉）生产基地县，投入力度逐年加大；1985年，中央财政建立了“发展粮食生产专项基金”和农业综合开发资金。经过“六五”至“九五”4个五年计划，到2000年，全国已建成832个商品粮基地县、20个地市级的国家储备粮基地和200多个棉花油料基地县。除了中央预算内投资和财政资金支持农产品生产，国家还安排信贷资金支持粮棉主产区调整产业结构，发展多种经营和农副产品加工业，促进地方经济发展。1993年10月，中央农村工作会议提出，国家连续5年每年安排65亿元专项贴息贷款扶持500个粮食大县和150个棉花大县发展经济；安排10亿元专项贷款建立一批各具特色的高产、优质、高效农业示范区，逐步改变粮棉大县、工业小县、财政穷县的落后面貌。当年一批得到国家扶持的、处于雏形的农产品加工企业，若干年后已成长为国家农业产业化重点龙头企业和上市公司，成为地方经济发展的骨干企业和纳税大户。

1993年，全国人大颁布了《农业法》，以法律的形式明确了各级政府对农

---

① 1985年，国家取消了长达30余年的粮食统购制度，改为合同定购，定购的粮食国家按照“倒三七”比例计价，即三成按原统购价、七成按原超购价。

② 1987年国务院决定实行定购粮食“三挂钩”政策，即收购每50公斤小麦、玉米各供应10公斤平价标准化肥，大米、大豆各供应15公斤平价标准化肥。并同时供应1.5公斤平价柴油，及按收购价格的20%预付收购定金。1992年前为实物兑现，1993年起以货币支付平议价差。合同定购棉花“三挂钩”政策，即定购合同内收购的皮棉给予奖售平价粮食，收购每50公斤皮棉供应35公斤平价标准化肥，及按收购价格的20%预付收购定金。1985年取消棉农平价粮供应和预购定金。

业的投入，并开始进行执法检查。但是，由于当时国家财力有限，中央财政对农业的支持保护政策相对单一，覆盖面较窄，仅限于农业生产性投入、粮食棉花价格保护和支持农用工业发展三个方面，地方财政对农业的投入相对不足。

3. 1999—2013 年，对农民从“取”到“予”

1998 年初，亚洲爆发金融危机。党的十五届三中全会通过了《中共中央关于农业和农村工作若干重大问题的决定》，提出面对亚洲金融危机的冲击和经济全球化的挑战，进一步加强农业和农村经济、提高农民购买力有利于扩大内需，以保持整个国民经济增长的良好势头。切实解决好农业基础设施薄弱、抗御自然灾害能力不强等问题，全面推进农村经济发展和社会进步。这一时期，正值国内农业连续丰收，农产品供求进入了总量平衡、丰年有余的历史性新阶段。随之出现了市场粮价低迷、库存激增，进而粮食产量下滑，农民收入增速趋缓，城乡发展严重失衡的新情况。面对新形势新问题，2003 年，胡锦涛同志在中央农村工作会议上提出，把解决好“三农”问题作为全党工作的重中之重，站在统筹城乡发展的战略高度，确立了工业反哺农业、城市支持农村的发展方略，提出了农村工作“多予、少取、放活”的方针，这是党中央在“三农”工作指导思想上的重大转变，开创了“三农”工作新局面。2004—2013 年，党中央连续出台了 10 个一号文件，国务院出台了一系列支持农业农村发展的政策措施和产业发展规划，涵盖粮食、棉花、油料、糖料、生猪、牛羊肉、奶业等大宗农产品生产，田间基础设施、农业科技、农业机械化等生产支撑条件，牧区发展、远洋渔业、农业环境治理、生态建设等各个方面。农业农村发展进入了“政策黄金期”。国家对农业的支持调控体制发生重大变化，不断加大农业农民补贴力度，着力加强农业农村基础设施建设，全面加强生态环境保护修复，加快推进新农村建设，积极推进农业农村体制改革和机制创新。这一阶段，农业支持保护政策主要有以下三个特征：

第一，大规模改善农村基础设施，加快推进新农村建设。1998 年，虽然粮食连续丰收，农业综合生产能力有了很大提升，但农业农村基础设施依然落后，与经济社会发展水平不匹配：农田水利设施老化失修；全国仍有 2000 万农村人口用不上电，农村用电量仅 2042 万千瓦时；100 多个乡镇、近 4 万个行政村不通公路，农村交通及通信设施严重滞后。因此，在实施拉动内需政策中，水利工程、农村电网改造、农村公路改造等农村基础设施成为国债项目的重中之重。2005 年，党的十六届五中全会提出了建设社会主义新农村的重大历史任务，2006 年中央一号文件《中共中央关于推进社会主义新农村建设的若干意见》进一步明确了加强农村基础设施的建设任务。国家支持农村基础设施建设的范围逐渐扩大至水、电、气、路以及农村危房改造等项目。“十五”时期，中央财政直接用于“三农”的投入达到11300多亿元，比“九五”时期增长了1.14倍。其中，用于农业农村的预算内基本建设投资和国债资金3725亿元，比“九五”时期增长了1.22倍；中央财政农业综合开发资金416亿元，比“九五”时期增长92%。

第二，全面落实党中央制定的“多予少取”政策。一是全面取消农业税。2000年安徽省率先开展农业税费改革试点，2002年试点扩大至全国20个省区。2003年3月，国务院发布《关于全面推进农村税费改革试点工作的意见》；2004年，取消了农业特产税①，当年农民减轻负担48亿元；到2005年底，28个省（市、自治区）全部免征农业税；2006年，全面取消农业税，标志着在我国实行了长达2600年的这个古老税种从此退出历史舞台，当年中央财政转移支付782亿元。为了确保农民负担不反弹，中央财政积极调整支出结构，加大对改革的支持力度，2000—2010年，中央财政累计安排农村税费改革专项转移支付资金5700多亿元②。二是实行最低收购价和临时收储政策。2004—2005年，国家先后出台了稻谷、小麦最低收购价政策；2008年后，最低收购价格逐年提高，并建立了玉米、大豆、棉花、油菜籽临时收储政策。三是对农民实行生产补贴。先后建立了粮食直补、良种补贴、农机购置补贴、农资综合补贴等补贴制度，2014年“四项补贴”规模达到1668亿元。四是农业政策性保险由试点到覆盖全国，国家农业生产扶持政策已基本覆盖了大宗农产品。

第三，实行生态补偿政策。长江水灾引发了人们对生态保护、经济发展方式的思考，党中央、国务院做出封山育林、退耕还林（草）、加强生态建设的部署，对不同地区实施了天然林保护和退耕还林（草）工程，生态建设资金得到突破性增长。此后，相继实施了天然草原恢复和建设、京津风沙源治理、退牧还草、岩溶地区石漠化治理等项目，并建立了草原生态保护补助奖励机制。生态补偿在生态建设保护中发挥了重要作用。

在一系列强农惠农政策支持下，粮食产量达到12000亿斤，农民收入快速增加。2010年以来，农民收入增速连续超过城镇居民收入增速，农业农村的快速发展给国民经济和社会发展提供了坚实支撑，成为国民经济持续健康稳定发展的压舱石。

---

① 取消农业特产税指对在计税面积上生产的农业特产品改征农业税、除了保留28亿元的烟税外，其他的一律不再征收农业特产税。

② 肖捷．终结“皇粮”历史改革亲历［J］．财政文学，2015（7）．

4. 2014 年至今，调整和完善农业支持保护方式

党的十八大以来，中央提出农业供给侧结构性改革，出台了加快推进生态文明体制建设等一系列文件，农业支持保护政策面临调整和完善。一是建立完善与市场经济相适应的农产品价格形成机制，推进农业供给侧结构性改革。2014 年后，先后实施大豆、棉花目标价格补贴试点，实行“市场定价、价补分离”；完善稻谷、小麦最低收购价政策，适度调整最低收购价水平；取消了实行 8 年之久的玉米临储政策，建立玉米生产者补贴制度，国内外粮价倒挂的势头得以遏制，消化了东北玉米库存。二是建立以绿色发展为导向的农业补贴制度。提出到 2020 年，基本建成以绿色生态为导向、促进农业资源合理利用与生态环境保护的农业补贴政策体系和激励约束机制。财政补贴资金由生产性导向转为生产与生态兼顾的可持续发展导向。三是开展农业环境突出问题治理。2016 年开始轮作休耕，对东北黑土地实施保护，对湖南、江西重金属污染区，河北地下水漏斗区的治理和种植结构调整给予资金补偿。四是加大生态修复与保护力度。启动新一轮退耕还林工程、岩溶地区石漠化治理（二期），对天然林实行全面停伐。

二、 建立稳定的农业投入增长机制

（一）高度重视“三农”工作，建立农业投入保障机制

70 年来，党中央、国务院始终高度重视农业农村工作，出台了若干文件对农业农村工作做出部署。党的十一届三中全会以来，出台了 50 多个关于农业农村的重要文件，强调加大对农业的支持，增加农业投入。1979 年，党十一届四中全会提出了“五年内，国家对农业的投资在整个基本建设投资中所占的比重，要逐步提高到百分之十八左右；农业事业费和支援社队的支出在国家总支出中所占的比重，要逐步提高到百分之八左右。国家的农业投资必须重点用于建设一批商业粮、经济作物、畜牧业、渔业和林业基地”。1982—1986 年党中央连续发布了 5 个农业农村文件，强调要加强对农业的生产性投入，增加农产品供应，激发农村的生产活力。

1991 年，党的十三届八中全会审议通过的《中共中央关于进一步加强农业和农村工作的决定》提出，国家要逐步增加农业投入。“八五”期间，国家计划内、预算内农业基本建设投资和农用工业投资都要逐年增加，财政支农资金也要稳步增长。县级机动财力应主要用于农业。加快大江大河大湖综合治理，广泛开展农田水利基本建设，建立水利专项建设基金，多方开辟水利

建设资金来源。

1998年10月，党的十五届三中全会提出，建设有中国特色社会主义新农村，实现农业和农村跨世纪发展的目标，必须坚持始终把农业放在国民经济发展的首位，调整国民收入分配格局，加大对农业的投入。加强农业立法和执法检查，支持和保护农业。

2002年，党的十六大提出了“统筹城乡经济社会发展”之后，解决“三农”问题成为全党工作的重中之重。2003年国务院决定，增加各级财政对农业和农村的投入，增加对基本农田水利的投资，大力发展节水灌溉，提高抗旱排涝和高产稳产的能力。加快商品粮基地建设，扩大良种补贴范围，努力提高粮食单产和质量。国债资金要加强对农村的支持，继续开展乡村道路、节水灌溉等“六小工程”[①] 建设，改善农业生产和农民生活条件，促进农民增收。此后，中央连续出台了16个一号文件，涉及农业农村工作各个领域。

《农业法》的出台为农业投入提供了法律保障。1993年，全国人大颁布了《农业法》，以法律形式约束各级政府财政支农支出。《农业法》规定“国家财政每年对农业总投入的增长幅度应当高于国家财政经常性收入的增长幅度”，2003年《农业法》修订后对地方政府也做出了明确规定，即“中央和县级以上地方财政每年对农业总投入的增长幅度应当高于其财政经常性收入的增长幅度”（第三十八条）。此外，《农业法》明确了国家对粮食等关系国计民生的重要农产品实行保护价收购制度，并设立风险基金。这成为国家对粮食等重要农产品实行宏观调控，以及日后在世界贸易组织谈判中保护国内农业的重要法律依据。

（二）调整国民收入分配格局，加大对农业投入力度

改革开放以来，随着农村各项改革的推进，中央财政加大了对农业的支持，支农资金快速增长。“六五”期间，财政支农资金累计660亿元，占财政总支出的8.8%；“七五”时期，财政支农资金累计1167亿元，比“六五”时期增加了67%；“八五”至“十五”时期，累计财政支农资金[②]由2272亿元增至9580亿元，每隔5年增加1倍；“十一五”和“十二五”时期财政支农资金均比上个5年计（规）划期增长1.5倍；到2017年，财政支农资金约1.9万亿元，其中农、林、水扶贫等资金达到1.76万亿元。财政支农资金的快速增长与国家财政收入快速增长密不可分，2017年财政收入达到17.26万亿元，比1999年增加14.7倍，年均增

① 六小工程即节水灌溉、人畜饮水、农村沼气、农村水电、乡村道路和草场围栏。

② 仅为财政农林水等资金，不包括财政农村社会事业支出。

长16.5%，财政支农资金增长基本与之同步。财政支农支出占财政总支出比重保持在8%~9%，2012年后占比均超过了9.5%（见图11-1、图11-2）。

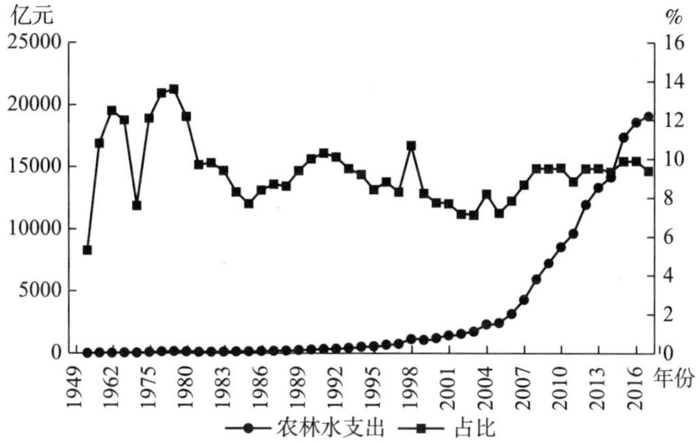

图11-1 1949—2016年财政农林水支出

注：2007年后财政支农支出统计分类有所变化。

资料来源：《中国农村统计年鉴2018》《新中国农业60年统计资料》。

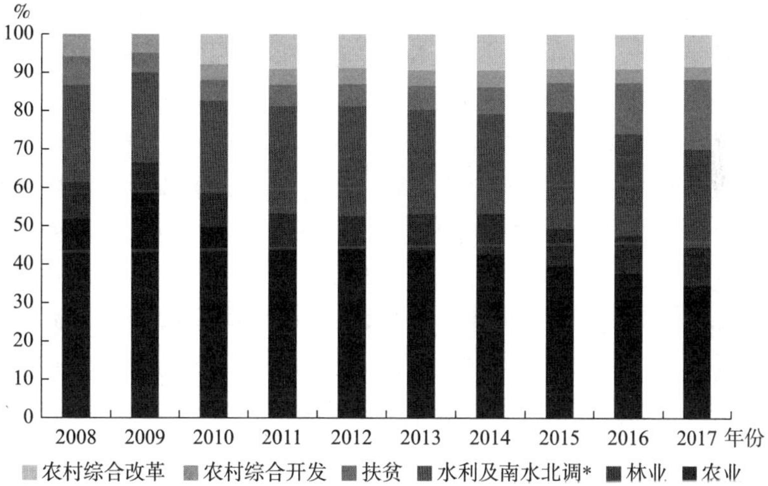

图11-2 2008—2017年财政农林水等支出结构

注：*表示2010年后水利资金中含南水北调。

资料来源：《中国农村统计年鉴2018》。

国家预算内基本建设投资在支持农业农村发展方面始终发挥着重要作用。早在1949—1952年国民经济恢复期，用于农业基础设施的资金占基本建设资金的13.4%，其中水利投资占9.4%（为农业投资的70%）。“一五”计划提出安排农林水各部投资32.6亿元。在1961—1965年国民经济调整时期，中央政府总结了“大跃进”时期的经验教训，调整国民经济发展速度，调整部门投资结构，压缩重工业基本建设规模，增加农业和支农工业投资，农业投资占基本建设投资的比重上升至17.6%。改革开放初期，国家安排化肥、农药技术引进和技术改造项目，增加生产能力，提高产品质量，保障农用生产资料供应；并逐年增加农业基本建设投资规模，“八五”时期农林牧渔基本建设投资达到257亿元，比“七五”时期增加1.3倍。1998年，应对亚洲金融危机，国家增发国债1000亿元，农业基础设施建设成为国债资金的主要投向，资金量约占1/3。此后，农业农村基础设施投资在国家预算内投资中一直保持了较高份额。1999年，国家先后启动了农村电网改造和农村公路改造等农村民生工程。到2003年，国家对农村电网改造和农村公路改造方面投入的资金已超过900亿元，随后又进行了二轮电网改造和村村通工程，仅“十二五”期间，新建农村公路400万公里。农村基础设施的改善，奠定了未来农业发展的基础。

（三）集中资金办大事，确保农业重点工程的实施

水利是农业的命脉，是国民经济和社会发展的基础产业。兴修水利是治国兴邦的百年大计。70年来，水利建设一直是国家投资的重点，在国家预算内基本建设中保持稳定的份额。党的十三届八中全会提出，国家投入主要用于治理大江大河大湖的骨干工程、农业重点基础设施和商品粮棉基地等建设。中央和地方都要在“八五”计划的基础上，提高水利基本建设投资比重，20世纪90年代要加快长江、黄河等大江大河大湖的治理，在水利基础设施建设方面办成几件大事。要兴修一批防洪、发电、蓄水、引水的大型水利骨干工程，抓紧病、险水库的加固处理，逐步缓解北方严重缺水问题。1998年以来，国家集中资金建设了长江中下游、黄河下游等大江大河大湖堤防及其他防洪骨干工程、南水北调等长期制约经济发展的水源工程。到2017年底，全国已建成大型水库732座、中型水库3934座、小型水库94129座，总库容量98795亿立方米；村办水电站装机容量接近8000万千瓦，灌溉面积超过10亿亩，农业生产条件及抗御自然灾害的能力得到显著提升，改变了长期以来农业靠天吃饭的局面。在农产品生产方面，建设了一批国家级的商品生产基地，保障市场供应。从1983年开始，国家先后四轮投资建设粮棉油糖生产基地，年度资金规模从1.15亿元增加到“十三五”期间的160亿元。2009年，国务院批准了由国家发展改革委会同有关部门编制的《全国新增1000亿斤粮食生产能力建设规划（2009—2020年）》，在全国13个主产省（区）和11个粮食平衡、调入省（区）中选择了800个产粮大县（国有农场），建立粮食生产核心区，整合了中央预算内资金、农业综合开发资金和土地整理资金，总投资达到3200亿元，其中新增资金1000多亿元。这是迄今为止中央投资最大的、持续时间最长的农业项目；为粮食生产能力迈上6亿吨台阶打下了坚实的基础，保障了全国人民的口粮安全。1995年，国家实施棉花西移战略，启动新疆棉花基地建设，经过“九五”至“十一五”3个五年计（规）划期的投资建设，新疆棉花基地棉花产量由94万吨增到2018年的511万吨，占全国总产量的比重由20%上升至83%（见图11-3），在稳定全国棉花供应、增加当地农民收入中发挥了重要作用。此外，2000年以来，用于油菜籽、甘蔗、生猪、牛羊肉、奶业、远洋渔业以及良种繁育、动植物防疫等农业生产支撑体系的中央预算内资金已超过1600多亿元。

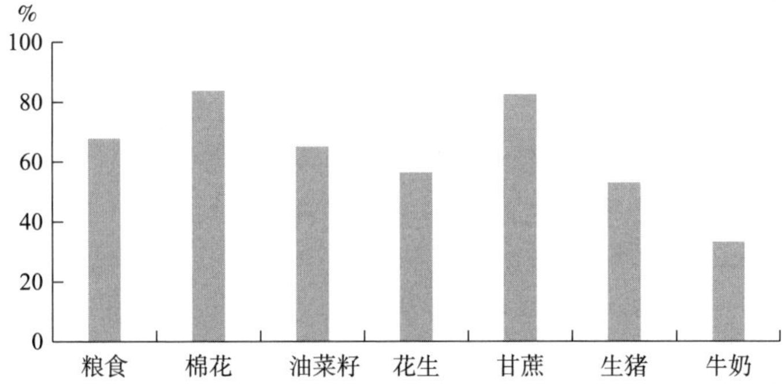

图11-3　2018年粮棉油蔗猪奶生产基地占全国产量比重

三、 农业补贴政策

1995—1999年，我国粮食连续丰收，粮食供给实现了从长期短缺到总量平衡、丰年有余的历史性变化，随之出现了粮食面积下降、产量下降、产粮大省粮食调出量下降等新情况、新问题。2003年10月，国务院针对当时粮食产销形势，提出在粮食生产中必须坚持省长负责制、坚持立足国内解决粮食问题、坚持决不放松粮食生产的三项原则，强调要正确处理农业结构调整和发展粮食生产、农民增收与发展粮食生产、产区和销区、市场机制与宏观调控四个关系。并根据党的十六届三中全会的要求，提出了对粮食主产区和农民更直接、更明确、更有力的综合性措施。此后，国内农业生产进入了补贴时代。

（一）“四项补贴”政策

种粮农民直接补贴。为了调动农民种粮积极性、促进粮食生产稳定发展，

2004 年，国务院从粮食风险基金中安排 116 亿元作为种粮农民直接补贴，其中，103 亿元用于 13 个粮食主产省的种粮农民，另外 13 亿元作为 16 个非主产省的种粮农民的直接补贴。从 2007 年后，种粮直补资金稳定在 151 亿元。总的来看，种粮直补政策实现了粮食补贴方式由间接补贴向直接补贴的转变，对于增加粮食产量、提高农民收入起到了一定作用，从政策操作方式和实际执行情况看，种粮直补已与农民实际种粮行为脱钩，成为一项收入补贴。

农作物良种补贴。农以种为先，为了提高农作物良种覆盖率，增加农产品产量，改善产品品质，2002 年中央财政安排 1 亿元资金，用于东北三省和内蒙古的大豆良种推广。随后，该项补贴逐步扩大到水稻、小麦、玉米、高油大豆和油菜籽（长江流域）、马铃薯原种，以及藏区青稞和花生等作物。2004 年，良种补贴资金规模为 29 亿元，“十二五”时期，年度补贴规模达到 220 亿元左右。补贴的方式有两种：一种是差价购种，即补贴供种单位，由其按照合同供种量向农民提供优惠价格良种；另一种是按照实际补贴面积将良种补贴款直接发到农户。通常来说，水稻、玉米、油菜籽采用现金直接补贴方式，小麦、大豆、棉花采用现金直接补贴或差价购种补贴方式。农作物良种补贴直接降低了农民的购种成本，加快了良种推广速度，实现了优良品种区域化和集中连片种植。

农资综合补贴。2006 年，为了弥补化肥、柴油价格上涨及种粮成本上升对农民造成的不利影响，中央财政拨付资金 120 亿元，作为农用生产资料价格补贴。2007 年补贴规模增至 276 亿元。2009 年按“价补统筹、动态调整、只增不减”的原则，实施动态调整机制，即保持存量不变，新增补贴向主产区倾斜，补贴资金主要根据化肥、柴油价格的变化而调整。2009 年农资综合补贴规模为 795 亿元，2012 年补贴规模达到了 1078 亿元。农资综合补贴降低了农民的种粮生产成本，相应增加了种粮收益，保护了粮农生产积极性。

农机购置补贴。1998 年，为解决大中型拖拉机超期服役问题，中央财政设立了“大中型拖拉机及配套农具更新补贴”专项，主要用于黑龙江垦区老旧农机具的更新，年度资金规模约 2000 万元。2003 年，为了推进农业机械化进程，鼓励农民购置新型农机具，扩大了补贴范围，改为“新型农机具购置补贴”专项。2005 年补贴资金规模为 3 亿元。2008 年，全球爆发金融危机，国家启动国内消费政策，农机补贴资金由 40 亿元增至 130 亿元，此后逐年增加，2014—2016 年年度补贴规模达到 237 亿元。2008—2017 年，农机购置补贴资金累计 1800 多亿元。从总体上看，农机购置补贴直接带动了农机工业的发展，提高了我国农业机械化综合水平和农业生产能力，促进了农村剩余劳动力转移。但是，由于补贴资金量大，一些企业过度依赖补贴，研发内生动力不足，产品同质化严重；前期补贴制度不完善，资金存在跑冒滴漏现象，2009—2016年规模以上农机企业产值增加了2300多亿元，50%以上来自政策性补贴。2006年、2014年“四项补贴”情况见图11-4。

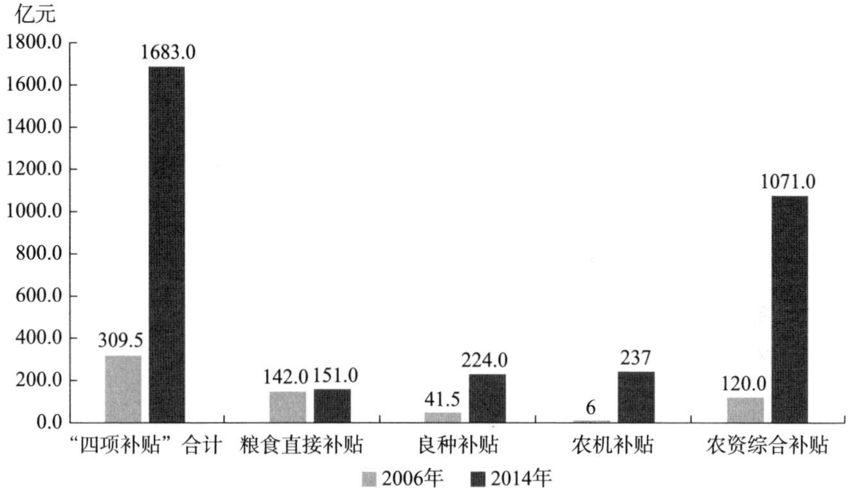

图11-4　2006年、2014年“四项补贴”情况

除“四项补贴”外，2007年起国家还对生猪、奶牛良种繁育以及渔用柴油给予了补贴。

（二）建立以绿色发展为导向的补贴政策

“四项补贴”政策对调动农民种粮积极性、实现粮食产量“十一连增”起到了重要作用。但从粮食直补、良种补贴、农资综合补贴执行情况看，也存在一些问题。一是政策边际效应递减，补贴按承包地亩发放，与农民种粮脱钩，已变为普惠性的收入补贴；二是政策的针对性不强，对新型农业经营主体发展适度规模经营没有激励作用；三是我国化肥、农药施用长期超标，农资综合补贴刺激了化肥用量，与耕地保护目标相悖。综上，“四项补贴”政策已不适于农业发展形势，政策目标应由生产性导向转为绿色生态导向，兼顾普惠性和重点支持。2015年，在相关省开展种粮直补、农资综合补贴、良种补贴“三项补贴”改革试点后，中央决定2016年在全国推开“三项补贴”改革。改革的主要内容是将“三项补贴”合并为农业支持保护补贴，支持耕地地力保护和粮食适度规模经营。其中，耕地地力保护补贴对象原则上为拥有耕地承包权的种地农民，补贴依据和补贴标准由各省结合地方实际确定。粮食适度规模经营的资金由20%的农资综合补贴资金、原种粮大户补贴试点资金和“三项补贴”增量资金构成，用作建立全国农业信贷担保体系，原则上不将现金直接发放到农户。2018 年，中央财政安排农业支持保护补贴资金 1442.4 亿元，其中，耕地地力保护补贴占 84%，支持粮食适度规模经营占 16%。

（三）“市场化收购+生产者补贴”制度

2008 年，国家在东北三省和内蒙古启动实施玉米临时收储政策，临时收储价格在保持两年稳定后开始上升，从 0.75 元/斤提高至 2013 年的 1.12 元/斤。2015 年玉米临时收储价格回调至 1 元/斤。虽然玉米临时收储政策调动了农民种粮积极性，但在实际执行过程中，临时收储已演变为固定收储，且收储价格的逐年提高，从客观上扭曲了市场价格信号，既造成了国内外价格倒挂，也严重影响了畜牧养殖和玉米加工业发展。2016 年，国家决定取消玉米临时收储政策，在东北三省和内蒙古实行“市场化收购+生产者补贴”制度。

2017 年，由于大豆目标价格试点的政策效果不理想，且玉米、大豆在同一种植区，执行不同的收购政策既不利于平衡二者收益，也无益于作物的结构调整，因此，国家将大豆目标价格调整为“市场化收购+生产者补贴”。2018 年，玉米生产者补贴亩均为 110 元，大豆生产者补贴亩均为 210 元，中央财政安排补贴资金约 380 亿元。

（四）政策性农业保险制度

中国农业保险业务起步于 1982 年。据保监会统计，截至 2002 年底，中国农业保险累计保费收入 83 亿元，赔款支出为 70.4 亿元，是农户生产经营补偿的重要来源之一。但是，由于农业保险风险大、经营成本高，农险业务持续亏损，从 20 世纪 90 年代中期开始，保费逐年下降，规模逐渐萎缩。进入 21 世纪，随着农村多种经营的发展，农民对保险需求越来越迫切。建立符合我国国情的有政策扶持的农业保险制度刻不容缓。

2004 年，中央一号文件指出“加快建立政策性农业保险制度，选择部分产品和部分地区率先试点，有条件的地方可对参加种养业保险的农户给予一定的保费补贴”。2005 年，宁夏、内蒙古、湖北、云南、北京、黑龙江、四川、安徽、重庆等 9 个省（区、市）的部分地市相继开展农业保险试点。保障品种扩大到包括奶牛、生猪、烟叶、西瓜等多种牲畜和农作物。2005 年上半年，农险保费收入 4.27 亿元，同比增长 22.63%，超过了 2004 年全年的保费收入（3.96 亿元），初步扭转了农业保险逐年萎缩的局面。2007 年，中央财政在吉林、内蒙古、新疆、江苏、四川、湖南 6 个省区对大豆、玉米、小麦、水稻、棉花、能繁母猪 6 个品种保险实施了保费补贴，并鼓励地方政府实行保险保费补贴。财政部先后发布了《能繁母猪保险保费补贴管理暂行办法》《中央财政种植业保险保费补贴管理办法》《中央财政农业保险保费补贴试点管理办法》和《中央财政养殖业保险保费补贴管理办法》，对玉米、水稻、小麦、棉花、马铃薯、大豆、花生、油菜籽、糖料、能繁母猪、育肥猪、奶牛、天然橡胶、森林、青稞、藏系羊、牦牛 17 个品种实行保费补贴。2012 年，农业政策性保险扩大至全国。2016 年，主要农作物承保面积达到 11 亿亩，参保农户超过 2 亿户。农业保险保费总收入达到 417 亿元，各级政府补贴 318 亿元，其中中央财政补贴 158 亿元，保险赔付金额 348 亿元。

现行的农业政策性保险具有广覆盖、低保障的特点，农作物保险金额仅涵盖物资与服务费用，未包括人工成本和土地成本，而后两项近几年增长较快，在农业生产总成本中的份额也逐年上升。为进一步提升农业保险的保障水平，探索完善市场化的农业生产风险分散机制，2018 年，财政部在内蒙古、辽宁、安徽、湖北、山东、河北 6 个省区各选 4 个县开展农业完全成本保险和收入保险试点。完全成本保险的保险金额涵盖物资与服务费用、人工成本和土地成本等农业生产总成本；收入保险的保险金额体现农产品价格和产量，涵盖农业生产产值。试点时间为 3 年；保险金额不得高于当年相应品种种植收入的 85%，农户自缴保费比例不得低于全部保费的 30%。中央财政针对不同地区给予不同比例的补贴。

四、 完善价格形成机制

（一）最低收购价格及临时收储政策

2004 年放开农产品价格后，为保护农民利益、稳定粮食生产，国家对主产区稻谷、小麦实行最低收购价政策。2007 年以后，先后对主产区玉米、大豆、油菜籽、棉花、食糖等实行临时收储政策（见表 11-1）。最低收购价和临时收储政策的意义在于当主产区市场价格低于最低收购价格或临时收储价格时，由国家指定企业直接入市收购，引导市场价格回升。由于最低收购价和临时收储价格的定价原则是以保收入、促生产为目的，促使价格水平以“小步快跑”的形式快速提高。2007—2013 年，小麦、玉米提价幅度为 60%，籼稻提价幅度为 88%，粳稻价格提高了 1 倍。最低收购价格或临时收储政策执行后，国内粮食价格稳步上升，玉米、棉花、油料、食糖价格总体高位运行，有效地调动了农民种植积极性，保证了主要农产品生产稳定，增加了市场供给，为稳定物价总水平、保持国民经济持续较快发展起到了重要支撑作用。

表 11-1　2004—2019 年农产品最低保护价格、临时收储价格及目标价格

单位：元/斤

年份	最低收购价					临时收储价			
	早籼稻	晚籼稻	粳稻	白小麦	红小麦	玉米	大豆	棉花	油菜籽
2004—2007	0.7*	0.72	0.75	0.72	0.69	0.7			
2008	0.77	0.79	0.82	0.77	0.72	0.75	1.85	6.3	2.2
2009	0.9	0.92	0.95	0.87	0.83	0.75	1.87		1.85
2010	0.93	0.97	1.05	0.9	0.86	0.9	1.9		1.95
2011	1.02	1.07	1.28	0.95	0.93	0.99	2	9.9	2.3
2012	1.2	1.25	1.4	1.02	1.02	1.06	2.3	10.2	2.5
2013	1.32	1.35	1.5	1.12	1.12	1.12	2.3	10.2	2.5
2014	1.35	1.38	1.55	1.18	1.18	1	2.4*	9.9*	2.5
2015	1.35	1.38	1.55	1.18	1.18	1	2.4*	9.55*	
2016	1.33	1.38	1.55	1.18	1.18	1	2.4*	9.3*	
2017	1.3	1.36	1.5	1.18	1.18	统筹	统筹	9.3*	
2018	1.2	1.26	1.3	1.15	1.15	统筹	统筹	9.3*	
2019				1.12	1.12	统筹	统筹	9.3*	

注：* 为目标价。

但是，随着国内外农产品市场的变化，最低收购价政策和临时收储政策也积累了一些矛盾和问题。由于定价原则以保收入为目标，国家对农民的补贴包含在价格之中，是一种“价补合一”的直接价格支持政策，同时价格水平提高较快，带动了市场价格逐年上升，影响了市场价格机制作用的正常发挥：一是托市价格高于市场价格，导致农产品加工流通企业自主经营空间缩小；二是政府直接收储数量越来越大，造成巨大的财政支出和主产区的库存压力；三是由于国际市场农产品价格大幅走低，国内价格由以往低于国际市场转为高于进口成本，导致小麦、玉米、棉花等大宗商品价格倒挂，进口激增。2012 年玉米、棉花进口均超过 500 万吨，食用植物油进口 800 多万吨，进口量均为历史最高水平。2013 年，棉花收储量超过总产量的 90%。鉴于国内水土资源和生态环境压力，农产品进口将成为常态，需要在确保产业安全的前提下统筹考虑进口产品的优先序。形势逼人，必须加快农产品市场化改革，与时俱进地推进农产品价格形成机制和市场调控体系改革。

（二）目标价格试点

2013 年，党的十八届三中全会通过了《中共中央关于全面深化改革若干重大问题的决定》，提出要健全农业支持保护体系，改革农业补贴制度，完善粮食主产区利益补偿机制；完善农业保险制度；完善主要由市场决定价格的机制；完善农产品价格形成机制，注重发挥市场形成价格作用。

完善农产品价格形成机制基本思路，是以分离价格形成和政府补贴的“目标价格政策”为切入点，在保障农民利益的前提下充分发挥市场在资源配置中的决定性作用，由市场决定价格，推动最低收购价格和临时收储政策向“价补分离”方向转变，促进产业上下游协调发展。目标价格政策是在市场形成农产品价格的基础上，释放价格信号引导市场预期，通过差价补贴保护生产者利益的一项农业支持政策。一是政府不干预市场价格，企业按市场价格收购，有利于恢复国内产业的市场活力，提高国内农产品的市场竞争力。二是将政府对生产者的补贴方式由包含在价格中的“暗补”变为直接支付的“明补”，政府对生产者补贴透明，有利于减少中间环节，提高补贴效率。在推进改革的策略上实行分品种施策、渐进推进，平稳过渡。

2014 年，国家选择东北地区大豆和新疆地区棉花进行目标价格补贴试点，相应取消大豆和棉花的临时收储政策。试点阶段的目标价格水平采取生产成本加基本收益的方法确定，每年确定一次，以便根据试点情况变化及时调整。当年新疆棉花目标价格为每吨 19800 元，东北三省和内蒙古大豆目标价格为每吨 4800 元。当市场价格低于目标价格时，国家启动目标价格补贴。目标价格在作物播种前公布，以向农民和市场发出明确信号，引导农民合理种植，安排农业生产。与目标价格相对应的棉花、大豆市场价格为农产品集中上市期内全省（区）平均市场价格。

与现行的农业补贴方式相比，目标价格补贴方式对生产的激励作用主要有两点：一是现有涉农补贴大多按照计税面积发放，与是否种植和种植何种农作物不挂钩，是普惠性补贴；目标价格补贴要与作物实际种植面积或产量、销售量挂钩，多种多补，不种不补。二是现有补贴相对固定，只增不减；目标价格补贴与市场价格挂钩，市场价格低于目标价格时才发补贴；价差越大，补贴越多。

从新疆棉花试点看，改革成效明显。2014—2016 年，新疆棉花目标价格分别为 19800 元/吨、19100 元/吨和 18600 元/吨，试点期间，新疆棉花价格完全由市场供求形成，在市场价格大幅下降的情况下农民种植棉花保本有收益。国内外棉花价差大幅缩小。新疆实行目标价格后，市场棉花价格一路下行，由 19000 元/吨降至 13000 元/吨，与关税配额内进口棉花的价差由 4700 元/吨降至 1600 元/吨，配额外进口无利可图，棉花进口量由试点前的 415 万吨降至 2016 年的 90 万吨。国家储备棉库存大幅下降，去库存效果明显。

2017—2019 年，新疆棉花继续实行目标价格，价格水平为 18600 元/吨，同时对新疆享受目标价格补贴的棉花数量进行上限[①]管理，超出上限的不予补贴。

大豆目标价格试点期间，价格水平均定为 4800 元/吨。由于定价水平偏低，政策效果不明显。虽遏制了大豆面积的继续下滑，但未能解决玉米、大豆品种结构不协调问题。为此，2017 年国家取消了大豆目标价格政策，对大豆实行“市场化收购+生产者补贴”政策。

五、 生态补偿政策

中华人民共和国成立后，由于经济建设和保证农产品供给的压力，毁林开荒，开垦草原、湿地，加上管理方式的粗放，造成水土流失、土地沙化、草原退化，生态环境恶化。1998 年特大水灾后，党中央、国务院做出封山育林、退耕还林还草、加强生态建设的部署，要求全面停止长江、黄河流域上中游天然林采伐，森工企业转向营林管护。1999 年，党中央决定实施西部大开发战略，相继规划了天然林保护，退耕还林（草），退牧还草，京津风沙源治理，“三北”、长江、珠江等防护林体系建设，小流域治理六大生态工程。1999 年 8—9 月，时任国务院总理朱镕基同志到陕西、云南、四川调研时提出，由于禁伐天然林造成的地方财政减收，国家予以补偿；要调动广大群众的积极性，对退耕还林的农民认真落实扶持政策。由此，国家开始实施对生态修复和建设重点区域的补偿政策。

（一）天然林保护及退耕还林工程

1998 年，中共中央、国务院出台了《关于灾后重建、整治江湖、兴修水利的若干意见》，提出了“治水必先治山，治山必先兴林”的思路。同年，在重点国有林区进行天然林保护工程试点。1999 年，全面停止长江上游、黄河流域上中游的天然林采伐，并在四川、陕西、甘肃开展退耕还林试点，因地制宜、造林种草，恢复林草植被。2002 年，在长江上游、黄河中上游省区全面启动退耕还林工程，根据地区差异，退耕户每亩可得到 100~150 公斤粮食（原粮）与 20 元现金补助，补助年限以还草、还经济林和还生态林不同形式按 2 年、5 年、8 年计算，国家向 3200 万退耕农户提供种苗费补助和口粮补助。这是我国生态保护政策中第一次对农民进行生态补偿。由于粮食供需形势的变化，2006—2013 年，退耕还林工程转入巩固成果阶段，不再扩大退耕面积。2014 年，在粮食产量实现“九连增”后，国家启动了新一轮退耕还林

① 补贴数量上限为基期（2012—2014 年）全国棉花平均产量的 85%。

工程，作为对第一轮退耕还林的延续与补充，着重对坡耕地和严重沙化耕地实施还林还草。2016 年，退耕还林每亩补助1600 元，退耕还草每亩补助 1000 元。2017 年，中央财政用于退耕还林还草补助资金共 998 亿元。经过 20 年项目实施，退耕还林工程区生态环境持续改善，森林覆盖率平均提高 3 个百分点，每年产生生态效益总价值 1.38 万亿元。同时，促进了农民生产方式转变、农村劳动力转移和农业结构调整，农民直接从补助政策中受益，带动了当地脱贫。

（二）退牧还草工程及草原生态奖补政策

2000—2002 年，国家计委会同农业部实施了草原建设项目，取得了一定成效。在此基础上，2002 年 10 月，国务院西部开发领导小组第三次会议决定把草原保护提到议事日程上来，启动退牧还草工程。实行休牧育草、划区轮牧、封山禁牧、舍饲圈养。一期项目区为内蒙古、新疆、青海、宁夏、甘肃、四川、云南 7 个省区和兵团的 96 个县，2007 年，扩大至辽宁、吉林、黑龙江、西藏、陕西等 12 个省区及兵团，共 279 个县（旗、团场）。有条件的地方实行舍饲圈养，不具备舍饲圈养条件的农牧户则实行生态移民，国家预算内基本建设投资对草原围栏、人工饲草基地、草种补播建设给予补助。截至 2019 年，中央累计投入资金 300 多亿元，全国草原围栏面积已超过 14 亿亩。

虽然退牧还草工程取得了成效，但是牧民维持生计和增收主要靠增加牲畜饲养量，随着牧区人口增加，牧区草原超载、过牧的问题仍未得根本解决，牧民生活水平的提高普遍滞后于农区。2011 年，国务院责成国家发展改革委牵头研究一揽子牧区扶持政策，作为全国牧区工作会议文件。如何在保证牧民收入和生活水平的前提下，妥善解决人草畜矛盾？在前期西藏试点的基础上，国家发展改革委在西藏、青海、四川、甘肃、云南、新疆、内蒙古 7 个省区实施游牧民定居工程，财政部会同农业部实施了草原生态保护补助奖励机制。

草原生态保护补助奖励机制核心是对开展草原禁牧、实施草畜平衡的牧民给予奖励补贴。自 2011 年起，在内蒙古、新疆（含新疆生产建设兵团）、西藏、青海、四川、甘肃、宁夏和云南 8 个省区的主要草原牧区，建立草原生态保护补助奖励机制[①]；2012 年扩大至 13 个牧区。2016 年新一轮草原生态

---

① 包括禁牧补助、草畜平衡奖励、畜牧良种补贴、牧草良种补贴、绩效考核奖励等内容。对生存环境恶劣、草场严重退化、不宜放牧的草原实行禁牧封育，中央财政按照每亩每年 6 元的测算标准对牧民给予禁牧补助，5 年为一个补助周期；对禁牧区域以外的可利用草原，根据草原载畜能力，确定草畜平衡点，核定合理的载畜量，中央财政对未超载的牧民按照每亩每年 1.5 元的测算标准给予草畜平衡奖励。

保护补助奖励政策启动实施，对内蒙古、四川、云南、西藏、甘肃、宁夏、青海、新疆8个省区和新疆生产建设兵团实施禁牧补助、草畜平衡奖励，对河北、山西、辽宁、吉林、黑龙江5个省和黑龙江省农垦总局实施“一揽子”政策，中央再次提高了禁牧补助和草畜平衡奖励标准，并进行绩效评价奖励，财政补助及奖励资金为180多亿元。到2019年，中央财政累计投入草原奖补资金已超过1400多亿元。

（三）农业环境突出问题治理

2013年我国南方发生了镉大米事件，受到全社会对农产品质量安全的高度关注。把住农产品质量安全关，关键在“源头”，农产品产地环境对农产品质量安全尤为重要。以习近平总书记为首的新一届领导集体高度重视生态文明建设，党的十八大、十八届三中全会对建设生态文明、促进可持续发展做出了部署。根据党中央部署和国务院要求，国家发展改革委会同有关部门编制《农业环境突出问题治理总体规划（2014—2018年）》，提出实施耕地重金属污染治理、农业面源污染综合治理、地表水过度开发和地下水超采综合治理、新一轮退耕还林还草、退耕还湿、农牧交错带已垦草原治理、东北黑土地保护7大工程，明确了各项工程的治理区域、技术路线和主要建设内容。该规划经国务院批准，于2014年实施。由于规划目标任务是按照“有限时间、有限范围、有限目标”提出的，旨在试点示范，探索各类农业环境突出问题的治理模式和运行机制，因此选择有代表性的地区给予支持。2014—2016年，中央财政安排100多亿元作为下列项目补偿：湖南耕地重金属污染治理区开展10万亩连年休耕试点，对休耕农户给予每年每亩1300元（含治理费用）的现金补助；河北黑龙港地下水漏斗区实行100万亩季节性休耕试点，休耕农户给予每年每亩500元的现金补助；东北黑土地保护的补偿。中央预算内基本建设资金也对上述项目予以支持。

结语

2019年中央一号文件明确，坚持农业农村优先发展总方针，必须坚持财政投入优先。虽然我国农业支持保护制度已经基本建立，各级财政对农业农村的支持仍在不断加大，国内农业支持总量也达到了一定水平，但是，面对复杂多变的国际市场，面对WTO改革的新形势，我国的农业支持保护制度还需要不断完善，政策需要与时俱进，应遵循国际规则，特别要在提高政策的精准性、提高资金效率方面下功夫，使农业支持保护制度既符合中国国情，又具有中国特色。

参考文献

[1]BOONE C, ZCAN S. Strategic choices at entry and relative survival advantage of cooperatives versus corporations in the US bio-ethanol industry 1978-2015[J]. Journal of Management Studies, 2016, 53(7): 1113-1140.

[2] Department for Environment, Food and Rural Affairs. UK Government Vision and Circular 2010: English National Parks and the Broads [EB/OL]. London: the Department for Environment, Food and Rural Affairs, 2010. http://archive. defra. gov. uk/rural/documents/national- parks/vision-circular 2010. pdf.

[3]HAO J, BIJMAN J, GARDEBROEK C, et al. Cooperative membership and farmers' choice of marketing channels: Evidence from apple farmers in Shanxi and Shandong provinces, China[J]. Food Policy, 2018(74): 53-64.

[4]KUMAR A, SAROJ S, JOSHI P K, et al. Does cooperative membership improve household welfare? Evidence from a panel data analysis of smallholder dairy farmers in Bihar, India[J]. Food Policy, 2018(75): 24-36.

[5] MA W, RENWICK A, YUAN P, et al. Agricultural cooperative membership and technical efficiency of apple farmers in China: An analysis accounting for selectivity bias[J]. Food Policy, 2018(81): 122-132.

[6]XU F, FOX D, ZHANG J, et al. The institutional sustainability of protected areatourism: Case studies of New Forest National Park, UK and Jiuzhiagou National Scenic Area, China[J]. Journal of China Tourism Research, 2014, 10(2): 121-141.

[7]YU L, NILSSON J. Social capital and the financing performance of farmer cooperatives in Fujian province, China[J]. Agribusiness, 2018, 34(4): 847-864.

[8]蔡保忠，曾福生．农业基础设施投入对不同粮食作物产出的影响研究[J]．农业现代化研究，2019，40(4)：646-654.

[9]陈世雄，罗其友，尤飞．贯彻党的十九大精神　加快推进农业绿色发展[J]．中国农民合作社，2018(3)：27-28.

[10]陈锡文．实现小农户和现代农业发展有机衔接[J]．中国农村科技，2018(2)：14.

[11]陈奕山．小农户在中国农业现代化进程中的作用和处境变化[J]．中国农业大学学报(社会科学版)，2021，(38)4：19-30.

[12]陈印军，易小燕，陈金强，等．藏粮于地战略与路径选择[J]．中国农业资源与区划，2016，37(12)：8-14.

[13]陈永朋．技术进步视角下小农户与现代农业有机衔接的实证研究：基于全国微观固定观察点 336 户蜂农面板数据[J]．浙江农业学报，2022，(32)2：40-418.

[14]陈支平．中国期货史[M]．天津：天津古籍出版社，2011.

[15]成致平．中国物价 50 年(1949—1998 年)[M]．北京：中国物价出版社，1998.

[16]程绍文，张捷，胡静，等．中英国家公园旅游可持续性比较研究——以中国九寨沟和英国新森林国家公园为例[J]．人文地理，2013(2)：20-26.

[17]仇焕广，栾昊，李瑾，等．风险规避对农户化肥过量施用行为的影响[J]．中国农村经济，2014(3)：85-96.

[18]崔海霞，宗义湘，赵帮宏．欧盟农业绿色发展支持政策体系演进分析——基于 OECD 农业政策评估系统[J]．农业经济问题，2018(5)：130-142.

[19]大连商品交易所．大连商品交易所品种运行情况报告(2016)[R]．大连：大连商品交易所，2016.

[20]方言．藏粮于地、藏粮于技，夯实国家粮食安全基础[J]．中国粮食经济，2020(6)：28.

[21]方言，等．农业投入概念研究[M]．北京：中国财政经济出版社，2010.

[22]方言．进一步完善农业支持保护制度[J]．“三农”决策要参，2013(8).

[23]方言．农产品进口与水土资源利用[J]．世界农业，2018(10)：261-265.

[24]方言．认真落实粮食政策，确保国家粮食安全[J]．宏观经济管理，2015(2).

[25]方言．深化改革，加快推进农业现代化[N]．中国经济导报，2018-11-01.

[26]方言．完善农业支持保护政策体系研究[M]．北京：清华大学出版社，2017.

[27]方言．转型发展期的农业政策研究(粮食卷)[M]．北京：中国经济出版社，2017.

[28]方言．转型发展期的农业政策研究(农业可持续发展卷)[M]．北京：中国经济出版社，2017.

[29]冯丹萌，王欧．发达国家农业绿色发展的政策演进及启示[J]．农村工作通讯，2019(4)：58-61.

[30]高玉强，沈坤荣．欧盟与美国的农业补贴制度及对我国的启示[J]．经济体制改革，2014(2)：173-177.

[31]《关于开展三大粮食作物完全成本保险和收入保险试点工作的通知》(财金〔2018〕93 号).

[32]《关于下达 2017 年度退耕还林还草任务的通知》(发改西部〔2017〕1088 号).

[33]《关于印发新一轮退耕还林还草总体方案的通知》(发改西部〔2014〕1772 号).

[34]郭冬艳，王永生．国家公园建设中集体土地权属处置情况分析[J]．中国国土资源经济，2015(5)：21-23.

[35]郭斐然，孔凡丕．农业企业与农民合作社联盟是实现小农户与现代农业衔接的有效途径[J]．农业经济问题，2018(10)：46-49.

[36]郭庆海．小农户：属性、类型、经营状态及其与现代农业衔接[J]．农业经济问题，2018(6)：25-37.

[37]国家发展改革委价格司．全国农产品成本收益资料汇编 2011[M]．北京：中国统计出版社，2011：11.

[38]国家发展改革委价格司．全国农产品成本收益资料汇编 2017[M]．北京：中国统计出版社，2017：11.

[39]国家发展和改革委员会农村经济司．农村基础设施建设发展报告[M]．北京：中国环境科学出版社，2013.

[40]国家统计局，科学技术部．中国科技统计年鉴[M]．北京：中国统计出版社，2018.

[41]国家统计局农村经济社会调查司．中国农村统计年鉴 2007[M]．北京：中国统计出版社，2007：11.

[42]国家统计局农村经济社会调查司．中国农村统计年鉴 2011[M]．北京：中国统计出版社，2011：11.

[43]《国务院办公厅关于加快转变农业发展方式的意见》(国办发〔2015〕

59 号). 2015-08-07.

[44]《国务院办公厅关于开展 2011 年全国粮食稳定增产行动的意见》(国办发〔2011〕13 号).

[45]《国务院办公厅关于完善退耕还林粮食补助办法的通知》(国办发〔2004〕34 号).

[46]《国务院关于促进牧区又好又快发展的若干意见》(国发〔2011〕17 号).

[47]《国务院关于促进奶业持续健康发展的意见》(国发〔2007〕31 号). 2007-09-29.

[48]《国务院关于促进生猪生产发展稳定市场供应的意见》(国发〔2007〕22 号). 2007-07-30.

[49]《国务院关于当前稳定农业发展促进农民增收的意见》(国发〔2009〕25 号). 2009-05-10.

[50]《国务院关于进一步完善退耕还林政策措施的若干意见》(国发〔2002〕10 号).

[51]国务院全国农业和粮食生产工作电视电话会议[EB/OL]. (2008-03-27). 中国政府网.

[52]韩春虹. 小农户参与现代农业发展：现实特征、实现基础与机制构建[J]. 世界农业，2022(3)：100-108.

[53]胡绳. 中国共产党的七十年[M]. 北京：中共党史出版社，1991.

[54]黄宗智. 中国新时代的小农户经济导言[J]. 开放时代，2012(3)：5-9.

[55]姜长云. 推进农业供给侧结构性改革的难点分析[J]. 中国经贸导刊，2018(15)：57-59.

[56]瞿振元，大多和严. 中日农村金融发展研究[M]. 北京：中国农业出版社，2007：93-103，245-253.

[57]康婷，穆月英. 产销信息不对称对农户过量施肥行为的影响[J]. 西北农林科技大学学报(社会科学版)，2020，20(2)：111-119.

[58]亢霞，钟昱，张庆. 我国粮食仓容现状、存在问题及对策研究[J]. 农业现代化研究，2015，36(5)：721-726.

[59]李建军. 农村专业合作组织发展[M]. 北京：中国农业科学技术出版社，2010.

[60]李强，刘冬梅. 中国农业科研投入对农业增长的贡献研究——基于

1995—2007 年省级面板数据的实证分析[J]. 中国软科学，2011(7)：42-48.

[61]李世杰，校亚楠，沈媛瑶，等. 农民专业合作社能增大农户在流通渠道中的影响力吗：基于海南 8 个市县的问卷调查[J]. 农业技术经济，2016(9)：50-59.

[62]李晓莉. 美国国家公园休闲土地管理中三个模型的应用及启示[J]. 人文地理，2010(1)：118-122.

[63]梁健，等. 我国超级稻发展现状及建议[J]. 中国稻米，2020，26(3).

[64]刘闯，仝志辉，陈传波. 小农户现代农业发展的萌发：农户间土地流转和三种农地经营方式并存的村庄考察：以安徽省 D 村为个案分析[J]. 中国农村经济，2019(9)：30-47.

[65]刘晓昀. 贫困地区农村基础设施投资对农户收入和支出的影响[J]. 中国农村观察，2003(1)：31-35.

[66]刘笑然. 新形势下粮食去库存对策研究[J]. 农业经济与管理，2017(1)：36-45.

[67]吕晓英，李先德. 美国农业政策支持水平及改革走向[J]. 农业经济问题，2014(2)：102-109.

[68]吕新业，卢向虎. 新形势下农民专业合作组织研究[M]. 北京：中国农业出版社，2008.

[69]罗必良. 推进我国农业绿色转型发展的战略选择[J]. 农业经济与管理，2017(6)：8-11.

[70]罗斯托. 从起飞进入持续增长的经济学[M]. 成都：四川人民出版社，1988：298-305.

[71]迈克尔·帕金. 经济学(第 8 版)[M]. 北京：人民邮电出版社，2009.

[72]美国国会办公室. 2015 年 3 月美国会预算委员会设定的农业项目基线. 2015-03-09.

[73]美国国会办公室. 2016 年 3 月美国会预算委员会设定的农业项目基线. 2016-03-24.

[74]美国国家棉花总会. 美国棉花经济形势与农业政策更新[Z]. 北京中美棉花政策研讨会，2016.

[75]农业部农村经济体制与经营管理司，农业部农村合作经济经营管理总站. 中国农村经营管理统计年报[M]. 北京：中国农业出版社，2016.

[76]农业部软科学委员会办公室．粮食安全与重要农产品供给[M]．北京：中国财政经济出版社，2013：362-365.

[77]《农业环境突出问题治理总体规划（2014—2018 年）》（发改农经〔2015〕110 号）.

[78]彭超．美国 2014 年农业法案的市场化改革趋势[J]．世界农业，2014(5).

[79]全国人大财政经济委员会办公室，国家发展和改革委员会发展规划司．建国以来国民经济和社会发展五年计划重要文件汇编[M]．北京：中国法制出版社，2008.

[80]《全国新增 1000 亿斤粮食生产能力规划（2009—2020 年）》（国办发〔2009〕47 号）.

[81]史常亮，李赟，朱俊峰．劳动力转移、化肥过度使用与面源污染[J]．中国农业大学学报，2016，21(5)：169-180.

[82]史常亮，张益，郭焱，等．耕地细碎化对农户化肥使用效率的影响[J]．自然资源学报，2019，34(12)：2687-2700.

[83]世界银行．1994 年世界银行发展报告——为发展提供基础设施[M]．北京：中国财政经济出版社，1995：91-105.

[84]苏杨．美国自然文化遗产管理经验及对我国的启示[J]．中国发展，2006，21(1)：1-20.

[85]孙宝国，王静，谭斌．我国农产品加工战略研究[J]．中国工程科学，2016，18(1)：48-55.

[86]孙炜琳，王瑞波，姜茜，等．农业绿色发展的内涵与评价研究[J]．中国农业资源与区划，2019，40(4)：14-21.

[87]孙亚范．新型农民专业合作经济组织发展研究[M]．北京：社会科学文献出版社，2006.

[88]唐小平．中国国家公园体制及发展思路探析[J]．生物多样性，2014，22(4)：427-430.

[89]王凤娇，杨延征，上官周平．西北五省（区）耕地质量等别差异性比较[J]．干旱地区农业研究，2015，33(2)：230-236.

[90]王连勇，霍伦贺斯特·斯蒂芬．创建统一的中华国家公园体系——美国历史经验的启示[J]．地理研究，2014，33(12)：2407-2417.

[91]王亚华．什么阻碍了小农户和现代农业发展有机衔接[J]．人民论坛，2018(7)：72-73.

[92]魏琦，张斌，金书秦．中国农业绿色发展指数构建及区域比较研究［J］．农业经济问题，2018(11)：11-20.

[93]肖捷．终结“皇粮”历史改革亲历［J］．财政文学，2015(7).

[94]徐菲菲．制度可持续性视角下英国国家公园体制建设和管治模式研究［J］．旅游科学，2015，29(3)：27-35.

[95]徐永安．粮食仓储物流技术领域发展中存在的问题与技术途径［J］．粮油食品科技，2019(2)：1-6.

[96]严立冬．绿色农业导论［M］．北京：人民出版社，2008.

[97]杨梦颖．农业机械化促进小农户与现代农业衔接研究［J］．农业经济，2022(2)：3-5.

[98]叶敬忠，豆书龙，张明皓．小农户和现代农业发展：如何有机衔接?［J］．中国农村经济，2018(11)：64-79.

[99]叶兴庆．促进农业走上绿色发展之路［N］．中国经济时报，2015-06-01(8).

[100]殷培红，和夏冰．建立国家公园的实现路径与体制模式探讨［J］．环境保护，2015，43(14)：24-29.

[101]于法稳．习近平绿色发展新思想与农业的绿色转型发展［J］．中国农村观察，2016(5)：2-9+94.

[102]虞虎，陈田，钟林生．钱江源国家公园体制试点区功能分区研究［J］．资源科学，2017，39(1)：20-29.

[103]曾培炎．中国投资建设50年［M］．北京：中国计划出版社，1999.

[104]张福锁，马文奇．测土配方施肥助推粮食增产［N］．农民日报，2009-06-04.

[105]张红宇．实现小农户和现代农业发展有机衔接［J］．中国乡村发现，2018(3)：56-59.

[106]张新美．论绿色发展理念与农业现代化［J］．农业经济，2019(6)：26-27.

[107]张兴旺．纵观农业支持保护体系的发展　健全中国农业支持保护体系［J］．世界农业，2010(1).

[108]张学彪．中国小农户经营规模变迁与生产效率研究［D］．北京：中国农业科学院，2018.

[109]中华人民共和国住房和城乡建设部．中国城乡建设统计年鉴［M］．北京：中国计划出版社，2018.

[110]钟林生，肖练练．中国国家公园体制试点建设路径选择与研究议题[J]. 资源科学，2017，39(1)：1-10.

[111]钟真，张琛，张阳悦．纵向协作程度对合作社收益及分配机制影响：基于4个案例的实证分析[J]. 中国农村经济，2017(6)：16-29.

[112]周武忠，徐媛媛，周之澄．国外国家公园管理模式[J]. 上海交通大学学报，2014，48(8)：1205-1212.

[113]周喜应．浅谈我国的农药与粮食安全[J]. 农药科学与管理，2014，35(8)：5-8.

[114]专题培训工作联席会议办公室．建设社会主义新农村的理论与实践：全国县委书记县长“建设社会主义新农村”专题培训资料选编[M]. 北京：党建读物出版社，2007.

后　记

从 2021 年 9 月动议出研究文集到现在已经三年多了，中间几经周折，原因是书名与框架一直没有想好，直到 2024 年 5 月才将初稿交出版社。交稿后心里非常忐忑，一是不知编辑意见如何，二是不知自己能否承担后期繁杂的工作。幸好有赵静宜编辑的鼓励和督促，她的细心和专业精神也激励着我。这本书的出版工作历时三年，终于付梓。

本书记录了我探索中国农业现代化道路的思考与足迹。回顾整个课题研究和本书编纂过程，从最初的课题立项到研究团队的组建，从各研究报告的起草、数据审核到修改定稿，从本书框架设计到后期的全书多轮审校与修改，每一个环节都凝结着我对“三农”工作的热爱和心血。课题组汇聚了跨代际的研究力量——既有我指导的博士研究生，也有清华大学中国农村研究院的博士后，还有来自多元学科背景的青年学者，这与我在职期间的研究梯队有很大不同，让我体会到当老师的不易和培养年轻人的紧迫感：既要传授研究思路方法，又要讲解农业政策演变的脉络、宏观背景和政策背后的故事，让年轻人更多地了解书本以外的知识，拓宽视野。那些在清华科技园敲键盘的日夜、乡村调查时的点滴、为数据准确反复核实的场景，至今历历在目。

而今，当我独自面对书稿做最后修订时，不得不正视岁月留下的痕迹：视力衰退使改稿速度变慢，体力下降让通宵笔耕成为往事。遥想当年编纂 80 万字的《转型发展期的农业政策研究》时连续 7 个月焚膏继晷的学术激情，此刻更觉时光荏苒。特别是 2024 年底突发的手术，更是拖延了出版时间。不管怎样，磕磕绊绊终于独自完成了本书的修订和校核。

需要说明的是，本书各章撰稿人如下：第一章为方言、涂圣伟，第二章为方言、王欢，（技术支持：麻珺），第三章为方言、臧良震、王欢，第四章为方言、赵铁桥、邵科、杨艳文、张学彪，第五章为方言、赵亮、张颖、张亦弛，第六章为方言、王欢，第七章为方言、吴静，第八章为李智、杜孝忠、方言，第九章为方言、蓝海涛、王为农、张亦弛，第十章为方言、张亦弛，第十一章为方言。

当然，研究永远存在遗憾。农业强国的建设是一个动态发展的宏大命题，本书所呈现的仅是管窥所及的若干维度，有些观点或许会随着实践推进而需重新审视。但我们仍希望这份成果能对相关政策制定者和研究者有所启发，更期待后来者能继续深入探索。学术研究就是这样，一代人做一代人的事，而我们尽力留下了自己的痕迹。

书中唯一的遗憾是，由于种种原因，“2035 年粮食增产潜力分析”一章中显示产粮大县 12 年变化的若干张地图未能付印。其他疏漏之处，敬请批评指正。

方言

2025 年 5 月 1 日于北京